KB205778

그리워지는 목회자들

백향목처럼 아름다운 이야기

그리워지는 목회자들

백향목처럼 아름다운 이야기

초판 발행 | 2020년 11월 20일

지 은 이 | 안명준 외 21명

펴 낸 곳 | 아벨서원
등록번호 | 제98-3호(1998. 2. 24)
주   소 | 인천광역시 남동구 구월남로 118 (인천 YMCA, 805호)
e-mail | abelbh@hanmail.net
전   화 | 032-424-1031
팩   스 | 02-6280-1793

그리워지는 목회자들

백향목처럼 아름다운 이야기

안명준 외 지음

아벨서원

발간사

이 책은 수많은 고난과 말할 수 없는 많은 슬픔을 안고 사셨던 선조들이 신앙으로 승리한 삶을 새롭게 살펴봄으로써 오늘날 여러 상황속에서 어려움에 처해 있는 성도님들이 주님을 바라보고 새 힘을 얻으며 소망과 기쁨의 신앙생활을 돕기 위하여 집필되었습니다. 필진은 주로 목회자의 자녀들을 중심으로 구성되었습니다. 이 책의 집필진들은 대부분 신학교수, 목회자 그리고 의사들입니다. 목회자의 자녀로서 어렵게 살아왔지만 믿음으로 승리한 그들의 아버지 목회자를 본받고, 그들의 진실된 신앙의 삶을 후대에 전하고, 위로와 감사와 기쁨을 함께 누리기 위한 것입니다.

우리의 부모님들은 일제의 압제, 분단의 고통, 가난의 서러움 가운데서도 어려운 목회를 헌신적으로 섬겼으며, 모든 역경과 고난속에서 하나님을 믿는 믿음과 말씀과 기도로 견디어내신 아름다운 분들입니다. 특별히 목회자들은 헌신으로 성도들에게 모범을 보여주신 아름다운 보배들이십니다. 그분들의 삶을 통하여 얻은 기독교의 진리와 신앙의 진수를 알리는 것은 한국의 많은 성도들에게 격려와 희망의 소식이될 것입니다. 예를 들어 은사 되시는 김명혁 박사님의 부친이시며 순교

자인 김관주 목사님의 생애는 독자들의 영혼에 하나님의 나라의 소망을 비춰줄 것입니다.

이 책의 내용들은 특별한 의미와 감동을 자아내고 있습니다. 총신대학교의 안인섭 박사님은 부친이신 안성수 목사님에 대한 글을 다 마친 후에 어머니 앞에서 직접 읽어 드렸다고 합니다. 1933년 생으로 금년에 87세이신 그의 모친께서는 눈물이 글썽글썽하시니 그도 목이 메였다고 합니다. 또 그의 여동생이신 싱가포르 나눔과섬김교회의 안경미 권사님과 사위인 구정모 장로님에게 보냈더니, 자신들도 몰랐던 부친의 목회 이야기에 큰 감동을 받았다고 합니다. 안인섭 박사님은 글을 작성하기 위해서 자료들을 찾고 어머니와 동생과 인터뷰하면서, 몰랐던 은혜로운 이야기도 알게 되어 정말 기뻤고 주님께 감사했다고 합니다.

그는 마지막으로 말하기를 "어디 저희 아버지 한 분 뿐이시겠습니까? 가난하고 어려운 시절, 오직 복음 하나만 붙들고 이름도 없이 빛도 없이 헌신하셨던 잊혀진 많은 이야기가 이번에 발굴되니 정말 귀합니다. 역사적인 가치도 크다고 확신"한다고 저에게 알려주었습니다.

또한 백석대학교의 이경직 교수님의 부친 이재기 목사님께서는 예배당 종탑을 세우는 도중에 슬레이트 지붕이 무너지면서 그의 아버지는 7m나 되는 높이에서 예배당 안으로 파편과 함께 떨어졌지만 살아나셨습니다. 이 목사님은 그때의 흔적을 몸에 가지고 아픈 몸으로 자녀들을 모두 신앙적으로 양육시킨 것은 매우 감동적이며 후대에 아름다운 교훈을 주고 있습니다. 어머님을 따뜻하게 보살피시는 권호덕 박사님은 오늘도 천안에서 새벽마다 몇 시간 동안 기도하는 신학자로서 언제나 따뜻하게 대해주신 신학의 선배님으로서 감사를 드립니다.

이상규 박사님의 장인이신 이갑득 목사님은 거제동 지역에 살던 피난민과 고아가 즐비했던 시절 그는 자기 집을 개방하고 그 주변에 이들이 살도록 보살폈고, 떠돌아다니는 고아들과 피난민들을 가족처럼 보호하여 주었습니다. 그 당시는 누구나 살아가기 어려운 전시(戰時)였고, 언제 전쟁이 끝날지 모른 상황에서 자신의 대가족을 돌보기도 어려운데 고아들과 피난민을 돕는 일은 매우 어려운 일이었지만, 그래도 사랑을 베풀고 고아들을 돌보았다고 합니다. 진정한 기독교의 사랑을 실천하신 것은 오늘날 큰 도전을 주는 것입니다.

의사로서 바쁘신 가운데서도 이종훈 원장님과 박상은 원장님이 각

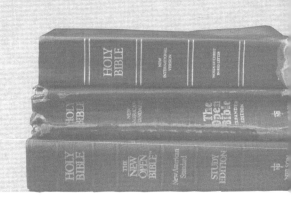

각 부친인 이노균 목사님과 박용묵 목사님의 생애를 소개해 주셔서 기독교인들의 지혜로운 삶을 후대에게 전하고 있습니다. 가족의 삶을 숨김없이 진솔하게 모든 독자에게 소개하면서 집필하신 모든 교수님께도 진심으로 감사를 드립니다.

바쁘신 가운데서도 모든 글을 읽으시고 귀한 추천사를 써 주신 한국 교회의 보배가 되신 김상복 목사님, 코로나19로 힘든 상황에서도 신속하게 추천해 주신 오정호 목사님, 이인재 목사님이 개척하신 필라델피아 새한장로교회에서 담임목회 시절부터 필자를 배려해 주셨던 김길성 박사님 그리고 함께 사역하셨던 김광열 교수님, 합동신학대학원 대학교 동문인 최충산 목사님, 언제나 든든한 후원자이시며 최고의 창의적인 신학자 노영상 박사님, 미국 유학시절부터 많은 사랑과 격려를 주셨던 채이석 박사님과 사모님, 그리고 성경적 신학을 추구하시는 이승구 박사님께 감사를 드립니다. 이 작품에서 장인 어르신 되시는 이갑득 목사님과 이약신 목사에 대하여 쓰시고 머리말까지 써 주신 이상규 박사님에게 감사를 드립니다. 삼척에서 부친 유재헌 목사님의 글 집필에 수고해 주시며 언제나 온유와 겸손을 겸비하신 유광웅 박사님, 부족한 사람을 큰 사랑으로 후원해 주신 오희동 목사님, 외국 학생들을 친 자식처럼 돌봐 주시는 평택대학교의 김현진 교수님과 몸이 연약하면서도 학과의 모든 일을 위해 헌신하시는 류원렬 교수님, 뉴욕에서 신속하게 글을 보내주신 박희근 목사님, 사랑하는 후배 신학자 김성욱 교수님, 존경하는 한국개혁신학회 회장이신 이은선 교수님과 귀한 목회사역에 헌신하시는 스데반 황 목사님, 바쁘신 가운데서도 속히 글을 주신 박시영 목사님, 그리고 한국복음주의실천신학회 회장이신 성결대학교의 오현철 교수님께 감사를 드립니다. 교회의 바쁘신 사역 속에서 저의 많은 요청을 기쁨으로 신속하게 처리해 주신 대전 새로남교회의 배선경 집사님께 진심으로 감사를 드립니다.

저의 장인되시는 숭신교회의 노윤석 목사님의 장녀인 노혜정 권사님께서 체험적 이야기를 보완해 주시고 아내인 노혜선 사모도 원고정리에 수고를 해주어서 감사를 드립니다. 교회와 많은 친인척을 돌봐주시며 미국 유학시절부터 지금까지 부족한 사람을 큰 배려와 사랑으로 격려해 주신 존경하는 김병철 회장님께도 감사를 드립니다.

인물들의 순서는 출생순으로 배열하였고 추천사는 가나다순으로

정했습니다.

　마지막으로 어려운 상황에서도 한국 교회가 세워지는 데 함께 동참
하시어 이 책의 출판을 허락해 주신 대신총회신학연구원의 원장이시며
아벨서원의 대표이신 이종전 박사님께 진심으로 감사를 드립니다.

2020년 8월 22일

편집인 평택대학교 교수

안명준

머리말

 이번에 『그리워지는 목회자들』이라는 목회자들의 이야기를 출판하게 된 것을 기쁘게 생각합니다. 한국에 개신교회가 소개된 지 150여 년이 지났고 그동안 많은 목회자를 배출했습니다. 장로교의 경우, 평양신학교에서 배출된 목회자가 800여 명, 후 평양신학교가 배출한 목회자 240여 명이었고, 미국이나 일본에서 수학하고 목사안수를 받은 이들도 있었음을 고려해 볼 때 해방 이전 장로교 목사만 하더라도 1천 1백여 명에 달했습니다. 다른 교파까지 계산하면 해방 이전 목회자 수는 1600여 명 정도로 파악됩니다. 해방 이후에는 여러 교파의 신학교육기관에서 목회자를 양성하였고, 오늘에 이르기까지 적어도 6만여 명 이상의 목회자가 배출된 것으로 보입니다. 따지고 보면 이들 목회자들의 헌신과 수고, 땀과 눈물이 오늘의 한국 교회를 이루어왔다고 생각합니다.

 남과 나눌 수 없는 아픔과 고뇌를 가슴에 안고 하나님만 바라며 묵묵히 목양의 길을 걸어갔던 수많은 목회자. 그들의 희생이 오늘의 한국 교회를 이루는 초석이 되었을 것입니다. 어떤 이들은 한국 교회가 과도하게 부유하다든가, 한국 교회 목회자들이 부패하고 타락했다고 비판하기도 합니다. 부분적으로 사실이라고 할 수 있지만 도회지의 중, 대

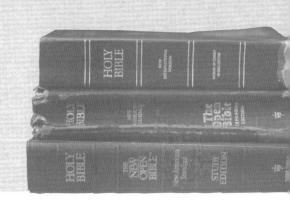

형 교회 20%를 제외한 절대다수의 목회자들은 가난과 싸우면서 목회하고 있고, 목회자의 선한 모범을 보여주기 위해 고투하는 이들 또한 적지 않다는 사실을 간과할 수 없습니다. 뒤돌아보면 우리 주변에 아름다운 목회자들이 적지 않습니다. 일생 동안 가난한 농촌 교회를 마다하지 않고 묵묵히 일하는가 하면, 사례금 없이 일하는 목회자들 또한 적지 않습니다. 보다 안락하고 보다 풍요로운 삶을 살 수 있음에도 불구하고 목회자의 길을 선택하고 하나님의 나라를 위해 일한 그 아름다운 목회자들 덕분에 세계가 주목하는 한국 교회를 이루었다고 생각합니다.

이런 점을 깊이 인식한 몇 분의 교수님께서 주변의 동료들에게 아름다운 삶을 사셨던 목회자들의 이야기를 청하였고, 우선 21명의 목회자들의 이야기를 한 권의 책으로 엮게 되었습니다. 사람에 대한 평가는 친소 관계나 개인의 주관에 의해 영향을 받게 되지만 이 책에 소개된 인물은 일반적 기준으로 볼 때도 훌륭한 삶을 사신 분들이라고 생각합니다.

이 책에 수록된 21명의 목회자들은 다른 의미 없이 출생순으로 배열하였음을 알려드립니다.

이 책 편집을 위해 오랜 기간 동안 수고해 주신 안명준 교수님, 그의 수고와 헌신이 없었다면 이런 책은 발간되지 못했을 것입니다. 추천의 글을 써 주신 김길성 교수님, 김상복 총장님, 노영상 이사장님, 오정호 박사님, 이승구 교수님, 채이석 목사님, 최충산 목사님 그리고 이 책 출판을 위해 수고해 주시고 유용한 조언을 주신 이종전 교수님께도 감사를 드립니다. 앞으로 계속해서 우리의 귀감이 되는 숨은 목회자들을 발굴하여 소개해 주시기를 바라면서 서문을 대신합니다.

2020년 8월 25일

백석대학교 교수

이상규

추천사

『그리워지는 목회자들』은 한국의 신학 교수님들과 의사 선생님들이 수고하여 편집한 책입니다. 이 책에 실린 목회자들의 출생연도가 1898년부터 1936년 사이에 태어나신 분들로 주로 구한말과 을사늑약(1910년)에 이어진 일본 제국주의시대와 해방(1945년), 그리고 6.25 전쟁(1950~1953년)을 청장년 시대에 몸소 겪은 산 증인들 중 21명의 목회자들을 중심으로, 그 시대와 한국 교회에 대한 생생한 증언을 후학들을 통해 우리에게 들려주고 있습니다.

이들 중 특히 이인재 목사님은 제 기억에 새롭습니다. 출옥 성도 이인재 목사님은 일본 제국주의시대 평양신학교 신학생으로 한상동 목사님과 몇몇 신앙동지들과 함께 신사참배 반대운동을 전국적으로 추진한 죄로 해방되어 풀려날 때까지 5년 4개월 옥고를 치루셨습니다. 1974년 68세의 나이로 미국에 이민 가서, 펜실베이니아주, 필라델피아시에 새한장로교회를 설립하여 목회하셨습니다. 10년 후 웨스트민스터신학교에서 박사과정(성경해석학)을 할 때 이 목사님을 이어 2대 목사로 부족한 제가 수년을 섬겼습니다. 이 목사님은 평소 강직하시지만 매우 온유하시고, 그때 이미 팔순이 가까우셔서 다른 사람의 부축을 받으셔야 했는데도, 강단에 서시면 얼마나 쩌렁쩌렁한 목소리로 힘 있게 설교하시는지 기억이 생생합니다. 또한 그즈음 함께 사역했던 김광열 전도사님의 부친 김재술 목사님을 모시고 한 주간 부흥사경회를 했는데, 이북 사투리로 설교를 알아듣기 쉽고 구수하게 하셨습니다. 집에 한 주간 모셨는데 사골국을 좋아하셔서 큰 통에 끓여 매끼 드셨는데, 제 아내가 국에 간을 이미 맞추었는데도 숟가락으로 빨간 고춧가루를 한 숟갈 퍼서 듬뿍 국에 넣어 드시던 기억이 납니다. 당시 안명준 강도사님은 중고등부 강도사로 함께 수고했습니다.

앞서간 신앙의 선배들을 생각하며 자신을 돌아보는 시간이 되었으면 좋겠습니다. 이 책을 읽는 모든 독자들의 가정에 성삼위 하나님의 은혜와 긍휼과 평강이 넘치시기를 기원합니다.

2020년 8월 22일

총신대학교 신학대학원 명예교수

김길성

추천사

　대통령 선거 때마다 우리는 메시아를 선택하는 것처럼 큰 기대를 갖고 선거에 임합니다. 대통령 후보들도 자신이 메시아이기나 한 것처럼 온갖 솔깃한 정책을 내세우며, 대통령이 되면 나라를 유토피아로 만들 것처럼 국민을 설득합니다. 국민은 그들의 말을 믿고 선택해 줍니다. 그러나 선거가 끝나고 시간이 감에 따라 기대했던 메시아에 대해 실망을 시작하고, 그 실망은 점점 더해지며 기대했던 희망은 사라지고 분노와 증오만이 증폭됩니다. 사람들은 대통령을 저주하고 대부분 불행한 종말을 맞기도 합니다. 불행하게도 대한민국의 메시아 행렬은 항상 본인과 가족의 비극으로 끝이 났습니다. 우리가 바라는 인간 메시아는 없다는 사실을 역사는 우리에게 보여주고 있고 기대가 클수록 실망도 커서 분노와 좌절, 실의와 조소에 빠집니다. 국민은 대통령에게 너무 기대가 크기 때문입니다.

　그러나 한 나라의 흥망은 메시아와 같은 어떤 통치자에 의해 결정되는 것이 아닙니다. 국민이 실망한 지도자는 국민이 선택한 사람입니다. 여당이 폭주를 하면 국민이 여당에게 절대적 다수표를 주었기 때문입니다. 지도자의 수준은 국민의 수준을 반영한 것입니다. 민주주의 국가에서 지도자의 중요성이 있기는 하지만 국민의 중요성이 더 큽니다. 대한민국이 최하 빈국에서 세계 10대 경제대국에 이른 것은 메시아적 대통령 한 두 사람 때문이 아니고, 빛도 이름도 없이 묵묵히 오랜 세월 보다 나은 삶을 이루기 위해 각자 맡은 작은 소명에 밤낮 없이 혼신의 노력을 바쳐 꾸준히 훌륭한 토대를 쌓아온 모든 국민의 열매입니다.

국민이 지혜롭고 성실할 때 실망시킨 지도자는 추락해도 나라는 계속 발전할 것입니다. 그것이 오늘의 대한민국입니다. 부모들은 가정에서 훌륭한 자녀를 길러내기 위해 최선을 다해 왔습니다. 학교는 다음 세대 지도자들을 훈련해야 합니다. 정부의 지도자들은 흔들려도 나라의 중심인 현명한 국민은 나라를 지켜 나갑니다. 아름다운 한국 교회를 위해서는 아름다운 목회자들과 아름다운 성도들이 있어야 합니다. 가정이나 교회, 직장이나 나라는 지금보다 나은 시대를 만들어 갈 아름다운 구성원들을 양성해야 할 중대한 책임이 있습니다.

불교는 1600년, 천주교는 230년이 되었으나 기독교는 130여 년 밖에 안 된 한국 교회 뒤에는 수많은 숨겨진 아름다운 목회자들이 세계에서 주목받는 오늘의 한국 교회가 되는 데 숨은 희생을 했습니다. 하나

님께서 숨겨진 아름다운 목회자들을 이 땅에 세워주시고, 경건하고 충성스러운 분들이 교회의 역사 속 곳곳에 계셔서 맡은 소명과 사명을 성실히 수행해 오셨습니다. 그 수고의 열매를 우리가 지금 누리고 있는 것입니다.

지금도 숨겨진 수많은 아름다운 목회자들이 작은 섬, 노인들밖에 없는 시골 마을, 허술한 동네 곳곳에 십자가를 높이 세우고 새벽마다 눈물로 기도하며 땀으로 씨를 뿌리고 온갖 어려운 여건에도 불구하고 소명과 사명을 따라 하나님 앞에서 오늘도 묵묵히 수행하고 계십니다. 이런 아름다운 목회자들이 과거에도 계셨고 지금도 계시다는 것을 이 책이 보여주고 있습니다.

오늘의 한국 교회는 숨겨진 아름다운 선교사들과 이제야 알려지는 아름다운 선배 목회자들의 모습을 보며 고마워하고 하나님께 감사를 드립니다. 오늘의 목회자들과 성도들도 받은 소명과 사명에 따라 코람데이오 자세로 끝까지 섬겨 우리가 받은 한국 교회보다 남기고 갈 경건한 한국 교회를 물려주는 데 새롭게 헌신하는 계기가 되기를 바랍니다. 경건한 교회에는 경건한 목회자와 경건한 성도들이 있습니다. 숨겨진 아름다운 목회자들의 삶에 분명히 나타난 열매들 중에는 겸손히 섬기며 숨겨져 있었지만 그분들의 자녀와 후손들에게 내려주신 하나님의 복이 분명하게 있습니다.

　　예수님 한 분만이 우리의 메시아이십니다. 그 분에게 구원이 있고 변화와 성장이 있고 참된 행복이 있습니다. 우리는 보이지 않아도 우리가 섬기는 유일한 메시아 그분을 온 세상에 보여주어 더 많은 사람들이 땅과 하늘의 희망을 함께 찾게 되기를 바랍니다. 우리는 지금 숨겨져 있어도 땅에서 숨겨진 우리 모두의 기록은 하늘나라의 생명책에 영원히 기록되고 있습니다. 날마다 하루의 아름다운 섬김이 하나님의 나라에 오늘도 기록되기를 바랍니다.

2020년 8월 25일

할렐루야교회 원로목사

횃불트리니티신학대원대학교 명예총장

김상복

추천사

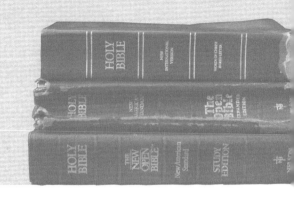

　『그리워지는 목회자들』이라는 정말 아름다운 책이 출간되게 된 것을 기쁘게 생각합니다. 이 책에는 총 21분의 목회자의 신앙과 삶에 대한 기록이 담겨져 있습니다. 권태석 목사, 김재술 목사, 김관주 목사, 김석준 목사, 김성규 목사, 류동형 목사, 박용묵 목사, 이인재 목사, 박장하 목사, 이상춘 목사, 이봉재 목사, 노윤석 목사, 안성수 목사, 오희동 목사, 유재현 목사, 이재기 목사, 이갑득 목사, 이약신 목사, 김대인 목사, 이노균 목사, 노진현 목사 등입니다.

　이 스물한 명의 목회자는 이 땅에서 귀한 목회사역을 하셨던 분들입니다. 이 분들의 귀한 신앙의 유산과 목회의 발자취는 우리 모두에게 귀감이 되고 있는바, 우리 기억 속에서 지워지지 않는 문신으로 남아 있습니다. 이 분들의 귀한 이야기가 책에 담겨지는 것을 위해, 그 분들의 아들, 사위, 제자 등 다양한 후손과 후배들이 그 분들의 사역을 회상하며 아름다운 글로 구성하였습니다. 여기에 글을 쓰신 분들은 모두 이 책에 실린 목회자들과 깊은 친분을 가지고 있었던 분들로서, 그들도 이번 기회에 그들에 대한 추억을 정리하는 소중한 시간이 되었을 것이라 생각합니다.

어린 시절 목사님들의 설교에서 외국의 목회자들과 신자들의 예화를 많이 듣곤 하였습니다. 그러한 외국인들의 예화를 종종 들으면서 왜 한국 교회의 설교에서 외국인들의 예화를 많이 사용되어야 하는지 의문이 가곤 하였습니다. 저도 목회자로서 설교를 하면서 우리의 토종 예화를 찾는 것이 용이하지 않은 것을 알고 예전 목회자들의 고충을 이해하게 되었습니다. 우리의 설교엔 우리나라 신앙의 선배님들의 예화가 많이 사용되어야 하는데, 그러려면 이 같은 책들이 좀 더 많이 출간되어야 한다고 생각합니다. 구스따보 구띠에레즈가 쓴 『우리네 목마름은 우리 샘물로』라는 책이 있습니다. 우리의 목마름은 우리 주변의 우물물로 가셔질 수 있는 것으로, 그 우물이 멀리 있는 것이라면 가서 떠오기도 힘들 것입니다.

이 책의 원고를 읽으면서 많은 목회자의 자녀들이 그들의 부모님과 같은 길을 걷고 있는 것을 발견하게 되었습니다. 우리나라에도 이젠 대를 이어 가업을 잇는 사람들이 많아지고 있는 추세입니다. 칼국수집, 병원, 기업 등 대를 이어 가업을 유지하는 사람들이 많습니다. 이 책의 대부분의 글을 읽으면서 이전 목회자들이 다 어렵게 생활하셨음을 보게

되는데, 그런데도 그들의 후손이 그들과 같은 길을 걷고 있다는 것이 감사하게 느껴지기도 하였습니다.

　이 책은 우리에게 좋은 설교의 예화를 공급해주는 일종의 샘물과 같다고 생각합니다. 이런 좋은 자료들이 평택대의 안명준 교수의 기획에 의해 연속적으로 출간되고 있는데 서로를 격려하며 항상 이 일에 힘을 보태는 이상규 교수, 이승구 교수의 노고도 치하합니다. 부디 이 책이 많이 읽혀져 우리네 목마름이 우리 샘물로 해소되길 기대하여 봅니다.

2020년 8월 4일　종로5가 백주년기념관에서

숭실사이버대학교 이사장

노영상

추천사

아름다운 뿌리와 그 열매를 보는 기쁨

저의 DNA 속에는 박희천 목사님의 순교자적 신앙과 옥한흠 목사님의 한 영혼에 대한 철학이 내장되어 있습니다. 또한 부친께서 보여주신 개척자 정신과 화목 지향적 목회관이 녹아 있음을 부인할 수 없습니다.

오늘의 한국 교회가 달려오기까지 그 이면에는 여러 목회자의 땀과 눈물이 배어 있음을 압니다. 현재보다 훨씬 더 열악한 때에 목회자로 살아간다는 것은 자기부인(Self Denial)의 길을 걸었다는 것과 동일한 의미일 것입니다. 그 과정 가운데 자녀 또한 목회자의 길을 묵묵히 걷도록 기도하고 격려하고 지지한 튼실한 손길이 있었을 것입니다. 그 아름다운 사연을 펼쳐 보인 책자가 여러 교수님의 열정과 수고를 통하여 빛을 보게 되었습니다. 진심으로 축하할 일입니다. 책으로 기록되지 아니하였다면 각자 가슴속에는 새겨져 있을지라도 세월의 무게에 떠밀려 사라져버릴 뻔한 사연들입니다. 이를 접할 때마다 이 책의 행간을 읽어 내려가는 모든 이들의 마음에 감동으로 자리 잡게 되리라 확신합니다.

바울이 없는 디모데를 어찌 말할 수 있으며, 모세가 없는 여호수아

를 어찌 논할 수가 있겠습니까? 루터 없는 멜란히톤을 노래할 수 있겠습니까? 아 … 이 어찌 선대로부터 부어진 하나님의 은혜 없이 신실한 복음의 사역자들이 나타날 수 있었겠습니까? 소개되는 개인마다, 사연마다 은혜의 골짜기가 열려짐을 느낍니다. 활자로 인쇄되는 그 이상의 은혜가 아름다운 사연을 읽어가시는 분들의 삶에도 충만히 임하기를 기원합니다.

"예레미야가 레갑 사람의 가문에게 이르되 만군의 여호와 이스라엘의 하나님께서 이와 같이 말씀하시기를 너희가 너희 선조 요나답의 명령을 순종하여 그의 모든 규율을 지키며 그가 너희에게 명령한 것을 행하였도다 그러므로 만군의 여호와 이스라엘의 하나님께서 이와 같이 말씀하시니라 레갑의 아들 요나답에게서 내 앞에 설 사람이 영원히 끊어지지 아니하리라 하시니라"
"Then Jeremiah said to the family of the Rekabites, This is what the Lord Almighty, the God of Israel, says: 'You have obeyed the command of your forefather Jehonadab and have followed all his instructions and have done everything he ordered.' Therefore

this is what the Lord Almighty, the God of Israel, says:
'Jehonadab son of Rekab will never fail to have a descendant to
serve me.'"

(예레미야 35:18,19)

2020년 8월 22일

새로남교회

제자훈련목회자협의회(CAL-NET) 이사장

오정호

추천사

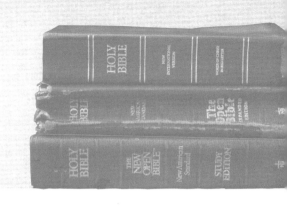

　이 책에 소개된 귀하신 어른들은 최소한 다음 세 가지 의미에서 우리에게 좋은 모범이 되시는 분들이십니다.

　첫째로, 이전의 거의 대부분의 목회자들과 같이 복음과 교회를 위해서 자신을 온전히 헌신하시는 일에 모범을 보여 주셨습니다. 정말 사람으로서는 감당하기 어려운 고난의 상황에서 교회를 잘 지키시며, 교회를 위해 자신들의 모든 것을 다 드리시어, 고난과 헌신의 좋은 예들을 제시해 주십니다.

　둘째로, 이에 더하여 이 책에 소개되신 목회자들은 성경이 말하는 교회와 목회를 이루기 위해 애쓰신 분들입니다. 그래서 이런저런 방식으로 우리에게 큰 교훈을 주십니다. 귀하신 어르신들께서 이루시려고 애쓰신 그 교회의 모습을 우리들도 마음에 그려봅니다.

　셋째로, 성경이 말하는 교회의 모습을 이루기 위해 애쓰시면서도 이 어르신들은 대개 그 '마을의 목회자'로 인정받으셨습니다. 이렇게 자리매김하신 이 귀한 어르신들의 모습을 보면서 우리들은 감히 범접하기 어려운 경외감을 가지게 됩니다. 우리 시대의 목회자들에게 가장 결여된 것으로 보이는 것은 그 마을의 목회자가 되는 일입니다. 지금보다 훨씬 더 어려운 시기를 살면서도 이 귀한 어르신들은 각기 위임받은 교회의 목회자일 뿐만 아니라, 그 마을의 목회자이기도 했습니다.

이와 같이 아름다운 목회자들을 보면서 우리들의 마음은 따뜻해지고, 우리도 이 귀한 어르신들을 본받아 가야 하겠다는 마음이 더 강하게 들게 됩니다. 이 책을 발간할 때 목적하는 바도 이와 같은 귀한 목회자들을 소개하여 우리시대의 목회자들이 나아가야 할 방향을 지시하려는 것이라고 생각됩니다. 그래서 우리도 성도들과 함께, 성도들의 고난에 동참하면서 성도들을 잘 이끌어 가시는 이 귀한 목사님들을 본받아 가길 원합니다. 또한 우리도 성경이 말하는 교회가 무엇인지를 잘 그리면서 그 모습을 우리의 구체적 현실에 구현해 보려고 애쓰는 일을 할 수 있기 원합니다. 우리도 마을의 목사, 동네의 목사님이 될 수 있었으면 합니다.

이에 더해서 이제 더 많아진 좋은 주석들과 좋은 신학 책들과 깊이 있게 대화하면서 하나님 말씀에 대한 바른 해석과 바른 주해에 좀 더 힘쓴다면 우리와 다음 세대의 목회자들도 우리 시대에 우리가 목회자로 이 땅에 서 있는 그 의미를 다 하게 될 수 있을 것입니다. 이전 시대의 헌신과 주님과 복음을 위해 고난을 기꺼이 감수하려는 태도를 그대로

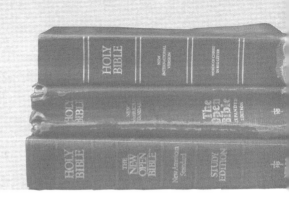

유지하고, 교회를 위해 자신을 온전히 바치는 그 모습과 교회 울타리를 넘어서 마을에도 간접적으로 큰 영향을 미치던 이전 시대 어르신들의 모습을 그대로 드러내면서 더 깊이 있는 성경 연구와 말씀의 빛을 드러내는 작업을 할 수 있었으면 합니다. 최소한 이 어르신들이 물려준 교회의 그 모습이라도 지켜 가야 할텐데 전혀 그런 것 같지 아니한 우리의 모습을 안스러워 하면서 다시 성경을 더 깊이 묵상하고, 이 어르신들의 구체적 헌신의 모습을 다시 생각해 보기로 하지요. 많은 분이 이 책을 읽고 그런 방향을 갈 수 있기 바랍니다.

귀한 어르신들의 귀한 족적 남기심에 감사해 하면서 열심히 뒤를 따라가는 마음으로 이 책을 추천합니다.

2020년 8월 4일
합동신학대학원대학교 교수

이승구

추천사

한국 교회를 지킨 아름다운 목회자들의 이야기를 소개합니다

이번에 여러 교수님의 헌신으로 『그리워지는 목회자들』의 이야기가 세상에 나오게 된 것을 축하합니다. 그동안 하나님께서 보내주신 곳에서 묵묵히 맡겨주신 양들을 목양하시고, 생명의 꼴을 먹이시고, 주의 몸 된 교회를 온몸으로 지켜내신 신실한 목회자들의 이야기가 사장될 뻔했는데, 비록 일부이지만 이렇게 한 권의 책으로 출간되어 나오게 된 것은 너무 감사한 일입니다. 이 책을 통해서 선교 2세기를 맞이한 한국 교회에 이렇게 훌륭한 목사님들이 계셨다는 사실을 널리 알릴 수 있는 계기가 되고, 다음 세대에게 한국 교회의 영적 지도자들이 그동안 이름 없이 빛도 없이 오직 하나님의 영광을 위하여 사셨던 믿음의 영웅들의 이야기를 들려주어 그들에게 모본을 삼게 되었다는 사실이 너무 감사한 일입니다. 그분들의 이야기를 읽을 때 우리는 마치 히브리서 11장이 40절로 끝난 것이 아니라 지금도 계속해서 쓰여가고 있는 것처럼 생각됩니다. 이 책을 통해서 믿음의 영웅들의 이야기는 지금도 계속되고 있다는 생각을 갖게 해 줄 것입니다. 하나님께서 한국 교회에 이분들을 보

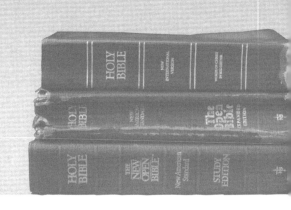

내주신 것은 크나큰 축복이요 자랑이라 여겨집니다.

이 책에 소개된 믿음의 선배들의 이야기를 통해서 우리가 얻게 되는 유익은 말할 수 없이 큽니다. 하나님께서는 앞선 세대에 한국 교회를 위해서 이런 분들의 리더십이 필요했기에 이분들을 세워주셨고, 힘써 주의 몸 된 교회를 목양하게 하신 줄로 압니다. 바울이 고린도교회에 보내는 편지에서 '스데바나와 브드나도와 아가이고'와 같은 분들의 헌신과 충성을 기억하라고 말하면서 "너희는 이런 사람들을 알아주라"(고전 16:18)고 말했습니다. 바울이 말해주지 않았으면 알지 못했을 것입니다. 물론 주님께서는 한국 교회의 아름다운 목회자들의 헌신과 충성을 잘 알고 계실 줄로 믿습니다만, 우리도 이 책을 통해서 한국 교회의 아름다운 목회자들을 기억할 수 있다면 그분들의 헌신과 수고가 결코 헛되지 않게 될 것입니다.

특별히 지금은 코로나19 사태를 겪지 않았다고 해도 교회에 대한 사회적인 인식이 매우 부정적이고, 목회자들에 대한 선입견이 아주 좋지 못한 가운데 있습니다. 그런데 지금보다 훨씬 목회 환경이 열악하고 환난과 핍박이 심했던 상황에서 교회를 든든히 세우시고, 헌신과 희생의 목회를 하셨던 앞선 세대 목회자들의 생애와 사역 이야기는 오늘 우리에게 큰 교훈과 큰 울림으로 다가올 것입니다. 교회는 '사도들과 선지자들의 터 위에'(엡 2:20) 세우심을 입었다고 하셨는데, 우리 또한 이 책에 소개된 한국 교회 아름다운 목회자들의 헌신 위에 더 아름다운 이야기를 써 가게 되기를 소원합니다.

2020년 8월 22일

비전교회
총신대학교 목회신학전문대학원

채이석

추천사

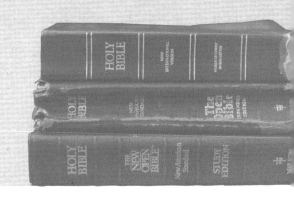

고난과 소신의 목회 철학을 배운다.

한국 교회 어른들의 삶과 철학을 살펴보는 일은 귀한 일입니다. 특히 한국사의 혼동과 격변의 시대를 교인들과 함께 고난과 소신이라는 굳센 자세로 섬긴 어른들의 삶을 살펴보는 것은 아주 시기적절하다고 봅니다. 흔히들 현 시대를 전 시대와 단절된 시대라고 합니다. 지난 시대의 좋은 전통은 계속 전승되어 꽃을 피워야겠습니다. 이런 점에서 기술적으로 새로운 목회 방법을 찾을 것이 아니라 선배들의 아름다운 섬김의 자세에서 제대로 배워야겠습니다.

과연 무엇을 선배에게서 배워야겠습니까?

첫째로, 고난의 목회철학을 배워야겠습니다.

선배들은 우리나라의 혼동과 격변을 맨몸으로 돌파한 분들입니다. 그것도 교인들과 함께 사신 분들입니다. 이 분들이 살아 온 시대를 생각해 보면 '어떻게 저 험악한 세월을 사셨나?' 싶습니다. 말로 다 할 수 없는 위험과 위기, 그리고 아픔을 겪으시면서 교회를 지키고 섬기셨습니다. 그 가운데 얼마나 고통과 번민이 많았겠습니까? 얼마나 고난이 많았겠습니까? 지금 우리들의 고통과는 비교 할 수 없는 것이 있습니다. 그 세월 동안 교인을 끌어안고 살아온 분들의 이야기는 후배들에게 꼭 전달되어야 합니다. 그들의 고난의 철학을 배워야 합니다.

둘째로, 소신의 목회철학을 배워야겠습니다.

선배들이 사신 세월은 타협과 굴절을 요구한 시대라고 할 수 있습니다. 복음을 현실의 요구에 맞게 재해석하여 그들의 입맛에 맞도록 요리하여 전하기를 요구한 시대였습니다. 선배들은 그것을 거부한 분들이기에 배워야 한다는 것입니다. 근대화와 세속화의 물결은 역행하기 어려운 시대의 거센 파도였습니다. 그것은 현세의 복지적 물질적 복음을 강력히 요구했고, 그것에 맞게 적절히 변신한 분들은 시대가 주는 성공이라는 훈장을 달았습니다. 그러나 이분들은 이런 시대를 간파하고 처음부터 진리의 복음을 순수하게 전파했고 그것을 끝까지 고수한 분들입니다. 영적 진리를 훼손하지 않은 한국 교회의 찬란한 별들입니다. 이 분들의 소신의 목회철학을 배워야 합니다.

　저는 한국 교회의 위대한 전통인 고난과 소신의 목회철학이 후 세
대에 전승되어야 한다고 봅니다. 하나님 앞에서 떨며, 시대 앞에서 의
연하고, 교회 앞에서 소신 있게 고난을 감내하는 자세를 배워야 합니
다. 시대는 변하는 것 같으나 타락 이후 그 본질은 같습니다. 목회는 왕
도가 없습니다. 고난 속에서 소신을 갖고 위대한 선배들이 가신 길을
묵묵히 가는 것입니다. 이런 점에서 이 책은 많은 교훈을 줄 것입니다.

2020년 8월 22일

전 개금교회

최충산

차 례

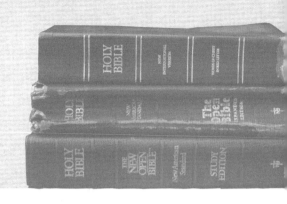

그리워지는 목회자들

1898・1957

의와 사랑을 추구한 목회자
이약신 목사

이상규 교수

고신대학교 신학과 (B.Th.)
고신대학교 신학대학원 (M.Div., Th.M.)
Australian College of Theology (Th.D.)
현 | 백석대학교 석좌교수, 고신대학교 명예교수
전 | 개혁신학회 회장, 한국장로교신학회 회장
저서 | 『교회개혁사』, 『한국장로교회의 역사와 신학』,
『초기 기독교와 로마사회』, 『한국 교회역사와
신학』, 『역사의 거울로 본 교회 신학 기독교』 등

이약신(李約信, 1898~1957) 목사는 건실한 목회자이자 선한 목자였고, 한국 교회를 대표하는 지식인이었다. 특히 그는 경남지방의 선구적 사회복지운동가로서 고아의 아버지였다. 그럼에도 불구하고 그의 사적은 깊이 연구되지 못했고 여전히 무명의 인물로 남아 있다. 그의 사후 1960년 그의 설교집이 출판된 바 있고,[1] 2006년에는 그의 영애 이효재 교수에 의해 『아버지 이약신 목사』라는 전기가 출판된 바 있다.[2] 필자는 그에 대한 연구가 시급하다고 보아 그의 삶의 여정과 사역을 정리한 논문을 발표한 바 있으나,[3] 이 글에서는 선한 목자였던 그의 사회복지운동을 비롯한 봉사활동을 중심으로 그의 생애와 사역을 정리해 두고자 한다.

가정 배경, 수학의 날들, 혼인

이약신 목사는 1898년 4월 25일(음) 평안북도 정주군 갈산면 익성동(이곳이 흔히 龍洞으로 불렸다)에서 이병승(李炳昇)과 박은승(朴恩昇)의 6남매 중 막내로 출생했다. 이약신의 세 형은 어려서 사망하고 누님 둘만 남아 있었는데, 큰 누님은 이미 출가한 상태였고, 둘째 누이가 이애시(李愛施)였는데, 8살 연상이었다. 농업에 종사하던 이약신의 부모는 1900년 전후 정주 지방에 전파된 기독교 복음을 받아들여 신자가 되

---

1 최성환 편, 『이약신목사 설교집, 어떻게 살아야 할까』, 칼빈문화출판사, 1960
2 이효재, 『아버지 이약신 목사』, 정우사, 2006
  최성환 목사는 이 책에 근거하되 자신의 견해를 종합하여 이약신 목사의 약전을 기술했는데, 이상규 교수가 편집하던 「장로교회와 역사」 2집에 게재되었다.
  최성환, "내가 알고 있는 이약신 목사", 장로교회와 역사 2, 2009. 2, p.120~153
3 이상규, "이약신 목사의 생애와 목회 1", 부경교회사연구 58, 2015. 11, p.7~26
  이상규, "이약신 목사의 생애와 목회 2", 부경교회사연구 59, 2016. 1, p.31~49
  이상규, "이약신 목사의 목회와 고신교회", 교회쇄신운동과 고신교회의 형성, 생명의 양식, 2016, p.371~406

었고, 이약신은 신앙적 분위기에서 성장하였다. 그러나 그는 1907년에는 아버지를, 1911년에는 어머니를 잃고 불행한 청소년기를 보내게 되는데, 이때부터 누이의 도움을 받으며 자신의 삶을 개척해 가게 된다.

이약신 목사

배움의 길

어려운 가운데서도 이약신은 1911년 고향 용동의 오산보통학교를 졸업하고 그해 오산중학교에 진학했다. 1907년 남강 이승훈에 의해 설립된 오산학교는 서진순, 신채호, 여준, 유영모, 윤기섭, 이광수, 조만식 등이 교사로 일했던 민족학교로서 평양의 대성학교, 선천의 신성학교 등과 더불어 서북지역을 대표하는 학교였다. 미국북장로교 선교사 나부열(Stacy L. Roberts, 1881~1946)은 1910~1913년 명예교장이었다. 경남의 주기철(朱基徹, 1897~1944) 청년이 그의 사촌 주기영과 함께 오산에 입학했을 때가 1913년 봄이었다.[4] 이때 주기철과 이약신은 동료로 만나게 되었고, 이때의 교제는 일생동안 계속되었다. 이 무렵 오산학교에 입학한 이들로는 후일 유명한 의사가 되는 백인제와 그의 형제 백순제, 백봉제, 후일 기업가로 성공한 김주항, 일제 강점기 건축가로 명성을 얻은 박동진, 평양 숭실학교 교수가 되는 김항복, 영락교회 담임이었던 한경직 등이었다.[5] 이약신은 이들과 교류하게 되었고, 특히 주기철과의 만남은 그 이후의 삶의 여정에서 중요한 의미를 지닌다. 주기철은 이약신보다 한 살 위였지만 친형제와 같은 교류를 나누게 된다. 이약신은 주기철 등 18명의 동료와

---

4 민경배, 『순교자 주기철 목사』, 대한기독교서회, 1997, p.30~31, 38
5 오산중고등학교, 『오산팔십년사』, 오산중고등학교, 1987, p.166~186

함께 1916년 3월 23일 오산학교를 제7회로 졸업했다. 학교를 마친 이 약신은 고향 정주를 떠나 경남 웅천으로 이주하였는데, 이것은 전적으 로 주기철의 영향이었다. 웅천에 온 이약신은 주기철의 소개로 웅천의 개통보통학교 교사로 일하게 된다.[6]

혼인, 교사생활, 일본유학

이 무렵 이약신은 마산 창신학교 교사였던 이윤재의 소개로 마산문창 교회 이상소(李相김, 1860~?) 장로의 맏딸 이옥경(李玉卿)과 1917년 3 월 21일 혼인하게 된다. 혼인예식은 문창교회에서 진행되었고 주례자 는 문창교회 담임이었던 한석진 목사였다. 이때의 기독교적 혼인식이 마산지방에서의 최초의 신식결혼식이었다고 한다.[7] 주례자였던 한석진 목사는 1907년 안수 받은 첫 목사 중 한 사람으로 1916년부터 1919년 2 월까지 3년간 문창교회를 담임했는데, 이 당시 장로가 이승규(李承奎), 손덕우(孫德宇) 그리고 이상소 등 3인이었다.[8]

이약신의 부인이 된 이옥경은 마산 성호보통학교를 졸업하고 의신여 학교 중등과에서 수학하고 1916년 3월 졸업했는데, 아버지와 마찬가 지로 라대벽(D. M. Lyall) 선교사에게 1915년 4월 4일 세례를 받았다. 1924년에는 문창교회 집사로 선임되었다.[9] 당시에는 집사가 임명되는 것이 아니라 공동처리회(현재의 공동의회)에서 투표로 선임하였는데, 남녀집사가 12명에 불과했다.

결혼한 이약신은 후일 국문학자로 명성을 얻은 이윤재(李允宰,

---

6 최성환, "내가 알고 있는 이약신 목사", 장로교회와 역사 2, 2009, p.126

7 이효재, p.252

8 채필근, 『한석진 목사와 그의 시대』, 대한기독교서회, 1971, p.214. 이상소는 1919년 1월 4 일 장로로 장립을 받았다. 『문창교회 100년사』, 한국장로교출판사, 2001, p.266

9 『문창교회 100년사』, p.274

1888~1943)의 소개로 마산으로 와 의
신여학교에서 1년 간 가르치며 처가살
이를 했다. 그러던 중 장인 이상소 장로
의 후원으로 일본 유학을 하게 되는데,
1918년 3월 동경중앙대학 상과에 입학
하게 된다.[10] 평소 영어에 관심이 깊었
던 이약신은 마산에서 호주선교사와 접
촉하며 영어를 익혔지만 상업대학 입학
을 앞두고 일본에서 영어학원을 다니며
다시 영어를 배웠고, 유학기간은 약 2년

이약신 목사와 이옥경 사모

정도였다. 1919년 전국을 휩쓴 만세운동 과정에서 이상소 장로는 마산
지방 만세운동에 가담하여 투옥되었고, 서울 서대문 형무소에 수감되
어 있었으므로 이약신은 일본에 계속 남아 있을 수 없었다.

1920년 귀국한 이약신은 자신의 삶의 행로에 대해 고심하게 된다. 일
본에서 상과에서 수학했으나 그것이 그의 길은 아니라고 확신했다. 성
악에도 재능이 있어 김익두 목사가 함께 일하자고 제안한 바 있으나 그
것이 자신의 일생의 과제로 생각되지는 않았다.[11] 결국 신학도의 길을
가게 되는데, 친구인 주기철의 영향이 컸던 것으로 보인다. 주기철은
김익두 목사의 마산과 웅천 집회에서 소명을 받고 1922년 평양신학교
에 입학했는데, 이약신도 그의 길을 따라가게 된다.

일본에서 귀국한 이약신은 호주선교사 추마전(Martin Trudinger)의
어학선생으로 일했다. 1922년 내한한 그에게 한국 이름 '추마전'(秋瑪

---

10 민경배는 이때가 1919년 3월이라고 말한다. 민경배, 72 각주 64.
11 이약신은 음악, 특히 성악에도 재능이 있어 교회에서 독창을 하거나 교회 예식에서 축가를
   한 일이 종종 있었다. 예컨대 1929년 6월 12일 강상은의 목사 안수식에서 이약신 목사는
   독창을 했다.

田)을 작명해 준 이도 이약신이었다.[12] 이런 연유로 이약신은 호주선교 사들 특히 추마전을 비롯하여 허대시(Daisy Hocking), 안다손(George Anderson), 위대서(Muriel Withers), 태매시(Magaret Tait) 등과 교류하며 영어를 공부하게 된다.

장로 장립과 신학교 입학, 목사 안수

일본에서 귀국한 이후에도 문창교회에서 봉사하던 중 1923년 1월에는 문창교회 안수집사가 되고, 1924년 1월 20일에는 장로로 장립 받았다. 그는 1924년 1월 2일 개최된 제16회 경남노회에서 박경조와 함께 장로고시문답 청원을 허락받았고,[13] "문답이 족하니 장립을 허락해 달라"는 청원[14]에 따라 장로로 장립 받게 된다. 이제 그는 평양신학교에 입학할 자격을 갖춘 것이다. 목회자의 길을 가기로 결심한 그는 1924년 12월 30일 개최된 제18회 경남노회에 이흥식, 박군현, 김수홍과 함께 신학입학 추천을 청원하여,[15] 금석호, 김수홍, 박군현과 함께 허락을 받았다.[16] 그래서 그는 1925년 가을 평양신학교에 입학하였는데, 주기철은 이 해에 평양신학교를 제18회로 졸업했다. 이약신은 신학교에서 수학하면서도 1926년 7월 12일까지 문창교회 장로로서의 역할을 계속하였고, 노회로부터 수학을 계속하도록 추천을 받았다.[17] 이약신은 신

---

12 이상규, "추마전 선교사 2", 크리스찬리뷰 97, 1998. 1, p47
13 최병윤 편집, 『경남노회 회록 1(1916~1929)』, p.117
14 『경남노회 회록 1(1916~1929)』, 119. 노회 문답부 보고는 다음과 같다. "마산교회 피택장로 이약신, 박경조씨와 거제 사등교회 임숙범씨와 거창읍교회 심문태씨와 울산서리교회 방한필씨는 문답이 족하니, 장립할 허락 주시기를 원하오며…"
15 『경남노회 회록 1(1916~1929)』, p.137
16 『경남노회 회록 1(1916~1929)』, p.143
17 『경남노회 회록 1(1916~1929)』, p.149, 163, 170, 177, 184, 252, 322

학수업을 하는 한편 1926년 7월부터 1927년 말까지 양산읍교회 조사로 시무하게 된다.[18] 1929년 3월 13일에는 평양신학교를 제24회로 졸업했다.[19] 경남의 강상은, 경북의 김봉도, 북간도의 정재면 등이 졸업 동기들이었다. 평양신학교를 졸업한 이약신은 1929년 4월 3일 개최된 경남노회 임시노회에서 시취문답을 받고,[20] 목사 안수를 허락받았다. 동시에 "진주읍 교회의 청원대로 이약신씨는 권임함 목사와 위임동사목사로 허락하기로" 가결했다.[21] 진주읍교회는 1929년 1월 13일 개최된 공동의회에서 이약신 목사후보생을 청빙하기로 가결했는데, 노회의 허락을 얻었고, 그해 4월 6일 진주교회서 개최된 임시노회에서 이약신은 목사 안수를 받았다.

진주교회에서의 목회

1929년 4월 초 진주교회에 부임한 이약신 목사는 권임함(F. W. Cunningham) 선교사와 '동사 목사'였으나 사실상 전담 목회자였고, 실제로 목회 전반을 관장하였다. 그는 박성애(1918~1920), 김이제(1921~1928) 목사를 이어 제3대 목사였는데, 진주교회는 그의 첫 목회지였다. 따라서 새로운 각오로 목회를 시작하여 기도와 설교를 중시하되 교회조직을 쇄신하고 전도회를 조직하고, 권찰회를 재조직하여 심방에도 힘을 쏟았다. 무엇보다도 온화하고 겸손한 성품으로 매사에 본

---

18 『경남노회 회록 1(1916~1929)』, p.215, 244. 1928년 1월 3일 부산진교회당에서 개최된 제24회 경남노회에서 부산시찰은, "이약신씨는 양산읍교회 … 조사시무를 사면하였사오며"라고 보고한 것을 보면 1927년 말로 시무를 사면한 것으로 보인다. 참고, 『문창교회 100년사』, p.114
19 『장로회신학대학 70년사』, 장로회신학대학, 1971, p.193
  『장로교신학대학 역사화보집』, 장로교신학대학교, 2008, p.173
20 『경남노회 회록 1(1916~1929)』, p.351
21 『경남노회 회록 1(1916~1929)』, p.351

을 보이는 무욕(無慾)의 목회자였다. 그해 9월에는 김익두 목사를 초청하여 부흥집회를 개최하여 340명의 결신자를 얻기도 했다.[22] 진주교회가 활기를 되찾았고 수적으로도 크게 부흥했다. 이약신 목사는 진주교회만이 아니라 인근 지역에 대한 목회적 책임도 수행했다. 예컨대, 1930년 3월에는 진주지방 부인 도사경회를 인도하였고,[23] 1930년 1월 2일부터 2주간 진행된 진주성경학교에서 박문찬, 심문태 목사와 권임한, 안다손, 예원배 선교사 등과 함께 강사로 참여하기도 했다.[24]

이런 여러 활동으로 신뢰를 받게 된 이약신 목사는 부산 초량교회로부터 청빙을 받게 되어 진주교회 시무는 길지 못했다. 1931년 7월 28일 부산진교회에서 회집된 경남노회 임시노회에서 이약신 목사의 사면 청원이 가결되었다. 이때의 노회 기록은 다음과 같다. "서기가 진주읍교회 이약신 목사의 사면 청원서와 진주읍교회 진정서를 낭독함에 이약신 목사와 진주읍교회 대표에게 사면 이유에 대해 설명듣기로 회중이 가결하다." 진주교회는 이약신 목사의 사면을 반대하고 교회에 남아주기를 진정하여 노회석상에서 논란이 있었으나, 초량교회의 간곡한 요청과 이약신 목사의 사면 의지를 확인하고 그의 사면 청원을 가결한 것이다. 노회록의 기록은 다음과 같다. "이약신 목사의 설명과 진주읍교회 대표의 설명을 들은 후 이약신 목사 사면 청원 받기로 회중이 가결하다." 이로서 이약신 목사는 진주교회에서 2년 3개월간 시무하고 부산 초량교회로 이동하게 되었다. 그가 초량교회로 이동하게 된 것도 주기철 목사의 영향이었다.

22 이효재, p.108
23 『경남노회 제28회 회록』, 1930. 6. 9
24 『경남노회 제28회 회록』, 1930. 6. 9, p.66.

초량교회에서의 시무와 호주 방문, 신사참배 거부

초량교회 목회

이약신 목사는 1931년 8월 초량교회 제4대 목사로 부임했다. 1893년 설립된 초량교회는 경남노회의 대표적인 교회이자 최고(最古)의 교회로서 누구나 흠모하는 교회였다. 당시 교인수는 400여 명에 달했다. 이약신은 33세에 불과한 청년 목사였으나 주기철 목사의 후임으로 초빙 받게 된 것이다. 1926년 1월 부임한 주기철 목사가 마산문창교회로 전임하게 되자,[25] 초량교회는 후임목사 청빙을 위한 공동의회를 1931년 7월 12일 주일오후 개최하고, 148명의 투표하여 가 145표, 부 3표로 이약신 목사 청빙을 가결하고 이를 노회에 보고하였다. 1931년 9월 11일 금강산 수양관에서 개최된 임시노회에서는 이약신 목사 청빙건을 허락하고 위임식은 9월 30일 11시로 정했다.

이렇게 되어 이약신 목사는 주기철 목사의 뒤를 이어 1931년 8월 초량교회 제4대 목사로 부임하여 1939년 2월까지 7년 6개월간 시무하게 된다. 주일학교를 중시했던 주기철 목사와 마찬가지로 이약신 목사는 주일학교를 비롯한 소년회 등 교회교육을 중시하였고, 교회 조직을 정비하는 등 교회의 변화를 가져왔다. 또 성경공부와 새벽기도에 힘쓰게 하는 등 영적 변화를 가져와 교회가 크게 성장했다. 원거리 교인들의 불편을 해소하기 위해 산리지역(현재의 민주공원에서 보수동으로 넘어가는 길목)에 기도소를 설치하고 새벽기도회나 저녁 집회를 별도로 개최하게 했다. 연 1회 부흥사경회를 개최했는데, 1932년 10월에는 김익

25 주기철 목사의 사면 청원건은 1931년 7월 14일 동래읍교회에서 개최된 임시노회에서 가결되었다. 이 점이 7월 26일 주일 회중에게 공포되었다. 안다손 선교사는 초량교회 임시당회장으로 선임되었다. 『경남노회 임시노회록』, 1931. 7. 14

두 목사를 초청하였다. 당시 교계의 명망 있는 이들을 초빙하여 말씀을 듣게 했는데, 이런 상황에서 청년들의 수가 많아졌고, 4.19 혁명 후 내각수반이 되는 허정(許政, 1896~1988)도 초량교회 면려청년회 회원이었다. 그는 이화여전 성악과 출신인 백귀란과 초량교회당에서 이약신 목사의 주례로 결혼했다.[26] 이약신 목사 자신도 여러 교회 부흥강사로 초청되어 집회를 인도하기도 했다. 예컨대, 1934년 5월 14일부터 16일까지 항서교회서 강론한 일이 있다.[27]

1930년대 중반 초량교회는 500여 명이 회집하는 교회로서 부산, 경남지방에서 가장 큰 교회였다. 이약신 목사는 영적 지도력을 지닌 건실한 목회자로서 사랑과 존경을 받았다. 이 시기 손양원과 교분을 나눈 기록도 남아 있다.[28] 1937년 5월 19일 부산 영선교회에서 개최된 제38회 경남노회에서는 노회장으로 선임되기도 했다. 이 보다 큰 영예는 호주빅토리아장로교 총회 조직 100주년 기념대회에 초청받은 일이었다.

호주 빅토리아장로교 100주년과 호주 방문

호주 빅토리아주 장로교, 곧 빅토리아장로교(The Presbyterian Church of Victoria)는 1937년으로 교회 시작 100주년을 맞게 되었다. 이 때 빅토리아장로교회는 기념대회를 개최하게 되었고, 모(母) 교회인 스코틀랜드교회 지도자 외에도 자(子) 교회인 한국에서 이약신 목사를 연사(guest speaker)로 초청하게 된 것이다. 이약신 목사는 호주선교

---

26 이효재, p.122.

27 이만열 편, 『산돌 손양원목사 자료선집』, 한국기독교역사연구소, 2015, p.76

28 손양원은 1934년 10월 10일 수요일 이약신의 누이 이애시를 만난 일을 일기에 기록하고 있는데, "반가운 이애시 선생 만나서 재미있게 이야기했다"고 기록하고 있고(이만열 편, 86), 1938년 5월 11일에 이약신 목사는 손양원을 만났고, 그해 8월 15일(월)에는 손양원이 이약신에게 편지를 보냈다.

부 관할지역에 있는 최대 교회의 목사이자 촉망받는 교회 지도자였고, 특히 영어에 능통하여 선교국과 피선교국의 상호교류에 가장 적절한 인물로 간주된 것이다.[29]

호주장로교회 100주년 기념 집행위원회 회의 참석(1937)

빅토리아장로교회로부터 초청을 받은 이약신 목사는 5월 7일 부산항에서 선편으로 출발했는데, 세브란스간호학교 출신인 두 유학생 손순옥과 이영복을 데리고 출발했다. 이 두 여성은 호주로 유학한 첫 간호사였다. 이들은 3개월 간의 항해를 마치고 8월 8일 멜버른 항에 입항했다. 우선 안식을 취한 이약신 목사는 10월부터 지역교회를 방문하며 한국 교회를 소개하고 각종 모임에 참석하는 등 바쁜 나날을 보냈다. 그를 안내하며 교회 방문 일정을 관장하는 호스트 역할을 한 이는 빅토리아장로교 해외선교부 총무였던 매튜 목사(Rev H. C. Matthew)였다.

빅토리아장로교 백주년기념대회는 1937년 10월 10일부터 시작되었고, 11월의 장로교총회는 백주년기념총회로 개최되었는데, 11월 9일에는 멜버른 시내 타운홀에서 성대한 기념대회가 개최되었다. 스코틀랜드장로교회 관계자 등 여러 인사가 초청되었으나, 아시아인으로 초청받은 유일한 지도자가 이약신 목사였다. 이날 이약신 목사는 마지막 강

---

29 1937년 당시 경남노회에는 8,266명의 세례교인과 13,571명의 신자, 65개의 조직교회, 236개 처의 미조직 교회가 있었다. 1923년에 비해 두 배로 증가한 통계이다. 선교사는 42명, 안수 받지 않는 한국인 사역자 123명, 안수 받은 목사 30명, 신학생 수 26명이었다. Helen Mackenzie, *Mackenzie: Man of Mission*(South Melbourne: Hyland House, 1995), 200.

연자로 등단하여 유창한 영어로 한국 교회를 소개하고 호주장로교회와 선교부사들의 헌신적인 봉사에 대해 깊은 감사를 전했다. 특히 흰 한복 두루마기를 입고 등단한 그의 유머와 윗트를 겸한 강연은 청중을 사로잡았다. 그의 멜버른에서의 활동은 빅토리아장로교회 기관지인 *The Messenger*에 여러 차례 보도되었다.[30]

이약신 목사의 호주 교회 방문은 한국 선교의 열매를 실증적으로 시위하는 계기가 되었고, 이를 통해 양국 간의 이해를 증진시켜 주었다. 이 기간 동안 이약신 목사는 최상의 대우를 받으며 호주의 성도들로부터 진심어린 사랑과 존경을 받았다. 필자가 1987년 멜버른 교외 하이델베르그의 장로교회를 방문했을 때 나이 많은 장로님으로부터 "약신 리를 아는냐"는 질문을 받았다. 꼭 50년이 지난 때였으나 그 장로님은 청년기에 약신 리의 설교를 기억하고 있었다. 이약신 목사의 은혜로운 말씀과 그가 끼친 영적 감동은 호주교회 지도자들과 성도들이 보내준 감사의 카드 속에 그대로 드러나 있다. 백주년기념대회 이후에도 몇몇 교회와 학교를 방문하여 설교 혹은 강연을 하면서 호주 교회와 교류했던 이약신 목사는 1938년 2월 23일 수요일 부산으로 돌아왔다.[31]

신사참배 문제

이약신 목사가 호주 방문을 마치고 귀국하여 다시 목회에 전념하고자 했으나 힘겨운 현실이 그를 기다리고 있었다. 예상치 못한 바가 아니었

---

30 *The Messenger*, Nov. 19. 1937 등.

31 호주에서 돌아온 후 매튜 목사에게 보낸 이약신의 1938년 3월 3일자 편지에서, 6개월간의 호주 방문 후 부산으로 돌아 온 날은 1938년 2월 23일이라고 말하고 있다. 그리고 귀국후 일주간 휴식하고 초량교회에서 첫 설교한 날은 3월 2일 수요일이었다. *The Missionary Chronicle* (May, 2, 1938), 12. 헬렌 매켄지는 이약신 목사의 호주체류 기간이 약 6개월이었다고 말한다. Helen Mackenzie, 200.

으나 일제는 기독교학교와 교회 그리고 교회기관에 신사참배를 요구하고 교회 지도자들에게는 이를 수용하도록 강요하고 있었다. 기독교학교에 대한 신사참배 강요는 1935년부터 시작되어 기독교학교(mission schools)는 존폐 위기에 직면하였고, 주한 외국 선교부는 이 문제로 고심하고 있었다. 교회 또한 이 문제로 혼란과 내분이 있었다. 이런 가운데 천주교와 감리교가 일제의 요구에 굴복하였고, 장로교회 또한 일제의 도전에 직면해 있었다. 이약신 목사는 신사참배는 명백한 우상숭배로 보았기 때문에 이를 수용할 수 없었다. 이런 상황에 대처하면서 목회해야 하는 현실은 힘겨운 도전이었다.

호주에서 귀국한 이약신 목사는 초량교회와 멀지 않는 곳에 작은 의료기관을 설립했다. 호주 방문 중 레디(Mr Reddie)로부터 한국 돈 1만원의 거금을 기부받아 이 돈으로 의료기관을 설립한 것이다. 레디는 아내의 소천을 기념하여 한국에 기부하였고, 이약신 목사는 의료기관이 시급하다고 보아 예도제중원(禮道濟衆院)을 개원하게 된 것이다. '예도'라고 한 것은 기부자인 '레디'와 비슷한 음을 취하되 겸양지도(謙讓之道)의 표현이기도 하고, 또 한글로 '예수의 도'로 읽을 수 있다는 점에서 예도제중원으로 칭한 것이다.

병원은 초량교회 교인이었던 정봉금(鄭鳳今) 의사, 이약신 목사의 누이인 이애시 간호사 그리고 간호보조원 1인으로 시작되었다.[32] 비록 소규모 의원이었으나 가난한 이들에게 무료로 진료하는 자선병원의 성격이 있었다. 이런 의료시설과 함께 새로운 각오로 목회하기를 원했으나, 신사참배 거부는 그의 선한 의지를 실현하기 어려운 환경으로 몰고 가고 있었다.

---

32 빅토리아장로교 여전도회연합회 기관지였던 *The Missionary Chronicle*에서는 병원 설립 초기의 병원 건물과 첫 직원 사진을 소개하고 있다. *The Missionary Chronicle*, Jan. 2, 1939, p.14

일본 군국주의자들이 득세함에 따라 신사참배 강요는 심화되었다. 일제는 신사참배가 종교행위가 아니라 국민의례에 불과하다는 점을 주지시키려는 목적으로 일본조합교회 목사이자 일본기독교대회 의장인 도미타 미츠루(富田滿, 1883~1961)를 한국으로 보냈는데, 그가 평양으로 가기 전에 먼저 각 교회 연합으로 부산 초량교회에서 강연회를 열었다.[33] 그 후 도미타가 평양으로 간 때가 6월 30일이었다.[34] 손양원은 부산 모임에는 불참했으나 평양 모임에는 참석하여 주기철 등과 더불어 도미타의 주장에 이의를 제기했다.

1938년 평양에서 모인 장로교 제27차 총회에서 신사참배는 종교행위가 아니라 국민의례라는 이름으로 참배를 가결했다. 비록 강압에 의한 가결이라고 할지라도 한국 교회의 굴욕이자 심각한 훼절이었다. 이런 상황에서 이약신 목사에게도 신사참배를 요구했고, 교인들을 데리고 용두산 신사에 참배할 것을 강요했다. 그의 참배는 상징적인 의미가 있었기에 일경의 요구는 계속되었다. 1938년 12월에는 경남도경에 구인되어 참배를 강요받았으나 거절하자 부산을 떠날 것을 요구했다. 거듭된 요구를 실행하지 않자 한번은 일경이 사택으로 찾아와 강제로 그를 전차에 태워 용두산 신사로 끌고 갔다. 그리고는 일경이 강제로 머리를 숙이게 했다. 폭력적인 일경의 힘을 물리칠 수 없었다. 이 일로 큰 충격을 받은 이약신 목사는 초량교회를 떠나기로 작정했고, 1939년 2월 가족은 부산에 남겨두고 단신으로 부산을 떠나 평양으로 이거하였다. 알 수 없는 미래에 대한 불안을 가슴에 묻어둔 채.

33 이만열 편, p.103

34 이상규, 『해방전후 한국장로교회의 역사와 신학』, 한국기독교역사연구소, 2015, p.375

평양 신광교회, 투옥, 만주로의 피신, 해방

평양 신광교회

부산을 떠나 단신으로 어렵게 지내던 이약신 목사는 1939년 6월 말 평양의 작은 교회 신광교회에 부임했다. 송상석(宋相錫, 1897~1978) 목사와 동사 목회자로 부임한 것이다. 송상석 목사는 신사참배 거부로 어려움을 겪고 있던 이약신 목사를 자신의 교회 동사 목사로 초빙한 것이다. 송상석 목사와 이약신 목사는 이전부터 알고 있는 관계였다. 송상석 목사와 이옥경 사모는 성호초등학교로 불리는 마산공립보통학교 같은 반에서 공부했고,[35] 송상석 목사는 학생시절 운동선수로 시합장에서 이약신 목사를 만나게 되었고, 그 후 상호 교통하고 지냈다.[36] 이약신 목사가 신광교회로 부임한 이후, 송상석 목사는 "평양 신광교회에 시무하면서 음성적으로 신사참배 반대자들을 지원하였고, 이약신 목사와 함께 신광교회 안에서 신사참배를 반대하는 교인들을 규합하였다." 이 일로 "이약신 목사는 송상석 목사와 함께 체포되어 6개월간의 옥고를 치루었다."고 한다.[37]

이약신 목사는 비록 부산을 떠나 평양의 작은 교회로 피했으나 이곳도 '피난처'가 되지 못했다. 따라서 이 교회에서의 사역도 길지 못했다. 이곳에서도 신사참배 강요를 피할 수 없었고, 동방요배, 황국신민서사의 봉창 등 강요와 규제는 심화되었기 때문이다. 일제는 심지어는 교회당에 가미다나(かみだな)라고 불리는 신붕(神棚)을 설치하도록 요구

---

35 이상규, 『한상동과 그의 시대』, p.139
36 박약실, p.43
37 『한국기독교대백과사전』 9권: 708, 박약실, p.43

했다. 이런 요구를 수용할 수 없었으므로 이약신 목사는 교회를 사면했다. 그리고 가족을 데리고 다시 부산으로 돌아왔다.

비록 평양을 떠났으나 부산 또한 안전지대는 아니었다. 이미 신사 거부자로 요주의 인물로 지목된 그는 1941년 초 부산도경 형사들에 의해 체포되어 경남도경의 제5감방에 수감되었다. 이미 부산 경남지역에서 신사참배 반대자들이 구속되어 있었다. 제1감방에는 최덕지, 송봉덕, 박인순, 배학수, 제2감방에는 최달석, 강루식, 제3감방에는 김영숙, 염애나, 이술연, 조복희, 강선히, 김야모 등이, 제4감방에는 김수영, 제6감방에는 손명복 전도사가 구속되어 있었다. 구속된 이약신 목사는 친영(親英) 친미(親美) 인사로 지목되어 고문을 받았고, 심신은 극도로 허약해졌다. 이때 도경은 병보석을 허락하여 그의 사위 이봉은에게 통보했다. 이봉은은 세브란스의전 출신 의사로서 정봉금 의사에 이어 부산 초량의 예도(禮道)의원을 운영하고 있었다.

가석방된 이약신 목사는 가족들의 간호로 차츰 건강을 회복했으나 다시 투옥될 형편이었으므로 만주로의 피신을 선택했다. 이옥경 사모의 동생 계옥의 가족이 만주 봉천(선양)에 살고 있었기 때문이다. 그래서 이약신 목사는 은밀하게 만주 봉천으로 도피했다. 비록 경남도경의 수사망은 만주까지 미치지 못했으나 독립군의 활동 거점이었음으로 일경의 감시와 사찰은 피할 수 없었다. 그래서 한 곳에 장기간 머물지 못했다. 송명규(宋明奎) 전도사 댁에서 10개월 동안 지내기도 했고, 서완선 교사(후일 목사)의 거처로 옮겨가 수개월간 함께 지내기도 했다.

해방과 마산으로의 귀환

이효재 교수의 기록에 의하면, 이약신 목사는 만주에서 피신해 지내던 중 1945년 5월 어느 날 변장을 하고 귀국 길에 올라 마산 집으로 돌아왔다고 한다. "해골처럼 야위고 검은 피부에 말할 수 없이 초라한 모

습이었다"고 한다.[38] 집으로 돌아왔으나 신사참배 거부자, 곧 불령선인 (不逞鮮人, ふていせんじん)으로 지목되어 있던 그가 편안히 안식할 곳이 없었다. 숨어서 지내던 중 시국은 더욱 비관적이었다. 대동아전쟁에서 일본은 패색이 짙어지자 조선인 민족 혹은 기독교지도자 학살 계획을 수립했다. 불안한 소문이 더욱 안전을 위협했다. 이약신 목사는 노인으로 변장하여 다시 만주로 돌아가기로 결심하고, 부산을 떠나 일단 송상석 목사가 인퇴(引退)한 후 경작하던 과수원이 있는 경기도 광주로 갔다. 이곳에서 얼마를 보내고 만주로 가기 위해 길을 떠난 그날 해방을 맞게 되었다.[39] 해방을 맞게 되자 이약신 목사는 기쁨으로 마산으로 돌아 왔다. 이제 그의 앞에는 새로운 과제가 그를 기다리고 있었다.

해방과 경남 지역에서의 목회와 사회복지 사업

마산문창교회 부임

해방을 맞게 되자 이약신 목사는 만주에서의 피신생활을 마감하고 보다 안정된 사역을 할 수 있게 되었다. 그는 마산으로 돌아왔고, 마산문창교회 담임목사로 청빙을 받게 되었다. 문창교회는 경남의 유수한 교회로 많은 인재를 배출한 교회인데, 주기철(1931. 7~1936. 7), 한상동 목사(1938. 1~1938. 6)에 이어 1940년 11월에는 김동선 목사가 부임하여 1945년 8월까지 시무했다. 일제에 협조적이었던 김동선(金城東鮮) 목사는 신사참배는 말할 것도 없고 총독부 촉탁으로 시국강연을 하며 황도정신을 선양했다. 1943년 5월 5일 장로교총회가 해산당하고 5월 26일 경남노회도 해산되어 타 교파와 통합되어 일본기독교 조선교

---

38 이효재, p.164
39 박약실, p.43

단 휘하의 경남교구회(1943. 5. 26)가 되었을 때 교구장은 김길창 목사였고, 김동선 목사는 부교구장이었다. 해방이 되자 김동선 목사는 자신의 처신에 대해 책임을 통감하고 1945년 8월 26일 임시제직회를 소집하고 문창교회에 사임서를 제출하였고 곧 수리되었다. 동일 회집한 제직회는 한상동 목사를 다시 담임목사로 청빙키로 하였으나 불가능하게 되자 이약신 목사를 청빙키로 한 것이다. 이런 결정에 따라 이약신 목사는 1945년 10월 문창교회에 부임했다.

그는 해방된 조국에서 자유로운 신앙생활을 구가하며 마음껏 목회하고 싶었다. 무엇보다도 교회를 쇄신하고 새로운 출발을 하고 싶었다. 그래서 그는 우선 손양원 목사를 초청하여 부흥집회를 열었다. 이때가 언제인가는 분명치 않으나 이 집회에 참석했던 재건교회 박재준 목사는 해방되던 해 가을로 기억하고 있다.[40] 이때 손양원 목사는 오전에는 주기도문을 강해하고, 저녁에는 제목 중심의 설교를 했는데, 어느 저녁에는 다니엘서 3장 전장을 읽게 하고 설교했다고 한다. 이 때 이 본문을 읽은 이가 박재준이었다. 이 집회 때 담임목사였던 이약신 목사는 "일제하에서 철저하게 믿음을 지키지 못한 일을 간증하면서 찬송 338장을 부르면서 눈물로 회개했다고 한다.[41] 당시 찬송가의 338장은 찰스 웨슬리의 가사를 올드 랭 사인 곡으로 부르는 "천부여 의지 없어서"인데, 이 자책의 노래로 온 청중이 큰 은혜를 받았다고 한다. 이약신 목사는 신사참배를 거부하여 투옥되기까지 했으나 그럼에도 불구하고 자신을 자책하며 회개했음을 알 수 있다.

한상동 목사가 남하한 이후인 1946년 4월 이약신 목사는 문창교회에

---

40 대한예수교장로회 재건교회 총회 역사편찬위원회, 『역사의 증언 3』, 재건교회 총회, 2003, p.180

41 대한예수교장로회 재건교회 총회 역사편찬위원회, p.180~181

서 출옥 성도 위로회를 개최했다. 손명복, 조수옥, 한상동 등 출옥 성도들과 마산지방의 많은 성도가 참석했다. 이때 한상동 목사의 설교가 있은 후 이약신 목사는 일제에 대항하여 끝까지 싸우지 못한 자신의 나약함을 자책하며, 출옥 성도들의 수고를 위로하고 이들을 치하하며 하나님께 감사했다.[42] 이약신 목사의 문창교회에서 사역은 길지 못했다. 꼭 일 년간 일하고 1946년 8월 교회를 사임하고[43] 진해교회로 이동했다.

고아원 사역의 시작

이약신 목사의 고아원 사역은 문창교회 재임기부터 시작된다. 해방 후 혼란한 사회에서 보호받지 못하는 이들에 대한 관심은 자연스러운 일이지만 이 일을 적극적으로 추진한 이는 이목사님의 부인 이옥경 사모였다. 마산 문창교회 부임으로 마산시 상남동 64번지 사택에서 비교적 안정된 생활을 할 수 있게 되자 부모 없는 아이들을 사택으로 맞아들여 함께 생활하기 시작했다. 약 10여 명이 되자 '희망원'이라고 명명했다. 이때가 1945년 12월 초였다.[44] 이 일은 이옥경 사모가 주도했지만 이약신 목사 또한 이 일에 무심할 수 없었다. 출옥 성도 조수옥 전도사도 이 일에 동역하게 된다. 출옥 성도 위로회 때 참석한 조수옥에게 이약신 목사는 함께 일할 것을 제안하였고, 조수옥은 이를 받아들임으로써 고아원 사역에 동참하게 된다.[45] 그러나 조수옥이 이곳에서 일한 기간은 8개월 정도에 지나지 않았다. 의견의 차이로 조수옥은 이약신

---

42 이효재, p.170

43 마산문창교회 제직회록, 1946년 8월 26일자

44 이효재, p.172. 와다나베 노부오가 기록한 조수옥의 증언집에서는 희망원이 시작된 것은 12월 초라고 말하고 있으나 '희망원'을 '인애원'으로 기록하고 있다. 와다나베 노부오, 『신사 참배를 거부한 그리스도인』, 엘멘, 2002, p.193.

45 이상규 편, 『고신의 여성지도자들』, 전국여전도회 연합회, 2014, p.64. 이효재, p.172

목사 가정과 별리하게 된다. 이효재 교수에 의하면 조수옥은 의신여학
교 기숙사가 비게 되니 그리로 옮겨가 아이들을 더 많이 받아들이자고
제안했고, 이약신 목사의 부부는 먹일 것이나 입힐 것이 부족한 상태에
서 현실에 맞게 받아들이자고 했다. 이런 의견의 차이가 있어 조수옥은
희망원을 떠났다. 그가 희망원의 일부 아이를 데리고 나가 마산시 장군
동 4가 25번지에서 새로운 고아원을 열었는데, 이것이 '인애원'(仁愛院)
의 시작이었다. 1946년 9월이었다.

이약신 목사의 희망원은 오직 네 칸뿐인 문창교회 목사 사택에서 시
작되었으나, 1946년 3월에는 고아들의 수가 증가하여 더 이상 수용할
수 없게 되어 1946년 4월에는 마산의 의신여학교 기숙사를 임시 거처
로 사용하기도 했다. 그러나 임시방편에 불과했으므로 새로운 건물이
필요했고, 이 일에도 관심을 쓸 수밖에 없었다. 그러나 문창교회 당회
는 이약신 목사 가정에서 고아원 사업을 겸하는 일에 대하여 탐탁하게
여기지 않았다. 이런 가운데 이약신 목사는 진해교회로부터 청빙을 받
게 된다.

진해교회 부임, 진해남부교회 개척

진해교회는 경화동교회에서 나온 강주선 목사가 설립한 교회인데, 강
주선 목사는 1946년 10월 경 진해교회를 사임하고 함양읍교회로 이동
했다. 담임 목사가 공석이 된 경화동교회는 1946년 진해신학강좌 인도
차 진해로 온 박윤선 목사를 임시 설교목사로 초청했고, 그는 부산으로
이거하기 전까지 약 3개월간 설교자로 봉사했다.

강주선 목사의 뒤를 이어 이약신 목사는 1946년 11월 진해교회 제2대
목사로 부임하게 되는데, 이 때 고아원도 진해시 인의동 29번지로 이전
하여 오늘의 진해 희망원, 곧 경신사회복지재단으로 발전하게 된다. 고
아원 사업은 당시 꼭 필요한 사회사업이었으나 목회자가 이 일을 겸하

는 점에 대해서는 부정적인 시각이 없지 않았다. 특히 목회에 전념할 수 없게 한다는 점 때문에 권성문 장로를 비롯하여 김해룡 집사 등이 불만을 토로하고 반대했다. 흔히 고아원 사업은 이약신 목사의 사회복지 목회에 대한 관심에서 비롯된 것으로 말하지만 이는 사실이 아니다. 결과적으로는 그가 기독교 사회복지운동에 기여하게 되지만 그가 처음부터 이런 형태의 목회를 구상한 것은 아니었다.

진해교회에서 3년간 시무한 이약신 목사는 1949년 9월 교회를 사임했다. 이 때 이필희 집사 가족과 주외선, 주교생 가족 등 일부도 교회를 나왔다.[46] 1950년 12월 17일에는 앞에서 언급한바와 같은 진해교회를 나온 50여명의 신자들과 함께 진해남부교회를 설립하게 된다. 이 때부터 7년간 담임목사로 일하던 중 1957년 1월 20일 59세의 나이로 하나님의 부름을 받았다. 근원적인 사인은 과로였다. 목회와 고아원 사역, 특히 고아원 운영을 위한 활동과 미국 방문, 지역교회 집회도 그의 건강을 위협했지만 해방 이후 경남노회 지역에서 전개된 교회쇄신운동과 고신교회의 형성 과정에서의 활동도 그의 안식을 앗아갔다.

고신교회(단)에서의 봉사

이약신 목사는 당시 장로교 총회로부터 축출된 고려신학교 인사들, 곧 경남법통노회로부터 시작된 고신교회(교단)를 위해서도 많은 봉사를 했다. 그는 1952년 9월 11일 진주 성남교회당에서 모인 제57회 경남법통노회는 총노회 조직을 결의했는데, 이때 그는 총노회장으로 피선되었다. 부회장 한상동, 서기 홍순탁(洪順卓), 회록서기 오병세(吳秉世), 부서기 윤봉기(尹奉基) 목사, 회계 주영문, 부회계 김인식 장로였다. 이당시 고신교(회)단에 속한 교회는 320여개 교회였고, 이중 90% 정도

---

46 이효재, p.191

가 부산. 경남 지역에 위치한 교회였다. 제1대 총노회장으로 봉사했던 이약신 목사는 1953년 3월 6일 부산 삼일교회당에서 개최된 제2회 총노회에서 다시 회장으로 피임되었고, 1954년 3월 12일 부산남교회당에서 개최된 제3회 총노회에서 또다시 회장으로 피선되었다. 이때 국제기독교연합회(ICCC) 세계대회에 이약신 회장을 비롯하여 한상동, 박윤선, 박손혁 목사를 파송하기로 결정했다. 그래서 이약신 목사는 이들과 함께 7월 8일 도미하였다. 공식적인 일정을 마친 후 다른 이들은 귀국했으나 이약신 목사는 한국의 고아들을 위해 알라바마 주의 카우치, 텍사스 주의 도우티 여사를 방문하는 등 고아들을 위한 구호 사업을 위해 동분서주하고 1955년 6월 21일 귀국했다. 일 년 가까이 미국에 체류하여 교회와 교단 일을 할 수 없었던 점을 애석하게 여겼으나 당시로 볼 때 먼 나라 미국을 자주 왕래할 수 없는 형편이라 불가피한 일이었다.

이 당시도 건강이 좋지 못한 상태였다. 그러나 1956년에는 고신교단의 첫 총회장으로 선출되고 진해남부교회 목회, 고아원 사업, 부흥회 등 각종 집회 인도로 건강을 잃고 있었다. 그해 12월 초순에는 병상에 눕게 되었고, 약 40일 간 투병하시다가 1957년 1월 20일 주일 59세의 나이로 하나님의 부름을 받은 것이다.

맺는 말: 이약신 목사의 죽음, 그 이후

이약신 목사는 격동의 시대를 살았다. 국가의 운명이 백척간두에 서 있을 때 어린 시절을 보내고, 일제의 조선 강점과 식민지배, 삼일운동과 독립운동, 민족의 수난을 경험했다. 신사참배 거부와 수난, 해방과 독립, 6.25전쟁을 경험했다. 이런 역사의 질곡에서도 자기 인생을 개척하며 양식과 지식을 갖춘 목회자로 활동하셨고, 무엇보다도 불쌍한 고아들을 섬기기 위해 사회복지운동에 동참하였다. 그는 교양 있는 목회자이자 겸손한 인품의 소유자로 화해와 연합을 중시했던 인물이었고, 선한 목자로 일생을 사셨다.

그는 평화주의자였다. 화해와 협력을 중시했고 다투거나 대결하지 않았다. 교회에 문제가 생기면 대결하기보다 화평을 호소하고 자신을 사임하고 새로운 길을 걸어갔다.

이약신 목사 슬하의 5녀 효주(의사, 남편 이봉은 장로), 효재(전 이화여대 교수, 미혼), 효숙(치과의사, 남편 노광욱), 성숙(재미), 은화(이화여대 유아교육과 교수, 남편 심원택, 산업은행장)와 1남 성웅(장로, 사업가, 부인 이부자)은 선대의 기독교신앙을 계승하여 사회 여러 분야에서 활동하며 봉사하였고, 이런 정신은 후손들에 의해 계승되고 있다.

2

1905 · 1950

나의 사랑하는 아버지,
김관주 목사

김명혁 목사

서울대학교 문리대 사학과 졸업 (1961, B.A.)
훼이스 신학교(Faith Theological Seminary) 졸업 (1964, B.D.)
웨스터민스터 신학교(Westminster Seminary) 졸업 (1966, Th.M.)
예일대학교 신학원(Yale Divinity School) 졸업 (1967, S.T.M.)
아퀴나스 신학원 (Aquinas Institute of Theology) 졸업 (1973, Ph.D.)
(Visiting Scholar & Research Fellow) Billy Graham Center, Fuller
School of World Mission, Tubingen University
현 | 한국세계선교협의회 공동회장, 강변교회 원로/선교목사
전 | 합동신학대학원대학교 총장, 한국복음주의협의회 회장
　　한국기독교총연합회 공동회장, 영안교회 담임목사
저서 | 『선교의 성서적』, 『기초 현대교회의 동향』, 『초대교회의 형성』,
　　『근세교회사』, 『한국 교회 쟁점진단』, 『하나님은 사랑이시라』

북한에서 신앙의 절개를 지키며 진실하게 목
회 하시다가 1950년 6월 23일경 45세에 순교
하신 분이 바로 아버지 김관주(金冠柱) 목사님
이다. 아버지는 1905년 9월 25일 평안남도 안
주군 안주읍 미상리 558번지에서 안주 동교
회 김현하 영수님과 김정숙 권사님의 맏아들
로 태어났다. 대대로 성리학을 중시하던 유교
가정에 시집와서 남편과 아들들에게 예수님을

김관주 목사

전해준 분은 주일 성수와 산 기도에 전념하며 온 동네 사람들을 예수
믿게 한 김정숙 권사님이었다. 할머니의 신앙으로 남편인 할아버지가
예수님을 믿어 영수가 되었고 두 아들이 목사가 되었고, 한 아들이 장
로가 되었는데 맏아들인 아버지가 목사님이 되었다. 아버지는 일본으
로 가서 법학 공부를 하다가 신학 공부를 하게 되었다. 그리고 일본에
서 의학 전문을 나온 여의사와 결혼을 해서 1937년 6월 4일 나를 낳았
다. 아버지는 동경신학교를 마친 후 한경직 목사님의 초청으로 1938년
부터 신의주 제이교회에서 목회 사역을 시작했다. 한경직 목사님이 미
국에서 귀국할 때 일본에 들러서 아버지를 만나게 되었는데 무언가 통
하는 것이 있었던 것 같았다. 아버지는 신의주 제이교회에 와서 처음에
는 부목사로 나중에는 담임 목사로 9년 동안 목회를 했다. 나는 어렸을
때 아버지와 많은 시간을 함께 가지지 못했다. 아버지 김관주 목사님
은 목회에 바쁘셨을 뿐 아니라 신의주에 계실 때나 평양에 계실 때 주
로 감옥에 계셨기 때문이었다. 내가 신의주에 있을 때 아버지가 이따금
씩 나를 칭찬해 주던 모습이 눈에 아물거린다. 무엇을 물어보시면 내가
대답을 하곤 했는데 대답을 아주 잘했다고 칭찬을 해 주시곤 했다. 나
는 신의주 감옥에 갇혀 있던 아버지를 뵙기 위해 어머니와 여동생과 함
께 감옥을 찾아가곤 했다. 아버지는 일제의 신사참배 강요에 한치의 양

보도 없이 반대하다가 감옥에 투옥되었기 때문이었다. 대부분의 경우 우리는 아버지를 직접 뵙지 못하고 감옥 담장 밖에서 목소리를 돋우어 노래를 부르거나 소리쳐 아버지를 부르곤 했다. 그때 나는 감옥에 계신 아버지가 들으시라고 목소리를 돋우어 "뜸북뜸북 뜸북새 논에서 울고 뻐꾹뻐꾹 뻐꾹새 숲에서 울제 우리 오빠 말 타고 서울 가시며 비단구두 사가지고 오신다더니"라는 노래를 불렀고 "아버지! 아버지! 아버지!"라고 소리를 지르곤 했다.

아버지 김관주 목사님은 1946년 5월까지 신의주 제이교회에서 9년 동안 목회 하시다가 1947년 평양 서문밖교회로 옮겨 목회를 시작했다. 그런데 북한에 들어선 공산 정권이 아버지를 가만히 두지 않았다. 소련이 참여하는 정치에 협조할 것을 강요 받았으나 이를 거부하자 압력이 가해졌다. 아버지는 오히려 조만식 장로가 이끄는 기독교 민주당을 결성하는 데 참여했다. 공산 정권은 결국 협조하지 않는 아버지를 1947년 11월 18일 평양에서 체포해 평양 외곽에 있는 사동 탄광으로 데려가서 강제 노역을 하도록 했다. 나는 어머니와 함께 사동 탄광을 찾아가곤 했는데 죄수복을 입으신 아버지를 몇 번 만나 뵌 기억이 난다. 아버지는 사동 탄광에서 중노동을 하면서도 동료 죄수들의 존경을 받고 간수들의 신임을 받는 모범 죄수였다는 말을 들었다. 나는 아버지로부터 신앙적인 감화를 은은하게 받았다. 신앙의 절개를 지키기 위해서는 고난도 감수해야 한다는 교훈을 실제로 받았다. 내가 평양 제5인민학교를 다닐 때 일요일 날 학교에 오지 않는다는 이유로 월요일마다 벌을 서고, 정학까지 당하면서도 주일 성수를 끝까지 고수했던 이유도 바로 이와 같은 아버지의 신앙적인 감화와 교훈에서 비롯된 것이라고 생각한다. 물론 서문밖교회의 주일학교 선생님인 이인복, 명선성, 최병목 선생님들이 주일 성수와 새벽기도와 순교 신앙의 가르침을 나의 몸과 마음에 깊이 심어준 이유가 있었다고 생각한다. 내가 아버지를 마지막으로 만난 것은

1948년 7월 사동 탄광에서였다. 내가 주일 성수와 신앙의 자유를 누리기 위해서 남쪽으로 가겠다고 말씀 드렸을 때 아버지는 나를 한참 바라보시다가 그러면 가라고 말씀하셨다. 결국 그 다음 달인 1948년 8월 주일을 거룩하게 지키며 신앙생활을 바로 하기 위해서, 그리고 아버지의 뒤를 이어 목사가 되고 싶은 소원을 지니고 나는 11살 나이에 38선을 혼자서 뛰어 넘어 월남했다. 그러면 이제부터

김관주목사 부부와 김명혁 박사(우측아래)

나의 아버지 김관주 목사님이 어떤 분이셨는지를 세 가지로 나누어 서술해보려고 한다.

첫째로, 김관주 목사님은 신앙이 철저한 어머니의 아들로 태어난 후 목회의 길로 걸어갔다. 아버지 김관주 목사님은 1905년 9월 25일 평안남도 안주군 안주읍 미상리 558번지에서 아버지 김현하씨와 어머니 김정숙씨의 장남으로 태어났다. 어머니 김정숙씨는 결혼하기 전부터 예수님을 착실하게 믿었는데 불신앙의 가정으로 시집 온 후 한 평생 기도와 주일 성수의 신앙으로 시집의 온 가족을 예수님께로 인도했다. 새벽마다 산에 올라가 새벽기도를 평생토록 했다고 한다. 남편과 자녀들의 영혼을 구원해 달라고 새벽마다 눈물로 기도를 드렸다고 한다. 비가 올 때는 어린 손자(명길)를 데리고 산에 올라가서 손자로 하여금 우산을 받쳐 들게 하고 눈물의 기도를 새벽마다 드렸다고 한다. 결국 남편을 회개시켰고 세 아들을 모두 예수 믿게 했다. 남편은 집사와 영수가 되었다. 맏아들인 아버지는 나중에 목사가 되었고, 둘째 아들은 집사가

되었고, 셋째 아들도 나중에 목사가 되었다. 아버지는 어머니의 적극적이고 열정적인 신앙과 성격을 빼어 닮았다고 나의 사촌 형인 김명길 목사가 말해주었다. 나는 어렸을 때 안주 친할머니 집에 가서 지내기도 했는데, 캄캄한 수요일 밤 친할머니의 손을 잡고 온 가족이 등불을 켜 들고 논밭 길을 걸어 멀리 있던 예배 처소에 가서 수요 예배를 드리곤 하던 기억이 지금도 생생하다. 친할머니 김정숙 권사님은 교회 봉사에 충성을 다했는데 때로는 수요일 저녁 예배와 주일 저녁 예배 때 설교까지 했다고 한다. 그리고 무엇보다 주일 성수에 철저했는데 주일에는 농사 일을 절대로 하지 못하게 했다고 한다. 그래서 동네 사람들이 모두 비웃었다고 한다. 그러나 할머니는 주일날 절대로 밭에 나가서 일을 하지 못하게 했다고 한다. 그런데 이상하게도 추수 때가 되면 할머니 할아버지의 논과 밭의 추수가 제일 잘 되었다고 했다. 할머니는 또한 자녀와 손자들에게 거짓말을 하면 하나님께 벌 받는다고 말하면서 절대로 거짓말을 못하게 했다고 한다. 결국 아버지는 기도와 주일 성수의 신앙을 어머니로부터 물려받았고, 강직하고, 적극적이고, 모험적이고, 진실한 어머니의 성격을 그대로 닮았다고 나의 사촌 형이 말해주었다. 그 신앙과 성격의 유산의 일부를 나도 물려 받았다고 생각한다. 그런데 사촌 형이 이런 말을 했다. 내가 아버지의 강직하고 진실한 성격을 닮았지만, 어머니를 많이 닮았다고 했다. 어머니가 유하고 부드러운 성격을 지니고 있었는데 내가 어머니의 유하고 부드러운 성격을 많이 닮았다고 말했다. 사실 나는 내가 부드러운 성격을 지녔다고 생각한 적은 없다. 그저 사촌 형님이 한 말을 그대로 하는 것뿐이다.

아버지는 중학교를 마치고 숭실 전문학교에 진학해서 공부하면서 선교사들과 친하게 사귀면서 선교사들의 사랑을 받게 되었다고 했다. 그리고 선교사들의 도움으로 일본으로 유학을 가게 되었다고 했다. 처음에는 동지사대학에서 법학을 공부했는데 중간에 법학 공부를 중단하고 신학 공부를 하게 되었다. 일제하에서 법학을 공부하는 것이 독립운동을 하는 애국자들에게 해를 끼칠 수 있다고 생각했기 때문에 그리고 하나님만이 민족을 흑암과 절망에서 건지실 분임을 확신했기 때문에 법학에서 신학으로 옮겼다고 생각한다. 아버지는 모세처럼 민족을 구하고 지키는 하나의 촛불이 되고 싶었는지도 모른다.

아버지는 일본에서 공부할 때 조선에서 온 유학생들을 돌아보고 돕는 유학생 모임의 총무의 일을 맡아 보았다. 바로 그 즈음 미국 프린스톤 신학교에서 공부를 마치고 귀국하던 한경직 목사님이 일본 동경에 잠깐 들렀는데 그때 아버지를 만났다. 아버지에 대한 인상이 좋았던 것 같았다. 함께 일하면 좋겠다는 생각을 했던 것 같았다. 한경직 목사님이 신의주제이교회의 담임 목사님으로 부임한 후 일본에 연락을 해서 아버지를 부목사로 초청을 했기 때문이다. 결국 아버지는 한경직 목사님의 초

평양서문밖교회 주일학교 유년부 꽃주일 기념 | 왼쪽 위에서 아래로 7번째가 어릴적 김명혁 박사

청을 수락하여 1938년부터 신의주제이교회에서 목회사역을 시작했다.

한경직 목사님은 그때의 일을 다음과 같이 기술했다. "그래서 나는 김관주 전도사를 소개했다. 김전도사는 본래 일본 동경일본신학교(동경신학대학의 전신) 출신으로 내가 미국에서 나오는 길에 동경에 들러서 알게 된 사람이다. 김 전도사는 일본에서 의학전문을 나온 여의사 부인과 난지 얼마 안된 아들(지금 합동신학교 교수인 김명혁 박사)과 함께 부임했다. 교회는 사택도 마련해 주고 부인이 의사였기 때문에 병원도 마련해 주어 애린의원이란 간판을 걸고 의료봉사 사역도 잘 했다. 일 년이 지난 후 김 목사는 열심히 교회를 섬겨 유능한 설교자가 될 뿐 아니라 원래 장자의 풍이 있는데다가 강직하고, 진실하고, 능력도 있어서 일제 말기 때 당국과의 마찰에서 교회의 어려움을 잘 해결해서 교인들의 환영을 받았고, 미일전쟁이 일어난 직후 내가 미국 출신이었기 때문에 교회를 돌보지 못하게 되자(1942년경), 그 뒤를 김목사가 맡아 평북교계를 이끌고 나가는 중심인물이 되었다." (한경직, 「장로시무 핸드백」, pp.317~318)

둘째로, 김관주 목사님은 나라와 민족을 사랑한 애국자였다. 신의주제이교회 출신인 김치선 박사님은 1996년 8월 24일 미국에서 나에게 보낸 팩스 편지에서 아버지에 대해서 다음과 같이 회상했다. 김치선 박사님은 서울대 법대 학장과 숭실대 총장을 역임했는데 편지에서 아버지 김관주 목사님이 일본에서 법학과 신학을 공부했음에도 불구하고 민족주의 정신과 삶의 모습을 지니고 있었던 것을 지적했다. "목사님의 음성을 전화로나마 들으니 부친 목사님 생각이 나는군요. 항상 건강하시고 주님의 진실된 일꾼이 되시기를 기원합니다. 김관주 목사님께서 신의주제이교회에서 목회를 시작하실 무렵 저는 중학생이었으며, 일본 총독정치가 점점 기독교를 탄압하고 교역자들의 목회활동을 감시 내지는 시찰을 강화하였습니다. 목사님께서는 가급적 일본어를 사용치 않으셨습니다. 그 당시 일본 신학을 졸업하셨기에 일본어를 문법적으로 또는 발음에 있어 능하실 터인데도 의식적으로 부자유스럽게 표현하시었고 기회가 있을 때마다 한국어로 설교와 기도를 하셨습니다. 목사님의 옷차림은 일요일에도 항상 한복을 착용하셨습니다. 심방 오실 때에도 꼭 두루마기를 입으시고 고무신을 신으셨습니다. 그 당시에는 대부분의 한국인들은 외출복으로 양복과 구두를 착용하고 있었습니다. 1946년 3월에 소생의 결혼식을 주례해 주셨으며, 그때에도 한복 차림으로 수고하셨는데 매우 뜻있게 생각했습니다. 1945년 8월 15일 해방이 되고 공산군의 교회활동에 대한 감시가 시작될 때 약 2개월간 중·고등학교 성경공부를 교회 종각(4층) 밀실에서 인도하시던 목사님의 모습이 아직도 기억에 새롭습니다."

김양선 목사님은 그의 저서 「한국기독교 해방십년사」에서 나의 아버지가 신의주와 평양에서 기독교 지도자로 독립운동과 남북통일운동에 적극적으로 참여했던 사실을 기술했다. "1946년 해방 후 첫 번 3.1절 행사를 신의주 동교회에서 수천 신도들이 모인 가운데 김석구 목사의 사회로 성대하게 거행했는데, 공산당들이 3.1절 행사를 극심하게 반대했다. 공산도배들은 수천 군중을 이끌고 동교회로 달려들어 성단과 성경을 훼파한 후, 김석구 목사를 끌어내어 우차에 싣고 '민족 반역자' '미국의 주구' 등의 극악한 문구를 목에 걸어놓고 시내를 일주하며 갖은 야유와 모욕을 가하였다. 이러한 만행은 도처에서 일어났다. 의산노회장 김관주 목사는 공산도배의 이와 같은 만행을 남한에 알리기 위하여 동 17일 신도대회를 소집하고 성토 연설을 감행하였다. 그러나 저들은 이것을 이유로 본격적인 교회 탄압을 시행하였으며 지목되는 지도 인물의 제거를 위하여는 수단을 가리지 않았다." (「한국기독교 해방십년사」, p.67)

이 일로 인하여 김관주 목사님은 감옥에 투옥되었다. 아버지는 민족을 사랑하는 애국심과 정의를 사랑하는 의협심이 강했던 것 같았다. 그러나 한경직 목사님도 그랬지만 아버지가 편협한 민족주의자는 아니었다고 생각한다. 아버지는 일본에 대한 분노나 증오심은 품지 않았고 마지막까지 북한 동족을 사랑했다고 생각한다. 김양선 목사님은 계속해서 다음과 같이 기술했다. "해방 직후 신의주에서 한경직 목사를 중심으로 기독교 사회당이 결성되었던 것과 마찬가지로 평양에서는 김화식 목사를 중심으로 기독교 자유당의 결성 준비가 진행되고 있었다. 38선으로 남북이 분단되어 있으나 언젠가 한번은 남북통일의 정부수립이 있을 것을 예상한 사회지도자들은 민주주의 정부의 수립을 확보하기 위하여 기독교인을 기반으로 한 강력한 민주주의 정당조직을 계획하고 있었다. 1947년 9월 23일 유엔총회에서 한국문제의 토의가 결정되어 앞으로 미국의 한국 독립안이 상정될 것으로 보여지고, 그것이 원안대로 결정된다면 남북 통일정부의 수립은 곧 이어질 일로 보여지므로, 김화식 목사는 김관주, 황봉찬, 우경천 등 다수의 동지들과 고한규 장로를 당수로 한 기독교 자유당의 결성의 준비를 적극 추진하였고 1947년 11월 19일 결당식을 거행하기로 되어 있었다. 그러나 결당식을 하루 앞둔 11월 18일 내무서에 탐지된 바 되어 김화식 목사 이하 40여명의 교회 지도자들이 검속 투옥되었다." (『한국기독교 해방십년사』, pp.64~65)

한경직 목사님도 그의 저서 『장로시무 핸드백』에서 아버지의 기독교 자유당 결성 준비 활동을 다음과 같이 기술했다. "해방 후 신의주에서 윤하영과 필자가 중심으로 한 한국 최초의 정당 기독교 사회당이 조직되었을 때 상해 임정 요인 이유필 씨를 당수로 하고 조직되었으나 소련군의 진주로 와해되었다. 평양에서 고당 조만식 장로를 중심으로 조선민주당이 조직되었으나 소련정치에 협력하기를 거부하고 감금될 무렵 평양에서는 김화식 목사, 선천 동교회 김진수 목사, 신의주 김관주 목

사를 중심으로 하여 장차 있을 남북 통일정부 수립을 대비하여 기독교
자유당을 세우려 획책하고 고한규 장로를 당수로 추대했다."(한경직,
「장로시무 핸드백」, pp.313~314). 결국 아버지는 이 일로 인해 1947년
11월 18일 평양에서 김화식 목사님 등과 함께 투옥되었다. 아버지는 그
후 평양 외곽에 있는 사동 탄광으로 옮겨져 그곳에서 복역하다 가 6.25
전쟁 이틀 전인 1950년 6월 23일경에 순교한 것으로 전해지고 있다.

셋째로, 김관주 목사님은 무엇보다 주님과 교회를 사랑한 충성스러운
주님의 종이었다. 아버지가 좋아하시던 성경 말씀 중의 하나가 "네가
죽도록 충성하라" 라는 말씀이었다고 한다. 김관주 목사님은 1938년부
터 한경직 목사님과 함께 신의주 제이교회에서 부목사로 목회하였고,
1942년부터 1946년까지는 담임 목사로 목회를 했다. 일본이 신사참배
를 강요했을 때 아버지는 신사참배 반대운동을 펼쳤다고 한다. 일제는
아버지 김관주 목사님을 끌어다 회유도 하고 두들겨 패기도 하면서 신
사참배를 강요했다고 한다. 그러나 아버지는 신사참배를 거절했고 그
일로 감옥으로 끌려가서 1년 8개월 동안 옥고를 치르게 되었다. 1945년
해방을 맞았지만 또 다시 공산당의 박해가 시작되었다. 사촌 형님 김명
길 목사가 학생시절 신의주에 와서 얼마 동안 우리들과 함께 살았는데,
김명길 목사는 1996년 9월 8일 나에게 보낸 편지에서 그 당시의 상황
을 다음과 같이 기술했다. "한경직 목사님께서 일제 요시찰 인물로 설
교권을 박탈당하자 김관주 목사님이 신의주 제이교회의 동사 목사로 목
회를 하셨다. 김 목사님의 설교는 카랑카랑한 목소리의 강한 어조로 명
령형이면서도 호소적이었는데 그때 받은 강한 인상을 지금도 잊을 수
없다. 예배시간 30분 전에는 강단 옆방에서 준비기도와 묵상으로 준비
하고 있어 어떤 특별한 일이 아니면 만나기가 어려웠다. 설교 시 자주
인용하신 구절은 다음과 같은 구절인데 전 절을 다 읽으시곤 했다. '네

가 장차 받을 고난을 두려워 말라 볼찌어다 마귀가 장차 너희 가운데서 몇 사람을 옥에 던져 시험을 받게 하리니 너희가 십 일 동안 환난을 받으리라 네가 죽도록 충성하라 그리하면 내가 생명의 면류관을 네게 주리라'(계 2:10). '이것을 너희에게 이름은 너희로 내 안에서 평안을 누리게 하려 함이라 세상에서는 너희가 환난을 당하나 담대하라 내가 세상을 이기었노라'(요 16:33). '오직 성령의 열매는 사랑과 희락과 화평과 오래 참음과 자비와 양선과 충성과 온유와 절제니 이같은 것을 금지할 법이 없느니라'(갈 5:22~23) 등등이었다. 또한 애창한 찬송가는 '환난과 핍박 중에도'(383장), '주안에 있는 나에게'(455장), '삼천리 반도 금수강산'(371장) 등이었다. 김 목사님이 의산노회장으로 피선되었을 때 소련군이 의주교회당에 침입한 것을 인민위원회에 정식으로 항의하고 인민해방군이 무례하게 성전에 군화를 신고 침입한 것은 용서할 수 없는 일이라고 하여 사과를 받은 일이 있었다. 그 후 인민정치보위부 요원이 사택으로 들어와서 이남에서 왔다는 편지를 김목사님에게 전해주고 갔는데, 이것을 빌미로 재수감 입건하여 조사를 받은 일이 있었다."

그 후 아버지는 1947년에 평양 서문밖교회로 옮겨 목회를 했는데 목회를 시작한지 얼마 되지 않아 공산당에게 붙잡혀 감옥으로 갔다. 아버지가 신의주에 있을 때나 평양에 있을 때 남한으로 올 수 있는 기회가 없었던 것은 아니었다. 그러나 아버지는 주님과 교회와 양무리들을 사랑하는 마음으로 마지막까지 월남을 거부하고 북한 땅에 머물러 있었다. 김관주 목사님이 평양 사동탄광에 갇혀있을 때 김일성 주석의 외숙인 강량욱 목사가 아버지를 회유한 일이 있었다고 한다. 그 당시 사촌 형님 김명길 목사가 장로교신학교에 재학하고 있었는데, 하루는 강량욱 목사가 사촌 형을 불렀다고 한다. "자네에게 특별히 부탁하네. 사동탄광에 있는 숙부를 찾아가 한 번 이야기를 해보게. 이제라도 우리와 손잡고 일을 해 보자고 말일세. 죽는 것만이 능사는 아니라고 말일세."

김명길 목사는 당시의 상황을 이렇게 기술했다. "내가 사동탄광에 김관주 목사님을 면회 갔을 때 한번은 이런 제안을 드린 적이 있다. 내가 김일성 주석의 외숙인 강량욱 목사에게 말씀 드려서 큰 아버님을 석방하도록 건의할 터이니 나오셔서 강 목사님과 함께 손잡고 목회하시며 신학교에서 가르치면 어떻겠습니까? 라고 했더니 정색하며 강하게 내가 강 목사와 손잡으려면 왜 이곳에 와서 고생하겠느냐고 하시면서 다시는 그런 말은 입 밖에 내지 못하게 하셨다. 마지막 면회인 1950년 4월 5일에 갔더니 내가 앞으로 소련으로 가게 될지도 모르니 소련 말 교과서와 사전을 구해서 보내달라고 해서 4월 7일에 그 책을 들여보낸 일이 있는데 그것이 마지막이었다." 평양 서문밖교회 출신인 이승만 목사님은 1996년 7월 9일자로 미국에서 나에게 보낸 팩스 편지에서 다음과 같이 언급했다. 이승만 목사님은 미국 기독교교회협의회 총무와 미국장로교회(PCUSA) 총회장을 역임한 미국교회와 미국 한인교회의 지도자이다. "여러 면으로 수고 많이 하시는 소식을 듣고 자랑스럽게 생각하며, 옛날 김관주 목사님의 모습은 지금까지도 나의 기억에 새롭습니다. 공산 치하에서 순교를 각오하고 말씀을 전하시던 장엄한 모습의 기억이 오늘까지도 깊이 남았지요. 제가 그때는 어렸으니까 목사님께서 순교하신 그때의 형편에 대해서는 잘 알지를 못합니다."

아버지 김관주 목사님은 기독교 자유당 결성과 관련하여 1947년 11월 18일 평양에서 투옥되었다가 사동탄광으로 옮겨져 그곳에서 복역하게 되었다. 내가 아버지를 마지막으로 만난 것은 1948년 7월 사동탄광에서였다. 그 당시의 상황을 「빛과 소금」의 윤세민 기자는 나와의 대담을 기초로 해서 다음과 같이 기술했다. "1948년 7월, 만 열한 살의 어린 소년 명혁은 평양시 외각의 사동탄광을 찾았다. '예수 믿는 반동들의 괴수'로 몰려 탄광에 강제 수용돼 있는 아버지 김관주 목사를 면회하기 위해서였다. 명혁은 얼마 후 아버지를 만날 수 있었다. 남루한 작업복 차림의 아버지 모습은 얼마 전까지 교회 강단에서 힘차게 설교를 하던 모습과는 전혀 딴판이었다. 그러나 그 형형한 눈빛과 자신을 보고 환하게 웃는 아버지의 모습은 이전 그대로였다. '아니 명혁이 네가 웬일이냐?' '아버지가 보고 싶어서요.' '허허 이런 녀석……' 아버지와 아들은 반갑게 손을 맞잡고서 이런 저런 얘기를 나누었다. 이윽고 어린 명혁은 무겁게 입을 뗐다. '아버지 나 남조선 갈래요!' '남조선?' '여기선 도저히 하나님을 제대로 믿을 수 없고, 또 공부도 안돼요.' '……' '남조선에 가서 마음껏 예배도 드리고 공부도 하고 싶어요.' '남조선……' '네. 어떻게든 갈래요. 거기서 열심히 믿음 생활하고 공부도 열심히 해서 꼭 훌륭한 사람이 되어서 돌아올게요. 꼭이에요, 아버지.' '…… 그래, 그러려무나. 어린것이 오죽했으면 …… 그래 너만이라도 제대로 하나님을 섬기며 살 수만 있다면야 …… ' 탄가루로 까맣게 된 아버지의 얼굴 위로 땀과 함께 눈물이 흘러내리고 있었다. 어린 명혁의 콧등도 시큰해졌다. 그것이 마지막이었다. 아버지를 본 것도, 아버지의 말씀을 들은 것도." (『통일과 선교』, pp.11~12). 아버지 김관주 목사님은 주님과 교회를 사랑한 충성스러운 주님의 종이었다. 그래서 평양에서 순교하신 최권능 목사님과 주기철 목사님의 뒤를 이어 죽도록 충성하며 주님과 교회를 사랑으로 섬기시다가 평양에서 순교의 제물이 되신 것이었다.

그러면 이제부터 아버지의 충성스러운 순교신앙과 어머니의 희생적인 눈물 어린 사랑을 받으면서 살아온 내 삶에 대한 이야기를 해 보려고 한다. 우선 어머니에 대한 이야기를 한다. 어머니(유춘택)는 그 누구보다도 나를 너무너무 사랑했다. 나 없이는 살 수가 없다는 말을 자주 했다. 둘째는 십 리 밖에, 셋째는 백 리 밖에 두고 살아도 첫째는 내 옆에 두고 살겠다는 말도 자주 했다. 어머니는 내가 좋아하는 것을 알아서 해 주곤 했다. 나도 어머니를 너무너무 사랑했다. 그런데 내가 남쪽으로 가겠다고 말했을 때 어머니는 울면서 그러면 가라고 말씀했다. 그렇게도 사랑하는 맏아들을 포기하는 희생을 감수하신 것이었다. 그 희생적인 눈물 어린 사랑이 평생 나의 가슴에 남아있게 되었고, 나를 지탱하는 자양분과 활력소가 되었다고 생각한다. 내가 어머니와 생이별을 한지 17년이 지난 어느 날 어머니로부터 편지 한 장이 날아왔다. 내가 미국 웨스트민

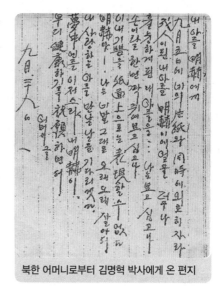

북한 어머니로부터 김명혁 박사에게 온 편지

스터신학교에서 공부하고 있던 1965년 10월 어느 날이었다. 나의 친구 한 사람이 북한에 있는 어머니에게 편지를 써서 보내는 게 좋지 않겠냐고 해서 편지를 써서 홍콩을 통해서 북한에 보냈더니 어머니가 받아보시고 두 달 후에 나에게 편지 한 장을 보내셨다. 분명한 어머니의 멋진 필체로 써서 보낸 편지의 내용은 다음과 같았다. "내 아들 명혁에게 9월 5일 네 편지와 동시에 외로이 자라 성인이 된 내 아들 명혁이의 얼굴을, 더구나 훌륭하게 된 내 아들을 …… 나는 보고 십구나. 손이라도 한번 꼭 쥐어 보고 십구나. 이 내 기쁨을 지면상으로는 표현할 수 없다. 명혁아! 나는 네 말 그대로 오래 오래 살어서 내 사랑하는 아들 만날 날을 기다리겠다. 몽중엔들 잊였으랴 내 명혁이. 부디 건강하기를 축원하면서. 어머니 글 9월 29일" 나는 그 편지를 받아 들고 읽고 또 읽으면서 울고 또 울고 또 울었다. 나는 그 편지의 사본을 언제나 성경책 속에 넣고 다니면서 읽곤 한다. 그 편지의 원본은 유학을 마치고 귀국 했을 때 중앙정보부에 빼앗겼다. 사랑하는 나의 어머니의 희생적인 눈물 어린 사랑이 평생 나의 가슴에 남아있게 되었고, 나를 지탱하는 자양분과 활

력소가 되었다고 생각한다.

나는 주일 성수와 신앙의 자유를 얻기 위해 만 11살 되던 해인 1948년 8월 어느 날 38선을 뛰어 넘어 단신으로 월남했다. 세상에서 나를 가장 사랑하시던 어머니를 북에 두고, 신앙의 절개를 지키시기 위해서 감옥에 갇히신 아버지를 북에 두고 단신으로 38선을 뛰어 넘어 남쪽으로 왔다. 지금도 그 일을 생각하면 너무 슬프고 너무 아픈 일이다. 주일 성수의 신앙을 지키고 아버지의 뒤를 이어 목사가 되고자 하는 소원을 지니고 남한으로 넘어왔다. 몇몇 어른들과 함께 캄캄한 어느 날 밤 38선을 넘고 있었다. 갑자기, 서지 않으면 총을 쏘겠다는 소리가 들렸다. 경비군인들에게 발각되었다. 어른들은 모두 그 자리에 손을 들고 섰다. 그러나 나는 설 수가 없었다. 나는 남쪽을 향해서 혼자 달리기 시작했다. 40여분 동안 달린 것 같았다. 언덕을 넘고 파밭을 달리고 목에 차는 강을 건너서 남한 땅에 이르게 되었다. 아직 어둠이 짙은 이른 새벽이었다. 어느 초가집에 들어가니 그날 밤 38선을 넘어 온 사람들이 서성거리고 있었다. 나는 어디로 가야 할지를 몰랐다. 그런데 바로 그곳에서 만난 어느 청년이 나를 보고 어디로 가냐고 물었다. 서울로 간다고 대답했다. 누구와 가냐고 물었다. 같이 오던 사람들이 모두 붙잡혀서 모른다고 말했다. 결국 그 청년은 나를 기차에 태워 서울까지 데려다 주었다. 그리고 내가 주머니에 넣고 온 주소를 따라 을지로 3가 7번지에 사시던 이모님 집에까지 데려다 주었다. 나는 그 청년이 누구였는지 지금까지 모른다. 알아보려고 여러 번 애를 쓰기도 했지만 아직도 모른다. 나는 그 청년을 천사라고 생각한다. 하나님께서 나의 가는 길을 인도하신 것이었다. 서울에 와서 이모님 집에 살면서 어머니가 보고 싶어서 수 년 동안 거의 매일 밤마다 울었지만 주일 성수와 예배의 자유를 마음껏 누리면서 행복한 나날을 보냈다.

나는 그때부터 평생 주일 성수의 신앙과 새벽기도의 신앙과 순교 신앙을 가장 귀중한 신앙으로 알고 몸에 지니고 실천하면서 살도록 최선을 다했다. 아버지 김관주 목사님이 나의 몸에 심어주신 주님 사랑과 교회 사랑과 예배 사랑과 기도 사랑의 영적인 유산을 몸에 지니고 실천하면서 한평생을 살도록 최선을 다했다. 대구에서 6.25 피난 생활을 하던 중학생 시절 3년 동안 나는 주일 성수는 물론 새벽기도를 빠진 일이 거의 없었다. 몇 달에 한 번씩 이 교회 저 교회에서 열리는 이성봉 목사님께서 인도하시는 부흥회에 빠지지 않고 12번 참석하면서 은혜를 사모하며 신앙을 다짐하곤 했다. 금요일 밤 철야기도 후 토요일 새벽 이성봉 목사님의 안수 기도를 받곤 했는데, 기도 제목이 무엇이냐고 물으시면 "좋은 목사님이 되는 것입니다" 라고 대답하곤 했다. 후에는 기도 제목이 무엇이냐고 묻지도 않으시고 "너 기도 제목이 좋은 목사님이 되는 거지"라고 하시면서 안수 기도를 해 주시곤 했다. 이성봉 목사님께서 3년 동안 12번 정도 안수 기도를 해 주신 덕분에 내가 후에 목사가 되어 평생 목회를 했고, 지금도 버림을 받지 않고 순회 목회를 계속하고 있다고 나는 생각한다.

대구에서 지낸 1950~53년 시절부터 긴 세월이 흘러갔다. 아니 1948년 월남 이후 긴 세월이 흘러갔다. 그 긴 세월 동안 하나님께서는 나에게 신앙의 자유를 마음껏 누리게 하셨고 가장 좋은 학교들에서 여러 가지 공부를 마음껏 할 수 있는 기회를 넉넉하게 주셨다. 서울 중, 고 및 서울대학을 졸업한 후 미국에 가서 12년 동안 웨스트민스터, 예일, 아이오와, 아퀴나스, 풀러 등 가장 좋은 학교들에서 신학과 역사신학과 선교신학을 공부하고 돌아와서 목회의 일과 교수의 일과 선교의 일과 구제의 일과 연합사역의 일에 적극적으로 참여하게 하셨다. 복된 가정도 귀한 자녀와 손도 주셨고, 아름다운 교회들과 학교들과 연합기관들도 주셨다. 건강도 넉넉하게 주셨고, 필요한 물질도 넉넉하게 주셨고, 좋은 선배들과 동역자들과 후배들도 넉넉하게 주셨다. 부족한 나를 모두 믿어주고 사랑해주고 격려해주고 도와주었다. 하나님께서 부족한 나의 삶을 너무나 넉넉하고 너무나 풍족하게 축복해주셨다. 고난과 슬픔과 아픔도 주셨지만 그것은 오히려 나에게 유익이 되었고 보석이 되었다. 모두가 하나님의 망극하신 긍휼과 용서와 자비와 사랑과 은혜요, 모두가 아버님의 순교의 은혜이고 어머님의 사랑의 은혜라고 생각한다. 이제 나의 남은 과업은 하나님께서 나에게 넉넉하게 베풀어주신 신앙의 자유와 목회 및 선교 사역의 경험과 축복을 북한 동포들이나 모슬렘 형제들에게 나누어주는 일이라고 생각한다. 하나님께서 허락하시면 부족한 나도 아버지처럼 북한 동포들을 위하여 삶을 살다가 제물이 되는 죽음을 맞이하게 되기를 소원한다. 그리고 그 일을 다 마친 후에 사랑하고 존경하는 아버지와 사랑하고 또 사랑하는 어머니와 사랑하는 어린 아들 철원이를 천국에서 반갑게 만나기를 소원한다.

내가 수년 전에 주기철 목사님, 최봉석 목사님, 김화식 목사님 등과 함께 평양에서 순교하시여 천국으로 가신 아버지를 그리며 아버지에게 보내는 감사와 존경과 사랑의 글을 써서 「국민일보」(2010. 2. 1)에 실은 일이 있었는데 그때 쓴 글을 여기 그대로 옮긴다. "사랑하고 존경하는 나의 아버지! 오늘의 나의 나 된 것은 물론 하나님의 망극하신 은혜와 사랑 때문이지만 그 다음으로는 무엇보다 먼저 나에게 신앙의 씨앗을 심어주신 아버지와 사랑의 씨앗을 심어주신 어머니 때문임을 저는 평생 고백하고 또 고백합니다. 저는 아버지와 어머니를 이 세상의 누구보다도 존경하고 사랑합니다. 아버지는 저에게 말이 아닌 고난의 삶과 순교의 죽음으로 주님을 믿고 따르고 예배 드리고 섬기는 삶이 무엇인지를 순수하고 진하게 가르쳐주셨습니다. 아버지가 저의 이름을 '명혁'(明赫), 즉 '밝고 빛나는' 사람이 되라고 지어주셨는데 부족하지만 그래도 조금은 밝고 빛나는 한평생을 살게 되었습니다. 아버지가 동경에서부터 유학생들 모임의 '총무'의 일을 하셔서 그랬는지, 저도 학생 때부터 평생 '총무'의 일을 하면서 심부름을 많이 했습니다. 한경직 목사님의 말씀대로 아버지가 '강직'하시고 '진실'하셨는데, 저도 강직하고 진실하게 살려고 노력하고 있습니다. 사동탄광에 계시면서 같은 탄광에서 노동하는 죄수들에게 따뜻한 손길을 베푸셔서 저들로부터 존경을 받았다고 하셨는데, 저도 부족하지만 고통을 당하는 많은 사람에게 따뜻한 손길을 펴면서 살려고 애를 쓰고 있습니다. 그리고 저도 아버지의 뒤를 이어 하나님께서 기뻐하시는 삶을 살다가 제물이 되는 죽음을 죽는 것을 저의 삶의 소원과 기도로 삼고 있습니다. 저는 아버지와 어머니가 먼저 가 계시고 어린 아들이 먼저 가 있는 천국을 늘 그리워하고 사모하면서 살아가고 있습니다. 며칠 전에는 이런 중얼거림까지 했습니다. '아버지, 저 좀 도와주세요.' '어머니, 저 좀 도와주세요.' '철원아, 나 좀 도와다오.' 조만간 사랑하고 존경하는 아버지와 어머니를 천국에서 반갑게 만나 뵙고 품에 힘껏 안기겠습니다. 사랑하고 또 사랑합니다."

나의 한평생을 다시 되돌아보면서 나의 삶에 대한 감사의 고백을 다시 요약해 본다. 나는 11살 때 사랑하는 어머니와 아버지와 동생들과 생이별한 후 한평생 고난과 슬픔과 아픔을 몸에 지니고 고아와 나그네로서의 외로운 삶을 살게 되었는데, 어릴 때부터 한평생 이상하고 놀라운 일들이 계속해서 일어났다. 부족함이 없는 넉넉한 한평생을 살게 된 것이었다. 부모님께서 나를 믿고 사랑하시면서 나의 몸과 마음에 심어주신 믿음과 사랑과 소망의 씨앗이 꽃을 피우게 되었기 때문이고, 아버지가 몸과 마음에 지녔던 "모험심과 담력"의 DNA와 어머니가 몸과 마음에 지녔던 "사랑과 눈물"의 DNA를 나의 몸과 마음에 심어주셨기 때문이라고 생각한다. 나는 한평생 아무 것도 두려워하지 않고 근심 걱정하지 않고 믿음과 사랑과 소망을 몸과 마음에 지니고, "모험심과 담력"을 몸과 마음에 지니고 "사랑과 도움"의 손길을 펴면서 부족함이 없는 넉넉하고 풍성한 삶을 기쁘고 즐겁게 살아오게 되었다고 고백한다.

부족한 내가 아무 것도 두려워하지 않고, 근심 걱정하지 않고, "모험심과 담력"을 지니고, 막 뚫고 나아가는 "막가파"로 그리고 어려움에 처한 사람들에게 "사랑과 도움"의 손길을 펴는 "심부름꾼"으로 살게 되었는데, 그와 같은 삶이 38선을 넘을 때에 나타났지만, 사실은 신의주에서 살던 어린 시절부터 나타났다고 생각한다. 신의주에서 살던 어린 시절의 나의 삶은 "장난꾸러기"의 삶으로 나타났는데, 그것은 앞으로 나타날 "모험심과 담력"으로 막 뚫고 나아가는 "막가파"의 삶의 전주곡이었다고 말해도 틀리지는 않을 것이다. 나는 신의주에서 유치원과 초등학교를 다녔는데 공부는 언제나 잘했다. 아버지와 어머니가 공부 잘 하라고 나에게 잔 소리를 한 적은 거의 없었다. 특히 어머니는 모든 것을 내가 스스로 하도록 나에게 맡겨줬다. 그래서 나는 어렸을 때부터 자발적으로 또는 창의적으로 스스로 무엇을 하곤 했다. 너무너무 중요한 점이었다고 생각한다. 잔소리를 심하게 하는 부모들은 자식들의 자발성과 창의성을 죽이고 만다고 생각한다. "모험심과 담력"도 죽인다고 생각한다. 나는 어머니가 좋아할 것을 생각하면서 스스로 그런 일을 찾아서 하곤 했다. 그러면 어머니가 나를 칭찬하곤 했다. 결국 나는 공부도 잘 했고 글도 잘 썼고 놀기도 잘 했는데, 글을 잘 쓴다고 학교 선생님들로부터 칭찬을 받고 표창을 받기도 했다. 나는 어릴 때부터 좀 심한 "장난꾸러기"로 살았다. 신의주에서 살던 유아 및 유년 시절 동네 친구들과 이곳저곳으로 놀러 다니면서 심한 장난을 치곤 했다. 친구들과 함께 중국 사람들이 가꾸던 토마토 밭에 들어가서 몰래 토마토를 따서 먹기도 했다. 길가에 조그만 웅덩이를 파고 종이와 흙으로 덮은 다음 숨어 있다가 지나가는 사람이 웅덩이에 빠지는 것을 보고는 손뼉을 치면서 좋아하기도 했다. 겨울에는 썰매를 타고 쇠통에 담은 숯불을 쇠줄에 매달아 휘두르며 친구들과 이곳저곳으로 몰려 다니면서 신나게 놀기도 했고, 여름에는 압록강에 들어가서 미역감고 물장난을 치면서 즐겁게 놀기도 했다. 동네 친구들을 데리고 교회당(신의주 제이교회) 지붕 위와 건물 꼭대기에 올라가서 놀다가 누가 똥이 마렵다고 하면 내가 똥을 종이에 담아서 멀리 던져 남의 집 지붕 위에 떨어지게 하는 못된 장난까지 쳤다.

나는 심한 장난을 치면서도 신앙생활은 나름대로 열심히 했다. 어릴 때부터 모든 예배에 빠지지 않고 참석하면서 '감동'과 '은혜'를 받곤 했다. 유치부 시절 어느 성탄절에 신의주 제이교회에서 성극을 공연하는 것을 보면서 깊은 감동을 받았는데 그때 받은 감동을 평생 지니게 되었다. 네 번째 박사인 알타반 박사에 대한 성극이었다. 동방에서 떠난 네 번째 박사는 세 박사들과 만나기로 약속했던 장소를 향해 말을 타고 달려가던 중 길가에 쓰러져서 죽어가던 병자 하나를 살리기 위해 시간을 지체하므로, 약속 장소에서 세 박사들을 만나지 못했고 결국 베들레헴에 늦게 도착해서 아기 예수님을 만나지도 경배하지도 못했다는 서글픈 이야기였다. 왕에게 드리려고 준비했던 보물 하나는 병자를 위해서 다른 하나는 베들레헴 어느 집의 아기가 군인들에게 잡혀가는 것을 살리기 위해서 써 버렸다. 그 후 알타반 박사는 평생 메시야를 만나 경배하기 위해 애굽으로 이곳저곳으로 찾아 다녔지만 메시야를 만나지 못했다는 서글픈 내용의 성극이었다. 자기가 지니고 있던 돈은 가난한 사람들을 위해 거의 다 써 버렸다. 30여 년이 지난 후 백발의 노인이 된 알타반 박사는 메시야를 만나기 위해 예루살렘 거리의 군중들 사이에 끼어 골고다 언덕을 향해서 올라가고 있었다. 그런데 노예로 팔리기 위해 군인들에게 잡혀서 끌려가던 한 소녀가 알타반 박사를 향해서 살려달라고 소리를 질렀다. 알타반 박사는 하나 남은 보물을 그 소녀에게 주므로 그 소녀를 구해주었다. 서글픈 이야기였고 감동적인 이야기였다. 유치부 어린이였던 나에게 깊은 감동을 준 장면은 성극의 마지막 장면이었다. 메시야를 만나기 위해 빈손으로, 서글픈 마음으로 골고다 언덕을 향해서 올라가던 백발의 노인이 된 알타반 박사가 지진으로 인해 돌무더기에 뒤덮여 죽어가면서 들은 하늘로부터 들려온 음성이었다. "알타반아! 알타반아! 너는 나를 만났느니라. 네가 준비했던 보물들은 내가 모두 받았느니라. 지극히 작은 자 하나에게 한 것이 바로 나에게 한 것이니라." 유치부 어린 시절 내가 들은 "알타반아! 알타반아!" 라고 부르시는 주님의 음성을 나는 평생 잊지 못하면서 살아왔다. 결국 목회자가 된 후에도 나는 알타반 박사에 대한 이야기를 교회에서 자주 하게 되었다. 아마 알타반 박사가 30여 년 동안 가슴에 지녔던 슬픔과 아픔을 기억하면서 나도 한평생 고난과 슬픔과 아픔을 이겨내면서 살았는지도 모른다.

나는 38선을 넘어 서울에 와서 방산국민학교 5학년에 입학하여 2년 동안 공부했는데, 공부도 운동도 잘해서 친구들의 부러움을 샀다. 학교에 처음 입학했을 때 내가 이북 사투리를 한다고 반 친구들의 놀림을 당하기도 했다. 어떤 친구가 나를 계속해서 놀려서 내가 그 친구에게 학교 뒷마당에 가서 싸움을 하자고 했다. 결국 반 친구들이 학교 뒷마당에 모였다. 반 친구들이 보는 가운데 싸움이 시작되었다. 내가 그 친구를 때려 눕혔다. 내가 이겼다. 그 후부터 그 친구는 나를 놀리지 않았고 반 친구들은 나를 부러워했다. 운동도 싸움도 공부도 내가 잘했기 때문이었다. 한 반에서 두 명씩 뽑아서 남산에 가서 과학 경연대회를 한 일이 있었는데 내가 뽑혀서 간 일도 있었다. 나는 서울에서 영락교회에 다니면서 주일은 아침부터 밤까지 종일 교회에서 예배 드리면서 주일 성수를 철저하게 했고 수요일은 물론 새벽기도에 빠지는 일도 없었다. 나에게 있어서 평생 신앙생활이 첫째이고 공부는 둘째였는데 나는 공부도 잘 해서 그 당시 들어가기 어렵다고 하던 서울중학교에 어렵지 않게 합격했다. 나는 서울중학교에 입학해서 공부도 잘 했고 엉뚱한 짓도 잘 했다. 어느 날 국어 선생님이 나를 앞으로 나오라고 하더니 "은진 미륵같이 생긴 놈이 그런 짓을 하면 어떻게 하느냐?"라고 나를 책망한 일도 있었다. 내가 공부하다가 말고 두 손을 망원경으로 삼고 선생님을 바라보고 있었기 때문이었다. 그러나 나는 선생님들의 말씀을 잘 들었고 특히 김원규 교장 선생님의 말씀을 잘 들었는데, 일찍 일어나서 깨끗하고 부지런하게 책임을 다하며 살라는 말씀을 듣고 그대로 살려고 평생 노력했다. 일찍 자고 일찍 일어나는 것이, 그리고 깨끗하고 부지런하게 사는 것이 나의 삶의 습관이 되었다. 내가 서울에 와서 엉뚱한 일을 하나 한 일이 있었다. 중구청에 가서 주민등록을 하는데 구청 직원이 나보고 '본'이 어디냐고 물었다. 나는 '본'이 생각나지 않았다. 얼떨결에 내 '본'이 '남양'이라고 대답했다. 내가 평양에 있을 때 남양 군도에 살던 토인들이 등장하는 만화를 아주 좋아했는데 갑자기 남양군도가 생각나서 나의 본이 '남양'이라고 대답한 것이었다. 사실 내 본은 '김해'인데 나는 평생 '남양' 김씨로 살아오고 있다. 그래서 합동신학대학에서 "은퇴 기념 논총"을 나에게 증정할 때 "남양 김명혁 목사 은퇴 기념 논총"이라는 제목을 사용했다. 내 딸은 '남양' 김씨 가문이 자기 대에서 끊어지게 되었다고 말했다.

나는 미국으로 유학을 갈 때 단돈 100불을 가지고 배를 타고 가서 12년 동안 지냈는데 12년 동안 한국으로부터 후원금을 한 푼도 받지 못했지만 아무 것도 부족함이 없는 넉넉한 생활을 했다. 여러 가지 아르바이트를 하면서 돈을 벌었고, 내가 공부하던 대부분의 학교들에서 장학금을 받게 되었다. 박사학위를 받기 위해서 아이오와대학에 갔는데 나에게 장학금을 줄 수 없다고 했지만 내가 포렐 학장을 설득해서 장학금을 받아냈고 포렐 박사의 조교까지 되었다. 예일대를 졸업할 때는 상금까지 받았다. 나는 남을 도와주면서 부족함이 없는 유학생활을 넉넉하게 했다. "모험심과 담력"을 지니고 "막가파"로 막 뚫고 나아갈 때 길이 열리고 또 열리는 것을 나는 보고 또 보았다. 귀국 후 박정희 정권이 주일 성수를 방해한 일을 보고 내가 그것을 공개적으로 비판하다가 중앙정보부 남산 지하실로 끌려가서 아침부터 이튿날 새벽까지 혹독한 심문을 받을 일이 있었지만 나는 단 한 번도 두려워하지 않고 심문하는 두 사람을 책망하며 훈계한 일도 있었다. 북한을 방문했을 때도 소신껏 비판의 말을 너무 많이 했다. 물론 분노와 증오의 비판은 아니었고 애정어린 충고의 비판이었다. 꽉 막힌 아프가니스탄의 국경을 밤에 혼자 넘어가다 군인들에게 붙잡혔지만 국경수비대장을 설득하여 쿤두스에 세워준 학교 준공식에 참석할 수 있었고, 결국 모슬렘 지도자들의 대단한 감사의 인사들을 받고 돌아온 일도 있었다.

　나는 본래 이기적이고, 정욕적이고, 배타적이고, 비판적이고, 위선적이고, 나태한 죄인 중의 죄인인데 하나님의 망극하신 은혜와 사랑으로, 그리고 부모님께서 나에게 물려주시고 심어주신 믿음과 사랑과 소망의 유산과 함께 "모험심과 담력"의 DNA와 "사랑과 눈물"의 DNA 때문에 어디든지 막 뚫고 들어가서 사랑과 도움의 손길을 펴는 "막가파"와 "심부름꾼"으로 한 평생을 살아오게 되었다고 고백할 수밖에 없다. 나는 1988년 여름 아프리카 부르키나 파소에 가서 가뭄으로 죽어가는 그곳 모슬렘 주민들을 위해 우물 10개를 파주는 "심부름꾼"의 역할을 했고, 1995년경부터 북한동포를 돕는 "심부름꾼"의 일에 앞장을 섰고, 1999년경부터 연변 지역의 조선족 고아를 150명 이상을 돕는 "심부름꾼"의 일을 해 오고 있다. 2005년에는 아프가니스탄의 쿤두스 지역에 어린이들을 위한 학교 하나를 지어주고 준공식에 참여하며 그들을 격려하는 "심부름꾼"의 일도 했다. 1997년 4월 3일에는 강원도 평창의 감자 1690톤을 99개의 트럭에 실어 북한에 보냈고, 2010년 8월 27일에는 5개 종단의 대표들 9명이 밀가루 300톤을 25톤 대형 트럭 13대에 싣고 개성에 가서 민화협 대표들에게 전해주고 오는 "심부름꾼"의 일도 했다.

손봉호 박사, 한경직 목사, 옥한흠 목사, 김명혁 박사

　이제 나의 남은 과업은 하나님께서 나에게 넉넉하게 주신 신앙의 자유와 목회 및 교수 사역의 경험을 북한 동포들에게 나누어주는 일이라고 생각한다. 사실 나는 아버지가 당한 일제와 공산당의 박해로 인해, 그리고 내가 어릴 때부터 당한 신사 참배 강요와 일요일에 학교 등교 강요 등으로 인해 반일주의자와 반북주의자가 되었었다. 12년 동안 미국 유학에서 돌아와서도 얼마 동안은 그런 반일, 반북 입장을 유지했었다. 그런데 언제부터인가 나의 입장과 자세에 변화가 일어나기 시작했다. 니느웨와 땅끝을 향하신 하나님의 선하신 선교적인 마음과 성 프랜시스와 주기철 목사님과 손양원 목사님과 한경직 목사님과 장기려 박사님의 착하신 긍휼과 용서와 자비와 사랑을 바라보고 또 바라보면서 그리고 아시아, 아프리카 등 여러 나라들을 방문하고 여러 종류의 사람들을 만나게 되면서, 사람들에 대한 생각이 바뀌어지기 시작했다. 사실 순교자들의 피 속에는 분노와 증오의 기운은 조금도 없었다고 생각한다. 스데반, 폴리캅, 토마스, 최봉석, 김화식, 김관주, 주기철, 손양원 목사님 등의 순교의 피에는 긍휼과 용서와 자비와 사랑의 향기만이 나

타나 있었다고 생각한다. 결국 나는 일본 사람들을 이해하고 존중하고 사랑하게 되었다. 사실 일본 교회와의 교류와 협력을 이루는 일에 앞장을 섰다. 고지 혼다, 하토리, 이쯔다, 후나키, 가시다, 쯔타다 목사님 등 일본 교회의 지도자들을 진심으로 존경하고 사랑하게 되었다. 나는 1991년 6월 4일 저녁 1200여 명의 일본 교회 지도자들이 모인 제3회 일본 전도대회 모임에서 설교하면서 일본 사람들에 대한 지난날의 미움을 고백하고 지금 나의 사랑과 존경의 심정을 진솔하게 고백한 일도 있었다. 그날 밤 많은 사람이 나의 사과와 사랑의 고백을 눈물로 받아들였다.

내가 2007년 1월 3일 아침에 쓴 "사랑하고 싶어라" 라는 글을 인용한

맨뒤 사위 이승일 선교사, 이선교사 우측 김혜원 선교사(첫째 딸, 필리핀 선교사), 중앙에 이수혁(둘째 손자) 그 옆 이동혁(첫째 손자), 그리고 김봉화 사모, 김명혁 목사 그 뒤가 김혜진(둘째 딸)

다. "나는 요사이 주님을 생각하면 가슴에 눈물이 흐른다. 한평생 나를 향하신 주님의 생각과 사랑이 어찌 그리 크고 어찌 그리 많은지! 실로 모래알보다 더 많은 주님의 긍휼과 용서와 사랑이 나의 가슴에 눈물을 자아낸다. 사랑하고 싶어라. 주님을 사랑하고 싶어라. 나의 맘 나의 몸 나의 정성 다 쏟아 주님을 사랑하고 싶어라. 나는 요사이 사람들을 생각하면 가슴에 눈물이 흐른다. 어린이들은 두말할 나위도 없다. 너무너무 귀엽고 아름답기 때문이다. 성도들은 두말할 나위도 없다. 너무너무 예쁘고 아름답기 때문이다. 이 세상 곳곳에 흩어져 사는 여러 종류의 사람들을 만날 때도 비슷한 느낌을 가진다. 저들의 얼굴과 마음과 영혼 속에 창조주 하나님께서 심어 놓으신 고귀한 인성과 신성의 흔적을 보기 때문이다. 저들을 모두 사랑하고 싶어라. 모슬렘도 공산주의자도 상관이 없다. 저들은 모슬렘이나 공산주의라는 불행한 유산에 싸여 있는 가련한 영혼들일 뿐이다. 사랑하고 싶어라. 사람들을 사랑하고 싶어라. 나의 맘 나의 몸 나의 정성 다 쏟아 사람들을 사랑하고 싶어라."(2007년 1월 3일 아침 교회로 운전하며 오는 차 속에서 쓴 글).

내가 2011년 3월 29일에 쓴 "나의 소원과 기도" 라는 글을 인용한다. "하나님 아버지 나는 죄인 중의 괴수입니다. 나를 불쌍히 여겨주시옵소서. 나의 모든 죄악을 주님의 피로 도말시켜 주시옵소서. 나는 부족하고 부족하지만 주님께서 지극히 작은 자들과 고통 당하는 사람들에게 지극한 관심을 가지시고 찾아가서 어루만지시며 돌아보신 것처럼, 나도 작은 교회들을 찾아가서 위로와 격려의 손길을 계속해서 펴게 하시고 고통 당하는 사람들을 찾아가서 위로와 격려의 손길을 펴게 하시옵소서! 나는 부족하고 부족하지만 사도 바울과 주님의 제자들을 본받아서, 그리고 주기철 목사님과 손양원 목사님을 본받아서 주님과 누군가를 위해서, 특히 고통 당하는 북한 동포들과 모슬렘 형제들을 위해서 제물이 되는 삶을 살다가 제물이 되는 죽음을 맞게 하시옵소서! 미움과 분노와 증오가 있는 곳에 긍휼과 용서와 사랑을 심고, 분열과 갈등과 대결이 있는 곳에 화해와 일치와 평화를 심는 작은 거름과 씨앗이 되게 하시옵소서! 유창한 설교나 심오한 신학강의를 하기 전에 주님이 지니셨던 긍휼의 눈물을 지니게 하시고, 주님이 품으셨던 사랑의 심장을 지니게 하시고, 주님이 지니셨던 죽음의 흔적을 지니게 하시옵소서! 죄인 중의 괴수가 주님께서 흘리신 대속의 피와 순교자들이 흘린 충성의 피를 의지하며 하나님 아버지의 무한하신 긍휼과 자비와 인자와 사랑을 의지하며 주님의 이름으로 간구합니다. 하나님 아버지! 한국 교회와 한국 백성들을 불쌍히 여기시고 북한 동포들과 일본 백성들을 불쌍히 여겨주시옵소서! 아멘!"(2011. 3. 29)

끝으로 2008년 8월 31일 밤 홀로 컴퓨터 앞에서 쓴 "주님 앞에 섰을 때의 나의 모습"이라는 글을 인용하므로 "나의 사랑하는 아버지, 김관주 목사님!"이라는 글을 마무리한다. "저는 얼마 전에 자동차를 운전하고 가면서 이런 생각을 해 보았습니다. 내가 앞으로 아버지 집으로 올라가서 주님 앞에 섰을 때 나의 모습이 어떠할까? 기뻐 뛰는 모습일까? 소리 지르며 감사와 찬양을 드리는 모습일까? 아니라고 생각했습니다. 소리 없이 흐느끼며 뜨거운 눈물을 흘리는 그런 모습일 것이라고 생각했습니다. 죄송하고 부끄럽고 고마워서 뜨거운 눈물을 흘리며 흐느껴 우는 그런 모습일 것이라고 생각했습니다. 한평생 사는 동안 주님 위해서 산다고 떠들었지만 사실은 불순종과 정욕과 위선과 교만으로 가득했던 것을 되돌아 보면서 얼굴도 들 수 없고 입도 열수 없어서 그저 고개를 떨구고 흐느껴 우는 그런 모습일 것이라고 생각해 보았습니다. 그런데 어째서 나를 주님의 입에서 토해 내지 않으시고 한평생 붙드시며 사용하셨을까! 생각하면 생각할수록 너무 부끄럽고 너무 죄송하고 너무 고마워서 뜨거운 눈물을 흘리면서 흐느껴 우는 그런 모습이 주님 앞에 섰을 때의 나의 모습일 것이라고 생각해 보았습니다. 마치 누가복음 7

장에 나오는 죄인인 한 여인이 눈물을 쏟으면서 그 눈물로 주님의 발을 적셨듯이 나도 그런 모습을 지니게 될 것이라고 생각해 보았습니다.

저는 또 하나의 내 모습을 그려 보았습니다. 아브라함과 모세와 다윗 그리고 길선주 목사님, 주기철 목사님, 손양원 목사님, 이성봉 목사님, 김치선 목사님, 박윤선 목사님, 한경직 목사님 등 신앙의 선배들 앞에 무릎을 꿇고 감사와 존경과 사랑을 표시하고 또 표시하는 나의 모습을 그려 보았습니다. 내가 지옥의 형벌에 떨어지지 않고 아버지 집으로 올라오게 된 것은 첫째는 하나님의 무한하신 긍휼과 자비와 은혜와 사랑 때문이지만, 둘째는 신앙의 선배들이 나의 몸과 영혼에 심어준 회개와 믿음과 눈물과 사랑의 씨앗 때문이기 때문입니다.

저는 또 하나의 내 모습을 그려 보았습니다. 나를 세상에서 가장 슬프고도 아름답게 사랑하시던 어머니를 붙잡고 뜨거운 사랑의 눈물을 흘리는 그런 모습입니다. '손이라도 한번 꽉 쥐어보고 싶다' 라고 말씀하시던 어머니에게 두 손과 두 팔과 온 몸을 안겨드리면서 뜨거운 사랑의 눈물을 흘리는 그런 모습입니다. 그리고 옆에서 빙그레 웃으시면서 나를 바라보시는 나의 아버지 품에 힘껏 안겨드리는 모습입니다. 믿음의 길, 충성의 길, 순교의 길을 몸으로 보여주신 나의 아버지 품에 힘껏 안겨서 사랑과 존경과 고마움을 속삭여 드리는 모습입니다. 그리고 내가 너무나 슬프고도 아프게 사랑하던 어린 아들 철원이를 품에 안고 너무너무 보고 싶었다고 속삭이는 모습입니다.

저는 또 하나의 내 모습을 그려 보았습니다. 사랑하는 나의 가족들과 친족들과 성도들을 만나서 너무너무 반가워하는 행복한 나의 모습입니다. 나의 부족한 전도와 목회와 선교를 통해 주님을 알게 되고, 믿게 되고, 사랑하게 되고, 섬기게 된 수많은 성도들! 부족한 나에게 눈물과 기도와 사랑을 쏟아 바친 수많은 성도들! 강변의 성도들을 비롯한 지구 곳곳에 흩어져 살다가 하나님의 은혜로 하늘 집으로 올라와서 다시 만나게 된 수많은 성도들을 만나서 너무너무 반가워하는 행복한 나의 모습을 그려 보았습니다. 저는 너무너무 부끄러워 뜨거운 눈물을 흘리며 흐느껴 울다가 너무너무 반갑고, 너무너무 고마워서 소리 내어 웃으면서 행복해 할 것입니다. 그리고 영원토록 성부 성자 성령 하나님의 은혜와 사랑과 긍휼과 자비와 지혜와 권능과 위대하심을 무릎을 꿇고 두 손 높이 들어 찬양하고 또 찬양하고 또 찬양할 것입니다." (2008년 8월 31일 밤).

3

1905 · 1950

예수에 미쳐 순교한
나의 아버지 유재헌 목사

유광웅 교수

한국외국어대학교 독일어과
Universität Wien 신학전공
Universität Zürich 신학전공
Freie Evangelische Theologische Akademie Basel
신학석사 (Lic. theol.)
Universität Basel (Dr. theol.)
전 | 아세아연합신학대학교 조직신학 교수
　　　서울성경신학대학원 조직신학 교수
저서 | 『블룸하르트의 투쟁과 소망』, 『칼빈 신학과
　　　목회』(공저)

나의 아버지 유재헌(劉載獻) 목사는 15년간 홀로
일본에서 활동하다가 1941년 말 추방되어, 귀국한지
2년 후 얻게 된 나를 몹시 사랑했다고 한다. 내가 두
살 되던 해에 해방을 맞자 아버지는 전국에 부흥회를
인도하러 다니느라 집에 머문 날이 거의 없었다. 내
가 일곱 살이 되던 해에 6.25사변이 일어났고, 아버

유재헌 목사

지가 납북되고 말았기 때문에 나는 부자지간의 정이라든가, 그분으로
부터 받은 양육이나 영향, 또는 그분에 대한 호불호의 감정 같은 것에
대해 이야기할 처지가 못 된다. 나는 한번 언뜻 본 듯한 그의 얼굴만이
어렴풋할 뿐, 그의 전신 모습이나 음성조차 기억하지 못한다.

내가 아버지에 관해 이야기 할 수 있는 유일한 자료는 그가 작사한
114편의 〈복음성가〉이다. 1947년 12월 10일 100편이 담긴 〈복음성가〉
를 최초로 발간하며 쓴 '저자의 말'이 이렇다. (그 후 14편이 더해져 114
편에 이른다)

"이 복음성가는 교제가 일본 가서 목회생활 십여성상에 입산 기도 중
이나 혹은 철장 속에서 영감에 울려지는 대로 하나씩 둘씩 지어 부르던
것이 시작이 되어 귀국 후 주님이 이끄시는 대로 부족한 봉사이나마 전
선 각 교회 부흥집회를 인도하러 다니는 중 주의 말씀을 전할 때에 빛
을 받아 금선(琴線)에 울려지는 대로 지어 부른 것인데 여러 믿음의 식
구들의 간절한 요청으로 부족한 소품임에도 불고하고 나오게 된 것입니
다. 이 성가는 교제의 기도요 찬송이요 설교입니다. 즉 저의 신앙고백
입니다. 그러므로 싯적 가치로 보아서는 유치하다기보다는 문제가 되
지도 못합니다. 다만 이 성가는 둔탁한 저자의 심령속에서 움직이는 신
앙의 맥박 그대로이고 화장하지 못하고 나온 피의 노래일 뿐입니다."

아버지가 납북된 후 발견된 열네 편의 찬송을 합쳐서 총 114편의 〈복음

성가〉가 현재도 철원의 대한수도원에 의해 계속 발간 중에 있다.[1]

복음성가

아버지 유재헌(劉載獻) 목사는 1905년 서울에서 태어나 경신학교와 피어선성경학원을 다녔다. 할아버지 유흥렬(1863~1945)은 경기도 광주, 용인, 안성, 평택 등 경성지방에 여러 교회를 설립했고, 남대문교회 조사로 봉직하다 초대 장로가 되었으며[2] 할머니는 제중병원의 간호사였다.

아버지는 피어선성경학원 재학 중 1926년 6.10 만세사건 사흘 후인 6월 13일 배재학당 학생 문창모(후에 세브란병원장과 국회의원 역임) 등과 재차 만세운동을 시도하다 체포되어 서대문 형무소에 구금되었는데[3], '제2차 육십만세사건' 기념비가 현재 평택대학교(피어선성경학원 후신) 교정에 세워져 있다.

아버지는 1925년에 결혼하였고 피어선성경학원을 졸업한 후 용인에서 동아일보 지국장으로 근무하며 잠시 계몽운동을 하던 중 아들 하나를 낳고(고 유종건 목사), 1928년 홀로 일본으로 건너가 고베성서신학교에서 수학하였다. 1931년 목사가 되어 고베, 요코하마, 도쿄 등지에 조선기독교독립교회를 설립하였다. 일본 체류 초기 어머니가 잠시 아버지를 방문했다가 누님을 얻어 오셨다(현 대구서문교회 원로목사 이성헌의 아내 유인애). 아버지는 목회를 하면서 재일 동포들에게 애국사상

---

1 고신대학교 이상규 교수는 대한예수교장로회 고신교단 기관지 월간 〈생명나무〉, 2008년 12월 호에 "복음성가의 아버지 화단(火壇) 유재헌 목사"라는 제목으로 부친의 복음성가와 그의 생애를 소개하였다.
2 조선예수교장로회史記 상권, 1928, 총회발행, 발행인 차재명. 26, 111, 123면 참조
3 동아일보, 1926년 6월 16.18.19.26일과 1927년 4월 2일자 기사

을 고취하며 반일운동을 하던 중 1941년 초 일본 경찰에 체포되어 고베 유치장에 갇혀 지내다가 그해 말 고국으로 압송되었다.

그는 1941년 7월 고베(神戸) 유치장에서 "임마누엘"이란 제목으로 이런 찬송을 작사하였다.

1. 육이 죽고 영이 살아 / 천국 생활이요
   나는 죽고 주님 살아 / 최고 영광이라
6. 주 십자가 나도 지고 / 함께 가렵니다
   주님의 탄식 내게도 / 나눠 주옵소서
7. 주님과 나의 사이를 / 끊을 자 없도다
   환난 기근 또 총검이 / 감히 못 끊으리
후렴. 오 기쁘다 찬미하라 / 임마누엘 그 은혜를
   주 동(動)하면 나 동하고 / 주 정(靜)하면 나 정하네

강제 귀국하여 4년여간 공적 활동이 금지된 상태 속에 지내다가 해방을 맞게 되자 아버지는 날개 돋친 듯 전국 교회에 다니며 부흥회를 인도하였다. 이 기간 중 가나안 농군학교를 창설한 김용기와 교분을 갖게 되었는데 농촌운동에 관심은 많았으나 민족구원을 위한 기도 운동에 역점을 두고 '구국기도단원'을 모집하였고, 1945년 말 강원도 철원군 갈말면에 '대한수도원'을 설립하였다. 아버지가 작성한 '구국기도단 선언문'은 대략 이러하다.

"… 간교한 사탄은 우리 민족에게 유물사상 무신론 공산주의를 통해 개인 양심을 마비시키고 가정의 평화를 교란하며 사회질서를 유린하고 국가의 민족성을 파괴하여 폭동과 살육을 감행하며 영원한 멸망의 굴혈로 삼천만 민족을 끌고 들어가는 실로 존망지추에 직면하고 있다 … 사탄의 세력을 이 땅에서 축출할 사명을 가진 자는 … 다만 우리 기독교

신자뿐이다 … 우리는 지금 교회의 리바이벌을 통해 민족을 구원하며 나라를 기독교국으로 세우기 위한 최대의 사명을 하나님께 받아가지고 구국기도단을 결성하게 되었다. 우리는 교파를 초월하고 남녀노유를 물론하고 삼천리 방방곡곡의 숨은 기도용사들을 규합하여 조선의 한 제단을 쌓고 한 목적으로 한 몸 한 뜻되어 조국의 운명을 책임지고 각자 있는 곳에서 기도의 봉화를 들고자 한다. 우리는 사람을 움직이기 전에 먼저 하나님을 움직이자. 전도운동을 일으키기 전에 먼저 기도운동을 일으키자 … 먼저 기도하고 다음 회개하고, 다음 성신 받고, 다음 나가 외치고, 다음 건국하자 … 애국혼의 불타는 신자들아! 천국혼의 불타는 용사들아! 조선의 한 제단인 구국기도단에 한데 뭉치자! 기도의 제물이 되자! 한 줄기 기도의 향불이 되자! 우리의 기도 운동을 통하여 하나님의 성신의 역사가 이 강산에 나타나 적용 사탄은 몰려 나가고 자주 독립과 아울러 삼천만 겨레는 구원 받고 영원한 그리스도의 나라가 임할 것을 믿고 선언한다."

　여기서 말하는 '구국기도단'은 아버지가 각처에 부흥집회를 다니며 행한 호소에 응모한 신자들의 총체를 의미한다. 이 구국기도단이 구체적인 형체를 지니고 전국 각처에서 나라를 위해 기도하기로 작정한 신자들의 구심점을 이루게 된 것이 "수도원"(修禱園)이다. 철원에 〈대한수도원〉을 창설하고 난 후 얼마 지나지 않아 38선이 그어지고 철원이 이북에 편입되자, 아버지는 김용기 장로가 농군학교를 세우려던 용지를 인수하여 1950년 다시 서울시 종로구 구기동(당시 고양군 구기리) 삼각산 아래에 "임마누엘 수도원"을 설립하였다. 그동안에 나는 아우 하나(작고)와 누이 하나를 얻었다(대구 아름다운교회 원로목사 정영호의 아내, 유정심). 그해 5월 우리 가족은 용인에서 서울로 이사하여 수도원에 접한 사택에 입주하였고 나는 세검정국민학교에 입학하였다.

유재헌 목사: 조선명물

아버지의 신앙과 사상과 사역의 영역을 가장 집약적으로 잘 드러내 주는 것이 그가 작성한 "대한 임마누엘 수도원 선언문"이다. 그 전문은 이렇다.

"우리에게 한 제단이 있느니라(히 13:10). 우리의 수도원은 구교적 수도원이 아니라 신교적 수도원이다. 이 수도원에서는 제단 쌓는 일이 중대한 사명이니, 구약적 유형한 제단이 아니라 신약적 무형한 제단이다. 이 제단은 피(聖子)있고 불(聖神)있고 연기기둥(聖父)있는(요엘 2:30) 삼위일체의 거룩한 임재가 빛나는 곳이니, '거기는 나 여호와가 너를 만날 만한 곳이다'(출 29:42)라고 말씀하신 번제의 제단이며, '또 다른 천사가 와서 제단 곁에 서서 금향로를 가지고 많은 향을 받았으니 이는 모든 성도의 기도와 합하여 보좌 앞 금 제단에 드리고자 함이라. 향연이 성도의 기도와 함께 천사의 손으로부터 하나님 앞으로 올라가는지라. 천사가 향로를 가지고 제단의 불을 담아다가 땅에 쏟으매 우레와 음성과 번개와 지진이 나더라'(계 8:3~5)한 그 기도의 제단이 수도원에 있다.

보라, 현하 우리 삼천리강산은 죄악의 소굴로 화하여 의와 진리는 매몰되고 윤리 도덕은 끊어지고 사탄의 유물사상 공산주의는 팽창하여 살인, 폭동, 절도, 사치, 음란이 걷잡을 수 없이 조수가 밀리듯 하여 삼천만 겨레가 다 멸망을 받게 되었으니, 이 어찌 불쌍하지 않으며 그냥 보고만 있을 수 있으랴. 그러면 이 난문제를 누가 해결 지을 것이냐? 오직 조물주이신 하나님 한 분 뿐이시다. 그 방법에 있어서는 꺼져가는 등불도 끄지 않고 상하여진 갈대도 꺾지 않으시는 긍휼과 자비가 많으신 우리 하나님께 호소하고 애통하는 기도를 올리는 것이 가장 급선무이요 최대의 운동이다.

이 한 일이 우리나라와 민족을 살리는 유일의 방법임을 알고 이제 도고(禱告)의 제단을 쌓는다. 해방을 하나님께 받아 가지고 기독교가 인간적 수단 방법 열심노력으로 모든 일을 하여 보았으나 결국은 당파 분열싸움 밖에 남긴 것은 아무 것도 없다.

인간적으로 나라를 사랑하고 교회를 위한다는 일이 도리어 망치어 놓은 것 밖에 없다. 인간은 동하면 동할수록 죄악밖에 짓는 것이 없다. 고로 우리는 인간의 활동을 의존치 말고 다만 하나님께 절대로 귀의하고 신종(信從)하고 도고함으로 우리나라와 겨레를 구하고자 한다.

첫째로, 수도원에서는 기도의 제단을 쌓고 기도의 사명을 가진 성도가 한데 모여 불철주야 도고의 향을 올린다. 삼천만 동족의 죄를 대신 책임지고 회개하며 그 심령이 구원 받기 위하여 도고한다. 따라서 기독교 각파 각 교회의 부흥을 위하며, 교역자 신학교 각 사회사업 등 허다한 문제를 위하여 수도생들이 매일 기도한다. 또한 각계에서 도고의 요청을 하여 오면 어떤 문제이든지 도고하여 줄 것이다. 이 수도원의 특색은 '제단의 붙은 불은 항상 꺼치지 말라'의 약속대로 대한의 제사장들이 민족적 한 제단위에서 하루 이십사 시간 쉬지 않고 체번하여 도고의 향불을 피우는 것이다.

둘째로, 이 수도원 안에 성경숙(塾)을 두어 순 영적 성경 연구를 한다. 신학교에서는 칠판 밑에서 학적 지적 수양을 받지만, 수도원에서는 인격적으로 순 복음의 영적 수양을 받는다. 기도와 복음으로 성신의 불을 체험하는 영의 도장이다. 고로 신학교 출신이 수도원에 들어와 기도의 불을 받고 영적 체험을 얻어 가지고 나가면 학적 영적 완전한 구령 전도자가 될 것이다.

셋째로, 이 수도원 안에 출판부를 두어 기관지를 발행하며 기독교 문서운동을 전개하고자 한다.

넷째로, 이 수도원 안에 순회 전도대를 두어 수도생들이 불 받는대로 나가 부흥회, 전도회, 노방전도, 개인전도를 하도록 한다.

다섯째로, 교역자나 신자나 물론하고 영력이 빠져 피곤하여질 때는 자유로이 와서 수양할 수 있는 기관을 두고자 한다.

우리 대한 기독교 성도들은 대한의 한 제단을 쌓자. 이론과 구실과 편당과 악평과 질투와 인색을 버리고 영계의 발전소이며 은혜의 수원지가 되는 대한수도원에 제단을 쌓자. 그리하여 겸손한 태도로 살아계신 전능하신 하나님 앞에 나와 엎드려 기도하자. 교역자도 신자도 시간 있는 대로 이 한 제단에 나와 기도의 불을 피우자. 우리 자신이 살고 교회가 살고 국가 민족을 살게 하자. 기도의 봉화를 들어 사탄의 세력을 물리치고 하나님의 나라를 이 땅 위에 건설하자. 아멘.”

아버지가 구상한 수도원의 형태는 일차적으로 앞에 언급된 ‘구국기도단’에 주어진 임무, 즉 민족의 구원과 교회의 정화를 위한 도고(禱告)의 수행이다. 이 수도원에는 나라와 교회를 위한 중보기도만이 요구되었다.

귀국 전인 1939년 봄 일본 아카시(明石)에서 작사한 찬송 〈불제단〉에 이미 아버지가 민족을 위한 기도처를 계획하였음이 나타나 있다. 아버지는 자신의 아호를 ‘화단(火壇)’, 즉 기도의 불제단이라 하였다.

1. 우리에게 한 제단이 있으니 / 십자가 제단에 나아가
   우리 모든 죄를 씻어 버리고 / 단상(壇上)의 생활을 보내자.
2. 무너진 제단을 다시 쌓고서 / 기도의 향불을 올리자
   제사장의 큰 사명을 위하여 / 도고에 전력을 바치자.
4. 오순절에 불로 오신 성신이여 / 우리 교회 지금 태우사
   리바이발을 주옵소서.

유재헌 목사

6. 이 불이 붙었으면 좋겠다고 / 탄식을 하시던 주시여
   이 강산에 그 불을 던지시사 / 영광이 충천케 합소서.
7. 제단에 붙은 불을 끄지 말라/ 아침 저녁 제단에 나가
   신앙의 나무를 벌여놓고/ 기도의 바람을 불어라.
후렴. 하늘의 불로써/ 이 제단을 태워 줍소서
   엘리야의 때와 같이 지금도/ 돌과 흙까지 태우소서.

그 후 6년이 지나 아버지가 바라던 조국의 해방이 이루어지자 해방
된 바로 그날 그는 〈애국의 노래〉를 이렇게 지었다.

5. 우리 대한 나라 저 일월(日月)과 함께 / 무궁장수 하며 빛을 내어라
   하나님의 은총 풍성히 임하니 / 우리 대한 나라 만세 만만세
   봄은 왔도다 우리 나라에 / 무궁화는 피어 만발하였네
   자유는 왔다 우리 민족에 / 세계 무대에서 활약들 하자.

해방은 되었으나 우리나라가 아직 완전한 독립을 이루지 못한 상태에

서 아버지는 이렇게 〈독립기원가〉를 불렀다.

1. 우리 대한 배달민족 / 굽어 살피시사
   남북통일 시키시고 / 합심케 합소서.
2. 이 민족의 반역죄를 / 용서해 주시고
   악한 신의 불의 세력 / 물리쳐 줍소서.
3. 하나님을 사랑하고 / 동족 사랑하며
   국토 국산 사랑하는/ 사상을 줍소서.
4. 독립 못한 노예생활 / 다시는 원찮고
   죽더라도 독립만은 / 보고 싶습니다.
5. 충신열사 고혼들의 / 전통을 밟아서
   나라 위해 우리 생명 / 달게 바칩니다.
후렴. 사랑의 하나님/ 우리 대한을
   독립시켜 주옵시기/ 간절히 빕니다.

아버지는 우리나라가 남과 북이 갈렸듯이, 우리와 하나님 사이, 우리
의 마음 자체, 그리고 교회 신자들 사이, 나아가 우리 민족의 사상 역시
'삼팔선'으로 균열되었음을 하나님께 호소하며 그 삼팔선을 무너뜨려
달라는 찬송을 '1948년 3월 10일 단청에서 38선을 바라보면서', 〈죄악
의 38선〉이라는 제목 아래 이렇게 지었다.

1. 죄악의 38선으로 / 하나님 뵈올 수 없고
   천국과 인연 끊어져 / 슬픔 고적뿐입니다.
2. 내 맘에 38선 놓여 / 일편단심 우리 주님
   사랑하지 못하오니 / 이를 어찌 하오리까.
3. 오늘 우리 신자 중에 / 38선이 가로놓여
   시기 원망 분열되고 / 통일이 없사옵니다.

4. 우리 민족 사상에도 / 38선이 횡단하여
   좌우충돌 피를 흘려 / 자멸하고 있습니다.
5. 금수강산 우리 대한 / 38선이 허리 잘라
   남북이 양단 되어서 / 도탄에 빠졌습니다.
후렴. 주님은 십자가로써 / 성전휘장 찢으셨네
   오늘도 이 38선을 / 무너뜨려 주옵소서.

그 숙원의 '불제단'이 세워졌고 1946년 6월에 작사한 〈조선의 제단〉
가사가 이렇다.

1. 우리에게 한 제단이 있으니 / 조선에 주신 제단이라
   성도들아 전심전력 묶어서 / 번제의 제물로 바치자.
2. 영안으로 조선을 내다보라 / 마귀게 유린을 당하여
   금수강산 무릉도원 변하여 / 죄악의 소굴이 되었다.

둘째 줄 네 번째 인물: 조부 유흥렬 장로

3. 이 재단에 우리 몸을 바치어 / 동족의 죄를 책임지고
   불철주야 눈물로써 빌면은 / 긍휼과 자비를 입는다.
7. 땀과 눈물 피로 엉킨 제단에 / 기사와 이적이 나리니
   우리 조선 천국으로 변하여 / 삼천만은 잘 살으리라.
후렴. 피있고 불있다 / 연기 기둥의 임재있다
   이 강산에 피와 불을 던지는 / 조선의 제단을 받들자.

나의 아버지 유재헌 목사는 예수에 미쳐 예수를 온전히 소유하기만을 원했다. 만약에 천국에 예수가 없다면 그곳에 안가겠다고 까지 했다. 1940년 3월 고베에서 작사한 〈예수로 만족합니다〉에서 그는 이렇게 노래하였다.

1. 예수 소유하여서 / 나는 부자되고
   예수 한 분 잃어서 / 나는 거지 되네.
후렴. 예수여 예수여 / 내 중심에 오셔서
   주님 한분만으로 / 만족 하옵니다.
3. 예수 없는 천국은 / 내가 원치 않고
   예수 있는 지옥도 / 나 싫지 않도다.
6. 나의 혈관 그 속에 / 주님 피 부으시고
   나의 심장 그 속에 / 주님 힘 넣으소서.
7. 사랑하는 예수로 / 나 아주 미치고
   그 예수님 위하여 / 죽어 시원하네.

1941년 3월 고베 유치장에 갇혀 있으며 작사한 〈예수는 내 생명〉에서는 이렇게 노래했다.

1. 목마른 사슴이가 / 물을 찾음같이

갈급한 이 심령은 / 예수 찾아 타네.
후렴. 예수는 내 생명 / 또한 나의 기쁨
　　　예수 없이 이 몸은 / 잠시도 못 사네.
5. 칠보단장한 처녀 / 때를 바람같이
　　속죄 성결한 나도 / 일각여삼추라.
6.예수 죽음 내 죽음 / 그 부활도 내 부활
　　예수 승천 내 승천 / 그 천국도 내 것.

역시 같은 유치장에서 7월에 이런 찬송을 작사했다.

〈임마누엘〉
1. 육이 죽고 영이 살아/ 천국 생활이요
　　나는 죽고 주님 살아 / 최고 영광이라.
후렴. 오 기쁘다 찬송하라 / 임마누엘 그 은혜를
　　　주 동(動)하면 나 동하고 / 주 정(靜)하면 나 정하네.
6. 주 십자가 나도 지고 / 함께 가렵니다
　　주님의 탄식 내게도 / 나눠 주옵소서.
7. 주님과 나의 사이를 / 끊을 자 없도다
　　환난 기근 또 총검이 / 감히 못 끊으리.

　나의 아버지는 교회사에서 종종 보게 되는 신비주의자들이 체험한 예수와의 연합 신비, 또는 신랑신부 관계의 신비와 흡사한 경지에 이르렀다. 그의 복음성가 중 최초로 1939년 봄 일본 시오야학사(學舍)에서 작사한 〈내 신랑 예수여〉에 이미 그의 예수와의 신비적인 관계가 잘 나타나있다.

　1. 나 세상 발붙일 곳 없네 / 내 나라는 위에 있다

천국에 가기 원합니다 / 내 임금 예수여
나 비록 세상에 있으나 / 그 나라 그 의를 위하여
충절을 굳게 지키리다 / 내 임금 예수여.
5. 나의 짝 나의 사랑이여 / 언제까지 참으리까
이 눈물 언제 그치리요 / 내 신랑 예수여
당신과 이 몸 한 몸 되어 / 화평한 가정 이루어서
영원히 웃고 살읍시다 / 내 신랑 예수여.

〈예수여 만족하옵소서〉에서는

1. 날마다 십자가에 / 내가 죽게 될 때
날마다 예수 오사 / 부활해 주시네.
후렴. 예수여 예수여 / 내 중심에 오시사
나를 점령하시고 / 만족하옵소서.
4. 내 중심을 드리면 / 예수 천당 되고
내가 반역 할 때에 / 주는 지옥 사네.
7. 나를 점령하시고 / 만족해 하시는
그 얼굴을 보옵고 / 나도 만족합니다.

그리스도와의 긴밀한 연합을 말할 때 '피'라는 용어가 자주 사용된다.
〈예수 피에 잠그소서〉에서

1. 내 혈관에 순환하는 / 썩은 피는 거두시고
예수님의 생명피로 수혈하여 주시옵소서.
후렴. 예수님의 그 피 속에 / 나를 깊이 잠그소서
피 속에서 영원토록 / 주와 함께 살겠나이다.

그 외에도 〈임재〉찬송에서

3. 주님의 맥박과 함께 / 나의 혈관 뛰고
주님의 호흡과 함께 / 나도 숨을 쉬네.
4. 가슴과 가슴 마주쳐 / 핏줄이 통하니
주님의 동작 그대로 / 나도 움직이네.
후렴. 찬송하자 주님 보혈 / 임재 은혜 받게 되니
주 가슴에 내가 살고 / 내 가슴에 주님 사네.

〈나의 주 예수여〉에서는

2. 주님의 끓는 그 피가 / 내 맘에 흐르니
주님을 사랑찮고 / 견딜 수 없도다.
7. 내 눈물과 피와 땀을 주님 무릎 위에 전부 쏟아놓고
불을 피럽니다.
후렴, 중심에 계시는 / 주님과 깊은 교제함은
참 사랑 참 사랑 / 임마누엘 참 사랑이라.

중세의 신비주의자들은 하나님의 신성과의 본질적 합일을 추구하며, 그 경지로 상승하는 여러 단계를 규정하고, 명상과 고행과 금욕을 그 수단으로 삼았다. 그러나 아버지의 예수 사랑은 그런 신비주의의 것과는 전혀 달랐다. 그는 회개를 거쳐 그리스도의 피로 죄사함 받은 믿음 안에, 그 그리스도의 사랑에 압도되어 그 사랑을 만인에게 전파하지 않고는 견딜 수 없는 상태에 이르도록 했을 뿐이다. 신비주의는 나와 하나님만이 관심사이고, 결국은 하나님도 사라지고 홀로 희열의 경지, 또는 열반의 상태에 이르고자 하는 자기중심적 이기주의라 할 수 있다. 아버지의 예수 사랑은 그가 소유한 바로 그 예수가 원하는 민족구원,

세상구원을 위한 소명으로 이어졌으며, 명상이나 고행이 아니라 철두철미 타자를 위한 중보기도만을 사명으로 삼게 했다.

현재 이미 누리는 예수와의 연합의 복락은 아직도 싸워나가야 할 사탄 세력과의 투쟁에 담대함을 부여하며, 동시에 전면적인 구원의 완성이 이루어질 주님의 재림을 향한 대망과 역동적으로 결부되어 있다. 교회사에 나타난 모든 부흥-각성 운동은 예외 없이 재림 열망의 발현이었고 이 종말에 대한 소망이 철저한 회개운동으로 이어졌었다.

나의 아버지는 1940년 겨울 일본에서 〈재림찬송〉에 이런 소망을 담았다.

1. 파수꾼아 지금이 어느 때뇨 / 어찌 이리 지루한고
   육천 년 어둔 밤 언제 지나고 / 새벽별이 떠오를까.
4. 영화로운 공중 혼인 예식에 / 사모하던 주님 만나
   쌓인 회포를 풀어 볼 그 날이 / 몹시도 그립습니다
5. 사자와 이리와 어린 아이가 / 어깨동무하는 때가
   하루바삐 이루어지기 위해 / 눈물로 도고합니다.

왼쪽에서 세 번째가 유광웅 박사 그리고 유재헌 목사의 후손들

7. 우리 못살게 굴던 사탄이를 / 무저갱에 가두시러
　　나 진실로 속히 오마 하신 주 / 아멘 속히 오십소서.

〈언제까집니까〉에서는 신부가 신랑을 사모하는 심정을 이렇게 표현해 놓았다.

5. 내 주여 언제까지나 이 눈물 흘리오리까
　　십자가 희생으로써 이 죄인 속량했으니
　　살 중의 살이 되옵고 뼈 중의 뼈가 되오니
　　주님과 나와 떨어져 피차가 못 살으리다.
6. 내 주여 언제까지나 기약을 기다리리까
　　죄악은 팽창해 가며 마귀는 발악합니다
　　이 모진 광풍 언제나 시달림 면해 버리고
　　주님의 품에 안겨서 기쁨을 맛보오리까.

〈주님 위해 나는 살다〉에서도 이렇게 소망을 노래한다.

6. 악전고투 이 쓰라림 / 며칠만 더 당하면
　　신랑 예수 재림할 때 / 할렐루야 맞겠네.
7. 나의 사랑 나의 주님 / 언제 오시렵니까
　　이 하루를 천년같이 / 손꼽아 기다려요

아버지의 대표적 재림소망의 찬송이 1948년 4월에 작사한 〈언제나 주님은 오시려나〉이다.

1. 폭풍과 폭우는 몰아와서
　　한 줄기 소망의 내 등불이

기름은 쪼들고 꺼지려 하는데
언제나 주님은 오시려나.

2. 굶주린 사자 떼 사정없이
앞길을 막고서 닥치는데
십자가 들고서 밀치고 나가니
언제나 주님은 오시려나.

3. 돌작 밭 넘어서 상처 나고
가시에 찔려서 피 흐르고
피곤해 맥없어 고민을 하는데
언제나 주님은 오시려나.

4. 다 함께 출발한 믿음 식구
언젠지 떨어져 보이잖고
앞길은 아직도 캄캄한 이때에
언제나 주님은 오시려나.

5. 난관의 바다를 건너가고
역경의 태산을 넘어가며
악전고투하며 기진해 가는데
언제나 주님은 오시려나.

6. 주님을 바라서 눈 진물고
주님을 불러서 목 터지고
안타까운 심정 비할데 없는데
언제나 주님은 오시려나.

7. 천사장 나팔에 부활하며
산 성도 영화해 올라가서
재림의 주님을 만나고 싶은데
언제나 주님은 오시려나.

아버지에게는 나라와 민족을 사랑하여 구원코자 기도의 제단을 쌓는 수도원 사업의 뜨겁고 긴 호흡과 동시에 주님 예수의 재림을 이제나 저제나 대망하는 급박한 탄식이 모순 없이 역동적으로 일치하였다.

1950년 6월 25일, 북한 군대의 남침 개시 당일 아버지는 삼각산 임마누엘 수도원에서 〈도고자의 사명〉이란 성가를 작사하였다.

1. 도고자야 지성소로 나가 엎디자
   네 한 몸에 삼천만이 메워져 있도다
   제사장의 사명 받은 책임 중하다
   항상 깨어 간절하게 부르짖으라.
3. 새벽잠에 못 견디어 네가 자면은
   삼천만의 네 민족도 영원 잘게다
   모진 잠을 깨어 싸워 도고하면은
   사랑하는 동족까지 영원 살게다.
4. 너의 기름 모두 짜서 불을 피우고
   피가 섞인 눈물 짜서 제단에 부어라
   너의 희생 네 민족에 거름이 되어
   머지않아 삼천만은 잘 살으리라.
7. 살인마의 대포성은 지축을 떨고
   붉은 입의 불아귀는 민족을 삼킨다
   도고자야 생명 걸고 간절히 빌자
   하나님은 팔을 펴서 구원하신다.
10. 임마누엘 주님께서 함께 계시니
    핍박이나 죽음이나 무섭지 않다
    죽기까지 충성하여 세단 붙들고
    삼천만을 책임지고 도고하리라.

6.25 사변 발발 당시 삼각산 임마누엘 수도원에는 벌써 그 전에 이북에서 피난 온 신자들이 상당히 많이 모여 있었다. 아버지는 이들과 함께 예배하며 나라와 민족을 위해 기도하던 중이었는데, 이미 오래전부터 순교를 각오하고 있었다. 전쟁발발 후 8월 15일 인민군 보위부원에게 납치당해 갈 때까지 작사한 찬송 〈안심하고 두려워 말라〉와 〈제단을 사수하자〉 등에도 그의 순교의지가 잘 드러나 있다. 납북되기 한 달여 전인 1950년 7월 11일에 작사한 찬송, 〈순교자의 깃발〉에 순교를 각오한 내 아버지의 예수 사랑이 잘 드러나 있다.

1. 나를 위해 우리 주님 / 피 땀 눈물 다 바쳐
   속죄하여 주셨으니 / 주께 이 몸 드리네.
후렴. 동족위해 달게 죽자
      불쌍한 죄인 구령 위하여
      주님 위해 달게 죽자
      그 사랑 갚아 영광을 돌리자.
2. 나의 재물 가져가라 / 가난한 자 복있다
   물욕으로 인하여서 / 범죄하지 않겠다.
2. 나의 건강 뺏어가라 / 주님 치료 받아서
   더욱 새론 몸이 되어 / 강철같이 굳세리.
3. 나를 갖다 옥에 넣라 / 고요한 중 엎드려
   제단 쌓고 신비롭게 / 주와 교제하련다.
4. 나의 살을 찢어가라 / 거룩한 피 흘리어
   주의 흔적 지고 가서 / 주님 얼굴 뵈련다.
5. 나의 뼈를 꺾어가라 / 육의 뼈는 꺾어도
   나의 신앙 뼈까지는 / 꺾지 못할 것이다.
6. 나의 목을 잘라 가라 / 순교자의 면류관
   나까지도 쓰고 가니 / 할렐루야 승리다.

예수에 미쳤고, 민족 구원의 소명으로 불타면서 공산당을 사탄의 종이라 외치던 나의 아버지. 그는 필경 납북 후 총살당하고 말았을 것이다. 그의 예수 사랑이 민족 사랑을 낳았고 구국기도의 수도원 설립으로 이어졌는데, 그 수도원 사업을 본격적으로 펼치려던 중 45세를 일기로, 일면 그가 그토록 바라던 순교자의 면류관을 쓰고 최후 승리하였다.

예수 사랑-민족 사랑에 불타 산화한 아버지 유재헌 목사의 신앙을 살펴보며 내 자신의 상태를 점검해 볼 때 하나님과 선친께 죄스럽고 부끄럽기가 그지없다. 왜 나는 아버지를 불태웠던 그 뜨거운 예수 사랑을 지니지 못한채 살아가는 것일까? 왜 나는 민족 사랑-민족 구원에 이리도 미지근한 것인가? 산기도, 금식을 수차례 해가며 울부짖고 발버둥도 쳐 보았다.

결국 내게 주어진 믿음의 분량 탓을 하면서, 그래도 주님의 재림을 소망하는 등잔불 심지를 돋우어 본다.

유광웅 박사(왼쪽에서 두 번째)

1906 · 2000

태양신과 맞서 싸운
신앙의 투사 이인재 목사

박시영 교수

부경대학교 자원경제학사.
고신대학교 교육대학원 (M.A.)
고려신학대학원 (M.Div.)
현 | 밀양 무지개전원교회 담임, 부산·경남기독교
　　역사연구회 회장, 창신대학교 특임교수
전 | 경남선교120주년기념관 디렉터,
　　애국지사 손양원목사기념관 건립본부장
저서 | 『하나님을 섬기는 것은 왕노릇하는 것이다』,
　　『신약알기』, 『구약알기』, 『신앙의 투사, 이인
　　재』, 『다시보는 경남의 3.1운동』

이 땅의 모든 등불이 꺼져갈 때, 역사의 흐름이 강자(强者)에 의하여 움직여지는 것으로 여겨지는 그런 때, 희망의 그루터기가 있었다. 일제 말 신사 참배를 강요하며 조선민족의 말살을 꾀하던 일제 앞에 끝까지 굴하지 않고 신사 참배 반대 운동을 펼쳤던 사람들이 바로 그들이다. 다들 숨을 죽이고 자신의 생존만을 확인하며 살아갔던 그런 시절이 아니었던가? 이러한 어려운 때에도 역사의 파수꾼으로 잠든 시대를 일깨우며 민족의 생사의 갈림길에서 우리 민족의 살 길을 찾아나섰던 이인재 목사는 그야말로 귀한 선각자(先覺者)가 아닐 수 없다. 반딧불은 미미한 존재이지만 생명력이 있기에 어둠을 밝히듯, 신사 참배 반대 운동가들도 역사의 어둠이 짙을 때에 그 어둠을 밝히는 빛의 사명을 감당하였다.

하나님의 계명을 지키는 일에 관한 한 추호의 타협도 없이 '아니오'라고 말할 수 있었던 사람들. 하나님 앞에서 범죄하지 않는 길만이 이 민족이 살 길이라고 믿었던 사람들. 그러기에 어떠한 억압과 강요 앞에서도 굴하지 않고 묵묵히 자신 앞에 주어진 고난의 길을 당당히 걸어갔던 신앙의 투사들. 그들 중 한 사람인 이인재 목사에 대해 살펴보고자 한다.

사실 이인재 목사는 널리 알려져 있는 사람이 아니다. 목회자로서 그가 했던 아름다운 일들이 많이 있지만 본고에서는 특별히 일제 치하에서 그가 담당했던 신사 불참배 운동의 남북 가교자 역할[1]에 대해 중점적으로 살펴보고자 한다.

이인재 목사의 성장배경과 그의 신앙입문

이인재 목사는 조선이 국권(國權)을 잃어가던 1906년 1월 4일, 경남

---

1 1938년부터 시작된 신사 불참배운동은 경남과 평남 지방 중심으로 일어났다. 이인재 목사는 경남과 평남을 오가며 가교(架橋, bridging, cross-linking) 역할을 하였다.

밀양군 상남면 마산리 779번지에서 전주 이씨(李氏) 문중의 6남 4녀 중 맏아들로 태어났다.

청년기의 이인재 목사

영특한 그는 조부로부터 천자문(千字文)을 배우기 시작하여 8세 때는 사서삼경(四書三經)을 읽었다. 향리의 서당에서 한학을 배우던 그는 신학문을 공부하기 위해 16세 때 소학교 과정인 기산시립강습소(밀양시 상남면 소재)에 입학하였고, 그의 영특함으로 인해 6년 과정을 1년 6개월만에 마쳤다. 그 후 밀양읍에 있는 밀양고등농잠중학교를 다녔다(제1회생, 1924년 5월 6일 개교, 1926년 졸업).

그 무렵, 밀양군 마산리에는 이미 예배당이 있었다. 인재가 살고 있던 상남면 마산리의 마산리교회는 1896년 8월경에 가정예배로 시작된 교회이다.[2] 일찍이 그곳에 살고 있던 박건선과 박윤선이라는 두 형제가 복음을 받고 예수를 믿게 됨으로 이들의 자택에서 예배가 시작되었다. 마산리교회[3]는 김응진 전도사[4]가 1917년에 초대 교역자로 부임하면서 교회의 기틀을 잡아 나갔다.

어느 주일이었다. 인재는 교회당 옆을 지나고 있었다. 그때 마침 교회당에서 종치는 소리가 들렸다. 이 종소리에 이끌린 이인재는 예배당 안으로 들어갔다. 당시 마산리교회에는 양반 출신의 박수민(朴秀敏) 영수(領袖)가 예배를 인도하고 있었다. 그날 예배 후 교회에서는 이인재

---

2 1893년부터 시작된 윌리암 베어드(배위량, William M. Baird · 1862~1931)의 내륙 전도 여행의 열매로 시작된 교회이다.

3 지명에 따라 마산리교회, 밀양마산교회, 상남교회 등으로 이름이 몇 차례 바뀌었다. 현재 교회명은 무지개전원교회이다.

4 김응진(金應振, 1882~1974). 1906년 밀양 춘화교회 초대 장로로 장립, 1912년 평양 조선 예수교장로회신학교 입학(1921년 졸업). 1921년 7월 5일, 제11회 경남노회서 목사안수. 마산리교회 초대 교역자.

를 환영하였고 그에게 국한문 성경책 한 권을 선물로 주었다. 그는 성경책을 좋은 선물로 여기고 소중히 간직하였다. 그리고 집에 돌아와서는 열심히 읽었다. 성경에 흥미가 붙게 되자 예배 출석에도 열심을 내었다. 밤에는 야학교(夜學校)를 열어 글을 배우러 오는 사람들에게 한문과 한글을 가르쳤다.

그리고 면사무소 서기직을 직업으로 갖게 된 이인재는 교회생활을 열심히 하는 한편 면 서기로서도 충실히 공무원의 직책을 수행하였다.

1930년 12월 4일, 이인재는 부인 신상이와 함께 마산리교회의 초대 집사로 선출되었다.[5] 면사무소 수석 서기의 자리에도 오르게 되자 머지않아 앉게 될 면장 자리가 그를 기다리고 있었다.

그러나 문제가 생겼다. 그것은 신사 참배의 문제였다. 1935년부터 각급학교나 공공기관에 아마데라스 오미가미(天照大神)[6] 참배가 강요되자 공무원인 그로서는 더 이상 버틸 수가 없었다. 면장 자리를 눈앞에 둔 1937년, 사직을 결심한 이인재는 13년간 최선을 다해 섬겼던 면 서기직을 미련없이 던져 버렸다. 그리고 신학(神學)을 해야겠다고 결심하고 신학교 입학을 준비하였다. 그것은 그가 그토록 하고 싶어했던 학문 탐구의 길이요, 하나님의 부르심에 대한 분명한 응답이었다.

고신총회설립 60주년 포상 사진

5　마산리교회 《1930년대 당회록》에는 매해 초(2~3월) 집사 선출 기록이 나온다. 1930년부터 1937년까지 리쥬원(집에서 부른 이름, 異名)은 매해 집사로 부인인 신상이와 같이 선출되었다. 이때 집사는 세례교인들의 투표로 선출하였다.
6　일본 민족이 존신(尊信)하는 신(神), 특히 황조(皇祖)가 되는 신이다.

신학의 길과 주기철 목사와의 만남

1938년 3월, 이인재는 평양으로 갔다. 이때부터 시작된 가족들의 고생은 이만저만이 아니었다. 타향살이의 설움, 가난과의 싸움 그리고 신사 불참배로 인한 수감 생활이 이들을 기다리고 있었다.

그해 4월, 평양에 있는 조선예수교장로교신학교에 입학한 이인재는 주기철 목사가 시무하던 산정현교회에 출석했다.

주기철 목사가 산정현교회에 부임한 다음 해인 1937년 3월 7일, 당회와 제직회는 새로운 예배당 건축안을 결의하고 그해 9월 5일, 250평의 새 교회당을 완공하여 입당 예배를 드렸다. 이때 주기철 목사는 '일사각오'라는 설교를 통해 산정현교회는 일본 우상에 대항하며 절대로 신사참배를 하지 않을 것이라고 선언하였다. 당시 일제는 교회당 안에 일본 국기(國旗)를 달게 하였고 일본 귀신이 들어 있는 가미다나(神棚)를 벽에 걸도록 강요하였다. 주기철 목사는 이 강단에 어떠한 간판도 달지 못하며 못자국 하나도 낼 수 없다고 예배당의 절대 신성(神聖)을 강조하였다.

1938년 2월 8일, 산정현교회 헌당식(獻堂式)이 거행되었다. 그리고 그 다음 날 평북노회가 신사 참배를 가결하게 되었다.[7] 그러자 평북노회의 신사 참배에 격분한 신학생 장홍련이 신학교 뜰에 있는 평북노회장 김일선 목사[8]의 기념식수를 뽑아버리고 그 앞의 비석을 부숴버리는 일이 벌어졌다. 주기철 목사는 이 일의 배후로 지목되어 1938년 4월에

---

7 1938년 2월 9일, 한국 최초로 평북노회가 신사 참배 결의했다. 같은해 9월 총회 이전까지 전국 23개 노회 중에 17개 노회가 평북노회의 전철을 밟았다.
8 당시 평북노회장.

도미 직전 가족들

검거되었다.

다행히 얼마 후 주기철 목사는 석방되었고 산정현교회에 출석하게 된
이인재와의 첫 만남이 이루어졌다. 주기철 목사의 설교는 그의 가슴에
뜨거운 불씨로 작용하게 되었다. 하지만 신사 참배의 문제는 점차 심각
한 국면으로 접어 들고 있었다. 주기철 목사는 설교를 통해 신사 참배
는 어떠한 경우에도 용납되면 안 된다는 것을 강조하였다. 주기철 목사
는 젊은 전도사인 이인재에게 신사 참배가 왜 잘못된 것인가에 대한 확
실한 신념을 심어 주었다.

신사 불참배 운동

신사 참배는 일본의 신을 숭배하는 일종의 우상숭배의 종교의식이므
로 유일신 하나님만 섬기는 기독교로서는 양심으로 생각하나, 하나님

말씀에 비추어 보나 부당한 일이었다. 1938년 9월, 제27회 조선예수교
장로회 총회에서 일제의 강압에 의해 신사 참배안이 가결되었으나 투옥
되어 있던 주기철 목사와 산정현교회 교인들은 신사 불참배 의지를 확
고히 했다. 이들은 교회가 패쇄되고 순교를 당하면서까지도 그 뜻을 굽
히지 않았다.

  참으로 힘들게 평양으로 이사를 와서 신학교에 입학을 했던 이인재는
신사 참배 반대로 인해 1학기 수업만 받고 2학기부터는 아예 수업에 참
여도 하지 못한 채 자신의 꿈을 접어야 하는 상황에 부딪히게 되었다.
  1학기 종강이 되었다. 학기말 시험을 끝내고 집으로 돌아가는 학생들
의 마음은 불안하였다. 이인재는 학우들의 후원으로 경남 함양군 휴천
면에 개척교회를 세울 사명을 가지고 내려왔다. 휴천면에 두 달간 머물
면서 이인재는 열심히 전도하였다. 그리고 개척교회의 기초를 닦아놓
은 후에 고향인 밀양 마산리로 돌아왔다. 때마침 마산리교회에는 잠시
동안 교역자가 없었던터라 이인재는 고향 교회인 마산리교회에 전도사
로 시무하게 되었다.
  우려했던 대로 그해 9월 9일부터 평양 성문밖 교회당에서 열린 조선
예수교장로회 제27회 총회에서는 신사 참배가 가결되었다. 이 일로 인
하여 평양신학교는 문을 닫게 되었고 학교로 돌아가지 못한 이인재는
교회를 섬기는 일에 전념하였다.
  이인재는 한상동 목사[9]가 신사 참배 반대를 하다가 문창교회를 사면
하고 부산에 와 있다는 소식을 들었다. 그때는 어느 한곳도 한상동 목
사가 출석할 만한 교회가 없었다. 아무데서도 그를 환영하지 않았기 때

---

9 한상동(韓尙東, 1901~1976). 1934년 평양 조선예수교장로회신학교에 입학(1937년 졸업).
   1938년 경남노회에서 목사안수를 받아 부산 초량교회에 부임. 그 이듬해 1월에 마산 문창
   교회에 부임하였다.

문이었다. 이렇게 해서 1년여를 부산 대신동에서 지내던 한상동 목사는 신사 불참배 운동에 앞장을 서게 되었다.

이인재는 밀양 예림교회를 시무하는 윤술용 전도사[10]와 함께 신앙의 선배인 한상동 목사를 만나 이 어려운 시기에 닥쳐오는 큰 시련을 어떻게 이겨 낼까를 의논하였다. 세 사람은 사람의 힘으로는 어쩔 수 없고 하늘에서 오는 능력을 힘입어야 한다는 결론을 내리고 함께 기도하러 김해 무척산으로 올라갔다.

며칠 동안 기도하던 중 하루는 한상동 목사가 말하였다. "앞으로 신사참배로 인하여 한국 교회가 죽어갈 것 같은데 이대로 기도만 하고 있어서는 될 일이 아닌 것 같습니다. 우리가 나서서 같은 뜻을 가진 사람들을 만나고 힘을 합하여 신사 불참배 운동을 일으켜야 할 것 같습니다. 그러기 위해서는 산에 그냥 있을 것이 아니라 기도 장소를 수영에 있는 해수욕장으로 옮기도록 합시다. 그 곳에서 여러 사람을 만나 반대운동을 구체적으로 펼쳐 나가야 할 것 같습니다."

이인재와 윤술용 전도사는 한상동 목사의 말에 동의하였다. 더위가 기승을 부리는 1939년 7월 말경 세 사람은 무척산에서 내려와 수영으로 갔다. 밤에 후미진 곳에서 모여 기도회를 가졌다. 이 소문을 들은 조수옥 전도사[11]가 신앙동지 여러 명[12]을 대동하고 수영으로 왔다. 기도회는 여름 백사장만큼 뜨거워졌다.

한상동 목사는 이들에게 다음과 같은 요지의 사항을 제안했다.

첫째, 현실 교회는 예배 전에 궁성요배를 시행하는 현실이니 그 교회

---

10 윤술용(尹述龍), 마산리교회 제7대 교역자(1934년~1937년), 당시는 밀양 예림교회 시무.
11 조수옥(趙壽玉), 신사참배를 거부하다가 체포되어 옥고를 치르다 해방 후 출옥하였다. 해방 후 고아들을 돌보며 한평생을 살았기에 그녀를 '고아의 어머니'라 불렀다.
12 박인순, 김현수, 이정자, 백영옥, 배학수를 비롯한 십여 명이었다.

에는 출석하지 말 것,

둘째, 신사 참배하는 목사들의 성례를 받지 말 것,

셋째, 범죄를 감행하고 있는 교회에 십일조와 연보를 하지 말 것,

넷째, 신사 참배하지 않는 교인끼리 모여 예배하되 특히 가정예배를 주로 할 것.

참석한 모두는 이러한 요지를 결의하고 제각기 사명을 띠고 헤어졌다. 이렇게 하여 신사 불참배 운동은 한상동 목사와 이인재 전도사를 중심하여 경남 전역에 번져가게 되었다. 이인재는 밀양으로 돌아와 각 교회에 이 결의문을 전하고 그렇게 시행하도록 독려하였다.

마산리교회에서는 박수민 장로가 활발히 이 일에 가담하였다. 박수민 장로는 자신뿐만 아니라 그의 자녀들까지도 신사참배를 못하게 했기 때문에 이들은 상남공립보통학교에서 퇴학을 당하게 되었다.

1939년 10월, 이인재는 신사참배 반대로 문창교회에서 사면을 당한 한상동 목사를 마산리교회 제9대 담임교역자로 청빙하였다. 사실 일경(日警)의 간악한 사술(邪術)로 인해 마산 문창교회를 사임한 한상동 목사를 마산리교회로 모셔온다는 것은 그 당시로서는 엄청난 위험을 감수해야 할 모험이었다. 그러나 박수민 장로와 이인재 전도사는 당당히 이 일을 추진하였고 이후 마산리교회는 신사 참배 반대 운동의 중심에 서게 되었다. 뒤따르는 숱한 핍박과 박해는 당연한 수순이었다.

신사 불참배 운동의 가교(架橋) 역할

다시 평양으로 가게된 이인재는 평양을 중심으로 하는 신사 불참배 운동 그룹과 경남을 중심으로 하는 신사 불참배 운동 그룹의 가교 역할을 감당하게 되었다.

1939년 9월[13], 이인재는 밀양 마산리교회를 한상동 목사에게 맡기고 가족들과 함께 다시 평양으로 갔다. 시국이 점점 더 험악해지고 있었다.

그는 다시 산정현교회에 출석하였다. 신사 참배를 반대하는 사람은 산정현교회로 모여 들었다. 이 곳에서 안이숙, 김지성, 이광록, 김홍전, 이동수 등과 같은 좋은 민족의 지도자들을 만났다. 당시 평양에 있는 대부분의 교회들은 신사 참배로 인한 시험에 넘어지고 있었다. 그러나 주기철 목사를 비롯한 이기선 목사 등은 신앙의 신념을 굳건히 지켰다.

그러던 어느날[14] 최봉석 목사가 이인재가 거주하고 있는 집을 찾아왔다. 최 목사는 이인재 전도사에게 말하였다.

"이 전도사, 나와 함께 신앙의 동지를 만나자구요. 이때는 환란의 때이기 때문에 같은 뜻을 가진 사람들끼리 만나 서로 격려해야 힘을 얻는다구요."

"네, 감사합니다. 잘 따르겠습니다."

그리하여 이인재는 최봉석 목사와 함께 신앙 동지들의 집을 찾아 다니며 서로 위로하고 격려하였다.

또 하루는 박의흠 전도사가 김인희 전도사와 함께 이인재를 찾아왔다. 김인희 전도사는 이인재 전도사에게 말하였다.

"이 전도사, 용기를 내어요. 지금 평북에서는 이기선 목사를 중심으로 신사 참배 반대 운동이 열렬히 전개되고 있어요. 그리고 이 전도사는 경상도 사람이니까 한상동 목사를 중심으로 일어나고 있는 경남쪽 소식을 우리에게 전해 주세요."

"지금 경남에서도 열심을 내고 있어요. 부산, 마산 쪽은 한상동 목사가, 서부 경남 쪽은 주남선 목사가, 남해 쪽은 최상림 목사가, 진주 사

---

13 이하에 나오는 모든 일자는 평양지방법원의 「예심종결서」의 기록에 의존했음을 밝혀둔다.

14 최봉석(崔鳳奭, 최권능, 1869~1944), 신사참배를 거부하다가 체포되어 옥고를 치르다 1944년 4월 10일 평양에서 순교하였다.

천 쪽은 이현속 전도사가, 통영 쪽은 최덕지 전도사가 앞장서서 열심히 신사 참배 반대 운동을 하고 있습니다."

박의흠 전도사가 말하였다.

"나는 신의주에서 활동하다가 만주 봉천 쪽을 돌아보고 왔어요. 그곳에서도 한부선 선교사를 중심으로 여러 신앙의 동지들이 뭉쳐 있어요."

이날 세 사람의 신앙 동지들은 기도회를 가지며 다시 한 번 굳은 결심을 하였다.

이미 교회들도 일제의 조종하에 들어간 상태였기 때문에 이인재 전도사는 가족들과 함께 지하 가정교회를 시작하였다. 주변의 신자들을 불러 모았다. 시국이 점점 험악해질수록 복음을 전해야 했기 때문에 열심히 믿는 성도들을 규합하였다.

1939년 11월, 이인재 전도사는 평북 선천으로 김인희 전도사를 찾아갔다. 거기에는 용산교회 박신근 집사도 함께 있었다. 세 사람은 합심하여 신사 불참배 운동을 펼치기로 결심하였다. 다음 날 선천을 떠나올 때 김인희 전도사는 이인재 전도사에게 돈 4백원을 건네주었다.

"이 전도사, 이 돈을 신사 불참배 운동하는 데 사용하십시오. 경남에 가서 한상동 목사를 만나거든 이쪽 사정을 이야기하고 위하여 기도해 달라고 부탁하십시오. 우리도 경남의 동지를 위하여 기도하겠습니다."

평양으로 다시 돌아온 이인재 전도사는 부산으로 내려가기로 마음을 정하고 1939년 12월 28일, 평양역에서 부산행 기차를 탔다. 먼저 삼랑진역에서 내려 밀양 마산리로 갔다. 거기서 한상동 목사를 만났다.

밀양 마산리교회도 평안한 안식처는 못 되었다. 수시로 고등계 형사가 찾아와 괴롭힌다는 것이었다. 이인재 전도사는 평북 지방 성도들의 신앙 생활 모습을 소상히 설명하였다. 교회들은 이미 신사 참배의 시험에 빠졌기 때문에 신사 참배를 반대하고 불참하기로 작정한 교인들은 자신의 가정에서 예배를 드리고 있다는 사실을 전하였다. 그리고 활발히 신사 참배 반대 운동을 전개하고 있으며 5개 항의 표준[15]을 세워 그것을 따르고 있다는 소식 또한 전달하였다. 이러한 내용을 전하고 이인재 전도사는 한상동 목사에게 4백 원을 전달하였다.

한상동 목사와 이인재 전도사, 그리고 윤술용 전도사는 이날 저녁 부산 동래로 가서 동래 온천에 있는 화성여관에서 하루를 지냈다. 그리고 다음 날인 12월 30일, 세 사람은 부산 초읍리에 있는 조수옥 전도사와 백영옥 전도사[16]를 만났다. 함께 예배를 드린 후에 윤술용 목사는 집으로 돌아가고 한상동 목사와 이인재 전도사는 선교사들 집을 찾아갔다.

부산부 좌천정에 살고 있는 허대시 선교사[17]와 추마전 선교사[18]를 방문해서 신사 불참배 운동 전개의 소식을 전하고 힘이 되어 줄 것을 요청하였다.

12월 31일에는 부산 초량에서 박신출 집사와 초량교회 서영수 집사를 만나 믿음에 굳게 서서 신사 참배에 동참하지 않도록 권면하였다.

1940년 1월 1일. 이인재 전도사는 한상동 목사를 따라 마산으로 갔

---

15 1) 신사 참배를 긍정하는 노회원을 노회 내의 각종 부서에 참석시키지 못하게 하고 각 교회로 하여금 노회 부담금을 내지 못하게 한다.
  2) 신사 참배 불참자들로 새로운 노회를 조직한다.
  3) 신사 참배를 긍정하는 목사에게서 세례를 받지 않는다.
  4) 신사 참배 불참배 동지들의 상호 협조를 도모한다.
  5) 가정예배 또는 가정 기도회를 개최하여 일인 면담, 개인 전도 등을 수단으로 신사 불참배 성도들이 앞장 서서 신사 참배 교인들을 설득한다.
16 백영옥(白英玉), 마산리교회 제6대 담임교역자(1933년)였던 차재선 전도사의 부인. 차재선 전도사는 1933년 10월에 33세의 젊은 나이로 하나님의 부르심을 받았다. 이후 백영옥 사모는 신학을 하게 되고 전도사로 사역하게 되었다.
17 허대시(許大是, Miss Daisy Horking). 호주장로교 여선교사. 부산 1916, 1918~1922, 1923~1031, 1934~1941 마산 1917~1918, 1922~1923 통영 1932~1934, 1941, 1971.
18 추마전(秋瑪田, Rev. M. Trudinger). 호주장로교 선교사. 마산 1922~1923, 진주 1925~1928, 통영 1929~1934 부산 1935~1941, 1955.

다. 마산 제비산에 소재해 있는 태매시 선교사[19]의 댁을 방문하였다. 한상동 목사는 이인재 전도사를 이들에게 소개시키고 평북에서의 신사 불참배 운동의 목적과 상황을 설명해 주었다. 이 자리에는 최덕지 전도사가 함께 하였다.

1월 2일, 이인재 전도사는 한상동 목사와 함께 진주로 가서 서덕기 선교사[20]를 만났다. 서덕기 선교사는 진주지방에서 전도자로, 또 배돈 병원 원목의 일을 보면서 신사 참배는 우상 숭배로 간주하고 이를 반대하고 있었다. 그에게도 평북지방의 상황을 설명하고 경남에서의 신사 불참배 운동 전개를 촉구하였다.

서덕기 선교사를 만난 후 이들은 봉래정에 있는 김주학의 집에서 최상림 목사[21]를 만나 신사 참배 반대 운동의 목적과 상황을 설명하고 협력 방침을 요망하였다.

1월 3일. 이인재 전도사는 한상동 목사와 함께 황원택 집을 찾아가 이현속 전도사를 만났다. 황원택과 이현속 전도사[22]에게 다른 곳에서와 마찬가지로 신사 불참배 운동의 동향을 설명하고 믿음에 굳게 서서 함께 보조를 맞추자고 권면하였다.

그날 오후 이인재 전도사와 한상동 목사는 거창으로 갔다. 거창교회에서 주남선 목사[23]를 만나 하룻밤을 함께 보내며 신사 불참배 운동에 대하여 논의하였다.

---

19 태매시(太邁恩, Miss Maisie Tait), 호주장로교 여선교사. 거창 1919~1921, 마산 1921~1941.
20 서덕기(徐德基, Rev. James M. Stuckey), 호주장로교 선교사. 진주 1935~1940 부산 1958~1959, 2000.
21 최상림(崔尙林, 1888~1945). 신사 참배를 거부하다가 체포되어 옥고를 치루다 1945년 5월 6일에 평양에서 순교하였다.
22 이현속(李鉉繡, 1896~1945). 신사 참배를 거부하다가 체포되어 옥고를 치루다 1945년 5월 23일 평양에서 순교하였다.

1월 4일. 이인재 전도사는 한상동 목사와 함께 밀양 예림으로 돌아왔다. 그곳에서 이틀을 지내고 1월 7일, 평양으로 향하였다.

1월 7일, 평양에 도착한 이인재 전도사는 평양부 장별리에 있는 채정민 목사[24]의 집을 방문하여 거기서 최봉석 목사, 김의창 목사를 만나 경남지방에서 있었던 신사 불참배 운동에 대해 설명하고 향후 활동 방침 등에 대해서 깊은 협의를 하였다.

1월 9일, 이인재 전도사는 이광록 집사[25]의 집과 안이숙의 집을 찾아가 함께 신사 불참배 운동을 펼쳐나가기를 결의하였다.

1월 20일. 이인재 전도사는 방계성 전도사[26]를 찾아갔다. 방계성 전도사[26]를 만나 경남과 이북의 각 지역에서 전개되고 있는 신사 참배 반대 운동 상황을 소상히 설명하였다.

1월 26일. 이광록 집사와 함께 평양 시내에 살고 있는 차용서의 집을 찾아갔다. 신사 참배 반대 운동에 대해 세 사람은 이야기를 나누고 함께 힘이 되기를 약속하였다.

1월 28일. 이인재 전도사는 평남 대동군에 있는 가현교회로 갔다. 이날 교회당에는 교인 50여명이 모여있었는데 여기서 이인재 전도사가 설교를 하게 되었다. 그날 설교의 제목은 "그리스도의 신부"였다.

"신부가 정조를 지키기를 목숨처럼 여기는 것은 정결한 여성으로 한

---

23 주남선(朱南善, 1888~1951. 朱南皐). 신사 참배를 거부하다가 체포되어 옥고를 치루다 해방 후 출옥하였다. 해방 후에 그는 고려신학교의 설립자겸 초대 이사장으로, 또한 고려성경학교의 설립 이사로 활동하였고, 거창 성경신학교를 설립하여 교장의 일을 맡기도 하였다.
24 채정민(蔡廷敏, 1872~1953). 신사 참배를 거부하다가 체포되어 옥고를 치루다 해방 후 출옥하였다.
25 이광록(李光祿), 신사 참배를 거부하다가 체포되어 옥고를 치루다 해방 후 출옥하였다.
26 방계성(方啓聖, 1887~1950), 일제 강점기에는 신사 참배를 거부하다 옥고를 치렀고, 해방 이후에는 예배당에 인공기를 계양하라는 요구와 기독교연맹에 가입하라는 공산당의 요구에 반대하다 순교했다 .

남편만을 사랑한다는 증거입니다. 그와 같이 우리 기독신자들은 신앙의 정조를 지켜야 합니다. 신사 참배는 하나님을 거역하는 일이요, 영적 신랑되신 예수님을 배신하고 마귀에게 정조를 빼앗기는 무서운 죄악입니다. 신앙의 정조를 깨뜨리지 않고 지킬 수 있도록 각별히 주의하여야 합니다."

2월 4일. 이인재 전도사는 평양 남신리교회에서 예배를 인도하였다. 남신리교회에는 약 80명 정도의 신도들이 모여있었다. "아브라함의 신앙을 배우자"라는 제목으로 설교를 하였다.

"아브라함은 순종의 사람이었습니다. 하나님께서 고향, 친척의 집을 떠나라 하셨을 때 아브라함은 갈 바를 알지 못하고 떠났습니다. 그의 나이 백세에 얻은 아들이지만 하나님께서 아브라함에게 그 아들 이삭을 제물로 바치라 하였을 때 그는 거절하지 않고 순종하였습니다. 자기 생명보다 더 사랑하는 아들이었지만 하나님의 명령이었기 때문에 하나님께 바치게 된 것입니다. 신앙은 순종입니다. 우리도 아브라함의 순종을 본받아야 하겠습니다. 신사는 우상입니다. 신사 참배는 우상 숭배입니다. 신사 참배는 하나님의 계명을 어기는 무서운 죄입니다. 절대로 신사 참배를 하여서는 안 됩니다."

그의 설교에는 힘이 있었다. 성도들은 이인재 전도사의 설교를 듣고 결단코 신사 참배를 하지 않을 것을 다짐하였다.

2월 7일, 수요일이었다. 이인재 전도사는 이광록 집사와 함께 평양 주기철 목사의 사택으로 오정모 사모[27]를 찾아갔다. 주기철 목사는 이미 유치장에 구금되어 있었기 때문에 산정현교회에는 담임 목사가 공석

(空席)인 상태였다.

이인재 전도사는 오정모 사모에게 말하였다.

"사모님, 지금 평양노회가 산정현교회를 넘어뜨리려 합니다. 산정현 교회는 규모가 크기 때문에 많은 부담금을 요구받을텐데 결코 노회 부담금을 내면 안 됩니다. 노회 임원들이 모두 친일파 목사들이고 신사 참배를 국가의식이라하여 시행케 하고 있습니다. 왜 그런 노회를 도와야 합니까?"

이는 1939년 12월 29일에 한상동 목사와 이인재 전도사 등이 밀양에서 합의한 '신사 참배 반대 운동' 5개 조항 중 1, 2항에 해당하는 '노회 불복종운동'의 실천이었다.

2월 18일, 주일이었다. 이날부터 이인재 전도사는 평남 강서군 초리면에 있는 이노리교회에서 임시 교역자로 섬기게 되었다. 이인재 전도사는 다음과 같이 부임 첫주일 설교를 했다.

"신사는 우상입니다. 조선 교회는 벧엘 금송아지를 섬기고 있습니다. 모두가 물들어 가고 있습니다. 우리는 이것을 막아야 합니다. 우리는 하나님의 계명을 순종하는 사람들로 신사 참배는 명백히 우상 숭배이기 때문에 절대로 해서는 안 됩니다. 조선 교회가 우상화되는 것을 우리는 막아야 합니다."

---

27 오정모(吳貞模, 1903~ 1947), 주기철 목사의 부인. 평양 정의학교를 졸업한 후 마산 의신 학교 교사로 재직했고, 문창교회에 출석하다가 주기철 목사를 만나 1935년 11월에 주기철 목사와 결혼했다.

3월 5일, 이인재 전도사는 자신의 방에서 이광록과 함께 김지성, 최성봉 목사를 만나고 경남 지방에서 일어나고 있는 신사 불참배 운동의 상황을 설명하며 향후 더욱 힘써 평양에서의 신사 불참배 운동을 펼쳐 나갈 것을 다짐하였다.

3월, 어느 주일 밤이었다. 이인재 전도사는 산정현교회에서 설교를 하게 되었다. 설교제목은 "벧엘로 가지말라"였다. 그는 신사불참배에 대하여 강하게 말하였다. 이날 밤, 그 예배 자리에는 평양 종로경찰서 고등계 형사부장 황씨가 앉아 있었다. 예배 후 황부장은 이인재 전도사를 만나 협박을 하였다.

"당신 재미 없어! 두고봐. 앞으로는 설교도 할 수 없을거야."

3월 8일, 평양부에 거주하는 미국인 선교사 함일돈[28]의 집을 방문하였다. 함일돈 선교사는 이인재 전도사에게 신사 참배 반대 운동 자금으로 일백 원을 건네 주었다.

3월 15일, 이인재 전도사는 이광록과 함께 경창리에 있던 안이숙의 방을 방문하였다. 선천 보성여학교 교사 출신인 안이숙은 신사 참배 문제가 일어나자 1939년 1월 학교를 사직하고 평양으로 거처를 옮겨 '지하교회' 활동에 참여했다. 이인재는 경남 지방에서 일어나고 있는 신사 불참배 운동의 사정을 알리고 이들과 함께 운동자금 모금에 대해 의논을 하였다.

3월 17일, 이인재 전도사는 이노리교회에서 사면을 당하였다. 평양

---

28 함일돈(咸日暾, Floyd E. Hamilton), 미북장로교 선교사로 해방 전에는 평양에서 전도자로, 교수로 활동하였고, 해방 후에는 부산지방에 거주하면서 고려신학교 초기 신학교육에 크게 기여했다. 특히 그는 신사 참배 강요의 부당성을 지적하고, 한국 신사 불참배자들을 지원했다.

종로경찰서에서 강제 추방을 한 것이었다.

3월 21일, 이인재 전도사는 다시 밀양으로 내려갔다. 마산리로 가서 한상동 목사를 만났다. 이날 밤 이인재는 한 목사에게 만주 등지에서 활발하게 전개되고 있는 신사 불참배 운동의 상황을 보고 하였다. 만주에서는 한부선 선교사[29]가 중심이 되어 반대 운동이 진행되고 있었는데 이러한 일들의 근황에 대해 들려 주었고, 특히 신사 불참배 이유서를 인쇄하여 배포하며 신사 불참배 운동을 펼치는 일에 대해서 상세히 보고하였다. 한편 평양에서는 주로 산정현교회를 중심으로 신사 참배 반대 운동이 진행 중이라는 것도 보고하였다. 그리고 함일돈 선교사가 건네준 일백 원을 한상동 목사에게 전하였다.

3월 23일, 이인재는 한상동 목사와 함께 부산으로 내려갔다. 좌천정(좌천동)에 거주하는 호주 장로교 허대시 선교사를 방문하여 북쪽 지방과 만주 등지에서의 신사 불참배 운동 상황을 보고하고 경남에서의 신사 불참배 운동 방법을 설명하였다.

3월 24일, 영주정(영주동)에 거주하는 손명복 전도사를 찾아갔다. 이인재는 손명복 전도사[30]에게 신사 불참배 운동이 어떻게 전개되고 있는지를 설명하고 함께 운동할 것에 동의를 받았다.

3월 25일, 태매시 선교사를 방문하여 동석한 최덕지 전도사, 김묘년, 박경애 등에게 평양 산정현교회를 중심으로 일어나고 있는 신사 불참배 운동의 상황을 설명하였다.

3월 27일, 이인재 전도사는 한상동 목사와 함께 진주로 갔다. 거기

---

29 한부선(韓富善, Bruce F. Hunt, 1903~1992), 미북장로교 선교사로 신사 참배의 강요와 맞서 싸웠고, 그 일로 투옥되기까지 했으며 급기야 강제 출국을 당했다가 해방 후 다시 내한하여 고려신학교 교수로 봉직하였다.

30 손명복(孫明福, 1911~1993). 신사 참배를 거부하다가 체포되어 옥고를 치루다 해방 후 출옥하였다.

서 봉래정(봉래동)에 사는 황성호 전도사의 집에서 이현속 전도사와 주남선 목사를 만났다. 주남선 목사가 거창 경찰서에서 당한 이야기를 들으면서, 향후 어떠한 탄압과 핍박을 받더라도 믿음으로 맞서 싸워 신사참배 반대 운동을 펼쳐나갈 것을 다짐하였다. 그리고 이들은 모두 함께 서덕기 선교사의 집을 방문하였다. 그로부터 앞으로 펼쳐 나갈 신사 참배 반대 운동의 활동 방향에 대한 조언을 들었다.

3월 28일, 황성호의 집에서 주남선 목사와 작별하였다. 이인재 전도사는 주남선 목사에게 신사 참배 반대 운동 자금 40원을 건네주었다. 또한 진주 봉래정 배돈병원 부근의 노상에서 최덕지 전도사를 만나 운동 자금 40원을 건네주었다. 그리고 이인재 전도사와 한상동 목사는 함께 밀양군 상남면 마산리로 돌아와 한상동 목사의 자택에서 신사 불참배 운동의 확산방안에 대해 의논을 하였다.

3월 29일, 이인재 전도사는 신사 불참배 운동을 전국적으로 확산시키기로 경남 지방 동지들과 의견을 모은 후 한상동 목사와 작별하고 평양으로 올라갔다.

당시 밀양과 평양을 왕래한다는 것은 보통 일이 아니었다. 요즘처럼 고속철도를 이용할 수 있는 것도 아니고 평양에서 서울까지, 서울에서 밀양으로 … 그렇게 쉽게 오갈 수 있는 길이 결코 아니었다. 이인재 전도사의 여정은 갖가지 장애물을 피해가야 하는 그야 말로 험난함 그 자체였다. 그런데도 이인재 전도사는 오로지 사명감 하나로 이 궂은 일을 마다하지 않고 또 다시 평양으로 향하는 열차에 몸을 실었다.

평양 귀환 이후, 평양을 중심으로 이루어진 운동 상황을 정리하면 다음과 같다.

1940년 4월 20일경, 주기철 목사가 가석방되어 집으로 돌아왔다. 주

일　　자	회합 장소	참석자	협의 내용
3월 31일(일)	채정민의 집	채정민 이인재 최봉석	경남 지역 운동상황 보고
	이병희의 집	이인재 이광록 김지성 최봉석 안이숙	'5일 기도회' 후 운동 방법 논의
4월 2일(화)	채정민의 집	채정민 이인재 김지성	운동 협의
4월 3일(수)	이유택의 집	이유택 오윤선 최봉석 이인재	이유택 목사에게 운동 참여 호소
	장응태의 집	장응태 이인재 김지성	장응태 집사에게 운동 참여 호소
4월 13일(토)	김지성의 방	이인재 김지성 김인희	만주, 평북 경남지역 운동 상황 점검

목사의 석방은 신사 불참배 운동가들에게는 큰 기쁨의 소식이었다. 시급히 연락이 되었다. 전국에 흩어져 활동하고 있던 신사 불참배 운동 지도자들이 함께 모였다.

경남 밀양군 마산리에 있던 한상동 목사가 올라오고, 채정민 목사, 최봉석 목사, 오윤선 전도사, 김인희 전도사, 김지성, 김의창 목사 등 기존의 평양의 지도자들 외에 만주지방에서 온 안동의 김형락 영수와 봉천의 박의흠 전도사, 평북 선천의 김인희 전도사 등 평양에 거주하면서 평북과 만주지역 신사 참배 반대 운동 세력과 연결을 맺고 있던 지도자들이 처음으로 한 자리에 모이게 되었다. 즉 평양과 평북, 경남과 만주 지역에서 신사 참배 반대 운동을 지휘하는 지도급 인사들의 회합이 이루어진 것이다.

4월 20일~21일, 이틀 동안 장소를 바꿔가며 모두 네 차례에 걸친 모임을 가졌다.

이틀간의 회합에서

(1) 각 지역의 신사 참배 반대 운동과 수감자 현황을 점검하고,
(2) 향후 신사 참배 반대 운동의 방향을 모색하였다.

특히 운동의 방향에 대해 4월 21일 오후 이인재 전도사의 방(폐교된 평양신학교 기숙사)에서 모인 참석자들은 "신사 불참배 교회급 신사 불참배노회(神祠不參拜老會) 재건(再建)을 기(期)하고 전국적으로 운동을 전개하기로 맹서(盟誓)"하였다. 이 같은 결의를 이끌어내는 데에는 경남 지방 대표인 한상동 목사와 이인재 전도사의 의지가 크게 작용하였다.

4월 22일, 평양 장별리에 있는 채정민 목사 집에서 '주기철 목사 위문'을 명분으로 한 신사 불참배 운동 지도자들의 회합이 이루어졌다. 이 날에는 주기철 목사, 오정모 사모, 채정민 목사, 최봉석 목사, 한상동 목사, 오윤선 전도사, 방계성 전도사, 안이숙 선생, 이인재 전도사, 김의창 목사, 이광록 집사, 김인희 전도사, 박의흠 전도사, 김형락 영수가 함께 했다. 이들은 각 지역별 신사 불참배 운동의 현황을 점검한 후 신사 불참배 운동의 방향과 내용을 논의하였다. 이 때 한상동 목사가 경남 지역의 운동을 예로 들면서 신사 참배를 거부한 교회와 신도들로 구성된 '새로운 노회'를 조직하자는 안을 제시했다. 즉 신사 참배를 수용한 노회의 지시에 불복하고 노회 상납금을 거부하는 '관계 단절'의 수준을 넘어 신사 참배 거부 노선을 추구하는 '대항 노회'를 조직하는 운동을 전국적으로 전개하자는 제안이었다.

그러나 주기철 목사는 좀 더 깊이 생각하고 신중하게 결정할 것을 당부하였다. 현재의 반대 운동 강도에도 일제는 심각하게 탄압을 가하는데 전국적으로 반대 운동을 펼친다면 그 희생이 극대화될거라는 것이 그 이유였다. 비록 합의된 결론은 나오지 않았지만 남북 신사 불참배 운동 지도자들의 첫 회합이었다는 점과 신사 불참배 운동의 방향을 '어용 노회' 해산과 '새 노회' 결성을 목표로 한 동지 규합으로 잡았다는 점

에서 주요한 의미를 지닌다.

4월 23일, 각 지역 대표자들은 흩어지기 전에 다시 한번 모여 운동 방향에 대해 논의하였다. 이병희 집사 집에서 가진 이날 모임에서 한상동 목사, 이인재 전도사, 김형락 영수, 박의흠 전도사, 김인희 전도사 등은 궁성요배 문제에 대해서도 논의하였다. 이 자리에서 김인희 전도사와 박의흠 전도사, 그리고 김형락 영수의 주장을 받아들여 "궁성요배는 우리들과 같은 인간인 천황폐하를 고의로 신으로 경배하는 결과 밖에 안되는 것이요 또한 성경이 금하는 우상 숭배인고로 결단코 행해서는 안된다"고 결론을 내림으로 이날 이후 신사 참배와 함께 궁성요배도 거부 대상이 되었다.

4월 24일, 이인재 전도사는 김인희 전도사를 만났다. 김인희 전도사는 이인재 전도사에게 2백 원을 건네주면서 신사 불참배 운동 기금에 사용하도록 부탁하였다.

이인재는 그 돈을 받아 간직하고 있다가 4월 27일 한상동 목사가 부산으로 내려가기 위해 평양역에 나왔을 때 역 구내에서 그것을 전달하였다.

일제의 검속, 이인재의 체포와 구금, 그리고 석방

일제 경찰 당국은 정보망을 총동원하여 신사 불참배 운동 지도자들의 정보를 수집하였다. 그리고는 이 운동의 거점인 평양지역을 필두로 평북과 경남지역 운동 지도자들을 검거하였다. 먼저 1940년 5월에 채정민, 이인재, 이광록, 안이숙, 방계성, 김인희 등 평양 지도자들을 체포하였고, 6월에는 이기선, 고흥봉, 김형락, 서정환, 장두희 등 평북지방에서 활동하던 지도자들을, 그리고 7월에는 한상동, 주남선, 최덕지, 이현속 등 경남지방 지도자들을 체포하였다. 다만 손명복 목사만은 평양의 오윤선 전도사의 경우와 같이 9월 초에 검속되었다.

이인재 전도사는 5월 13일, 폐교된 장로회신학교 기숙사에서 평양 종로경찰서 고등계 형사에 의해 체포되었다. 그 후 종로경찰서 유치장에 구금되었다가 1941년 8월 25일, 평양형무소로 이감되어 5년 4개월간 옥고를 치루고[31] 1945년 8월 17일 밤 11시, 해방과 함께 출옥하였다.

해방 후

이인재 전도사는 해방 후인 1945년 10월부터는 잠시 동안이지만 고향교회인 마산리교회 제12대 교역자로 사역하였다. 그러다가 1946년 ~1947년에는 창원교회 제17대 교역자로 부임해서 사역하게 되었다. 그리고 1947년 6월 7일, 부산에 세워진 고려신학교를 제1회생으로 졸

평양 형무소 출옥 성도
첫째 줄 왼쪽: 최덕지, 이기선, 방계성, 김화준, 오윤선, 서정환
둘째 줄 왼쪽: 조수옥, 주남선, 한상동, 이인재, 고홍봉, 손명옥

업하고 경남노회에서 목사 안수를 받았다.[32] 그리고 그는 서울 성산교회와 거제 장승포교회, 대구 성남교회[33], 동성로교회, 의정부중앙교회, 서울 성광교회, 대구 달성교회를 시무하였다. 1974년 6월, 이인재 목사는 68세라는 젊지 않은 나이에 미국으로 이민을 떠났다. 그는 시카고 미현교회, 뉴저지 허드슨 장로교회, 펜실베니아주 이리장로교회, 필라델피아 새한장로교회, 콜로라도 덴버성산교회를 개척 설립하여 목회

---

31 《수형자 명부》. 경남 밀양군 상남면 마산리 779번지, 국본주원(國本朱元 · 舊 李朱元 使用 名으로는 李仁宰), 당 40세.
32 1951년 3월 6일, 마산 문창교회서 열린 제54회 경남노회서 목사안수를 받았다.
33 지금의 대구 성동교회이다.

하였다. 그리고 1978년 2월 8일에는 미국 내 합동측 미주 한인 예수교 장로회(KAPC)를 창립해 초대 총회장을 역임하였으며, 1992년 3월 8일 필라델피아 새한장로교회 원로목사로 추대되었다.

평양 형무소에서 옥고를 같이 치뤘던 조수옥은 이인재 목사를 가리켜 "재치가 조용히 묻어 있는 분이고 차분하고 성실하게 주의 일을 하는 지도자였다"고 하였고, 안이숙은 "어린 양과 같이 순한 분"이라 하였다. "인자한 재상"이라는 그의 이름(仁宰)의 뜻 그대로의 성품을 가졌던 이 인재 목사는 2000년 4월 30일, 미국 필라델피아에서 84세의 일기로 조용히 하나님의 품에 안겼다.

에필로그

일제의 36년 식민지배 가운데 신사 참배 강요는 한국 교회를 괴롭혀 온 마지막 수단이었고 가장 견디기 어려운 박해였다. 1938년부터 시작된 신사 불참배 운동은 북쪽으로는 평안남도, 남쪽으로는 경상남도를 중심으로 일어났다.

1938년, 이인재는 신학을 공부하러 평양으로 갔다. 그러나 일제에 의해 평양신학교가 폐교됨에 따라 더 이상 신학공부를 이어갈 수가 없었다. 대신 그는 그곳에서 신사 불참배 운동에 대한 신념을 세울 수 있게 되었고, 이 일을 위해 자신이 무엇을 해야 하는지를 알게 되었다.

그래서 그는 남과 북의 현상황을 서로에게 알리고 운동자금을 전달하고 동지들을 만나 그들의 의지가 약해지지 않도록 격려하는 가교자의 역할을 자청했던 것이다. 실로 이 일은 목숨을 담보로 한 엄청난 위험을 감수해야 하는 일이었다. 그러나 이러한 그의 헌신이 있었기에 어려운 상황 가운데서도 신사 불참배 운동은 지속될 수 있었으리라 사료된다. 그래서 필자는 그를 가리켜 "태양신과 맞서 싸운 신앙의 투사"라고 부르고 싶다.

당시 우상 숭배하는 일을 반대하고 신사 참배를 거부하다가 감옥에 갇힌 이들이 2천여 명이나 되었고, 그 중 5백여 명이 순교했다. 신사 참배가 하나님의 진노를 사는 무서운 결과를 초래하는 일이기 때문에 서슬 퍼런 일제의 총칼 앞에서도 자신의 생명을 담보로 조국과 민족의 교회를 지켜내었던 사람들, 이 모든 신사 불참배자들의 아름다운 신앙과 불굴의 용기에 박수를 보낸다.

필자 이인재 목사가 평양 형무소 옥중에서 읽었던 성경책과 여주동행(與主同行) 책갈피, 그리고 설교 메모지를 들고 이인재 기념판에서 기념촬영

이인재 목사가 필라델피아 새한장로교회서 공로패를 받고서 찍은 기념사진(1992. 3. 8).

❖ 참고문헌 ∞∞∞∞∞∞∞∞∞∞∞∞∞∞∞∞∞∞∞∞∞∞∞∞∞∞∞∞∞∞∞∞

구라타 마사코, 『일제의 한국 기독교 탄압사』, 기독교문사, 1991.

김승태, 『신사참배 거부 항쟁자들의 증언 어둠을 이긴 사람들』, 다산글방, 1993.

김충남, 『진달래 필 때 가버린 사람, 순교자 주기철 목사 생애』, 은혜출판사, 2016.

남영환, 『일제수난성도의 발자취』, 도서출판 영문, 1991.

박시영, 『밀양마산교회 113년사』, 도서출판 벧엘, 2009.

＿＿＿, 『태양신과 맞서 싸운 신앙의 투사 이인재 목사』, 도서출판 영문, 2006.

심군식, 『이인재 목사의 생애와 설교』, 도서출판 영문, 1996.

이상규, 『한국 교회 역사와 신학』, 생명의양식, 2007.

＿＿＿, 『한상동 목사, 그의 생애와 신앙』, 글마당, 2001.

정병준, 『호주장로회 선교사들의 신학사상과 한국선교, 1889~1942), 한국 기독교역사연구소, 2007.

차흥도, 『신사참배와 그 영향에 관한 소고』, 1985.

최종규, 『이 한 목숨 주를 위해, 최덕지 목사 전기』, 도서출판 바오, 2016.

● 이인재 목사 설교집

『넘쳐 흐르는 생명강』, 서울: 소망사, 1964.

『성령충만을 받는 비결』, 서울: 개혁주의신행협회, 1994.

『하늘에서 온 방문객』, 부산: 제일문화사, 1988.

● 이인재 목사 유물 보관

한국 교회 역사자료관

경남 밀양시 상남면 외평로 468번지 무지개전원교회 내

www.Jfirst.net   http://cafe.daum.net/mjgjw392

한상동 목사와 마산리교회 제직들(1939)
뒷줄 오른쪽에서 첫 번째가 한상동 목사, 네 번째가 박수민 장로이다.

5

1908 • 1998

한국 교회의 지도자
노진현 목사

최홍준 목사

총회신학대학원
합동신학대학원대학교 (M.Div.)
미국 리폼드신학교 (D.Min.)
현 | 호산나교회 원로목사, 국제목양사역원 원장
부산성시화운동본부 이사장
저서 | 『잠자는 교회를 깨운다』, 『복음전도』, 『장로 걸
림돌인가 디딤돌인가』, 『새가족을 위한 12가지
복음 이야기』, 『교회에 처음 나오셨다구요』

필자가 노진현 목사님(1908. 8. 28~1998.
10. 15)을 만난 것은 합신 재학시절 합신 이사
장으로 재직하실 때 학교에서와 서울 사랑의
교회(당시 옥한흠 목사 시무)에서 뵙게 된 것
이 전부였는데, 1986년 여름부터 월요일 마
다 제게 전화를 하시면서 부산새중앙교회에
와 달라는 청빙을 하셨다. 노진현 목사님이 중
앙교회에서 은퇴하시고 분쟁이 생겨 노회에서

노진현 목사

분리 개척한 교회가 부산새중앙교회였던 것이다. 노 목사님은 새중앙
교회로 오셔서 여기서도 원로목사님의 예우를 받으셨다.

당시 교회의 소문은 결코 좋지 못했음을 기억한다. 부산새중앙교회에
처음 부임하신 목사님이 8년 정도 사역하다가 사임하고 2년 가까이 비
어 있는 교회였기에 매우 어려운 교회로, 그리고 원로목사님과 좋지 못
한 관계로 전임자가 나갔다는 소문이 있었기 때문이었다.

노 목사님의 부름에 당장 응답하지 못한 이유는 소문도 소문이지만
담임목회에 대한 꿈이 없었던 것이었다. 그러나 끈질긴 콜링에 굴복하
여 다음 해 부임(1987. 2. 15)하게 되어 시무할 때는 노진현 목사님께서
팔순이셨다. 제게는 돌아가신 아버님 연세였기에 그렇게 좋을 수가 없
었다. 꼭 아들같이 대하셨고 서울 사랑의교회 목회철학인 제자훈련 사
역을 매우 좋아하셨고 만나면 제 손을 꼭 잡으시고 사랑의 눈길을 떼지
않으셨다. 40초반의 목회가 얼마나 서툴고 부족했음에도 한 번도 부담
을 주신 일이 없으셨다. 소문과는 전혀 다른 진정한 어른이셨다.

노진현 목사님는 1908년 8월 28일 부산 구포에서 아버지 노원필과
어머니 장소개 사이에서 3형제 중 막내로 태어나셨다. 구포에서 소학교
를 졸업하고 동명학교(동래고보 전신)에 진학하였으나 당시 이 학교는
공부에 전념할 수 있는 면학 분위기가 아니었다. 그래서 부모님의 허락

을 받아 상경(上京)하였다. 목사님은 구포소학교를 마치고 동래고보를 다닐 때 친구를 따라 구포교회에 나가게 된 것이 교회와 인연을 맺게 된 시작이었다.

서울에서의 노진현은 몇 군데 학교를 알아보다가 중동학교(中東學校)에 입학 허락을 받게 되어 중단되었던 학업을 계속할 수 있었다. 그때 마침 보성학교(普成學校)에 다니는 고향 친구를 만나 종로 YMCA 뒤에 있는 중앙감리교회를 나가게 되었다. 그 교회에서 고향 구포(口浦)소학교 여교사로 있었던 분을 만나게 되어 계속 그 교회를 다니게 되었고, 방학이 되어 귀향하면 옛날 다니던 구포교회에 출석하곤 하였다. 노진현은 구포교회에서 학습을 받았다. 그를 집례한 목사는 호주장로회 소속 예원배(Rev. A. C. Wright, 芮元培) 선교사였다. 예원배 선교사는 1912년에 내한해 1942년까지 30년간 주로 마산과 진주 그리고 부산을 중심으로 활동하였다. 일제의 간섭과 핍박이 극에 달하자 다른 선교사들은 고국으로 돌아가거나 혹은 추방당하였음에도 예 목사 부부는 다른 3명의 선교사와 함께 마지막까지 버티고 있다가 강제 연금 끝에 출국당한 선교사였다.

노진현은 세례(洗禮)를 구포교회에서 주기철 목사로부터 받았다. 주 목사는 1926년 봄에 평양신학교를 졸업하고 그해 12월에 부산초량교회 위임목사로 부임하여 목회를 시작했는데 당년 30세의 청년 목사였다. 주 목사는 노진현이 신앙생활을 하고 있는 구포교회의 당회장을 맡았으므로 종종 사무를 보거나 성례식 거행을 목적으로 구포교회에 와서 설교를 하게 되어 그의 설교를 가끔씩 들을 수 있는 기회가 있었다. 그래서 노진현 목사는 생시에 자기가 순교자 주기철 목사로부터 세례 받은 것에 대해 지인들에게 자랑스럽게 이야기하곤 하였다. 노진현이 세례를 받은 시기는 주기철 목사가 초량교회에 부임한 후 구포교회 당회장을 맡은 1927년 1월부터 노진현이 진주 광림학교 교사로 부임하기 전까지로 본다.

이 당시에 있었던 비화가 하나 있다. 잘 몰라서 그랬는지 아니면 워낙 사람이 없어서인지는 모르나 노진현은 학습교인으로 교회의 집사가 되었다고 한다. 주 목사는 뒤늦게 이 사실을 알았으나 세례를 베푼 후 집사직을 계속토록 했다고 한다.

그러던 중 노진현은 장질부사(장티푸스)에 걸렸다. 당시 장질부사는 염병이라고 해서 친척들도 외면하는 고질병이었다. 정진희 영수가 은행 업무를 마치고 귀가 길에 자주 들려 간절히 기도해 주어 죽을 줄 알았던 노진현 청년에게 큰 감동이 되었다. 병세가 호전되어 몸을 추수릴 만큼 회복되었을 때 진주에 있는 광림학교(廣林學校)로부터 교사로 부임해 달라는 초청장이 왔다. 이 학교는 호주 장로회 선교부에서 1906년에 세워 운영해 오고 있는 소학교로서 학생이 100여 명, 교사가 7~8명가량 되었다. 이 일을 정진회 영수를 찾아가 의논했더니 그에게 목사될 꿈이 있음을 알고 있었으므로, 그곳은 미션스쿨이니 신학교에 갈 수 있는 길도 열릴 수 있을지 모르니 진주로 갈 것을 권했다. 그 후 노진현은 진주에 있는 광림소학교에 부임하였다. 부임하고 보니 그 학교 교장이 자신에게 학습을 준 예원배(A. C. Wright, 1880~1971) 선교사였고 노 집사는 광림학교에서 동료 교원 중 훗날 출옥성도로 고신 교단을 세운 한상동(韓尚東)을 만났다. 당시 한상동은 노진현보다 3세 연상이었고 기혼자였다. 그 후 노진현과 한상동은 일본 고베(神戶)와 한국 평양에서 각각 신학공부를 하였고, 부산이 고향인 이들은 광복 후에도 부산에서 목회를 하며 때로는 동료로, 때론 서로 이견(異見)을 보이면서도 한국 교회의 지도자로 역사를 엮어 갔다(이상규, 한상동과 그의 시대 p.20~21 참조).

노진현은 광림학교에 재직하는 1928년 10월에 역시 미션스쿨인 진주 시온여학교 교사로 와 있는 황봉애를 만나 결혼하였다. 황봉애 사모는 부산 일신여학교(日新女學校)를 졸업하고 일본에 가서 고베여자신학교를 졸업한 인텔리였다. 그 즈음 광림학교는 신사 참배를 완강히 거부함으로 폐교의 위기에 처해 있어 노진현은 예원배 교장에게 일본에 가서 신학을 공부할 수 있게 해 달라고 주문했다. 그의 소개로 일본 고베에 있는 중앙신학교(中央神學校)의 입학 허락을 받아 도일하게 되었고, 재직했던 광림학교는 1929년 폐교의 운명에 처하고 말았다. 고베에 있는 중앙신학교는 보수적인 칼빈주의 신학사상에 기초한 5년제 학교로 1년에 10명 이상을 받지 아니한 고로 전교생 수가 50명을 초과하지 않았다. 전원이 기숙사 생활을 하되 크게 규제하지는 않았다. 이 학교 출신으로 일본과 한국에서 유력하게 일한 지도자들이 많다. 국제적 지명도가 있는 가가와 도요히꼬가 있고, 한국인으로는 김우현, 전필순, 김치선, 유호준, 김만제, 김광현 그리고 한명동인데 거의 장기목회자로 혹은 각자 속한 교단의 총회장을 역임하였다.

노진현은 특히 풀턴 교장의 조직신학과 그의 신앙인격에 많은 영향을 받았다. 그가 4학년일 때 학생들이 매년 2회씩 실시하는 정기 건강검진에서 폐가 좋지 않은 것으로 나타나 교수회에서 집에 돌아가 1년 쉬었다가 오도록 결정했으나 교장에게 필사적으로 매달려 계속 공부할 수 있었다. 그러나 실제로는 대단히 어려울 때 캐나다 선교사 영재형(Rev. L. L. Young) 목사가 그를 찾아와 도움을 주었다. 영재형 목사는 노진현을 독일인이 운영하고 있는 병원에 맡겨 두어 치료받게 한 후 치료가 끝난 다음부터는 선교사 서기일을 보게 하여 졸업할 때는 비교적 생활이 안정되었다고 회고했다. 영 목사는 원래 함경도 지역에서 선교했으나 캐나다 장로교회가 타 교파와 연합하게 됨으로써 합류를 거부하고 일본으로 건너와 선교하고 있었는데, 대한신학교 설립자 김치선 목사의 양 아버지로도 알려진 분이다.

노현진 목사의 목회사역에 대해 고찰해 봄으로써 그의 지도자상을 살

노진현 목사 부부(1970. 12. 3)

펴보자. 노진현 목사는 일본에서 10년 동안 3개 교회를 담임한 적이 있고, 조국 대한민국에서 1975년 은퇴하기까지 30년간 목회사역과 교정(敎政)의 일생을 감당했다고 볼 수 있다. 그는 첫 사역으로 신학교 재학 중 와까야마교회를 맡아 전도사로 봉사하였고, 후에는 교토(京都) 한국인 교회로 임지를 옮겼는데, 이는 고베중앙신학교를 졸업한 대구출신 최경학 목사의 임지와 바꾸었기 때문이었다. 노진현 목사는 교토로 목회지를 옮긴지 6개월이 지난 1935년 6월에 목사 임직을 받았다. 목사 안수는 잠시 귀국했을 때 경남노회에서 주기철 목사의 안수로 목사임직을 받게 되어 더욱 감격적이었다. 일본에서의 목회가 평탄치는 못했다.

일본 현지에서 조선인과 조선인 교회에 대한 탄압을 피할 수는 없었던 것이다. 교회를 건축하면서도 헌당식이나 입당 허락이 나지 않을 정도였다고 노 목사는 말했다. 그 후 노 목사는 오사카(大阪) 니시나리 한인 신앙공동체인 오사카니시나리교회(大阪西成教會)에 부임하여 귀국하기까지 7년간 사역하였다. 이곳에 있을 때는 일본말로 사회하고 일본말로 설교하라는 압력을 받기도 했다. 그래서 수상한 사람이 들어오면 일본말로 하고 없으면 조선말로 설교했다.

1945년 6월 태평양전쟁에서 미군기의 공습이 강화되고 일본이 패색이 짙어갈 무렵 노진현 목사는 일본 생활을 정리하고 조선으로 돌아왔다. 귀국 3개월만에 8.15 광복을 부산에서 맞이하였다. 초량교회 양성봉 장로의 요청으로 청년의식의 중요성을 인식하여 YMCA 재건 사업에 양 장로는 회장으로 노 목사가 총무로 힘을 기울였다.

1945년 12월 2일 첫 주일에 노 목사는 부산중앙교회를 설립했다. 일본인 목사가 목회한 감리교회였던 대청동의 교회를 그 교회 목사로부터 인수받아 교회를 시작했다. 노 목사는 중앙교회에서 평생목회의 과정을 영광스럽게 마치게 되었다. 같은 이 날은 서울에서 한경직 목사가 베다니교회를 영락교회로, 송창근 목사가 바울교회를 성암교회로, 김재준 목사가 야고보교회를 경동교회로 바꾼 역사적인 날이기도 하다(장차남 회고록, 소명과 순명, 2015, p.788~798 참조).

노진현 목사가 총회장에 피선된 것은 1959년 9월 제44회 대전총회의 분리사건을 예견이나 한듯 참으로 어려운 시기였던 1958년 9월 25일 서울 영락교회에서였다. 한경직 총회장 바로 다음에 총회장에 취임하게 되었는데 이때는 합동과 통합이 나누어지기 전이었다. 노진현 목사 때에 나뉘게 된 것을 매우 안타깝게 여기신 것을 나는 기억한다. 그래서 노 목사님 생전에『진실과 증언』이란 책을 내게 된 것이다. 교회에서 작가를 붙여서 노 목사님께서 말씀하시면 녹취를 해서 만들게 됐는

노진현 목사 은퇴 기념(1975. 5. 2)

데 초고가 나오고 다시 검토하시고 또 검토하시고 하면서 완간하셨던
기억이 생생하다.

　노진현 목사님께서 특별 관심을 기울인 사역은 후학을 기르는 신학
교 사역이라고 본다. 현 사당동 총신대학의 이사장으로 계시면서 총신
의 터를 닦으신 이사장이라고 본다. 「이사회가 1964년 총회를 끝낸 후
어느 날 부산 대청동, 당시 이사장 노진현 목사 댁에서 모였는데 이 날
도 재정 문제가 화제의 중심이 되었다. 백남조 장로는 평소 전도 교육
에 많은 관심을 가지고 있던 터라 가장 효과적인 전도는 목회자 양성이
라 믿고 이 때 신학교를 위해 뭔가 결심을 해야겠다며 이사장 노 목사
를 밖으로 불러내어 옆방으로 안내하였다. "노 목사님, 누군가가 신학
교를 위해 십자가를 져야 할 텐데 제가 미력하지만 학교 부지를 마련해
보겠습니다." 백남조 장로는 당시 부전교회 시무 장로로 있으면서 광목
을 표백하는 중소기업을 경영하고 있었는데, 거액의 돈을 학교 부지 매
입 자금으로 선뜻 내놓겠다고 하니 모두들 놀랄 수밖에 없었다. 더구나

백 장로는 그 때 집도 없이 공장 안에 있는 조그만 집에 기거하면서 노모를 모시고 내핍 생활을 하고 있었기 때문에 더욱 그러했다. 사당동 총신 캠퍼스는 이렇게 백 장로가 18,000평을 매입하고 헌납하여 이루어지게 된 것이다.」

총신대도 그랬지만 현 수원에 합신이 세워지는 과정에서는 은퇴하신 노진현 목사님께서 원로로 계시던 부산 새중앙교회에 최삼금 권사님의 헌신으로 세워졌다. 최 권사님은 명동에 빌딩이 하나 있었다. 노진현 목사님의 신학교에 대한 열정을 보신 권사님께서 명동에 빌딩을 바친 것이다. 이것을 통해 수원에 합신 캠퍼스의 대지를 구입하게 되고 현 건물을 세우는 데 종잣돈이 된 것으로 알고 있다. 노진현 목사님은 후학을 키우는데 열정은 누구도 따라갈 수 없는 어른이시다.

제가 기억하는 두 가지, 처음 담임이 되어 성례식을 거행하는 중 세례식을 할 때에 성수를 성부, 성자, 성령으로 세례를 주노라 할 때에 물을 세 번 손에 찍어 세례를 주게 되었다. 세례식을 마친 얼마 후에 제게 물어보시는 것이었다. "목사님 세 번 물을 찍는 이유가 있습니까?" "아닙니다. 제가 부목으로 있던 담임이신 목사님께서 그렇게 하셔서 그렇게 한 것뿐입니다." 그러면서 "목사님께서는 어떻게 하셨습니까?" 했더니 "저는 한 번만 물을 찍습니다." 그러셔서 "저도 앞으로는 목사님 따라 한 번만 찍어 세례를 베풀도록 하겠습니다." 한 일이 있었다. 그리고 제가 자녀 같은 나이인데도 제게 존댓말을 계속 하시기에 제발 말씀을 낮추시라고 여러 번 간청했지만 결코 말씀을 낮추지 않으셨다.

돌아가시기 몇 년 전 수도권으로 올라가시려고 하셔서 당회에서는 교회 가까이 사택을 이전해 드리려고 했으나, 따님들이 살고 있는 가까이 수도권으로 이사를 가시면서 하시는 말씀이 "통시하고 원로 목사는 멀리 있어야 합니다." 하시기에 제가 "목사님 옛날이야기 입니다. 오늘날은 화장실이 안방에 있지 않습니까?" 하면서 말린 일이 생각이 납니다.

제가 절기 때에 설교를 부탁드리면 "아닙니다. 흐름이 깨어집니다. 목사님께서 외국에나 가실 때 대타로 하지요." 하시면서 사양하시곤 하셨다. 한번은 제가 병원에 입원하면서 설교를 부탁드렸더니 "부목사에게 시키세요. 난 이제 힘이 드네요." 하시면서 사양하시고 축도를 부탁드리면 그냥 "목사님께서 하시지." 하시며 어렵게 하시곤 하셨다. 강당에 올라오실 때 부축해서 올라오시는데 저는 꼭 목사님 축도 전에 노목사님이 어떤 분인가를 소개 드리고 축도하시게 했다. 왜냐하면 매주 새신자가 와서 원로 목사님을 잘 모르는 분이 많기 때문에 장로교가 통합과 합동으로 나누어지기 전 총회장을 하셨고 순교자 주기철 목사님께 세례 받으시고 목사안수까지 받으신 분으로 여러분 생전에 뵙는다는 것이 주님 앞에 영광이라고 하면서 소개를 해왔다.

우리 성도들이 노진현 목사님을 기억하는 분들은 호산나교회 초창기 부산새중앙교회시절에 신앙생활하던 분들이라고 본다. 한 주에 한 번 만나는데 제 손을 꼭 잡으시고 눈물을 글썽이시는 모습을 잊을 수가 없다. 유머도 많으시고 아흔까지 사시면서도 부산에 계실 때는 정정하셨다. 그래서 부전교회 한병기 목사님과 통합 측 구영희 목사님, 평화교회 김상도 목사님 내외분들을 한 해 한두 번씩 식사도 대접하고 버스로 부곡 온천도 모시면서 점심은 회로, 저녁은 갈비로 그리고 금일봉 드리면 어르신들께서 얼마나 흐뭇해하시는지 …… 어느 날엔가 장로님들과 점심을 당회실에서 함께 하였는데 노 목사님은 매주 이렇게 교제하였다. 한 분이 말씀 중에 "나 파출남입니다." 하시는 거에요. 다들 웃고 넘겼지만 난 웃고 만 있을 수 없었다. 팔순 후반에 일하시는 집사님이 있었는데 점심만 챙기시고 청소하시고 가셨다. 그래서 아침이나 저녁은 사모님을 도와서 설거지도 하신다는 말씀이셨다. 그래서 다음에 당회 때에 노진현 목사님 사택에 풀타임으로 일하시는 분을 모시기로 의견을 모아 결정한 일이 있었다. 노 목사님께서 교회 앞에 이것 해 달라 저것 해 달라 하신 일이 없으셨다. 교회 앞이나 저에게 조금도 부담을 주신 일이 없으셨는데 왜 간섭해서 힘들었다는 소문이 서울까지 전해졌는지 도무지 알 수가 없었다. 제가 원로가 되어보니 참으로 그립고 보고 싶은 목사님이시다. 너무나 많은 사랑을 받았기에 잊을 수가 없는 귀한 어른이시다.

6

1914・1984

무명의 복음 전도자
이갑득 목사

이상규 교수

고신대학교 신학과 (B.Th.)
고신대학교 신학대학원(M.Div., Th.M.)
Australian College of Theology (Th.D.)
현| 백석대학교 석좌교수, 고신대학교 명예교수
전| 개혁신학회 회장, 한국장로교신학회 회장
저서| 『교회개혁사』, 『한국장로교회의 역사와 신학』
『초기 기독교와 로마사회』, 『한국 교회역사와
신학』, 『역사의 거울로 본 교회 신학 기독교』 등

부산의 거제교회와 대연중앙교회를 설립하
시고 브니엘중고등학교 교목으로 일하시면서
부산 동래의 신망애양로원교회 목사로 일생
을 헌신하신 이갑득(李甲得, 1914~1984) 목사
는 개척 전도자이자 건실한 목회자였고, 기독
교 교육자이자 가난한 이들이 친구였고, 노인
들을 위한 선한 목자로 일생을 사셨다. 구포공
립보통학교를 거쳐 동래고등학교 재학 중 전

이갑득 목사

도를 받고 신앙생활을 시작한 그는 만 20세 때인 1934년 5월 부산 구포
의 구포교회 첫 총각집사가 되었고, 부산시 동래구 거제동으로 이주한
이후에는 동래 수안교회에 출석하던 중 1946년 5월에는 집사로 임직을
받았다. 안수집사로 교회를 섬기던 중 직접적으로 전도자의 소명을 받
은 그는 1948년 5월에는 부산 YMCA직영 기독병원 전도사로 교역을
시작했다.

　1949년 10월에는 자신의 거주지 인근에 거제교회를 설립했다. 당
시 부산지방의 교회는 50여 곳에 불과했다. 이 무렵부터 의지할 곳 없
는 가난한 이웃과 노인들에 대한 관심을 가지고 부산과 울산의 양육원
혹은 성도원에 관여하기 시작했다. 신학 공부의 필요성을 절감한 그는
1953년 9월에는 고려신학교에 입학하여 3년간 수학하고 1956년 3월
고려신학교를 제10회로 졸업했다. 약 9년간 거제교회에서 시무하고 사
임한 그는 1958년 10월에는 두 번째로 부산시 남구 대연동에서 대연중
앙교회를 설립하고 6여 년 간 목회하셨다. 1964년 4월부터는 브니엘중
고등학교 교목으로 20년간 사역하고 1984년 2월 정년으로 은퇴하셨다.
특히 그는 1940년대 중반부터 소천하기까지 40여 년 간 신망애양로원
교회에서 무보수 목사로 혹은 양로원의 이사장으로 봉사하셨고, 브니
엘중고등학교 교목으로 일하는 기간 동안에는 동래구 연산동 브니엘교

고려신학교 졸업(1956. 3)

자전거로 출근하시는 이갑득 목사

회의 목회와 동산교회 설립과 목회에 관여하는 등 자신을 필요로 하는 곳에서 헌신하시고, 1984년 12월 8일, 70세 나이로 하나님의 부름을 받았다.

이갑득 목사는 1948년 5월 이후 36년간 목회자로 활동했고, 1962년 목사 안수를 받은 후 22년간 목사로 봉사했으나, 총회와 노회의 임원을 한 일이 없이 무명의 전도자로 일생을 살았다. 그는 잃어버린 영혼을 사랑했던 선한 목자였고, 일생 동안 새벽기도를 거르지 않으셨던 경건하고도 건실한 목회자였다. 이 글에서는 그의 삶의 여정과 그가 남긴 아름다운 자취들을 소개하면서, 그의 생애와 목양의 날들을 기념하고자 한다.

가정배경과 수학, 입신과 신앙생활

가정배경과 수학

이갑득 목사는 부산시 북구 구포동 222번지에서 1914년(甲寅) 음력 2월 15일 곡물상(穀物商)을 하던 이광은(李光殷, 戊子 1888. 5. 27~1940. 3. 15) 옹과 박의선(朴義善, 辛卯 1891. 10. 10~1952. 10. 9) 여사의 9남매(4남 5녀) 중 장남으로 출생하였다. 출생순으로 말하면 두 번째였다. 누나가 이인순(仁順)[1]이었고, 동생들이 갑수(甲壽), 갑부(甲富), 갑복(甲福), 필자, 옥자, 춘자, 화자, 갑규(甲奎) 등이다. 4남 갑복은 일찍 사망했으므로 9남매가 성장했다.

불신의 가정에서 성장한 그는 동네 사숙(私塾)에서 한문을 배웠다. 16살 때부터 쓴 그의 일기를 보면 한문에 대한 이해가 깊고 한문을 공부한 흔적이 엿보인다. 그러다가 10살 때인 1924년에는 구포공립보통학교에 입학했다. 이 학교는 1907년 10월 15일, 1년제의 사립구명학교(私立龜明學校)로 출발했는데, 구포공립보통학교를 거쳐 오늘의 구포초등학교로 발전했다. 이갑득은 4년제 구포공립보통학교에서 4년간 수학하고 1928년 3월 졸업했다. 그해 4월에는 중등학교인 동래고등보통학교에 진학했다. 이 학교는 1898년 동래부학교(東萊府學校)로 출발했는데, 지금의 동래고등학교로 발전한 유서 깊은 명문학교였다. 이 학교 재학 기간인 1930년부터는 일기 쓰기를 시작했는데, 이 일기쓰기는 일생동안 계속되어 세상을 떠나기 2주일 전인 1984년 11월 22일까지 54년간의 일기를 썼다. 이중 16년치는 소실되었고 현재에는 38년 간의 일기가 남아 있다.[2]

---

1 이인순(李仁順, 辛亥 1911. 10. 17일생)은 동래일신여학교 제4회 졸업생으로 독립운동가 박차정과 동기생이었다. 1931년 10월 2일에는 강대형(姜大衡)의 장남 강욱중과 혼인했다. 강욱중(姜旭中, 1908~1969. 7. 1)은 대한민국의 정치인이자 변호사였다. 경상남도 함안군에서 출생한 그는 1948년 5월 10일, 경남 함안군 지역구 조선민족 청년당 소속 제헌국회의원이었다.

2 현재 남아 있는 일기는 1930, 1933~1936, 1938~1939, 1941, 1948, 1951, 1953~1955, 1958, 1960~1964, 1965.10~1984년까지 38년 간의 기록이 남아 있다.

입신(入信)

그가 처음 교회에 출석한 날은 동래고등보통학교 3학년이 되는 1930년 1월부터였다. 1930년 1월 19일자 일기를 보면, "처음으로 누님과 같이 교회당에 입(入)함"이라는 기록이 나온다. 이때부터 구포교회에 다닌 것으로 보이는데, 처음에는 신앙생활에 적극적이지 못했다. 당시에는 주일에도 학교 가거나 공식적인 학교 행사가 거행되기도 했고, 운동회나 체육관련 행사가 거행되기도 했으므로 학생신분으로 주일 예배에 참석하지 못할 경우도 많았을 것이다. 물론 초신자가 처음부터 열성적으로 신앙생활을 했을 것으로 기대할 수도 없는 일이다.

일설에 의하면 학생 이갑득은 고등학교 재학시에 윤인구(尹仁駒, 1903~1986)[3]의 전도로 예수를 믿게 되게 되었다고 한다. 이 점을 사실로 받아들인다면 이갑득은 1930년 1월 교회에 나가기 시작했는데, 그후 다시 윤인구 목사의 권면을 받은 것으로 해석할 수 있다. 이때가 언제인지 정확하게 알 수 없으나 1932년 여름 이전으로 보인다. 이때 윤인구의 전도를 받았다면 윤인구 목사가 진주교회 담임으로 일할 때였다. 구포 출신인 윤인구는 일본 메이치가꾸인(明治學園) 신학부와 미국 프린스톤신학교와 스코틀랜드 에딘버러대학교에서 수학한 엘리트 목사로 1931년 진주교회에 부임했는데, 이 무렵 고향 구포를 왕래할 때 이갑득 학생에게도 신앙생활에 열중할 것을 권한 것으로 보인다. 윤인구 가문은 구포의 유지였으므로 지역사회에 큰 영향을 끼쳤다. 그의 아버지 청운(聽雲) 윤상은(尹相殷, 1887~1984)[4]은 지방 최초로 구포은행을 설립한 자본가이자 이갑득 목사가 졸업한 사립구포구명학교 설립자

---

3 윤인구에 대한 자세한 기록으로는, 이상규, "해방 전후 윤인구의 경남지역에서의 활동", 「부경교회사연구」74(2~18.7), p.29~63이 있다.

4 윤상은에 대한 자세한 논의는, 차철욱, "근대 부산의 경제인 윤상은의 생애와 활동", 『부산의 근대자본가 청운 윤상은의 생애』, p.218~227가 있다.

이기도 하다. 그의 어머니 박영자(朴英子, 1881~1982)는 부산의 선각자 박기종(朴琪淙, 1839~1907)의 넷째이자 막내딸이었고 구포교회의 중심인물이었다. 후일 구포교회 권사가 된다. 박기종은 역관(譯官)으로 1876년과 1880년 일본에 수신사 파견시 통역관으로 동행하여 신문물을 접했고, 한국 최초의 철도회사와 기선(汽船)회사를 설립한 개화기 부산지방 선각자였다는 점은 널리 알려져 있다.

신앙생활과 수세, 집사로서의 활동

분명한 사실은 학생 이갑득은 1932년 이후 신앙생활에 매우 적극적이었다. 이때는 구포교회가 설립된 지 27년이 지난 때였다. 구포교회는 미국 북장로교 선교사인 월터 스미스(沈翊舜, Walter E. Smith, 1874~1932)[5]에게 전도를 받은 김문익(金文益), 박도사(朴道士) 부자 등이 1905년 3월 김문익 씨 집에서 시작된 교회로서, 부산진교회, 초량교회, 항서교회에 이어 동래의 수안교회와 더불어 부산에서 4번째 설립된 교회였다. 1930년대 초 오성문(吳聖文), 구재화(具載和), 이승원(李昇遠) 전도사 등이 시무했던 교회였다. 1932년 11월 27일 주일에는 호주선교사 예원배(芮元培, Albert Clement Wright, 1880~1971)[6] 목사에게 학습을 받았다. 예원배는 1912년 내한하여 마산지방에서 일하던 중 1928년 부산지부로 배속되어 구포지역을 순회하던 호주 선교사였다. 그는 조용하고도 사려 깊은 성격의 소유자로 자상한 인품, 한국인에 대한 배려로 존경받던 인물이었기에 그에게 학습 문답을 받거나 세

---

5 심익순 선교사에 대한 더 자세한 기록은, 이상규, "부산에서 일한 선교사들, 심익순", 한국기독신문, 2019. 12. 25일 자 혹은 이상규, 『부산지방에서의 초기 기독교』, 부산: 카리타스, 2019. p.189~194를 참고할 것.

6 예원배에 대한 보다 자세한 기록은, 이상규, "호주 장로교선교사 예원배", 부경교회사연구 11, 2007. 11, p.45~56을 참고할 것.

례 받는 것을 영광스럽게 생각했을 정도였다. 청년 이갑득은 예원배 선교사가 구포교회를 순회했을 때 학습을 받게 된 것이다. 그로부터 약 8개월 후인 1933년 8월 11일 금요일에는 주기철(朱基徹, 1897~1944) 목사에게 세례를 받았다. 그 때는 주기철 목사가 마산 문창교회에서 시무할 때였고, 부인 안갑수(安甲壽) 여사와 사별한 지 꼭 3개월이 지난 때였다. 이때 주기철 목사는 구포교회 특별 집회 인도차 방문하게 되었고, 교회의 요청으로 세례를 베풀게 된 것이다. 이 날자 이갑득의 일기를 보면, 주기철 목사는 누가복음 15장 3~10절까지를 본문으로 "한 영(靈)을 열애(熱愛)하는 자가 되라."고 설교했다고 한다. 그는 주기철 목사에게 세례 받은 것을 자랑스럽게 여겼고, 일생 동안 주기철 목사를 흠모하며 살았다. 그가 소장하고 있던 김인서의『주기철 목사의 순교사와 설교집』내지 첫 면에 보면 "이 죄수(罪首)에게 세례를 베풀어 주신 주 목사님을 사모하면서. 1958년 9월 17일 이갑득, 4부두 개척 전도 기념" 이라고 씌여 있다. 어떻든 이갑득 청년은 수세를 전후하여 새벽기도회에 참석하는 등 신앙생활에 힘을 쏟았는데, 이런 점은 그의 일기 속에 잘 드러나 있다.

그로부터 10개월 후인 1934년 5월 27일 주일에는 임시당회장 예원배 선교사에 의해 집사로 임명되었다. 만 20세 때였는데, 그가 구포교회 역사상 첫 총각 집사였다. 당시 구포교회 신자 수는 30여명 미만으로 보이는데, 당시 전도사는 이승원 조사였고, 교인으로는 윤상은 씨 부인 박영자, 김재도와 부인 이선애 집사, 김재도의 딸 김영선, 정진율 장로와 부인 조복조, 김병권 집사, 윤기오 집사, 배용팔 집사, 이갑득의 선배인 노진현, 친구인 김상규, 동생 이갑수 등이었다. 이갑득 청년의 아버지 이광은은 불신자였으나 1934년 3월 10일 기독교신앙을 받아들였다.

첫 직장생활과 결혼

사방감시원

동래고등학교에서 수학한 이갑득은 1934년경 구포면 사무소 서기로 채용되었다. 첫 번째 임무는 사방감시원(砂防監視員)이었다. '사방감시원'이란 이름 그대로 산이나 강이나 바닷가에서 모래나 흙이 비나 바람에 휩쓸려 무너져 내리는 것을 방지하기 위한 시설에서 일하는 공무원을 의미하는데, 황폐지나 붕괴지, 혹은 붕괴 우려지에 지반 안정 사업을 시행하고 식생(植生)을 조성하여 집중호우 시 토석류의 유출을 막고 산사태를 예방하는 공무원을 의미한다. 그가 사방감시원으로 일할 때 쓴 이런 글이 남아 있다.

내 눈앞에 보이는 저 산과 시내는
창조주를 찬송하여
여기 무궁한 세월이 흘러갈 때
눈물 근심 아주 없네

우리 주님의 흘리신 보배 피가
이 산에도 떨어져서 멸망의 생명들에게
영멸(永滅)의 삼라만상이 생명을 얻어
힘 있게 자라가네

오, 주 예수여 주님은 너무도 고마워
너무도 감사해
이것이 조그만 한 산을 넘으려니
이 이마에는 구슬 같은 땀이 흘러
숨길 괴로워 죽겠는데

예수의 정지를 생각해 보니 감사와 눈물 밖에 나지 않습니다.
나는 떠나 살았고 내 육신이 떠나 살았고
내 정욕이 떠나 살았고
내 영혼에 오래 고통을 주었습니다.

사방감시원으로 구포 일대 산야를 다니면서 주님의 구속사역을 생각하고 자신의 신앙을 고백한 것임을 알 수 있다. 그는 구포면 서기 혹은 사방감시원으로 1937(昭和 12년) 6월까지 일했다.

결혼

구포면 공무원으로 일하던 그는 1936년 1월 9일, 구포교회당에서 임학찬(任學讚, 1890~1952) 목사의 주례로 구포교회에 출석하던 김영선(金英善, 1918~2010) 양과 혼인하였다. 김영선은 1918년 1월 11일 경상남도 동래부 구포면 구포리 541번지에서 김재도(金在度, 1893~?)와 이선애(李善愛, 1890~1989)의 외동딸로 출생했다. 그의 어머니 이선애는 구포교회 초기 신자이자 1907년 대지(大池)교회를 설립했던 경남지방 신앙의 선구자 이병수(李并守, 1859~1947) 영수(후일 장로)의 맏딸

이갑득 목사 내외(1936 .1)

이갑득 목사 내외(1976)

이었다. 어릴 때부터 어머니를 따라 구포교회에 출석하던 김영선은 8세 때 구포공립보통학교에 입학하여 6년 간 수학하였고, 17세 때인 1934년 3월부터는 구포교회 이승원 전도사가 설립한 구포유치원 교사로 일했다. 김영선은 보모로 일하던 중 18세 때인 1936년 1월 9일 같은 구포교회 출석하던 이갑득 청년과 혼인하게 된 것이다. 이갑득의 부모는 그때까지는 불신자였으나 건실하고 믿음이 좋다는 이유로 김재도는 그를 사위로 맞아드리게 된 것이다. 혼인식 다음 날인 1월 10일부터 13일까지 경주로 신혼여행을 다녀왔다고 한다. 그로부터 약 1년 4개월이 지난 1937년 4월 29일 첫 아기가 태어났는데, 그가 근영(根永)이었고 후일 아버지를 이어 목사가 되어 미국의 여러 한인교회에서 일했다.

교회와 기관을 위한 봉사

구포교회 봉사

1934년 5월 27일 만 20세 나이로 구포교회 집사가 된 이갑득은 구포를 떠나기 전인 1943년 말까지 9년간 집사로 헌신하게 된다. 1936년 1월 9일 결혼한 이후 부인과 더불어 교회를 위해 헌신적으로 봉사했다. 그는 새벽기도로 하루를 시작하였고, 교회의 모든 일에 주도적으로 참여하며 봉사했다. 때로 수요기도회에서 설교했고, 교인들을 심방하기도 했다. 구포교회는 1942년(昭和 17) 3월 1일자로 수기본(手記本) 등사판 주보 제1호를 발행했는데, 글씨체를 보아 이갑득 집사의 글씨로 보인다. 그날 저녁에는 면려회 헌신예배 강사로 "나와 및 복음을 위하여 제 목숨을 잃는 자는 구원하리라."는 제목으로 설교했다. 이 시기 그가 남긴 일기를 보면 새벽기도, 교회 봉사 그리고 인근 지역을 순회하며 전도했던 기록이 산재해 있다. 이처럼 이갑득 집사는 구포교회의 열정적인 그리고 헌신적인 봉사자였다.

동래 수안교회에서의 봉사

구포면사무소 공무원이었던 이갑득은 부산 동래구 거제동(巨提洞) 126번지로 이사하였는데, 그때가 1944년 1월이었다. 당시 거제동은 부산 동래부에 속한 한적한 마을이었고, 들판이자 전답으로 구성된 시골마을에 불과했다. 이곳에서 가장 가까운 교회가 동래 수안동에 위치한 수안(壽安)교회였다. 수안교회는 부산의 부산진(1892), 초량(1893), 제일영도(1896)에 이어 부산지방에 설립된 4번째 교회였다. 본래 동래읍교회라는 이름으로 1905년 4월 15일 설립된 교회인데, 선교사 왕길지(Gelson Engel)[7] 목사가 첫 담임목사였다.

이갑득 집사와 그 가족이 수안교회로 이적한 후 구포교회를 섬겼듯이 수안교회를 위해 헌신적으로 일했다. 그는 거제동에 살면서도 수안동까지 걸어가 매일 새벽종을 치는 일을 자원하였는데, 거제동 집에서 교회까지 직선거리가 3.5km였다. 이것만 보아도 그가 얼마나 열심히 교회를 위해 헌신했는가를 짐작할 수 있다. 1948년 1월 29일 목요일 자 일기에 보면, "여전히 4시 반 거제 종을 울리고 밝은 달빛 아래 동래교회로 향하였다. 찬바람은 불어 손과 발을 시리게 했다. 새벽기도회를 이동백 장로가 인도했다."고 기록하고 있는데, 자신의 집 거제리에서 4시 반에 시간을 알리는 종이 울려 일어나 교회로 향했는데, 겨울의 세찬 바람이 손과 발을 시리게 했다는 기록이다. 때로 새벽기도회를 인도하기도 했고, 교회에서 설교하기도 했다. 그 외에도 주일학교 교사, 성가대 지휘와 성가대장을 맡기도 했다. 또 교회 유치원에서는 총무로 봉사했다. 그 동안 집사로 봉사했으나 1946년 5월 26일에는 장립집사가 되었고, 1948년 4월 당회는 그를 조사(助事)로 임명했다. 그래서 그는 부산

---

7 왕길지 선교사에 대한 자세한 기록은, 이상규, 『왕길지의 한국선교』, 서울: 숭실대 한국기독교문화연구원, 2017.을 참고할 것.

대청동에 위치하고 있던 YMCA 직영 기독병원 전도사로 일하게 된다.

YMCA 직영병원 전도사

그 동안 구포교회와 수안교회에서 봉사했던 이갑득 집사는 34세 때인 1948년 5월부터 부산 대청동에 위치하고 있던 YMCA 직영병원 전도사로 교역을 시작했다. 해방 후 부산에서 양성봉 장로와 일본에서 귀국한 노진현(盧震鉉, 1904~2002) 목사에 의해 YMCA가 창립되었는데, YMCA는 직영병원을 운영했다. 그것이 기독병원이었다. 이름만 직영병원이지 실제적인 역할은 없었다. 해방 당시 열악한 의료 환경에서 기독교병원을 시작한 것은 원장이었던 이봉은(李奉恩, 1916~2005)[8] 의사였다. 이약신 목사의 사위이기도 한 이봉은 의사는 세브란스의전 출신으로 내과학을 공부했는데, 후일 호주로 유학하여 정신의학을 공부하였고 호주에서 유학한 첫 한국인 의사였다. 그가 원장으로서 운영되던 병원이 대청동의 기독병원이었다. 병원이라고 하지만 원장인 의사 한 사람과 간호사, 약제사, 사환 등이 근무하는 소규모 의원에 불과했다. 이갑득 전도사는 1948년 5월 15일부터 전도사로 일하게 되지만 이 병원에서 일한 기간도 일 년 미만의 기간으로 보인다.

거제교회와 대연중앙교회의 개척과 목회

거제교회 개척

이갑득 전도사는 병원 전도사로 일하면서 교회개척을 구상했다. 당시 부산 인구는 45만여 명이었으나 교회수는 50여 곳에 불과했다. 교회가 없는 지역이 적지 않았고 자신의 거주지역인 거제동 일대에도 교

---

8 이봉은은 평양에서 이태현의 아들로 출생했다. 숭실학교를 졸업하고 세브란스 의전에 진학하여 1939년 졸업했다.

회가 없었다. 그래서 일단 전도소를 열기로 했는데, 그때가 1948년 10월 1일, 그의 나이 34세 때였다. 이갑득 전도사는 자신의 거주지인 동래구 거제동 990번지에서 10월 첫 집회를 시작했는데 이것이 거제교회의 시작이었다. 동래 수안교회까지는 거리가 멀어 불편했고, 비가 오는 날이나 장마철에는 거리가 온통 진흙밭이 되어 걸어갈 수 없었다. 가로등 하나 없던 그 당시 저녁예배 출입은 여간 불편하지 않았다. 그래서 거제동 지역에 교회를 설립하기로 하고 약 30여 명이 모여 예배드릴 수 있는 자신의 집에서 예배를 시작한 것이다. 그는 매일 새벽기도를 인도하면서 주일 예배를 드리기 시작했는데, 처음에는 가족 중심이었으나 점차 주변 사람들이 모여들기 시작했다. 당시 거제동 안(內) 동내는 각종 미신과 잡신 숭배가 성행하는 마을이었다. 장모인 이선애 권사는 경기 들린 아이를 고쳐 주는 등 병 잘 고치는 할머니로 소문나 있었다. 이런저런 소문을 듣고 한 사람씩 모여들기 시작했다. 거제기도소라는 이름으로 출발했으나 교회가 시작된 지 약 2년 후 '거제교회'로 불리게 된다.

이갑득 전도사는 열심있는 전도자였다. 음악에 소질에 있어 악기를 잘 다루었던 그는 트럼펫이나 나팔을 불며 거제동과 인근 지역을 전도했고, 때로는 북을 치며 노방전도를 다녔다고 한다. 아이들을 좋아할 뿐 아니라 유치원 총무로 일한 경험이 있어 주변의 아이들도 전도하여 주일 학생들이 매주 불어났다.

교회를 개척하고 오래지 않아 6.25 전쟁이 발발했다. 부산이 최후의 피난처가 되자 피난민의 도시로 바뀌고 있었다. 부산은 45만 명 정도 수용할 수 있는 도시였으나 유입인구는 급속도로 증가되어 80만을 넘어 후에는 100만 명으로 불어났다. 거제동 지역에도 피난민들과 고아들이 즐비했다. 이때 이갑득 전도사는 자기 집을 개방하고 그 주변에 이들이 살도록 보살폈고, 떠돌아다니는 고아들과 피난민들을 가족처럼 보호하여 주었다. 누구나 살아가기 어려운 전시(戰時)였고 언제 전쟁이 끝날지 모르는 상황에서 자신의 대가족을 돌보기도 어려운데 고아들과 피난민을 돕는 일은 용이한 일이 아니었다. 그래도 사랑을 베풀고 고아들을 돌보았다.

이런 과정에서 예배 출석인원도 증가했고, 1952년 3월 4일 부산진 예배당에서 회집한 제54회 경남노회는 거제교회 '신설'을 허락했다.[9] 1954년 말에는 거제2동 870-3번지의 철도관사와 주변의 작은 땅을 사재 20만 환으로 구입하고 그곳의 건물을 수리하여 예배실로 사용했다. 주일학교와 중고등부 학생들을 위한 학생신앙운동(SFC)도 조직하였다.

어렵고 힘든 풍파를 이겨내며 1948년부터 꼭 9년간 거제교회에서 일한 이갑득 전도사는 1957년 9월, 교회를 사임하게 된다. 목회와 수학 등 분주한 일상을 보내며 쉼 없이 한 길로 달려왔지만, 교회로부터 변변한 사례를 받지 못했고 일정 양의 양식을 받았으나 그것으로는 생활하기 어려워 장모인 이선애 집사가 채소를 가꾸고 콩잎을 뜯어 시장에서 팔아 가족들을 부양했을 정도였다. 이갑득 전도사 자신은 미군부대에서 세탁물을 받아와 세탁하는 일종의 세탁업을 하기도 했다. 이런 중에서도 자녀가 많다는 점이 교회에 누가 될까 하여 교회를 사임하기로 결단한 것이다.

고려신학교 입학과 수학

거제교회 전도사로 일하면서 체계적인 신학공부의 필요성을 느낀 이갑득 전도사는 40세가 되던 1953년 9월 고려신학교에 입학하여 3년간 수학하고 1956년 3월 제10회로 졸업했다. 그가 수학할 당시 교사(校舍)는 광복동 1가 7번지, 곧 지금의 광복로에서 용두산공원으로 올라가는 승강대 우측의 건물, 곧 일제 치하에서 척식은행 사원 기숙사로 사용되

---

9 『대한예수교장로회 부산노회 100회사』, 부산: 대한예수교장로회 부산노회, 1975, p.58

던 적산건물이었다. 다다미방으로 되어 있는 2층 집 건물이 교사로 사용되고 있었으니 여러 가지로 불편한 공간이었다. 그런데도 공부할 수 있다는 것은 신나는 일이었고, 고려신학교에서 공부하게 된 것을 자랑스럽게 여겼다. 부산 거리에는 피난민들과 판잣집 등 전쟁의 폐해가 널려 있었고 생업에 찌들려 생존을 위해 고투해야하는 현실에서 공부할 수 있다는 것만으로도 하나님의 은혜라고 여겼다. 더욱이 개척교회를 담임하면서 그리고 8남매를 양육해야 하는 현실에서 공부에만 전력할 수 없는 상항이었지만 고려신학교에서 공부하게 된 것은 눈물겹도록 감사한 일이었다. 그가 새벽 4시 혹은 4시 30분에 기상하여 새벽기도를 인도하고 남포동의 학교까지 다니면서 하교 후에는 심방도 하고 가정사도 돌보아야 했으니 고달픈 나날이었을 것이다. 그와 같이 수학한 10회 동료들이 강유중, 박희천, 양소선, 한동석, 한학수 등 42명이었다. 고려신학교 설립 이래 가장 많은 졸업생이 배출된 기수였다.

대연중앙교회 개척

거제교회를 설립하여 만 9년간 일하고 사임한 그는 1958년에는 부산시 남구 대연동에서 대연중앙교회를 설립하게 된다. 1958년 4월 교회를 사임한 이후 몇 개월 동안은 목회자 없는 교회를 돕다가 교회 개척을 준비하게 된다. 이 과정에서 한상동 목사와 접촉하며 조언을 들었다. 한상동 목사가 시무하는 삼일교회가 이갑득 전도사의 교회 개척을 위해 월 5만 환을 1년간 지원하기로 약속했다. 이를 계기로 구체적으로 교회 설립을 위해 준비하던 중 부산 남구 대연동에서 교회를 개척하게 되었다. 그 첫 시작이 10월 28일 화요일 대연동 이덕기(李德基) 집사 집에서 김하수, 박윤선 목사의 형 박윤석 집사 내외, 그의 집에 세들어 살던 이름 미상의 이집사 내외, 그리고 범일동에 살던 윤병중(尹炳重) 등이 모여 첫 예배를 드리게 되는데, 이것이 대연중앙교회 설립의 시작이 되었다. 이날 첫 예배를 드렸지만 이때부터 곧장 주일 낮 집회를 계속한 것은 아니었다. 일단 계척을 시작했고, 교회부지 확보와 교회당 건축을 위해 고심했다. 그러던 중 11월 10일에는 대연동의 땅 50여 평을 매입했고, 12월 2일에는 매입한 대지의 허름한 건물을 철거하고 20여 평 크기의 판자 예배당 신축을 시작했다. 외부 인력으로 건축할 수 없었기 때문에 이 전도사 본인이 일하는 수밖에 없었다. 그러나 그동안의 개척 준비와 과로, 무리한 건축으로 12월 10일부터 14일까지는 병상에 누워있어야 했다. 그래도 건축이 신속하게 진행되어 16일에는 교회당 상량(上樑)을 했는데 그날은 봄날처럼 온화했다고 한다. 18일에는 마루를 깔고, 21일 주일 오후 3시에는 대연중앙기도소 기념예배를 드렸다. 7시에 모인 밤 예배는 개척교회 개소기념 예배로 드렸고, 이때부터 주일 낮 예배 등 실제적인 집회를 시작하게 된다. 이곳이 남구 대연동 328번지였다. 이곳에는 사택이 없어 이갑득 전도사는 거제리 본가에 거주하면서 주일과 수요일 대연동으로와 예배를 인도하고 밤늦게 거제리로 돌아갔다. 평일에도 교회 인근을 다니며 전도했다고 한다.

교회를 개척한 지 약 9개월이 지난 1959년 9월 15일부터 몇 일간 낮에는 복음병원 의료팀의 무료진료가, 저녁에는 한부선(Bruce F. Hunt) 선교사의 전도 집회를 열었다. 또 유명한 여성부흥사 명향식 선생을 모시고 전도집회를 개최하기도 했다. 그동안 대연중앙기도소라는 이름으로 있었으나 1960년 3월 8일 개최된 부산노회 제9회 노회에서는 대연중앙교회 설립 승인을 받았다. 1960년 3월 11일에는 전도사와 성도들의 헌신으로 54.6평의 대지 위에 28평의 예배당을 세우게 된다. 교회도 수적으로 성장하여 1960년 3월 당시 장년 54명, 주일학생 73명이 출석했다. 1963년 3월 말 당시 교인 수는 43가구였으므로 대연중앙교회 재적 성인교인이 100명 이상이었던 것으로 추정된다.

대연중앙교회가 안정적으로 발전해 가는 어간에 고신 측과 승동 측은 교단 통합을 논의하기 시작하여 1960년 12월 13일 하나의 교단으로 합동했다. 그래서 '합동 合同'이라는 교단이 생겨난 것이다. 대연중앙교회는 고신에 속한 교회로 출발했으니 이제 합동교단에 속한 교회가 된 것이다. 그런데 두 교단이 합동한 지 일 년도 못 되어 구 고신 측에서 불만이 제기되어 구 승동 측과 불화하기 시작했고, 결국 1963년 합동에서 이탈하여 다시 고신으로 돌아가 고신교단 총회를 구성했다. 이를 보통 고신 측의 '환원'이라고 말한다. 이런 교회 외적인 환경에서 대연중앙교회에도 논란이 있어났다. 합동 측에 남아 있어야 한다고 주장하는 이들이 있었는가하면, 다시 고신으로 돌아가야 한다는 이른바 환원 지지자들도 있었다. 교회가 착실하게 성장해 가는 마당에 불거진 외적인 문제, 곧 교회의 교단 소속 문제로 대립이 일게 된 것이다.

이갑득 목사는 환원에 동의하지 않았다. 일단 합동한 이상 교리적인 차이가 없는 한 합동 원칙을 지키는 것이 도리라고 생각했다. 부산의 김장원 목사, 김을길 목사, 김갑석 목사, 옥치상 목사, 최진도 목사 등도 동일한 생각이었다. 이런 문제로 교회가 분쟁에 휩싸였고 심각한 대립으로 발전한 교회가 적지 않았다. 부산의 송도교회, 북부산교회, 서문교회, 성동교회 등이 이런 문제로 대립했다. 이런 와중에서 대연중앙교회도 의견이 양분되어 불길한 조짐을 보이기 시작했다. 교회가 고신파 환원에 동참할 것인지 합동 측에 잔류할 것이지 총의를 묻기로 하였고, 1964년 1월 5일 신년 첫 주일 낮예배 후 공동의회를 개최했다. 투표를 실시한 결과 다시 고신으로 돌아가자는 환원 지지가 31표, 환원 반대가 30표였다. 환원지지가 1표 더 많았다. 환원할 합당한 근거가 없다고 보았던 이갑득 목사는 이를 깨끗이 수용했다. 자신은 환원을 반대하는 입장이었음으로 바로 그 날 교회 앞에 사의를 표했고, 그 다음날 1월 6일 월요일 조건 없이 교회를 떠났다. 이갑득 목사는 성격이 곧고 분명한 점이 있었다. 따라서 그의 결심은 분명했다. 교회 내분을 막기 위해 아무런 대응 없이 자신이 교회를 떠나기로 한 것이다. 그리고 교인들에게는 결정에 순복하고, 요동치 말고 연합하여 주님을 섬기도록 당부했다. 그가 할 수 있는 마지막 권면이었다. 힘겹게 자신의 모든 것을 바쳐 교회를 개척하고 5년 4개월간 땀 흘리며 눈물로 개척했던 교회를 떠나게 된 것이다. 그러나 어떤 형식의 전별금도 없었다. 그는 요구하지도 않았고 기대하지도 않았다.

강도사 고시, 목사안수

앞에서 언급했지만 거제교회 개척기간인 1953년 9월 고려신학교에 입학하여 3년간 수학한 이갑득 전도사는 1956년 3월 30일 제10회로 졸업하였고, 1960년 3월 10일 제9회 부산노회에서 강도사 인허를 받았다. 그로부터 2년 후인 1962년 3월 목사 안수를 받게 되는데, 이때는 고신이 승동 측과 합동하여 하나의 교단, 곧 합동교단 시기였다. 정리하면 대연중앙교회를 개척할 당시는 전도사였으나, 목사 안수를 받은 후에는 약 2년을 시무한 셈이다.

중아선교회와 브니엘중고등학교에서의 봉사

교목으로서의 활동

대연중앙교회를 사임한 이갑득 목사는 그해 곧 1964년 4월 21일부터는 박성기 목사가 설립한 부산 연산동의 브니엘 중, 고등학교 교목으로 자리를 옮겼다. 사실은 이 보다 앞서 이갑득 목사는 '중아선교회' 초대 총무로 일하게 된다. 중아선교회(Voice of China and Asia Missionary Society)는 1909년 미국에서 창립된 선교단체로서 중국과 아시아에서 복음전도와 종교교육 그리고 구제와 자선사업을 목적으로 하는 선교단체인데, 1951년부터 한국에서 활동했다. 중아선교회는 전화(戰禍)의 도시 부산에서 박성기(朴聖基, 1930~) 목사를 통해 복음전도와 구제활동을 시작하였고, 1958년에는 박성기 목사를 한국 선교사로 공식 파송하여 중아선교회 한국지부를 설치하게 된다. 박성기 목사는 1958년 9월에는 부산 연산동에 천막을 치고 전도한 결과 브니엘교회를 설립하게 되었고, 주변의 미취학 아동을 위해 야간 간이학교를 열었는데, 이 학교가 후일 브니엘실업학교로 발전하였다.

이갑득 목사는 이때부터 중아선교회와 관계하여 그 이후 중아선교회 교회협의회, 신망애원부, 선교협의회 4대 회장 등으로 활동하게 된다. 특히 1964년 4월 21일부터 브니엘실업학교 첫 교목으로 취임하여 1984년 2월 20일 정년퇴임하기까지 교목으로 혹은 교목실장으로 20년간 일하게 된다. 주로 브니엘중학교에서 성경을 가르치고 신앙을 지도했지만 교목실장으로 브니엘중고등학교의 각종 종교행사를 주관 했다. 당시 그의 사택은 동래구 거제동 126번지였는데 교목으로 일하는 기간에도 브니엘학교 교목실에서 혼자 새벽기도를 드렸다. 처음에는 자전거를 이용했으나 후에는 오토바이를 타고 연산동 학교까지 다니면서 기도하기를 쉬지 않았다. 그는 늘 자신의 부족함을 알았고, 그러했기에 "나는 기도할 뿐"이라고 생각하여 일생 동안 새벽기도를 거르는 일이 없었다. 때로는 자는 아이들까지 깨워 기도하게 하셨다고 한다.

교목으로 일하는 기간 이갑득 목사는 지역교회를 담임하지 않았기 때문에 주일에는 부산 시내 여러 교회의 초청을 받아 설교했는데 브니엘교회에서 설교하는 일이 많았고, 그 외 다른 교회에 초청을 받아 설교했다. 그러다가 1964년 9월 6일부터는 전 가족이 브니엘교회에 적을 두고 교회를 도왔다.

브니엘교회 목회

이갑득 목사는 브니엘중고등학교 교목실장으로 일하는 한편 브니엘교회 형성기에 협력자로 혹은 동사 목사로 일하게 된다. 브니엘교회는 1958년 6월 하순 박성기 목사의 전도집회로 시작되었는데, 이갑득 목사는 1970년 3월 2일 주일부터는 브니엘교회 동사 목사로 초빙되었다. 이때부터 1971년 8월 26일까지 1년 5개월간 동사 목회자로 활동했다. 이 기간 동안 브니엘교회 첫 번째 교회당을 건축했다. 브니엘교회 20년사에서 이갑득 목사는 "재임 중에 오늘의 대교회로 발전할 수 있도록 교회 건축의 기반을 쌓은 것이 공적으로 남아 있다"고 썼다.[10] 이 기간에도 이갑득 목사는 목회 일반을 통괄하면서도 새벽기도를 중시했고 교회를 위해서도 기도에 힘썼다. 브니엘교회 초기 신자이자 후에 장로로 봉사하신 최진철 장로는 이갑득 목사는 기도의 사람이었고, "그를 통해 기도하는 삶을 배웠다"고 회상했다. 이갑득 목사가 동사 목사로 일할 당시 주일 낮 예배 출석인원은 220~240명에 달했다.

동산교회에서의 봉사

이갑득 목사는 브니엘중고등학교 교목으로 일하는 기간 동안 지금의 동산(東山)교회, 곧 새마을브니엘교회 설립과 초기 개척기에도 설교자로 혹은 당회장으로 봉사했다. 동산교회는 1964년 10월 25일 김규승(金圭昇) 전도사를 중심으로 연산 3동 1876번지에서 개척되기 시작했는데, 이갑득 목사는 때로는 설교자로 때로는 당회장으로 교회개척을 지원했다. 1965년 1월부터는 동산교회 당회장으로 1970년 3월까지 5년간 이 교회를 지원했다.

이갑득 목사의 유품에는 이 기간 동안의 활동을 헤아릴 수 있는 주보 등 자료가 남아 있는데, 새마을브니엘교회 주보 제작에서부터 전반적인 목회를 감당하며 봉사했음을 알 수 있다. 교회 개척 당시부터 새마

---

10 『브니엘교회 20년사』, p.9

을브니엘교회라는 이름으로 있었으나 1969년 10월 12일 주일부터 '동산교회'로 개칭했다. 그 후에는 동산교회 임시 설교자로 혹은 당회장으로 봉사했다.

신망애 양로원에서의 봉사

이갑득 목사가 가장 오랜 기간 동안 봉사한 곳은 신망애 양로원이었다. 이 양로원은 1934년 12월 20일 고 한형세(韓衡世) 장로에 의해 대구 비산동에서 시작된 무의탁 노인들을 위한 복지 시설이었다. 대구 비산동에서 시작했으나 5년 후에는 부산 동구 범일동으로(1939. 4. 9), 그 후에는 진구 초읍동(1942. 10. 20)을 거쳐 1964년 4월 21일에는 동래 산성인 금정구 장전동 502-13번지로 이전하여 오늘에 이르고 있는데, 신망애 양로원은 한국인에 의해 시작된 최초의 노인복지 시설이라고 할 수 있다.

이갑득 목사는 거제교회를 개척하면서도 전도와 구제 사업에 관심을 가지고 고아원을 돌아보고, 1953년부터는 초읍동에 있던 신망애 양로원을 방문하여 예배를 인도하기 시작했는데, 이것이 신망애 양로원과의 교류와 후원의 시작이 되었다. 이후 대연중앙교회 개척, 브니엘중고등학교 교목 시절에도 변함없이 신망애 양로원을 방문하고 양로원 교회에서 예배를 인도하는 등 1953년부터는 1984년 말 세상을 떠나기까지 40여년 간 신망애양로원교회의 무보수 목사로, 때로는 이사로 혹은 이사장으로 봉사하였다. 한형세 장로는 양로원을 시작하면서 처음부터 양로원교회를 운영하였고, 후에는 목회자들을 위한 시설 원로원을 두어 일생 동안 목회자로 살았던 이들의 노후를 보살폈다. 이갑득 목사는 오랫동안 양로원교회 목사로 봉사했다. 많은 이가 이곳에서 노후를 보내며 믿음 가운데 안식을 누리고 하나님의 부름을 받았다. 예컨대, 평북 의주 출신의 여성 독립운동가 조신성(趙信聖, 1873~1953) 여사도 일생 동안 독신으로 살다가 6.25전쟁기 부산으로 피난 와 신망애 양로원에서 지내던 중 1953년 5월 8일 하나님의 부름을 받았다는 사실을 아는 이들이 많지 않다.

이갑득 목사는 세상에 소망 없는 이들을 위해 말씀으로 위로하며 마지막 인생길의 선한 안내자로 살았다. 한명동 목사는 양로원을 위해 일생을 헌신하신 이갑득 목사의 헌신을 기념하면서 "모든 이들이 앞길이 창창한 젊은이들을 위해 일하고자 하지만 이갑득 목사는 아무리 열심히 일해도 결실이 보이지 않는 노인들을 위해 봉사하셨다. 젊은이들을 위해 일하면 돌아오는 보상이 있지만 노인들을 위해 일하다보면 장례식만 치루게 된다"며 "이갑득 목사는 오직 주님만 바라보고 일하셨다"고 말씀하셨다.

은퇴와 그 이후

거제교회와 대연중앙교회를 개척하고 시무한 이후 브니엘중고등학교에서 근무하신 이갑득 목사는 70세가 되던 1984년 2월 20일 월요일, 브니엘중고등학교 교목실장직에서 퇴임하였다. 이로써 20년간의 학교 생활을 마감했다. 젊은 날의 다짐처럼 일생 동안 주를 위해 살았고, 복

이갑득 목사 67회 생신 기념 신망애양로원 방문

신망애양로원을 방문한 이갑득 목사의 딸들

음의 진보를 위해 헌신했으나 이제 때가 되어 현직에서 은퇴하게 된 것이다. 교목으로 일하는 동안에도 하루도 거르지 않고 거제동에서 연산동에 있는 학교 교목실까지 가서 가정과 교회와 학교 그리고 국가를 위해 혼자 기도하셨고, 노령에도 불구하고 오토바이를 타고 먼 길을 다니셨던 지난 20년의 삶을 뒤로 하고 정든 학교를 떠나게 된 것이다.

1948년 이래 36년간 사역을 마감하고 현직에서 물러난 이갑득 목사는 이제야 비로소 자유로운 일상을 보낼 수 있게 되었는데, 불행하게도 학교를 은퇴한 다음 날부터 몸에 이상이 나타났다. 피곤하고 일찍 잠자리에 들어도 잠을 자주 깨기도 하고 마음이 편치 못했다. 증상은 두 가지였다. 첫째는 가려움증이었다. 전신이 가려웠지만 특히 등이 가려웠고, 두 번째는 식욕이 떨어졌다. 그동안 학교에서 근무했고 은퇴를 앞두고 밀린 일들을 처리하느라 피곤해서 그러려니 했으나, 이런 증상이 계속되어 진찰한 결과 만성 신부전증이었다. 이때부터 병원을 출입하며 입원하기도 했으나 병세는 호전되지 못했다.

이런 중에서도 주님을 의지했다. "주여 이 밤도 편히 쉬게 하옵소서"라는 기도로 잠자리에 들었고, "주님의 은혜 중 여전히 간밤에도 평안히 쉬고 기상하여 일어나 기도하고 독경했다"고 한다. 병세가 악화되자 "주여 나의 병이 무엇인지 뜻대로 하여 잘 감당케 하여 주옵소서"라고 기도했다.

식욕 부진, 가려움증 등 육신이 곤한 어려운 중에서도 기도하며 믿음으로 이겨 나갔다. 10월 7일 주일에는 자신이 설립한 거제교회 설립 36주년기념 설교를 했다. 이날의 설교가 생시의 모습을 알 수 있는 마지막 영상기록물이 되었다. 그 다음 주인 10월 14일 주일 낮에는 신망애 양로원에서, 저녁에는 김규승 목사의 부일교회에서 설교했는데, 이것이 마지막 설교였다. 힘든 시기에도 자신의 표현대로 '엎대여 기도하고' 가정예배를 드리며 믿음으로 살았던 이갑득 목사는 12월 8일 만 70세의 나이로 하나님의 부르심을 받았다. 힘들고 고통스런 날들이었지만 "주여 이 밤도 잠들고 깨어 있을 때 주님 내 곁에 계시옵소서."라고 기도하며, 하나님의 자비를 구했다. 그가 남긴 일기를 보면 "어린 시절 개척교회 기타 교회 봉사로 고생시킨 내 사랑하는 자식들에게 비록 적은 물질이지만 유산을 남겨주고 싶은데 이래 저래 다 쓰게 되어 인생은 무상할 뿐이다."라고 썼다. 병원비 47만 5천 원을 인출하고 나니 잔고는 20만 원이었다는 기록이 남아 있다. 그가 남긴 마지막 기록은 11월 23일 금요일에 힘들게 쓴 기록이다.

> "나의 마지막 필적이 될지, 지금 나는 사경을 헤맨다. 주여, 나의 70여 평생을 그렇게도 주님을 사모하면서 모진 질고에서 부른 골고다의 노래곡에 나의 생애를 그려본다. 생사의 기로에서 예수 믿고 구원받아 한평생 주 위하여 살기로 맹세했네. 23세 때 결혼하여 우리들은 맹세했네. 한평생을 주 위해 험한 세상 살자고, 그런데 어찌하여 하나님은 우리에게 8남매를 주셨으니 이때부터 고난의 길, 주님 위해 헌신하자 많은 자식 양육하자 연약한 어머니는 업고 안고 걸려야했다. 거제교회 개척할 때 새벽마다 울면서 캄캄한 이 동래가 복음으로 깨어나라 기도했네. 죄악에 깊이 잠든 영혼을 깨우기 …"

심한 고통 중에 지상에서 남긴 마지막 기록이다. 기력이 없어 글을 잇지 못했다.

그의 장례식은 12월 10일 월요일 거제교회당에서 합동 측 중부산노회장으로 엄수되었다. 이날 날씨는 온화했으나 약간 흐렸다. 교회당은 조문객으로 가득했다. 부산 성동교회 담임목사이자 중부산노회장인 옥치상 목사의 사회로 온천제일교회 장차남 목사가 계시록(14:13, 21:23-27)을 본문으로 "죽음 건너편 하늘나라"라는 제목으로 설교했다. 죽음은 새로운 항구로 들어가는 것이며, 이편 항구에서는 보이지 않으나 저편 새로운 항구로 입항하는 것이라며 소망과 위로를 받으라고 설교했다. 브니엘학원의 박성기 목사가 축도로 폐한 후 유해는 양산 석계공원 묘지에 안장되었다. 그날 장지로 가는 대형버스가 13대였다. 무명의 인물로 노회 임원 한 번 한 일이 없었으나 그의 올곧은 삶의 여정을 아는 이들이 그의 마지막 여정에 가족들을 위로해 준 것이다.

이갑득 목사가 하나님의 부름을 받고 약 20여 일이 지난 12월 30일, 신망애 양로원 마당에는 이갑득 목사의 봉사를 기념하는 기념석을 세웠다. 일생 동안 양로원을 위해 일하신 고인에 대한 한형세 장로님의 사랑의 표현이었다. 전면에는,

기념비
고 이갑득 목사,
본 양로원 재단 제4대 이사장
본 양로원교회 목사(봉사)

라고 기록했고, 후면에는, "할렐루야! 고 이갑득 목사님께서는 근 40년간 본 양로원을 물심양면으로 남다른 뜨거운 협조를 하여 주셨습니다. 목사님의 이 놀라운 공로와 업적은 진실로 하늘처럼 높고도 푸르기만 했습니다."라고 기념했다.

이갑득 목사 기념비 앞에서 가족들(1985. 1. 15)

슬하에 8남매를 두었는데 현제(2020. 3)까지 다 생존해 있고, 부인 김영선 권사는 26년을 더 사시다가 2010년 9월 10

일, 93세의 나이로 하나님의 부르심을 받았다.

맺는 말

이갑득 목사의 삶의 여정을 뒤돌아 볼 때 몇 가지 사실을 지적해 두고자 한다.

첫째, 그는 기록 곧 역사의 소중함을 인식하고 살았다. 그는 일생 동안 하루도 거르지 않고 일기를 썼다는 사실이다. 1930년 동래고등학교 재학시절부터 손 일기를 썼다. 일부 소실 된 점은 안타까운 일이지만 그의 성실함과 일관된 삶의 의지를 읽을 수 있다. 그는 기록의 소중함을 인식하고 있었기에 이런 기록을 남긴 것이다. 때로는 일본어를 병용하기도 했고 국한문 혼용으로 해독하기 어려운 점이 있으나 이런 자전적 기록은 흔치 않다. 50년이 넘는 기간 동안 일기를 썼다는 사실 자체만으로도 경의를 표할 수밖에 없다.

둘째, 그는 기독교를 받아들인 후부터 일생 동안 새벽기도를 거르지 않았다. 보통 4시 혹은 4시 30분 기상하여 기도하신 기도의 사람이었다. 직접적으로 교회 목회를 하지 않는 기간, 곧 교목으로 일하는 기간에도 학교 사무실로 나가 기도하셨다. 구포교회서도 그러했지만 부산 동래의 수안교회 시절에는 새벽기도 타종을 자원하였다. 거제동에서 수안동까지 직선거리 3.5km였는데, 그 먼 길을 걸어 다니며 새벽기도 종을 치고 기도하셨다. 그는 기도의 능력을 신뢰했던 기도의 사람이었다. 가정예배를 드렸고 자고 있는 자식들을 깨워 기도하게 하셨던 신령한 영적 인물이었다.

셋째, 운동과 음악 애호가로 일생을 살았다. 그는 축구나 탁구 등 운동을 즐겨하셨고 일생 동안 탁구를 즐겨하셨다. 그런가 하면 음악 애호가였다. 음악 감상을 즐겨하셨고, 자녀들에게 늘 음악을 들려주었다.

자신은 피아노를 비롯하여 트럼펫, 호른, 클라리넷 등 여러 악기를 연주할 수 있었다. 특히 클라리넷은 그가 애호했던 악기였고 그것이 전도의 도구였다. 그가 즐겨 불렀던 찬송은, "성자의 귀한 몸 날 위하여", "예수로 나의 구주삼고 보혈과 피로서 거듭나니" 등이었다.

넷째, 그는 일생 동안 복음전도자로 살았다. 사도바울처럼 남의 터 위에서 추수하려 하지 않고 처음부터 교회 개척자로 살았다. 앞에서 소개한 바처럼 그는 거제교회와 대연중앙교회를 설립하여 목회하였고, 개척기의 두 교회, 곧 브니엘교회와 동산교회를 지원하고 후원했다. 1964년 이후 20년간은 교목으로 살았지만 그 기간에도 지역교회를 도왔던 복음전도자였다. 신망애 양로원교회에서는 40여 년간 무보수 목회자로 일했다. 그는 복음전도자로 살기 위해 고난과 고통스런 세월을 보냈고 핍절한 생을 살았다.

다섯째, 그는 무명의 전도자였다. 노회나 총회 혹은 교회기관에서 어떤 자리를 점한 일이 없고, 총회나 노회에서 임원을 한 일이 없다. 일반적으로 노회임원은 연령이나 신학교 졸업 기수 순, 아니면 목사안수나 노회 전입순으로 하게 되는데 여러 조건을 갖추었으나 그런 일에 연연하지 않아 하다못해 부서기나 부회록 서기 같은 직도 맡은 일이 없다. 총회 총대 한 번 한 일도 없다. 본인이 욕심을 가졌다면 얼마든지 그런 일을 할 수 있었을 것이지만 그것은 그의 바램이 아니었다. 그런 무명의 전도자이고자 했고, 자신을 드러내고자 하는 의도나 시도가 없었다. 오직 주님 바라보고 일생을 사신 분이다.

여섯째, 그는 정직하고, 옳고 그름이 분명한 올곧은 삶을 사신 분이다. 그 자신도 정직하게 살아왔지만 자식들에게도 정직해야 함을 가르쳤다. 거짓말을 가장 싫어했다고 자녀들은 증언하고 있다. 고신과 승동이 합동하고 환원 운동이 일어날 때 인간관계로 볼 때나 교회 사정으로 볼 때 환원에 동참하는 것이 훨씬 유리했다. 그러나 일단 합동한 이상,

그리고 환원해야 할 신학적 정당성이 없는 한 합동 원칙을 지켜야 한다고 보았다. 그래서 고신 환원을 지지하지 않았고 그것 때문에 자신이 힘들게 개척하고 땀과 눈물을 쏟으며 5년 4개월 간 목회했던 교회를 사임하고 빈손으로 물러났던 것이다. 그는 원칙에 철저했고 사사로운 감정에 매이지 않았던 올곧은 목회자였다. 그러했기에 그가 하나님의 부름을 받은지 36년의 세월이 지났지만 늘 그리운 얼굴이다.

❖ 주요 연보

1914. 2. 15.　부산 구포에서 이광은 박의선의 10남매 중 장남으로 출생

1918. 1. 11.　부인 김영선 출생

1924. 4.　　　구포공립보통학교 입학, 1928. 3월 졸업

1928. 4.　　　동래고등보통학교 입학, 1934년 졸업

1930. 4.　　　동래고등보통학교 3학년, 일기 쓰기 시작

1932. 11. 27.　호주선교사 예원배(Albert Clement Wright)에게 학습

1933. 8. 11.　주기철 목사에게 수세

1934. 5. 27.　예원배 선교사에 의해 집사 피임

1936. 1. 9.　　김재도 이선애의 외동 딸 김영선과 혼인

1944. 1.　　　부산 거제동으로 이사, 수안교회로 이적

1946. 5. 26.　수안교회 집사 장립

1948. 5. 15.　부산 YMCA 직영 기독병원 전도사

1948. 10. 1.　거제교회 개척(거제 기도소로 출발) 1957년 7월(혹은 9월) 말
　　　　　　　사임

1953. 3.　　　신망애 양로원교회 목사

1953. 9. 15.　고려신학교 입학, 1956. 3. 30 제10회 졸업

1958. 10. 28.　대연중앙교회 개척, 1964. 1. 5 사임.

1960. 3. 10.　강도사 인허 (고신 제9회 부산노회)

1962. 3. 9.　　목사 안수 (합동 제74회 경남노회)

1964. 4. 21.　브니엘실업학교 교목 취임

1965. 1. 31.　새마을 브니엘교회 당회장, 1970. 3월까지

1970. 3. 2.　　브니엘교회 담임(동사)목사, 1971. 8월까지

1984. 2. 20.　브니엘중고등학교 교목에서 퇴임

1984. 12. 8.　오후 1시 40분 소천

1915 · 2001

왕진 가방 버리고,
심방 가방을 택한 김재술 목사

김광열 교수

총신대학교 신학과 (B.A.)
Westminster Theological Seminary (M.A.R., M.Div., Ph.D.)
현 | 총신대학교 신학대학원 조직신학 교수
　　총체적 복음사역 연구소 소장
전 | 총신대학교 총장 직무대행
저서 | 『그리스도안에 있는 구원과성화』, 『이웃을 품에 안
　　고 거듭나는 한국 교회』, 『총체적 복음: 한국 교회, 이
　　웃과 함께 거듭나라』, 『교회를 위한 개혁신학 서론』

도봉(島烽) 김재술 목사님은 하나님께서 한국 교회에 보내주신 1세대 목회자들 중의 한 분이었다. 그는 당시의 다른 목회자들과 마찬가지로 조국의 국가적 시련과 역경 속에서 하나님의 부름을 받았고, 하나님 나라를 위해 전력 질주하며 달려가는 생애를 살았다.

　개인적으로 필자는 현재 총신대학교 교수로 재직하고 있으면서 과거를 돌아볼 때, 젊은 날에 총신대학교 신학과에 입학하기 위하여 신학의 문을 두드리려는 마음을 가지게 되었던 가장 주된 동기는 바로 부친 김재술 목사님의 목회하시는 모습 때문이었다고 생각된다. 세상의 부귀와 영화를 버리고, 전쟁 속에서 고통하는 노량진의 피난민들을 위해 심방가방을 들고 헌신하는 부친 목회자의 모습은 노량진 고을로 모여든 성도들의 마음에는 감동으로 다가왔고 그들의 마음을 움직이게 되었던 것을 보았기 때문이었다.

　필자가 중학생 시절에 거주했던 집은 교회 교육관의 일부를 숙소로 삼아 생활했었던 곳이었는데, 그 때 방안의 칸막이가 허술해서 옆방에서 아버지와 성도 간에 주고받는 대화를 우연히 듣게 되었다. 목회자가 되기 전에 외과의사로서 생활했던 아버지는 의술로 노량진 고을에 사는 피난민들의 질병 치료와 그 밖의 다양한 의료적 도움을 베풀면서 목회하셨다. 그처럼 자신의 모든 것을 내어놓고 양들을 섬기는 김재술 목사님의 목자의 마음은 수많은 성도에게 복음의 참 의미를 깨닫게 해주었고, 그에 대해 감사한 마음으로 목회자를 찾아와 대화를 나누는 성도들의 순수한 마음이 담긴 이야기를 옆방에서 들으면서 신학공부의 결심을 하게 되었던 것이다.

　목회자와 성도들 사이에 이와 같은 순수한 사랑의 관계를 엿보면서, '야 ! 이것이야말로 인간이 이 땅에서 향유할 수 있는 가장 아름다운 관계이구나!'라고 생각하게 되었다. 주님께 받은 사랑으로 맡겨 주신 주의 양떼들을 전심으로 섬기고 봉사하며 목양하는 목회자의 헌신과, 그 순수한 헌신을 확인하고 또 다시 목회자에게 사랑으로 응답하는 양떼들의 아름다운 마음이 어우러지는 목회의 현장을 보면서, 이러한 사랑의 관계야말로 이 땅에서부터 천국을 맛볼 수 있는 아름다운 공동체의 모습이구나! 라고 생각하게 되었던 것이다.

성도들을 섬기는 목회야말로 인간이 이 땅에서 가질 수 있는 가장 위대한 "영웅"의 삶이라고 결론짓고, 나도 그러한 보람된 인생을 살아야겠다고 생각하며 총신대학교 신학과에 입학하게 되었던 것이다. 물론 그 후에 하나님의 인도하심 속에서 미국 웨스트민스터신학교에서의 유학을 마치고 모교인 총신대학교로 돌아와 교수로 사역한 지 벌써 20여 년이 지났지만, 목회자의 그러한 "영웅적" 인생에 대한 그 때의 울림과 감동은 아직도 변함없다.

물론 35년간 노량진 강남교회에서의 목회 여정 속에서 찾아온 성도들과 항상 아름다운 관계만 계속되었다고는 말할 수 없을 것이다. 어려운 순간들도 찾아오기는 하였으나, 그럼에도 불구하고 1954년 노량진에서 강남교회를 개척한 이후부터 1989년 원로목사로 추대되기까지 복음의 정신으로 희생하며 성도들을 섬기고 주의 나라를 세워갔던 한 목회자의 복음적 삶은 많은 후배 목회자와 신학도에게 목회적 동기를 제공하기에 충분했다고 사료된다.

불행하게도, 오늘의 한국 교회의 상황은 지난 세기 70~80년대의 상황과는 너무도 다르다. 교회성장이 멈춰버린 현실, 그리고 주일학교가 점점 문을 닫아가고 있다는 통계 발표 등은 오늘 목회자의 길을 준비하는 이들을 낙심하게 만드는 요인들이 되는 것이 사실이다. 그러나 사실 지난 1세대 목회자들이 부름받고 사역했던 목회 현실도 그리 녹록하지는 않았음을 보게된다. 아니, 어쩌면 더 열악한 상황이었음을 기억해야 한다. 그리고 김재술 목사님의 생애를 통해서 발견되는, 그 보다 더 중요한 요소는 "하나님의 주권신앙"이라고 사료된다. 일제의 강점기와

6.25 동란의 험악한 인생의 여정 속에서 김재술 목사님의 마음을 꽉 붙들고 있었던 한 가지 믿음은 "하나님의 주권과 섭리"에 대한 신앙이었다.

바울의 말과 같이, 심는 일이나 물주는 일은 인간 사역자들의 몫이지만, 자라나게 하시는 분은 하나님이시기 때문이다.(고전 3:7) 한국 교회의 놀라운 성장의 역사를 이뤄내신 분도 하나님이시고, 오늘의 고통스러운 한국 교회의 현실도 그 분의 손 안에 있는 것이다. 주의 일꾼은 그 모든 일들을 섭리하시고 주관하시는 하나님의 주권을 믿고, 그 분의 손 안에 맡기고 부름의 길을 가야하기 때문이리라. 이제 소개될 김재술 목사님의 생애가 전해주는 메시지들 중의 하나는 바로 목회자란 "하나님 주권신앙"을 붙들고 달려가는 사역자라는 점일 것이다. 인간적인 계산과 계획으로는 도저히 이룰 수 없는 인생의 여정을 걷게 하시고, 그러한 상황 속에서도 맡겨주신 사명자의 길을 끝까지 감당하게 하시는 하나님의 주권에 대한 신앙만이 주의 종들을 붙들어 주는 버팀목이 될 수 있으리라 본다.

강남교회 개척당시 당회원, 첫째 줄 가운데가 김재술 목사

참된 목자가 그리운 한국 교회의 현실 속에서 "하나님 주권신앙"으로 달려가셨던 김재술 목사님의 생애가 목회자의 길을 준비하는 종들에게 하나의 작지만 힘있는 메시지가 되었으면 하는 마음 간절하다. 아니 그렇게 주의 종들을 사용하시는 하나님의 은혜를 깨닫고 용기를 내어 사명자의 길을 뚜벅뚜벅 걸어가는 이 땅의 모든 주의 사역자들이 되기를 바라는 마음으로 김 목사님의 생애를 소개하려 한다.

김재술 목사님의 생애를 크게 3단계로 나누어볼 수 있다. 첫째는 1915년 함경남도 함흥 근처 한 시골마을에서 태어나 1940년에 검정고시로 의사면허를 취득한 후 함흥도립병원, 교통병원에서 의사로서 근무하면서 풍요로운 생활을 누리게 되기까지의 기간이다. 세상의 성공을 위해 달려갔던 시간이었다. 둘째는 민족의 시련 속에서 일제 통치와 6.25 전쟁의 시대적 아픔을 겪게 되면서 하나님을 만나게 되는 기간이다. 특히 전쟁의 폭격 속에서 주의 종으로 부름을 받기까지의 기간, 그리고 마지막으로는 주의 종으로 부름을 받은 후 1954년 노량진에서 강남교회를 개척하고 왕진가방을 심방가방으로 바꿔들고 노량진에 모여든 피난민들을 대상으로 목양하던 기간 동안의 이야기이다.

가난한 시골 마을에서 외과 의사가 되기까지

가난한 자들을 위한 의사가 되기로 결심하다

김재술 목사님은 함흥 근처에 있는 가난한 시골 마을에 있는 한 농사꾼의 집안에서 출생했다. 공부를 하고 싶어도 할 수 없는 가정 환경이었으나, 그는 어린 시절에 의사가 되어야겠다는 굳은 결심을 하고 목표를 향해 달려갔던 의지의 사람이었다. 물론 하나님의 은혜로 김재술 목사님은 가난한 농부의 집안에서 태어났지만, 고학으로 외과 의사 면허를 받게 되는 기적을 이뤄냈다. 그의 어린 시절에 기적과 같은 목표를

1970년 김재술 목사 가족

향해 달려가려는 결심을 하게 했던 사건이 있었다.

　그 사건은 12살 때에 발생되었다. 어느 날 밤 10시 경에 어머니가 해
산하다가 출혈이 심해져서 자고 있던 아들(김재술 목사님)을 깨웠다.
그런데 어머니는 "병원에 가서 의사 선생님을 모셔오라"는 말씀을 한
후 실신하시고 말았다. 어머니의 실신한 모습을 보고 놀란 아들은 정신
없이 병원으로 달려갔다. "엄마가 죽어가니 빨리 와서 살려주세요"라
고 간청하는 아이에게 병원 관계자는 "아버지가 안 계시니?"라고 물었
다. "형도, 아버지도 돈벌기 위해 멀리 갔습니다"라고 답변하자, 또 다
시 "돈이 있느냐?"라고 물었고, "모르겠습니다"라고 답변하자, 병원에

서는 갈 수 없다고 했던 것입니다. 거지같은 아이를 보고 못 간다고 하기에 울면서 다른 병원들도 가 보았지만 어느 병원에서도 병원비를 받지 못할 것 같은 아이를 따라 나서는 의사가 없었지요.

집으로 달려와 엄마를 보니 실신해서 쓰러져 있었고, "엄마! 엄마!"라고 부르면서 아무리 흔들어 보아도 엄마는 대답이 없었다. 어린 동생을 깨워서 엄마가 죽었다고 하면서 둘이 같이 울고 또 울었다. 만일 정말로 엄마가 죽으면 그 병원들을 모두 불질러버리겠다고 결심했었던 것입니다.

그 병명은 "전치태반 조기박리성 출혈"이라는 병이었는데, 의사가 없으면 80%는 죽는 병이었지요. 그런데 어머니는 다행히 출혈이 심해서 혈압이 낮아지므로 자동으로 지혈이 되어 아기를 출산하게 되었습니다. 엄마가 다시 일어난 모습을 보고 김재술은 병원에 불질러버리겠다는 결심을 바꿔서 "내가 의사가 되겠다. 특히, 가난한 자도 치료해주는 의사가 되어야 겠다"고 다짐했던 것입니다.

가난한 자들도 돌보는 의사가 되기 위한 끊임없는 도전들

가난한 이들을 치료해주는 의사가 되겠다는 결심은 귀한 것이었지만, 가난한 시골 농부의 집에서 의사공부를 위한 학비를 대줄 수 있는 형편은 아니었다. 어쩌면 하늘에서 별을 따겠다는 것과도 같은 허황된 꿈같이 여겨졌다.

더욱이 당시에는 일제 강점기이므로 일본인들의 압제가 극심했던 시기였다. 함경남도 함흥에 의학전문학교가 세워져 있었지만, 일본인에게는 입학정원의 80%를 배정해 주고, 한국인에게는 나머지 20%만을 배정해 주었다. 일본인은 두 번, 세 번 모집해도 미달이었지만, 한국인 모집 때에는 20대 1의 경쟁률을 뚫고 가야하므로 합격하기란 정말 어려운 일이었다. 더욱이 가난한 사람에게는 상황이 더 안 좋았는데, 제출

서류 중에는 재산증명서가 있었기 때문이었다. 그럼에도 여러 가지로 알아본 결과, 검정시험으로 준비할 수 있는 길이 있음을 알게 되었다.

어린 김재술은 독학으로 공부하다보니 강의 노트도 없고 가르쳐주는 사람도 없으므로 혼자서 공부하기가 너무 어려웠다. 사전을 찾아가면서 다른 사람 1시간에 할 수 있는 공부를 배 이상의 시간을 투자해서 정리할 수 있었다. 이러한 어려운 상황 속에서도, 어린 시절에 어머니의 출산 사건을 통해서 결심했던 일은 언제나 그 마음을 붙들고 있었다.

필자가 미국에 유학을 갈 때, 아버님 김재술 목사님이 가르쳐 주셨던 글귀 하나가 있다. 젊은 날에 의사공부를 위해 집을 떠나 멀리 타지에서 고학하던 시절에 벽에 붙쳐놓고 늘 마음을 추수르게 했던 시(詩) 한 편이라고 하시면서 알려주셨던 글이 있다:

> 태산이 높다하되 하늘 아래 뫼이로다
> 오르고 또 오르면 못 오를 이 없건마는
> 사람이 제 아니 오르고 뫼만 높다 하더라

어려운 난관이 부딪혀 올 때마다 젊은 김재술은 "오르고 또 오르는" 노력을 계속했다. 그리고 어린 시절에 세웠던 뜻을 굽히지 않고 마침내 이뤄냈던 것이다.

함흥의전에 입학하기 위해서 검정시험 준비학교를 찾아갔다. 시설은 좋지 않았지만 등록금은 비쌌다. 돈은 없고 먹을 음식도 없는 때였다. 소나무 잎으로 생식하는 방법을 알아냈지만, 아무리 씹어도 목에서 넘어가지 않았다. 선험자의 조언을 따라 날콩을 함께 씹어 먹으면 미끄러워서 잘 넘어간다고 해서 따라해 보았으나 콩 비린내가 나서 다시 올라왔다. 남은 유일한 방법은 코로 숨을 쉬지 않고 먹어야 간신히 넘어갔다. 한 끼 한 끼 먹는 것이 너무 힘들었다.

식사 문제는 그렇게 해결한다 하더라도 시골집에서 나와 검정고시 준비학교를 다니기 위해서는 거처할 곳을 찾아야 했다. 하숙집에서 밥을 먹어야 하지만 식대를 낼 수 없으니 방세라도 지불해야 했다. 다행히도 다른 하숙생들을 많이 소개해주었더니 방을 하나 주셨다. 감사하기도 했지만 난방이 되지 않는 윗방이었다. 그래도 학교에서 공부할 수 있게 되니 많은 도움이 되었다. 희망이 보이는 듯했다. 의사 검정시험을 보았는데, 3부로 나누어진 시험에서 제1부에 나오는 5과목 중 '약리' 과목 하나만 합격하였다. 그런데도 벌써 의사가 된 것 같아 기쁨이 솟아났고 더욱 용기가 생겼다.

숙식은 해결되었으나 이제는 등록금이 문제였다. 부모님께 말씀드렸더니, 누이 동생을 1십 원을 받고 시골 사람에게 팔아 돈을 보내주셨다. 당시에는 본인의 의사와는 상관없이 인신매매로 결혼하곤 했다. 돈을 손에 쥐고 생각해보니, 아무리 내가 성공한다 하더라도 동생의 인생을 망가뜨리면서 가는 것은 도저히 양심에 허락이 되지 않았다. 결국 그 돈은 반송시켰고 파혼하게 되었다. 나중에 동생에게 물어보니 오빠가 성공한다면 자기는 희생되어도 좋다고 생각했었지만, 사실은 자신의 앞날을 생각하고 아무도 모르게 많이 울었다고 했다. 그 분은 필자의 고모님으로서 현재 80대 중반의 노파가 되셨다.

검정고시 준비학원을 통해 함흥의학전문학교를 졸업하고 의사가 되다

의학전문학교에서 등록금을 미납한 학생들은 모두 퇴교시켰다. 당시 김재술 학생은 반장으로 다녔지만, 등록금 미납자가 되어서 쫓겨나게 되었다. 그 이후로는 도강을 하는 수밖에 없었다. 그럭 저럭 졸업하는 때가 되었지만, 알아보니 졸업명단에 이름이 보이지 않았다. 김재술 학생은 소주 한 병과 북어(마른 명태) 한 마리를 들고 교장 선생님 사택을 방문했다. 교장선생님을 만나서 술을 대접하면서 사정을 말씀드렸다. 학비를 미납해서 졸업을 못하게 된 일, 누이동생의 이야기, 소나무 잎을 먹으며 공부한 눈물겨운 이야기들을 말씀드리면서 "내일 졸업식에서 저에게도 졸업장을 주시면 제가 병원에 취직할 때 큰 도움이 되겠으니, 선처해주시기 바랍니다"라고 말했다. 그러면서 "인생의 앞날은 모르는 것이오니 제가 장차 잘되고 나서 선생님의 후손을 도울 수 있을는지 누가 알겠습니까?" 말했더니, "암, 그렇지! 앞날은 모르는 것이니 아무쪼록 용기를 가지고 중단하지 말고 성공하기를 바란다"라고 대답해주셨다. 너무 감사하고 기뻤다.

졸업식 날 졸업자 명단에 김재술 학생의 이름도 올라온 것을 보게 되었다. 다른 학우들도 모두 놀랐다. 또한 나에게 졸업식 날 졸업생 답사를 부탁했다. 초안도 없이 즉석으로 올라가서 멋지게 답사를 하고 박수를 받았다.

그 후에 외과 의사가 되어 함흥 도립병원에 근무하게 되었다. 얼마 후에 단천군 북두일면 운모광산이 있는 곳에 공의로 임명받아 〈명치의원〉이라는 이름으로 개업하게 되었다. 그리고 광산 세 곳으로부터 촉탁의사가 되어 풍요로운 생활이 시작되었다. 당시에 보통학교 교사의 월급이 45원이었으나, 공의 수당은 1천백 원, 광산 촉탁의 수당이 세 군데에서 각 1백 원씩, 매월 고정 수입이 7백 원, 그리고 병원 진료 수입도 월 3천 원으로 넘치는 부요한 생활이 시작되었다.

세상적인 성공을 향해 달려온 외과의사 김재술은 강한 결심과 그 목표를 이루기 위한 강한 의지력으로 높고 높아 불가능해 보이는 "태산"의 고지를 올라설 수 있었던 것이다. 그러나 그 기간은 앞으로 그의 생애를 하나님의 나라를 위한 일꾼으로 사용하시려고 훈련시키시는 하나님의 섭리의 손길이 담겨있는 시간들이었다. 죽어가는 육신의 질병을 치료하는 인생에서 죽어가는 영혼의 질병도 함께 치유하는 인생으로 이끄시는 하나님의 섭리의 손길이 기다리고 있었다.

민족의 시련 속에서 겪게되는 고통의 시간을 통하여 하나님을 만나고 주의 종으로의 소명을 받다

　외과 의사로서의 생활이 시작되자, 과거의 가난했던 시절과는 비교할 수 없는 부요함이 찾아왔다. 세상적으로는 성공한 인생이라고 말할 수 있었는지 모르지만, 하나님의 계획은 하나님 나라에서 성공한 인생으로 나아가기를 원하셨다. 의사 김재술을 향한 하나님의 뜻은 외과 의사로서 안락한 삶을 사는 것이 아니었다. 하나님은 육신의 질병을 고치는 육신의 의사에서 인간의 영혼을 살리는 영혼의 의사로 거듭나기를 원하셨다. 누가복음 5장에서 베드로를 고기 잡는 어부에서 사람을 낚는 어부로 거듭나게 하셨듯이…. 당시 민족의 시련과 고통의 시간들은 의사 김재술에게도 힘들고 고통스러운 시간이었지만, 궁극적으로는 하나님 앞에서 진정으로 성공하는 인생으로 인도하시려는 하나님의 섭리의 시간들이었다.

항일 독립운동으로 형무소에 투옥되다
　태평양전쟁 동안 일본은 중국을 강점하고 아시아에서 파죽지세로 여러 나라를 집어 삼키는 만행을 계속해갔다. 특히 일본은 자기들의 전쟁을 위해 한국민족의 보배인 젊은 대학생들을 학도지원병이라는 명목으로 끌고 가서 일선으로 내보냈다. 그러한 정책은 독립사상이 강한 이들을 죽이는 방법이 되면서 일본군대에 부족했던 병력을 충당하는 방법도 되어서 일거양득의 효과를 가져왔다. 한 군에 한두 명 혹은 한 문중에 한두 명 정도 되는 나라의 보배들이 학도지원병으로 징집되어 가던 때에, 그들이 명치의원 김재술 원장에게 찾아가서 지도를 받자는 의견이

모아져서 몰려왔다.

김재술 원장은 남의 시선도 있으므로, 다음부터는 병자로 가장하고 진찰을 받으러 온 것처럼 해서 환자 일지를 펼쳐놓고 어느 곳에서 몇 일 몇 시에 만나자는 얘기를 하도록 하라고 지도했다. 군인으로 나갈 수밖에 없는 그들을 비밀리에 한 장소에 모아놓고, 김재술 원장은 "일단 군인으로 전장에 나가서 기회를 보다가 손들고 광복군 쪽으로 넘어가라. 만일 그럴 기회가 오지 않는다면, 뒤로 돌아서서 따발총으로 갑자기 일본군을 향해서 발사하게 되면 적어도 십여 명은 죽일 수 있을 것이다. 그러면 애국열사가 되는 길이고, 조국 해방용사가 될 수 있을 것이다"라고 역설했다. "그래야 너희 동생들이 안나가게 될 것이고, 이 나라를 살리는 길이 열릴 것이다. 용감하게 죽을 각오를 하고 나아가면 하나님이 우리 나라를 보호해주실 것이다. 나는 죽어도 나라를 살리고 많은 후배와 조국의 백성들을 살리는 일을 하는 것이니 용기를 잃지말고 강하게 나아가라!"라고 지도한 후 '대한독립 만세'를 삼창하면서 그들과 악수하고 징집 장소로 가게 했다.

그 이후에도 김재술 원장은 친한 의사들을 만나면 학도지원병, 징집 대상자들에게 '너희들도 조국을 살리고 독립을 위해서 일하다가 죽자'고 권면하도록 독려했으며, 모두들 이를 악물면서 호응해주었다. 그러다가 어느 날 술자리에서 – 아직 예수님을 영접하기 전이었다 – 취한 상태에서 "해가 지면 달이 뜬다"라는 노래를 불렀다가 일본 순사에게 붙들려가게 되었다. "해가 지면"이란 말은 일본이 망한다는 뜻이고, "달이 뜬다"라는 말은 한국이 독립한다는 말이라는 것이었다. 그 일로 고등계 주임 다카하시에게 끌려가서 문책당한 후 인간 이하의 극한 고문을 받게 되었다. 당시에는 수많은 저명인사들이 억울하게 끌려가 고문당하고 죽음을 당하곤 했다. 함흥동부교회 김연 목사님도 출애굽기를 설교했다는 죄목으로 잡혀가서 심한 고문과 구타를 당하여 돌아가셨다.

김재술 원장도 비인간적인 고문으로 고통당했는데, 어떤 때에는 너무 심하게 때리므로 반항하지 않고 가만히 맞기만 했다. 그러니 "왜 가만히 있느냐? 무슨 생각을 했느냐?" 하면서, "내가 한 번 맞춰볼까? 일본이 망하면 나를 너처럼 치겠다고 생각했지?" 하면서 더욱 매질을 가했다. 그때 김재술 원장은 오히려 기뻐할 수 있었다. 왜냐하면 그들도 일본이 망할 것을 알고 있었다는 뜻이었기 때문이었다. 그는 얼마나 많은 한국인을 고문하고 고통을 주었는지 알 수 없다. 일본이 패전 후에 북청에 가서 알아보니 벌써 사람들한테 맞아 죽었고, 그 송장을 몇 번이고 다시 파서 실컷 때리다가 또 다시 묻는 일을 반복했다는 것이다. 그러나 김 원장은 "죽은 송장을 때려봐야 무슨 소용이 있겠는가?" 하면서 만류했다. 그리고 사실은 자기가 과거에 학도지원병들에게 일본군인들을 향해 총을 쏘고 죽으라고 지도했던 것이 드러났다면 그 정도의 고문으로 끝난 것이 다행이라고 생각했기 때문이었다.

일제의 강점기 속에서 민족의 아픔을 온 몸으로 겪어내다

고등계 주임 다카하시에게 취조를 당한 후에 2년 형을 받고 함흥형무소에 수감되었다. 형무소 대문 경계선에 서서 밖에 서 있는 부모 형제에게 인사하는 순간 일본인 간수가 발로 차서 땅에 쓰러졌다. 밖에서 그 모습을 보고있던 어머니는 울음을 터뜨리셨고, 그 눈물은 그 아들이 출옥할 때까지 멈추지 않았다고 한다.

감옥은 12인용 방인데, 1번석은 반장석이었다. 그리고 김재술 원장은 12번째 자리로 배정되었다. 김 원장의 죄수번호가 1038번인데 감방으로 들어가자마자 "반장님께 절해라"는 말을 들었다. "반장이 뭡니까? 다 같은 죄인들인데 여기까지 와서 왜 이럽니까?" 라고 말하니, "맞아야 알겠니?" 하면서 태장으로 후려갈겼다. 반장은 전과 4범이었는데, 그가 말하기를 "1038번은 부반장으로 임명한다"라고 말했다. 1038번은 사상

범이고, 또 의사인 것을 알고 그렇게 지시한 것이었다. 사상범들은 자기들과는 다른 차원의 죄수들인 것을 알고 있었기 때문이었다.

그 이후로 반장님과 같이 지내면서 여러 가지 얘기를 나누다가 가짜 맹장염을 앓는 방법으로 탈옥할 수 있다는 얘기까지 하게 되었다. 저녁 숙직자만 남았을 때 몸부림치면서 죽는다고 소리쳤다. 밤에는 아무도 없으니 아침까지 기다리게 했다. 아침에 의사가 와서 배를 진찰하면서 맹장부위를 누를 때 아파 죽는다고 소리쳤다. 의사는 맹장염이 심하니 입원하라고 지시했다. 병원에 입원한 후 정밀검사를 한다고 체온을 검사하게 되었다. 체온기를 입에 물어도 온도는 오르지 않았다. 기도하다가 떠오른 생각은 허리띠를 사용해서 마찰열을 만들어 체온기 온도를 올리는 것이었다. 39도까지 온도를 올린 후 간호 죄수에게 전달해주니 촉탁 의사가 당장에 내보내서 수술하라는 지시를 내렸다.

집에 전보를 친 후 기다리다가 밤 11시경에 수속을 마치고 감방에서 업혀서 사무실까지 나왔다. 형님이 와서 기다리고 있었다. 형님 등에 업혀서 나올 때 완전히 뼈만 남아 앙상해진 나의 다리를 형님이 꼬집었다. "네가 진짜 맹장염이냐?"라는 의미였다. 이번에는 내가 형님의 어깨를 꼬집었다. "가짜입니다"라는 대답이었다. 집으로 오는 길에 생각하니 감개무량했다. 사실 당시에는 한 번 감옥에 수감되면 살아서 옥문을 다시 나올 수 있을지 아무도 알 수 없는 상황이었다. 그러나 하나님은 김재술 원장의 생명을 이 땅에 남겨두시는 이유가 있었다. 그의 나라의 일꾼으로 사용하시려는 그 분의 계획은 그를 감옥에서 그냥 죽게 하실 수 없었던 것이다. 또한 역사의 주인되신 하나님은 일본의 만행들을 그냥 놔두실 리가 없었다.

드디어 일본군에게 어둠의 그림자가 드리우기 시작했다. 미군이 히로시마에 원자탄 세례를 퍼부으면서 미군의 반격이 시작되었고, 1945년 8월 6일에 20만 이상의 사상자가 나왔다. 그래도 항복하지 않는 일본에게 미군은 나가사키에 또다시 원자탄 공격을 퍼부었다. 마침내, 8월 15일 정오에 일본 천황은 무조건 항복을 하고 말았다. 남녀노소 할 것 없이 온 시민들이 "대한독립만세"를 외치면서 시내를 행진하였다. 그런데 한반도의 38선 이북은 소련군이 맡고, 38선 이남은 미국이 맡아서 5년간 신탁통치를 하기로 얄타 회담에서 결정했다. 민주주의 진영에서는 신탁통치를 반대하고 1948년 8월 15일 UN 총회의 지지를 힘입어 이승만 정권이 독립을 선언하게 되었고, 이북에서는 김성주(김일성)가 소련을 업고 독립을 선언함으로써 우리나라는 남북 분단국가가 되고 말았다.

6.25 동란 속에서 하나님의 섭리를 믿는 신앙의 훈련을 받다

이승만 대통령 당시에 국내 사정은 매우 불안하였다. 더욱이 미국이 우리나라의 해방과 독립의 과정에서 주요 역할을 하였기 때문에, 독립국임에도 불구하고 군사력 증가나 군비 확장에는 자유롭지 못했다.

그러는 중 1950년 6월 25일 새벽에 북한군의 남침이 시작되었다. 남한에서 군인은 휴가를 갔고, 공무원은 일요일이므로 공휴일로 지내고 있었고, 교인들은 주일이므로 모두 예배 준비에 신경을 쓰던 시점이었다. 주일 새벽에 북한 공산군은 수많은 탱크를 앞세우고 요란한 폭음과 함께 남침을 시작했다. 정치적으로 미국은 본국으로 철수를 했던 때이며, 북한에서는 남한과 친선을 맺는다고 하면서 전략적으로 우호적인 태도를 취하고 있었다.

라디오 방송에서는 국민들을 안심시키며 생업에 충실하고 동요하지 말라고 했지만, 6월 27일이 되자 서울 근교까지 북한군이 밀고 내려왔다. 시민들의 표정은 심각해지고, 마침내 28일 새벽에 울려 퍼졌던 요란한 싸이렌 소리는 한강대교가 폭파된다는 신호였다. 그러나 폭파시점에 대한 교신이 잘못되어 수많은 피난민들, 차량들 특히 군대수송차

량들이 한강 철교 밑으로 수장되는 안타까운 일이 발생되었다. 그러나 국가의 고위 책임자들은 이미 남으로 피신한 후였고, 시민을 안심시키던 방송은 녹음테이프이었다고 알려졌다.

(1) 과로한 근무 속에서 폐결핵의 질병을 앓았지만, 그 속에서 하나님의 섭리를 깨닫다

김재술 원장은 거의 매일 오후에 수술을 하였는데, 밤 11시 경까지 수술하는 경우가 많았다. 일본 통치 때에는 환자들로부터 밤참 등으로 후대를 받을 수 있었지만, 해방 후 교통병원에 근무할 때는 전혀 그러한 대접은 없었다. 늦게까지 환자를 돌보고 지친 몸으로 집에 돌아왔고, 부실한 식사로 인해 몸은 점점 쇠약해져 갔다.

어느 날 엑스레이 등 건강진단을 해보니 결국 폐결핵으로 진단 결과가 나왔다. 당시에는 치료 방법이란 안정요법 뿐이었다. 그 이후로 집에서 안정요법을 취했으나 별로 효과가 없었다. 계절이 바뀌고 세월은 흘러가는데 몸은 점점 쇠약해지고 병세는 악화되어갔다. 밥도 누워서 먹어야 했고 대변과 소변도 누워서 받아내는 신세가 되고 말았다. 김 원장 뿐만 아니라 가족도 가슴 아파하는 괴로운 나날을 보내야 했다.

가장 가슴 아파하는 사람은 어머니였다. 어느 날 안수로 병고치는 할머니를 모셔왔다. 김 원장은 평소에 말하기만 해도 폐가 진동을 받기 때문에 가만히 말하곤 했다. 그런데 그 안수 할머니는 가슴을 꽉꽉 누르면서 회개하라고 계속 반복하였다. 오히려 그러한 행동은 마음의 안정을 무너뜨리고 폐가 더 움츠려져서 병이 악화되는 것 같았다. 어머니에게 "병세가 더 악화되는 것 같습니다. 오래 누워있는 환자라서 회개할 것은 다 했습니다"라고 말씀드렸다.

얼마 지나자, 어머니는 개구리를 잡아서 끓여 술과 함께 담궜다가 가져오셨다. 한 잔씩 조석으로 먹으면 낫는다는 말을 들었기 때문이었다. 몇 병을 먹었으나, 체온이 38도에서 내려오질 않았다. 당시에는 냉장고도 없는 시절이라 오래 두었더니 썩어서 곰팡이가 생겼지만 어머니는 아들을 살리려는 마음으로 먹으라고 따라 주셨다. 위생학을 배운 김 원장으로서는 어머니의 정성은 고마우나 도저히 먹을 수 없는 것이었다.

어머니는 귀신의 병이니까 백골을 먹으면 낫는다는 말을 어디에서 듣고 오셨다. 남의 무덤에 가서 백골을 캐서 가루를 만들어 먹이려고 밥에 섞은 후 상추쌈에 싸서 가져오셨다. 아들이 쌈을 좋아하는 것을 알기 때문이었다. 먹으려 하니 백골이 씹혀서 삼킬 수가 없었지만 억지로 참으면서 넘겼다. 어머니는 옆에서 기도하시다가 이제는 병이 다 나았다고 기뻐하시면서 나가셨다. 그러나 병세에는 변화가 없었다.

6.25전쟁이 발발한 지 얼마가 지난 후에, 전쟁이 격화되면서 나라에서는 군의관을 추가로 모집해야 했다. 철도병원에 의사를 7명만 남기고 나머지는 모두 일선의 군병원으로 배치되었다. 나중에 알아보니 그때 군병원으로 배치받았던 의사들은 다 죽고 함학연 한 사람만 포로가 되어 살았다고 했다. 생각해보니 폐결핵을 앓게 하신 것은 하나님의 계획이었던 것이다. 하나님께서 아껴두셨다가 하나님 나라를 위해서 맡기실 사역이 있었기에 김 원장에게 폐결핵을 앓게 하셔서 일선 병원으로 배치받는 자리에서 빼 주셨던 것이다. 전쟁이 가라앉으면서 병세는 나아지기 시작했다. 이제 김 원장의 삶은 덤으로 얻은 인생이었다. 이제 남은 생애는 하나님께서 부르시는 곳으로 가서 그 분의 나라를 위해 사용되어져야 했다. 물론 아직도 그 일이 무엇인지는 알지 못했지만 말이다.

총신대 총장 대행을 한 김광열 교수

(2) 공산당 간부 신병균 사건 속에서 깨달은 하나님의 섭리

김재술 원장이 하나님의 인생 학교에서 졸업하기 위해서는 또 다른 교육과정이 남아있었다. 그것은 공산당 간부 신병균과의 만남을 통해서 시작되었다.

신병균은 이웃에 사는 공산당 골수분자였다. 그는 5형제가 있었는데 그 중에 공산당 거두가 있었고, 신씨는 그 세력을 힘입어 안하무인으로 살아가는 사람이었다. 그런데 그가 폐결핵으로 누워 앓게 되었다. 그가 누워 앓기 전에 김 원장에게 찾아와 진찰을 해달라고 했었는데, 사실은 공산당의 세도를 부리면서 박해하기 위한 것이었다. "네가 나에게 폐가 빵구났다고 했지? 오늘은 내가 도 정치보위부 13호실에 있을 것이니, 여기에 있는 진찰 기구와 약, 현미경 등을 모두 가지고 10까지 오라"라고 명령하고 나가 버렸다. 그는 이미 절반 정도 술 취한 상태였고 큰 소리로 욕하면서 갔다. 김 원장은 "내가 빵구가 났다고 말한 적은 없습니다. 누구한테 무슨 말을 들었는지는 모르지만 그 원인을 찾아 사과할 것은 사과하고 사이좋게 지냅시다"라고 애원했으나 그는 듣지도 않고 떠나버렸다.

김 원장의 형님이 "신 씨가 왜 왔느냐?"하고 묻는다. 사연을 말했더니, 형님은 망치를 꺼내들고는 당장 죽이러 간다고 했다. 신 씨는 이웃들에게 악한 행동들을 너무나 심하게 하는 악인이므로 당장 죽여야 한다는 것이었다. "죽이고 나면 형님은 어떻게 할 것인가요?"라고 묻자, 형님은 "나도 이 악한 공산당 세상에서는 더 이상 살고 싶지 않으니, 그를 쳐죽인 후에는 그 망치로 내 머리를 쳐서 죽을 것이야"라고 말하는 것을 김 원장은 어머니와 함께 간절하게 사정하면서 그의 마음을 진정시켜 주었다.

그 후 신 씨는 폐병이 심해져서 사경에 이르는 상태가 되었다. 당시에 함흥에는 도립병원, 자혜병원(기독병원), 그리고 철도병원이 큰 병원이었는데, 어디를 가도 환자들은 차고 넘쳤다. 의사가 부족한 상황이었으므로 순서표를 받아도 4~5일 후에 가서야 진찰을 받을 수 있었다. 택시도 없었으므로 걸어가다가 쉬어가는 식으로 갔으나 진료는 받을 수 없었고, 그나마 진료를 받았다고 하더라도 검사결과를 보고난 후에야 투약을 하게 되므로 죽기 전에 약도, 치료도 받지 못할 형편이 된 것이다.

신 씨는 김 원장이 다니는 교회의 교인 집사님을 통해서 진료를 부탁해왔다. 그 집사님이 김 원장의 귀에 대고 살짝 말했다. "죽여버리는 주사는 없습니까?" 김 원장은 "죽고 사는 것은 하나님의 손에 있습니다"라고 답해주었다. 신 씨가 찾아왔을 때 반갑게 맞아주었더니 "선생님 나를 살려주시오"라고 엎드려 절하며 간청하였다. 진찰을 해보니 폐가 썩어 구멍이 생겼고 그래서 늑막에 고름이 차 있었다. 주사기로 뽑으니 고름이 20cc 주사기로 가득 넘치게 나왔다. 결국 김원장은 신씨를 원수를 사랑하라는 주님의 말씀을 따라 진료해 주기로 결심했다.

김 원장에게로 진료받으러 온 신 씨는 "선생님, 배급이 떨어졌다면서요?"라고 물었다. 철도병원에 근무하지 못하면 쌀배급을 받지 못한다. 신 씨가 "야! 어디 어디에 전화해서 선생님의 집에 쌀 한 가마니를 갖다 드려라"라고 명령했다. 당시에 정치 세력자의 말 한 마디에 모든 이들이 즉각 순종했다. 먹을 식량이 없어서 걱정하던 때이었는데 쌀이 생기니 감사했다. "엘리야는 그릿 시냇가에서 까마귀가 떡과 고기를 물어다 살렸는데, 쌀만 주시면 반찬이 없어서 어떻게 합니까?"라고 기도했다.

다음 날, 신 씨는 "선생님, 닭고기를 잡수십니까?"라고 물었다. "네, 없어서 못 먹지 잘 먹습니다"라고 말하니, "야! 닭을 요리해서 선생님의 집에 갖다 드려라"라고 말했다. 다음 날에는 "개고기는 어떻습니까?"라고 물어서, "개고기도 잘 먹습니다"라고 했더니, 또 "개를 잡으면 절반을 갈라서 선생님의 집에 가져가라"라고 했다. 김 원장은 하나님께 "신 씨가 엘리야의 까마귀였군요! 감사합니다!"라고 기도드렸다.

'일전에 형님이 망치로 때려 죽였었더라면 이 전쟁 중에 어떻게 살아 갔을까?' 생각하면서 김 원장은 '범사에 감사하라'는 주님의 말씀의 교훈을 인생 학교에서 삶으로 배우게 되었다. 폐병에 걸렸기 때문에 전쟁 터로 안 나가게 됨을 감사했다. 그러므로 폐병에 걸렸던 것은 원망할 일이 아니고 오히려 정말로 하나님께 감사할 일이었다. 김 원장을 살리기 위해 오랫동안 앓도록 조절해주신 분도 하나님이시기 때문이다. 원수 신 씨도 죽이지 않고 사랑하는 마음으로 병 고치도록 인도해 주신 분도 하나님이셨던 것이다. 원수를 갚지 말고 '원수를 사랑하라'는 주님의 말씀을 순종하여 사랑으로 섬겨 주었더니, 하나님께서는 원수 신 씨를 사용하셔서 김 원장 가족이 전쟁 동안에도 잘 먹고 살 수 있도록 "엘리야의 까마귀" 역할을 하게 하셨던 것이다.

 그런데 신 씨의 역할은 거기에서 끝나지 않았다. 어느 날 아침, 대문을 나서는데 어떤 두 사람이 김 원장에게 다가와서 "김재술씨 입니까?"라고 물었다. "그렇다"고 대답하자마자 손목에 수갑을 채웠다. 신분증을 보여주는데 철도 정치부원이었다. "폐병이 다 나아서 돌아다시지요?" 신체검사를 하고 건강 여부를 확인한 후 군에 가야 한다는 것이었다. 곧바로 유치장에 갇혀 있게 되었는데 얼마 후에 신 씨가 찾아왔다. "김재술 선생의 도주는 내가 보장할테니 당장 내보내주라"고 큰 소리로 명령했다. "내가 아는데 아직 건강이 완전하지 못하니 유치장 문을 열고 김재술 나오시오." 신 씨의 말에 아무런 서류 작성도 없이, 도장도 찍지 않고 곧바로 석방되었다. 과거 일제시대 때 감옥에서 보냈던 몸서리치는 기억을 되돌아 보면서 김 원장은 하나님께 정말로 감사드리고 또 감사드렸다.

전쟁의 폭격 속에서 받은 소명 – 덤으로 주어진 인생을 주께 헌신하기로 결심하다

이제 하나님의 계획은 김재술 원장을 하나님의 일꾼으로 불러 세우는 것이었다. 인생 학교에서의 고귀한 수업들을 어느 정도 마칠 때가 되었었는지 모른다. 물론 인생 학교는 일평생 동안 계속되는 것이지만 이제는 하나님께서 김 원장을 구체적으로 하나님 나라의 사역자로 부르시길 원하셨다.

6.25 동란이 심해지면서 김 원장의 고향 마을에도 공군 폭격기들의 맹공습이 몰아쳤고, 그 폭격으로 김 원장의 부친은 사망하고 말았다. 폭격기들의 공습이 맹렬하던 날 김 원장의 집은 직격탄을 맞았고, 부친은 병중이어서 누워 계시다가 돌아가셨다. 김 원장은 산 위에 올라가서 폭격기가 폭탄을 투하하는 지점을 살펴보던 중, 이제 다음 번에는 자신의 집이 목표물이 될 것으로 추측하고 집으로 달려와서 아버지에게 빨리 나오도록 독촉했다. 아버지는 "너나 빨리 피신하여라. 나는 늙은 몸이니 죽은들 어떠하냐?" 하시므로 비행기가 멀리에서 날아오는 것을 보고서 김 원장은 급히 달려가면서 둑을 지나서 언덕 밑에 엎드렸다.

김재술 원장은 그때 이것이 최후의 기도라고 생각하면서 "하나님 내 영혼을 받아주소서"라고 소리쳤다. 기도하는 동안에 쾅쾅 소리가 울렸고 폭격기의 폭탄들이 터졌다. 죽는 줄로만 알았다. 후에 보니, 김 원장은 구사일생으로 살아남았음을 알게 되었다. 아니 하나님께서 생명을 지켜주셨음을 깨달았다. 김 원장은 그 날에 완전히 주를 위해 여생을 바치기로 결단했다. 이제부터의 생애는 덤으로 주어진 시간들이므로 더 이상 자신을 위해 사는 것이 아니라 생명을 연장시켜 주신 하나님의 나라와 그의 영광을 위해서 살아야겠다고 결단했다.

이처럼 하나님은 김재술 원장을 일제 통치 아래서의 감옥 학교, 6.25 전쟁 중에 겪었던 폐병 학교, 신 씨와의 만남을 통해 깨달은 하나님의 섭리 학교, 그리고 무서운 전쟁터의 폭격 속에서 경험했던 전쟁 학교를 통과하면서 하나님의 일꾼으로서 훈련받는 인생 학교의 과정들을 마치게 되었다.

왕진 가방 대신 심방 가방을 들고 주께서 맡겨주신 목양지에 모여든 양떼들을 돌보다

월남한 후, 피난길에서 아내를 다시 만나 목회의 길을 준비하다

폭격에 돌아가신 아버지를 뒤로 하고 가족들은 남으로 향하는 피난민의 대열에 합류했다. 그러나 너무나 혼란스러웠던 상황 속에서 가족들은 뿔뿔이 흩어지고 말았다. 맏아들은 7살, 그 아래 딸이 4살 그리고 당시에 돌맞이 막내딸이 있었다. 김 원장은 아내와도 갈라졌고 슬픔에 젖은 채로 흥남에서 12월 20일 마지막 배를 타고 월남하게 되었다. 흥남 부둣가에서 어떤 학생단체가 배에 태워 달라고 애걸하다가 끝내 물에 빠져 죽어 가던 모습은 일평생 잊을 수 없는 기억이었다.

피난 행렬을 따라서 김 원장은 마침내 거제도에 도착했다. 거제도에 있는 UN군병원에서 근무하게 되었는데, 혹시나 해서 신문에 아내를 찾는 광고를 냈다. 얼마 후에 여수에 머물고 있었던 아내 박순자가 그 광고를 보고 편지를 보내왔다. 김 원장은 급히 여수행 배를 타고 밤 두시에 도착했으나 통행금지가 네 시까지였다. 여관을 정하여 아침 먹은 후에 피난민 연락처로 찾아가려고 생각을 하다가 근처에 있는 여수중앙교회 새벽기도회 종소리에 이끌려 새벽예배에 참석하게 되었다.

예배 말씀 후에 기도시간이 되었는데 뒤쪽에서 귀에 익은 기도소리가 들려왔다. 눈을 떠서 돌아보니 아내 박순자가 와 있는 것이었다. 기도하는 자와 함께 하시는 하나님의 놀라운 섭리를 다시 한 번 깨닫게 되었다. 새벽예배가 끝나서 목사님께 찾아가 인사를 먼저 드리는 것이 바

른 예의가 되겠지만, 그 사이에 아내가 돌아갈까봐 고민을 하게 되었다. 그리고 고민 끝에 "나는 함흥에서 나온 김재술인데 내 아내 박순자를 찾아서 왔어요"라고 큰 소리로 말한 후 목사님께로 가서 악수하고 빨리 아내있는 쪽으로 돌아나왔다.

헤어졌다가 다시 만나는 기쁨이란 말로 다할 수 없는 눈물범벅이 되는 기쁜 순간이었다. "광일이(첫째)와 광옥이(둘째)는 어찌되었습니까?"라는 물음에 "못 데리고 왔습니다"라는 답을 듣고 두 사람은 울음을 터뜨렸다. 아내는 첫째와 둘째 아이들은 난리 중에 놓치고 말았고 둘째 딸만 등에 업고 월남했던 것이다.

어려운 피난생활 속에서 받은 소명을 따라 대구의 총회신학교에서 신학공부를 하며 목회자의 길을 준비하다

피난 생활이 힘들고 어려웠지만 전쟁터의 폭격 속에서 받은 소명은 김 원장을 거제도에 있는 UN군병원에만 머물게 할 수 없었다. 육신의 병을 치료하는 의사도 중요하지만, 이제 주님은 그를 영혼의 의사로 사역하도록 인도하고 계셨기 때문이었다.

아내와 함께 머물었던 곳은 거제도였지만, 전쟁으로 말미암아 총회에서는 대구에 임시로 신학교를 세우고 선지생도들을 교육시키고 있었다. 김재술 전도사는 방학이 되었어도 대구에서 거제도까지 갈 형편이 못 되었다. 병원에서 근무하기는 하였지만 등록금과 생활비를 겨우 충당하면서 근근히 살아가고 있었기 때문이다. 버스회사 사장님에게 사정해서 무료 승차를 겨우 할 수 있었는데, 중간에 낙동강에서 내려 배를 탄 후 다른 버스로 갈아타려고 할 때 다시 승차표를 검사하게 되었고 탑승이 허락되지 않았다.

다행히 옆자리에 동승했던 군인 대위가 거들어줘서 겨우 올라탈 수 있었다. 거제도에 도착해 보니 비내리는 밤이었는데, 그 군인이 머물

곳이 있느냐고 물어보면서 자기 형님집으로 안내해 주었다. 그러나 가보니 집에 온돌 수리를 하고 있어서 자기 식구들도 못 자는 형편이니 벽장에라도 자겠느냐고 물었다. 벽장이라도 감사하겠다고 대답했던 것은 당시의 상황이 찬밥 더운밥 가릴 형편이 아니었기 때문이었다.

점심도 못 먹고 저녁이 되니 매우 시장했다. 사정을 짐작하고 아들을 시켜서 근처 식당으로 안내해 주었다. 다 먹은 후에 밥을 추가했고 국도 추가했다. 사정 얘기를 하면서 식대를 좀 낮춰주기를 요청했더니 욕하면서 노발대발했다. 마침 옆에서 술을 마시던 두 사람이 인사하면서 "나도 예수 믿는 사람인데 전쟁 통에 술을 먹는 사람이 되고 말았습니다. 선생님은 좋은 직업을 버리고 죽어가는 생명들을 구원하기 위해 신학을 하시며 고생하는 것을 보니 저는 마음이 아픕니다. 제가 식대를 지불할테니 안심하고 가세요"하는 것이었다.

주의 나라를 위해 헌신하고 준비하는 자에게 필요한 것들을 채워주시는 하나님을 경험하는 시간이었다. 하나님의 은혜로 버스도 타게 되고, 식당에서도 하나님께서 보내주신 이들을 통해서 밥도 배불리 먹고 감사할 수 있었다.

김재술 전도사는 신학교 시절부터 거제도에 있는 장목마을에서 교회를 개척했다. 장목교회를 섬길 때, 학교 공부도 힘들고 경제적으로도 어려운 형편이었지만 주님의 부르신 사명감 속에서 교회봉사에 최선을 다했다.

그러던 어느 날 갑자기 미군에게 끌려서 포로수용소로 잡혀가게 되는 일이 발생했다. 거제도 고현에 있는 포로수용소에서 좌익분자가 우익인사를 몰살한 무서운 사건이 있었는데, 그 후에 김 전도사가 포로와 말을 한 번 건넨 적이 있다고 해서 강제로 끌려가게 된 것이다. 차에 실려서 포로수용소 입구에 들어가게 될 때에 그 문에서 한병혁 목사님을 만나게 되었다. 한 목사님은 얼마 전에 장목교회 헌당식에 참석한 적이 있었는데, 그때 교회에서 열심히 봉사하던 김 전도사가 그 헌당식에서 특별순서로 시를 낭독하는 것을 한 목사님이 듣게 되었다.

그런데 김 전도사의 독특한 음성으로 낭독했던 시에 감동하여 그 음성을 기억하고 있던 한 목사님이 포로수용소 입구에서 "김재술 선생님이 아니십니까?"라고 물어보았던 것이다. 한 목사님은 그 포로수용소 담당목사였던 것이다. 김 전도사는 자신의 억울한 사정을 말씀드렸고, 한 목사님이 그 내용을 미군에게 잘 설명해주자 김 전도사는 무사히 풀려나게 되었다. 주의 일에 최선을 다해 봉사하는 일꾼에게 베푸시는 하나님의 은혜에 감사할 뿐이었다. 더욱이 당시에는 이유를 불문하고 일단 수용소로 끌려들어가면 죽는 일이 허다했었기 때문이다. 하나님께서 주님 나라의 일꾼으로 사용할 종의 인생을 붙잡으셔서 한 걸음씩 인도하신다는 것을 김 전도사는 다시 확신할 수 있었다.

교회를 개척한 후 강남목장에서 지낸 42년간의 험한 세월들

(1) 꿀꿀이 식당

전쟁터의 상흔이 즐비했던 마을에서 배고픔과 슬픔에 잠겨있는 피난민들을 대상으로 교회를 개척한다는 것은 정말 어려운 일이었다. 물론 앞에서도 말했듯이 신학생 시절부터 고생은 극심하였다. 신학교 기숙사 시절에 유명했던 "꿀꿀이 식당"은 잊지 못할 이야기이다.

신학교 기숙사에서 돈이 없어서 밥도 못 먹던 시절이었다. 기숙사에서 나와 대구 역전에 있는 실비식당에 가게 되었는데 보리밥에 반찬은 소금국에 선지 조각 하나 떠 있는 식사가 당시에 10환이었다. 두 그릇을 먹어도 배가 차지 않는 김 전도사였지만 옆을 보니 두 아이를 데리고 온 엄마, 그러니까 세 사람이 한 그릇을 놓고 앉아서 먹는데 젖떼기 아이가 거의 다 먹고 엄마와 젖먹이는 겨우 한 숟가락씩 먹고 있었다.

사정을 들어보니 식구는 폭격에 죽고 살 길이 없어서 식모살이라도 구하고 있으나 애들 때문에 받아주는 집이 없다는 것이었다. 김 전도사는 "내가 어떻게 두 그릇을 먹을 수 있습니까"라고 속으로 말하면서 한 그릇을 나눠주니 눈물로 고마워했다.

다음 날에도 아침에 식당에 갔는데 70세 노인이 10살 손자와 같이 밥한 그릇을 놓고 앉아서 식사를 하는데 손자가 거의 다 먹고 있었다. 두그릇을 주문했다가 또 한 그릇은 그 노인에게 주고 말았다. 보지 말았어야 했는데 그러한 형편들을 보고 난 이상 안 줄 수가 없었고, 결국 김전도사의 배가 굶게 되므로 다음 부터는 다른 곳을 찾아야 했다.

그래서 가게된 곳이 바로 "꿀꿀이 식당"이었다. UN군인들이 식사하고 남은 찌꺼기를 돼지 사료로 주었는데, 그것을 가져와서 파는 식당이었다. 끓여서 파는 식사 한 그릇이 5환이지만 어제 먹던 보리밥보다 훨씬 영양가가 좋은 식사였다. 기숙사에 소문이 나면서 꿀꿀이 식당 회원들이 많아졌다. 함께 신학공부하던 최순직 목사(후에 대한신학교 학장)는 나사로 식당이라고 불렀다. 그러나 UN식당은 비위생적이었다. 그릇도 더러운 물에 씻고, 행주도 구정물에 씻었고, 그릇과 숟가락도 그 행주로 닦았다. 대장균이 제일 많다는 그 행주로 닦아서 주는 그릇과 숟가락으로 먹는 것도 문제였으나 음식에서 담배꽁초, 유리 조각 등도 발견되기가 일쑤였다.

(2) 1954년 4월 18일 노량진에서 강남교회를 개척하다

극심한 가난 속에서 하나님의 은혜로 대구의 총회신학교를 졸업할 수 있었다. 그런데 청빙하는 교회도 없고 갈 데도 없었다. 그러나 지금까지 훈련시키시고 주의 종으로서 준비시켜 주신 하나님의 계획 속에서는 김재술 목사님의 사역지가 이미 준비되고 있었다.

개척하려고 해도 재정적으로 준비된 돈이 없었다. 그러나 하나님은 노량진에 있는 적산 건물을 사용하던 강남고등공민학교를 알게 해주셨다. 마침 그 학교를 인수할 사람을 찾고 있었다. 사실 당시에 강남교회 초기에 개척에 참여했던 성도들은 북한에 있을 때 함흥에 있는 함흥동부교회에서 신앙생활을 하다가 공산당이 종교의 자유를 억압하므로 신앙의 자유를 찾아 남으로 내려온 성도들이었다. 그들 중에 함흥동부교회 집사로서 같이 피난을 내려와 거제도에서 모자원을 운영하던 김모형 원장이 서울에 그 모자원을 이전하려고 했었으므로 두 사람의 이름으로 인수하게 되었다. 건물의 일부는 모자원으로 사용하고 교실 한 칸은 교회로 시작했다. 1954년 4월 8일에 김 전도사는 함흥동부교회 성도 16명과 함께 강남교회를 개척하고 감사예배를 주님께 드릴 수 있었다.

하나님의 은혜로 교회가 개척되고 죽어가는 영혼들을 돌아보며 주께로 인도하는 귀한 목양사역이 시작되었다. 그러나 사탄은 복음의 역사가 진행되는 것을 방해하려고 달려들었다. 그 건물은 육군사관학교 소장 김홍일씨가 교장 사택으로 임대 계약 되었던 곳이었다. 그러나 대만 대사로 옮겨갔으므로 더 이상 임대 계약의 효력은 무의미한 상태였다. 그 상황에서 적산 건물에 북한 피난민들이 2년 이상 살았으므로 그들에게 권리가 있음에도 불구하고 당시에 공군 장교였던 김홍일 씨의 아들이 강제적으로 피난민들을 추방시켰다.

모자원에는 불쌍한 모자들이 있고 구호단체이므로 죽을 때까지 안 나간다고 하면 버틸 수는 있었다. 거기 사는 사람들은 북한 피난민들이고 교회도 총회에 소속되어 있으므로 법적으로도 싸울 수 있었다. 그러나 김재술 목사님은 "교회는 싸워서 승리하는 단체가 아니다. 오히려 겉옷 달라는 이에게 속옷까지 주는 공동체이다." 라고 했다. 지는 것 같았지만 모두가 대항하지 말고 나가기로 결정했다.

세상의 방식대로 싸우면서 목회하는 것은 주님의 뜻을 따르는 것이 아님을 깨닫고 모든 주의 백성은 주님의 십자가의 길을 따르려는 신앙인의 자세를 잃지 않았고, 김 목사님도 주님의 십자가를 지는 마음으로 목양에 더욱 힘썼다. 사탄의 시험을 믿음으로 승리한 사건이었다.

(3) 구원사역과 함께 육신적 치료사역을 통해 효과적으로 목회하다

환자를 돌아보는 왕진 가방을 버리고, 성도를 돌아보는 심방 가방을 택하기는 하였지만 현실은 그렇게 녹록하지 못했다. 교회 개척 초기에 정부에서 강냉이 죽을 끓여서 배급해 주었는데, 3인 식구에는 한 국자를 주고 5인까지는 두 국자를 주었다. 한 끼도 안 되는 분량이었다. 하루 종일 심방해도 죽 한 숟가락을 먹으라고 하는 사람이 없는 시절이었다. 자기 자신도 먹을 것이 없으니 남에게 줄 것은 기대할 수도 없는 일이었다.

당시의 숙소는 하숙집이었다. 흑석동에 사는 이금옥 집사님 댁이었는데 함흥에서 함께 피난 온 교회 성도였다. 하루 종일 심방하고 교회업무에 시달리다가 퇴근할 때가 되면 배가 고팠다. 노량진시장 노변에서 파는 음식 냄새가 코를 찔렀다. 그래서 안보고 가려고 결심했지만, 냄새가 식욕을 자극했다. "보는 것이야 무슨 죄가 되며 또 냄새를 맡는 것이 무슨 죄가 되랴?" 하면서 실컷 보고 실컷 냄새를 맡았다. 그래도 배가 고픈 것은 변하지 않았다.

과거에 함흥의학전문학교에 들어가기 위해서 검정고시를 준비할 때, 같은 집에서 숙식하며 함께 공부하던 친구 이중설이 의사가 되어 인천에서 개업했다. "너는 수술할 줄 아니까 아무런 준비없이 그냥 여기에 와서 한 달에 맹장 수술 한 건씩만 하고 가면 목사 사례비 정도는 나올 것이니 고생하지 말고 오라"고 했다. 마음이 흔들렸으나 목양에 전념하는 것을 위해 부르신 하나님 앞에서의 결심은 변하지 않았다. 영혼구령의 사명을 놓치 않고 오직 주님만을 의지하면서 나아가리라고 다시 다짐했다.

왕진 가방을 버리고 심방 가방을 택한 것은 목회자로서 바른 선택이었지만, 그렇다고 과거에 배웠던 의술까지 내버릴 필요는 없었다. 아니 그것은 오히려 목양사역에 큰 도움이 되었다. 개척 초기에 노량진에는 병원이 두 군데 밖에 없었다. 그것도 소아과와 내과 뿐이었다. 외과의사의 역할이 매우 필요한 지역이었다. 심방을 다니면서 맹장 수술 환자들을 만나서 급하게 수술해주는 경우도 많았고, 출산일이 다가와서 해산을 앞두고 있는 가정들도 많았다. 심방하는 도중에 간호사로부터 급한 연락을 받고 찾아가서 출산을 순조롭게 마치도록 응급조치를 해주는 일도 여러 번이었다. 물론 무료로 진료해주고 떠나지만 후에 그들은 감사해서 신앙생활에 열심을 내며 교회 일에 최선을 다하게 되었다.

월남하기 전의 일이었지만, 공산당 거두라도 환자로서 수술대 위에서 기다리게 될 때에는 김 원장이 수술 전에 "환자의 생명을 내 생명같이 실수하지 않고 잘 수술하여 완치되도록 하나님께서 도와주세요"라고 하면, 어디에서 배웠는지 모르지만 "아멘"이라고 소리친다. 김재술 목사님의 인생 전반부에 그렇게 힘들게 고생하면서 익혔던 의술은 하나님께서 바로 이 전쟁터의 피난민들을 효과적으로 섬기는 일에 사용하라고 준비시켜 주셨던 것이다.

병원에 빨리 가야할 병을 머뭇거리다가 늦어지면 치료가 어렵게 될 수 있고, 병원에 안 가도될 것을 병원에 가게되면 공연히 돈만 낭비하고 시간을 허비하게 된다. 이러한 점들을 환자의 입장에서 잘 지도해주면 성도들에게 큰 도움이 되는 것이 사실이다. 병원에 가기 전에 "목사님의 기도를 받고 가려고 왔습니다"라고 말하면서 오지만 사실은 안가도 될 것은 아닌지 안내 받으려고 온 것이다. 장로님, 집사님들이 경영하는 약국들도 있으므로, 그냥 약처방만으로 해결될 일도 많았기 때문이다.

이렇게 하나님의 은혜로 교회는 성장을 거듭했다. 1984년 30주년을 맞았을 때, 성도 수가 중고등부 및 주일학교까지 합해서 3000명 정도의 교회로 성장했다. 이러한 성장의 원인은 무엇일까? 이미 언급한 바와 같이 첫째로는 시대의 상황에 맞는 목회자를 준비시켜주시고 모든 환경들을 인도해주신 하나님의 은혜이며, 둘째로는 교회와 성도들의 눈물어린 기도 덕분이었다.

김재술 목사님은 1965년 안식년을 맞아 일본 고베개혁파신학교에서 수학한 후 졸업 할 때 사회자로부터 한국 교회 부흥의 원인이 무엇인지 알려 달라는 질문을 받은 적이 있었다. 그때 김 목사님은 "일본 사람 덕분입니다!"라고 말했다. 일제시대 때에 당했던 수많은 핍박의 현장들을 소개해 주면서 너무나도 억울한 일들과 고통스러운 일들을 많이 겪었으나 어디 가서 호소할 곳이 없으므로 결국 성도들은 교회로 나와 하나님께 열심히 기도할 수밖에 없었고, 그 열심있는 기도생활로 다져진 신앙

김광열 교수

덕분에 한국 교회가 부흥하게 되었다고 대답했다.

고난과 역경의 민족역사 속에서도 한국 교회를 사랑하셔서 하나님의 나라를 위해 일꾼을 부르시고, 훈련시켜 주시고, 교회를 섬기게 하시는 하나님의 섭리와 그 놀라운 은혜에 감사드리며 영광을 돌려드린다.[1]

1 위의 글은 김재술 목사님의 생존시에 집필하셨던 자서전과 30여 편의 자작시집, 그리고 100여 편의 설교요약문이 게재되어있는 저서인 『영천(靈泉)의 근원(根源)』(도서출판 목양, 1997)의 내용을 일부 발췌 요약한 것임을 밝힌다.

8

1918 · 1991

아버지의 꿈, 나의 꿈 –
박용묵 목사

박상은 박사

고려대학교 의과대학(M.D.)
고신대학교 대학원 의학박사(Ph.D.)
Covenant Seminary(M.A.)
(Visiting Scholar) University of Missouri, Saint Louis University
현 | 샘병원 미션원장, 아프리카미래재단 대표
전 | 한국누가회장, 한국기독의사회장,
　　대통령직속 국가생명윤리위원장
저서 | 『생명의료윤리』, 『10만명 전도의 꿈』, 『의료선교학』,
　　『의료선교의 새로운 문제들』

한국 교회 부흥의 역사는 한국 전쟁 이후에 일어난 부흥사경회를 빼놓을 수 없다. 1950년대부터 1980년대까지 삼천리 방방곡곡을 뒤덮은 부흥회는 부름을 받은 열정적인 부흥회강사들에 의해 이루어졌으며, 나의 아버지 박용묵 목사님은 한국기독교부흥사협의회 초대 회장으로 이 부흥운동의 주역이 되셨다. 10만 명 전도의 꿈을 마침내 이루신 아버지의 꿈이 이

박용묵 목사

제 7남매의 꿈이 되고, 나의 꿈이 되었기에 아버지의 삶과 신앙을 돌아보며 우리가 어떻게 살아야 할지 다짐하고자 한다.

아버지 영파 박용묵 목사의 생애

1918년 경북 청도읍에서 기독교 집안의 4남 2녀 중 3남으로 태어난 제 아버지 박용묵 목사님은 복음 사역을 위해 평생을 헌신하신 하나님의 대사이다. 어려운 가정 형편으로 소학교를 중퇴한 뒤 열한 살의 어린 나이에 성경통신과, 신·구약과를 조기에 마쳤고, 1938년 만주로 건너가 길림신학교에 입학, 1939년 길림신학교 제1회 졸업생이 되었다. 그 해 고향으로 돌아와 이분례 여사와 결혼을 한 뒤 만주로 건너가 북창교회에 시무했으나, 사정상 일본으로 건너가 고노하나상업고등학교와 오사카외국어학교 영어과 졸업 등 학업에 충실하기도 했다. 광복 후 귀국하여 면서기, 순회 강사 등의 길을 걷던 중 건강의 이상으로 인해 사경을 헤매다가 하나님의 은혜를 체험하고 목회자로서 거듭나게 되었다.

1946년 경북 경산군 와촌면의 덕촌과 박사 두 곳의 교회를 시무하신 것을 시작으로 1951년 대구 문화교회 담임목사로 5년, 1955년 청빙된

대구 동신교회에서 8년, 1963년 서울 영등포 대길교회에서 20년 등 40여 년의 목회 사역을 이어가셨다. 말씀과 생활이 일치하는 목회자로서 본을 보이셨고, 시무하는 곳마다 하나님의 은혜로 교회가 새롭게 건축되는 등 부흥의 열매가 맺어졌다.

부흥회를 인도하는 박용묵 목사

박용묵 목사 부부

특히 1955년부터 시작된 부흥 사역은 목회 사역과 함께 천국 가시는 날까지 계속하셨다. 10만 구령의 목표를 세우고 전국을 복음전도지역으로 삼아 다니며 전도에 힘썼고, 1974년 설립된 한국기독교부흥사협의회 초대 회장에 추대되어 부흥회강사의 본을 보이시는 등 1,000회가 넘는 부흥집회를 이끌어가신 부흥회강사로서의 족적은 오늘날 기독교 역사에 귀감이 되고 있다. 그동안 부흥집회에서 예수를 믿기로 결신한 숫자가 10만 명에 다다를 정도이니 한국 교회의 부흥기의 대표적 사역자임에는 이견이 없을 것이다. 1983년 대길교회 담임목사직을 조기 은퇴하신 뒤 1991년 지병인 당뇨병의 악화로 별세하시기 전까지도 땅끝까지 복음을 전하는 사명을 다하셨고, 마지막에는 인도 선교에까지 헌신하시면서 저희 7남매가 주축이 된 영파선교회가 설립되어 오늘날까지 자녀들에 의해 세계선교의 뜻이 이어지고 있다.

아버지 박용묵 목사의 목회

아버지 천국환송예배에서 김준곤 목사님은 다음과 같은 조사로 아버지를 추모하셨다. "평생을 통해 조국의 구석구석을 다니며 심어주신 복음의 씨앗들은 지금도 민족의 도처에서 그 생명을 번식시킨다." 아버지의 목회는 구령의 사역이었다. 그것은 그 무엇과도 바꿀 수 없는 최우선의 사명이었다. 십자가와 구원의 복음전도 설교가 강단에서 가장 많이 선포되었으며, 주중에도 부흥집회를 통해 복음을 전하시고 반드시 결신 시간을 가져 구원의 확신을 갖도록 하셨다. 뿐만 아니라 버스를 타시든, 기차를 타시든 옆자리에 앉은 사람에게 늘 복음을 전하셨으며, 다른 자리까지 찾아가서 전도하셨기에 어린 시절 나는 아버지와 같이 버스 타는 것을 피하곤 했을 정도다. 복음을 전하기 위해서는 삼천리 방방곡곡 오히려 작은 교회만을 찾아 천 회 이상 부흥집회를 인도하셨으며, 해외 선교를 직접 나가지 못하였음을 안타까워 하시며 인도에 선교사를 파송하고 자녀들로 하여금 땅끝까지 복음을 전하라는 유언을 남기셨다.

또 다른 목회의 특징은 신유의 은사이다. 병든 자를 위해 안수하며 기도할 때 즉시 질병이 떠나가는 기적이 일어났다. 필자가 참석했던 부흥집회에서도 허리를 다쳐 오랫동안 일어나지 못하던 환자가 안수기도 후에 벌떡 일어나 함께 환호하며 찬송을 불렀던 기억이 있다. 아버지의 20여 권의 저서 중 이러한 신유의 기적만을 모아 그 과정을 소상하게 기록한 〈응답받는 기도〉라는 책이 있을 정도이다.

기도하는 박용묵 목사

박용묵 목사의 저서들

한 가지만 덧붙이면 아버지는 시조 시인이셨다. 틈만 나면 시조를 지어 이를 찬송가에 맞춰 교인들과 함께 부르기도 하였고 설교 시간에 낭송을 하기도 하셨다. 시조는 한국인의 마음을 가장 잘 두드리며 주님의 사랑을 느끼기에 안성맞춤이다. 아버지의 시조 중 효행편에 나오는 〈권효의 노래〉는 지금도 많은 국민의 사랑을 받으며 가정의 달에 널리 읽혀지고 있다. 이러한 배경에는 아버지 자신이 효자였으며, 유교적 배경의 시골 지역에서는 기독교가 제사를 드리지 않아 문중 어른들로부터 배격을 받아온 터라 기독교가 오히려 유교보다도 더 효를 강조하는 종교임을 드러냄으로써 복음전도를 위해 훨씬 더 효과적임을 간파하셨기 때문이다. 아버지의 저서 중 〈기독교와 효도〉는 성서의 효정신을 통해 복음을 전하는 아버지의 간절한 마음이 녹아 있다.

무엇보다 아버지의 목회는 사랑과 진실의 목회였다. 남들이 차지하려고 하면 내어주고, 이기려고 하면 먼저 져 줌으로써 사랑의 목회를 하셨다. 자식인 우리에게는 너무 화나고 이해가 안 되는 일도 있지만, 모든 것을 하나님께서 아시니 하나님만 의지하고 사람들에게는 다 양보하시는 삶의 철학을 끝까지 지키셨다. 그리고 거짓으로 아버지를 모함하는 세력들 앞에서도 진실을 끝까지 잃지 않으시고, 그들을 용서하셔서 마침내 그들도 아버지 앞에 무릎을 꿇고 용서를 빌었던 것이 한두 번이 아니다. 강단에서는 말씀의 능력으로, 그리고 삶에서는 사랑의 실천으로 목회하셨다.

영파선교회

1999년, 영파선교회는 희망의 첫걸음을 내디뎠다. 그동안 뒤에서만 선교 활동을 지원하던 것을 넘어서 단기선교를 떠나게 된 것이다. 1차

영파선교회 해외단기선교   박용묵 목사의 7남매 자녀

단기선교는 인도의 빈민가로 알려진 캘커타 서벵갈지역이었다. 처음은
가족만으로 구성되어 단출했지만 그동안 후원하고 있는 선교사님과 연
결되어 현지 주민들과 만나고, 둘째 형님과 내가 무료진료를 해 드리는
등 바쁜 일정을 보냈다. 이렇게 시작된 단기선교는 해를 거듭할수록 규
모와 인원이 늘어갔다. 2차 3차 단기선교로 갈수록 점점 어떤 방향으로
가야 할지 방향도 잡게 되고, 신기하게도 필요한 사람, 필요한 것들이
적재적소에 채워져 나갔다. 영파선교회는 의료 선교와 복음을 증거하
는 교육적 선교를 함께 할 수 있다는 점에서 시너지 효과를 낼 수 있었
다. 물론 인도라는 나라를 10여 년 다니면서 나름대로 선교의 노하우도
생겼다.

  그러다보니 당연히 교육사업도 필요해지고, 그들을 양육할 학교, 교
회 등이 절실했다. 영파선교회의 사역 역시 확장되어 나갔고, 그 결과
인도 서벵갈 지역의 소나가교회를 세울 수 있었다. 영파선교회는 그
이름처럼 성령의 파도가 물결치고 있다. 인도로부터 시작되었던 해외
선교는 의료선교를 넘어서 병원, 교회를 짓는 것으로 확장되었고, 이제
는 인도를 넘어서 태국과 아프리카까지 확장되어 선교사역을 감당하고
있다.

아버지 박용묵 목사님은 많은 이들의 가슴 속에 믿음의 열정을 심어 놓고 가셨다. 사랑과 인내와 믿음으로 똘똘 뭉친 목회를 통해 사랑의 목회를 이어간다는 목회자, 철저히 말씀에 의거한 복음주의 신앙으로 성령 체험을 강조했던 부흥 사역을 이어가는 부흥회강사, 내핍과 인내로 생활의 본이 되셨기에 그러한 목회정신을 이어가는 사역자, 또한 집회마다 심령을 쪼개는 말씀으로 전도의 불꽃을 심어주셨기에 영혼구령의 꿈을 품고 사는 수많은 증인에 이르기까지 아버지가 미친 영향력은 대단하셨다. 가장 중요한 것은 대를 이어 성령의 불길이 지펴지고 있다는 사실이다. 영파선교회를 통해 아버지 박용묵 목사님의 2대, 이제는 3대에 이르기까지 선교의 비전을 품고 세계를 향해 뻗어나가고 있다.

7남매의 결실

큰형 박재천 목사님은 미국에서 유학중인 아들 박양현 목사까지 3대째 목회자의 가정을 이끌어가고 계시면서, 영파선교회장 뿐 아니라 효 아카데미를 비롯한 다양한 가정사역을 통해 선교 활동을 펼치고 있으며, 명지여고 교목실장을 끝으로 30여 년간의 청소년 목양을 마무리하시고 지금은 시인으로서 10권의 시집을 출간하시고 총신문학상도 수상하셨다.

영파선교회의 의료 선교의 포문을 열어 주셨던 둘째 박재형 형님은 서울대학병원 교수로 재직하면서도 대길교회 장로로, 아울러 초대 인터서브선교회 이사장과 한국기독의사회장, 그리고 의료선교협회 회장으로 섬기셨고, 은퇴 후 지금은 에이즈가 가장 많은 나라인 아프리카 에스와티니에서 의과대학 설립추진위원장으로 의료 선교에 헌신하고 계신다.

박성순 누님은 연세대학교 종교음악과에서 오르간을 전공하여 장충교회 권사로 고희를 넘긴 나이에도 새벽기도 반주자로 봉사하면서 은퇴장로이신 매형과 함께 교회를 열정적으로 섬기고 있으며, 아들 성국은 일본 오사카

대학에서 박사학위를 받고 서울신학대학교에서 교수로 활동하고 있다.

박재열 형님은 서울대학교에서 철학을 전공하였으며, 대한항공 퇴직 후 하나투어 이사로 영파선교회를 비롯한 여러 단체의 선교여행을 돕고 있으며, 수필가로 등단하여 작가로서 활동하고 있으며, 감사하게도 아들 박덕현 목사가 목회자의 소명을 받아 교역자로 섬기고 있다.

넷째인 박재섭 형님은 경기고와 연세대 경제학과를 졸업하였으며 아버지의 영성을 가장 많이 닮아 뒤늦게 포스코 그룹의 좋은 직장을 내려놓고, 총신신대원을 마치고 목회자의 길로 들어서 기쁨의교회를 개척해 부흥하고 있으며, 아들 의현이는 청각장애를 딛고 미국 뉴욕대학교에서 사회복지학 박사과정을 이수하고 있다.

필자는 오남으로 고신의대 교수를 거쳐 아프리카미래재단 대표와 샘병원 미션원장으로 근무하고 있으며, 첫째 딸 현정이는 뉴욕 브로드웨이에서 뮤지컬 작곡자로 활약 중이고, 둘째 딸 수정이는 CJ E&M에서 광고PD로, 아들 지현이는 영국 런던비즈니스스쿨에서 경영학 박사과정을 이수하고 있다.

막내인 박상진 목사는 성균관대와 서울대대학원을 거쳐 미국 유니온 신학교에서 학위를 받고 장신대 기독교교육학과 교수 및 대학원장으로 아버지의 대를 이어 선교 가정을 일궈나가고 있으며, 딸 예정이는 미국 뉴욕의 컬럼비아대학에서 영문학 박사과정으로 수학 중이다.

7남매의 축복은 아버지와 어머니의 신앙과 기도에서 비롯되었으며, 아들 여섯 형제 중 영혼을 고치는 목사 셋, 육체를 고치는 의사 둘, 돈을 버는 비즈니스 하나의 멋진 피라미드 구조를 이루어주셨다. 아울러 축복의 물꼬는 손주들에게도 이어져 갔다. 마치 성전에서 흘러내리는 물이 처음에는 발목을 적시다가 무릎으로, 허리로, 나중에는 온몸이 잠기고 헤엄치는 바다가 되는 것처럼 하나님의 은혜의 강물은 아버지의 호인 영파(靈波)처럼 영적인 파도가 되어 온 열방으로 퍼져 나가게 되었다. 성령을 통한 믿음의 열정이 곧 우리들에게 꿈이 되었고 비전이 되어 평생토록 좇아가는 푯대가 되었다. 이제 모두 60대와 70대의 시니어로서 각자의 영역에서 하나님께 영광을 돌리는 역할을 감당하고 있다.

아버지의 꿈, 나의 꿈

가장 중요한 영향을 받은 사람은 바로 나였다.

나는 1958년 7월, 목사님 가정의 오남으로 막내인 쌍둥이 동생과 함께 대구동신교회 마룻바닥에서 태어났다. 당시 예배당 건축을 위해 사택을 헐었던 관계로 무더운 여름 내내 예배당의 마루 구석에서 열 식구가 살고 있었기 때문이다. 내가 기억하는 어머니의 모습은 다락방에서 기도하시는 가냘픈 모습이며, 아버지는 늘 부흥집회를 인도하러 다니셔서 다른 아빠들처럼 손잡고 놀아보지는 못했지만, 가정예배를 통해 아버지의 진솔한 신앙의 모습이 내겐 늘 도전이 되었다. 아마도 말씀과 삶이 일치하셨던 아버지의 신앙으로 인해 7남매는 탈선하지 않고 목사 3명, 의사 2명 등의 축복을 누리게 되었다고 확신한다.

하지만 유년주일학교, 중고등부를 거치면서 교회생활은 습관적으로 다람쥐 쳇바퀴 돌듯 하였으며, 사람들 앞에 나서기를 좋아하게 되었다. 의과대학에 진학한 뒤에는 교회의 굴레를 벗어나기 위하여 세속적인 서클에 가입하여 교회를 출석함과 아울러 세상 즐거움을 따라 사는 이중적인 삶을 살면서 나의 교만은 극에 달했다. 내가 본과 1학년 시절, 어느 날 원인 모를 피부병이 생기더니 갈수록 심해져서 얼굴을 조금만 건드려도 생선비늘 같은 것들이 우수수 떨어지는 아토피성 피부염이 악화되어 거의 1년 동안을 마스크를 쓰고 다니며 길에서 동창들을 만나면 창피해 골목에 숨곤 하였다. 피부병으로 사람들 앞에 나서지 못하게 되면서 차츰 나의 내면을 돌아보게 되었다. 1979년 겨울, 교회 수련회에서 이른 아침에 누가복음 5장 말씀을 묵상하던 중 만선의 축복을 받은 베드로가 자신이 받은 축복을 누려야할 것으로 여기지 않고 오히려 주님 앞에 꿇어 엎드려 회개하며 모든 축복을 버려두고 예수를 좇는 장면에서 나의 모든 교만과 이기심을 깨닫고 주님께 눈물로 통회 자복하게 되었다. 그 이후 나의 마음은 기쁨과 평안을 누리게 되었고 피부병도 완전히 사라지게 되었다.

10만명 전도의 꿈

신애보

그날 이후부터 나의 삶은 완전히 변화되고 모든 세속적인 서클과 인간관계를 청산하고 새롭게 시작된 교회대학부를 통해 제자훈련을 받게 되었고, 고대의대 기독학생회장이었던 나는 때맞춰 시작된 CMF(누가회)사역에 함께 참여할 수 있었다. 1980년 1월, 과천 구세군수양관에서 열렸던 제1회 CMF수련회는 나의 인생에 중요한 획을 긋는 분기점이 되었고, 너무도 신비한 하나님의 섭리와 준비시켜주시는 주님의 손길에 그저 잠잠히 바라보며 감격할 수밖에 없었던 놀라운 수련회였다. 나는 의대를 졸업하고 배도선 선교사님의 추천서를 받아 들고 서울을 떠나 부산복음병원으로 내려가 수련을 받게 되었고, 장기려 박사님의 소박한 삶을 통해, 또한 인턴숙소의 친구 양승봉(현, 베트남선교사)과의 아침묵상 나눔을 통해 하나님께 더 가까이 나아갈 수 있었다. 복음병원에서의 수련을 통해 신앙적인 훈련뿐만 아니라 신장내과의사로서의 강훈련도 주님께서 시키셨으며 결혼의 축복까지도 허락해주셨다.

배도선 선교사 부부

군복무를 마친 후 고신의대에 재직하면서 신장내과 교수로서 미국학회를 비롯한 국제학술대회에서 발표도 하고 신장이식 200례를 넘을 정도로 한강 이남에서 가장 활발한 신장 내과를 만드는 자부심에 들떠 있었으며, 아울러 IVF지도 교수, 고신의대선교위원회를 통해 좋은 동역자들을 많이 만날 수 있었지만, 의대 교수라는 직책이 과연 나의 길인가 고민하던 차에 고신의료원 분규가 시작되었다. 1년 가까운 세월 동안 병원의 모든 구성원들이 서로 밀고 당기는 극도의

인턴시절 친구 양승봉과

대립 속에서 깊은 회의에 잠기게 되었다. 어느 날 요나서를 묵상하면서 이것이 재단이나 평교수회의의 문제가 아니라 바로 나의 문제로 느껴지며 풍랑 속에 잠자던 요나 생각이 났다. 주님께서 가라는 길을 가지 않고 의대 교수라는 삶에 안주하며 명성과 권좌를 꿈꾸는 나의 모습을 발견하고 주님께 회개하였고 사표를 제출하고 무작정 상경하게 되었다.

마침 그즈음에 CMF에서 이사회를 구성하여 총무 일을 맡아줄 것을 요청하였고, 나는 그것을 주님의 부르심으로 깨닫고 서울에서의 누가회 사역을 시작하였다. 그러던 중 1994년, 병원의 배려로 2년간의 미국 연수생활을 가질 수 있었다. 처음 1년은 세인트루이스대학에서 의료윤리학 연수를 하며 커버넌트신학교에서 함께 공부할 수 있었고, 2년째는 미주리주립대에서 신장내과학을 연수하면서 신학수업을 마치고 졸업할 수 있었다. 이 모든 일을 예비하시고 한 치의 오차도 없이 진행시키시는 하나님의 경륜과 성실하심에 엎드리지 않을 수 없었다. 미국연수를 다녀온 후 주님께서는 많은 일을 준비시켜 놓으셨다. 한국누가회 회장을 맡겨주셨으며, 5차 의료선교대회 총무로 섬기게 하셔서 497명의 헌신자를 부르시는 도구로 나를 사용해 주셨다.

아울러 지난 15년의 세월이 지나면서 여러 동역자들의 기도와 헌신으로 일반병원이었던 안양병원이 이제 기독병원, 글로벌선교병원인 샘병원으로 거듭나게 되었다. 우리는 하루의 일과를 열기에 앞서 새벽기도로 모이며, 모든 회의를 시작하기 전에 반드시 매일성경으로 묵상을 하며 깨달음을 나눈다. 샘병원으로서는 절대 양보할 수 없는 원칙이자 문화이다. 이렇듯 하나님께서는 나의 비전이었던 전인치유, 의료선교, 생명사랑의 꿈을 매일의 기도와 묵상을 통해 이루어주셨다. 너무도 소중하고 귀한 동역자를 각처에서 보내주셨으며, 환자들도 차츰 증가하여 200병상의 병원이 13년 후에는 천 병상 가까운 대형 병원으로 발전되도록 축복해 주셨다.

한편 40대부터 10년간 준비해온 북한사역이 결실을 맺으며 7차례의 방북 끝에 평양의과대학병원 안에 최초로 인공신장실을 설치하게 되었다. 5대의 최신 혈액투석기를 설치하고 북한 의사들을 교육한 후, 만성신부전환자로 죽기만을 기다리던 평양의대 이비인후과 교수에게 첫 투석을 시행하게 되었다. 우리는 붉은 피가 깨끗해지는 과정을 바라보며 남측의 성도들의 기도를 통해 북측의 형제자매들도 그리스도의 보혈로 정결케 되기를 함께 기도했다.

50대에 들어오면서 가장 두드러진 변화는 아프리카사역에 동참하게 된 것이다. 2007년에는 사단법인 아프리카미래재단을 설립해 남부아프리카의 환우들과 에이즈 고아들을 섬기며, 병원과 의과대학을 설립하는 일에 동역하게 하셨다. 짐바브웨, 말라위, 잠비아에 병원을 세우고 의사선교사를 파견하였으며, 에티오피아와 우간다, 탄자니아, 케냐, 마다가스카르로 사역은 조금씩 넓혀지고 있다. 재정이 많지 않지만 개인과 교회의 후원 외에도 정부의 지원을 받고 있으며, 가장 큰 자산인 기독의사회와 누가회의 헌신된 후배들 덕분에 선교지에서 계속적인 요청이 쇄도하고 있다.

  나의 꿈이었던 전인치유는 샘병원을 통해 이루고 있으며, 의료선교는 북한사역과 아프리카미래재단을 통해 조금씩 확장되고 있으며, 생명윤리는 성산생명윤리연구소장을 거쳐 장관급인 대통령직속 국가생명윤리위원장을 맡게 되어 박근혜 대통령과 문재인 대통령 두 분의 임기동안 함께 국정에 참여할 기회를 가졌다. 세월호 사태를 비롯한 생명경시풍조가 심한 현실을 바로잡고자 생명존중선언문을 선포하였으며, 연명의료중단과 호스피스를 다룬 연명의료결정법을 국회에 권고해 입법이 이루어지게 되었다.

  오늘도 내가 담당하던 많은 환자의 죽음 앞에 실로 가진 것 없이 무능하고 연약한 한 인간으로 서게 하셨지만, 그들에게 마지막 크리스천으로서 서게 하신 하나님의 뜻은 무엇일까? 나를 바라볼 때는 도저히 소망이 없지만 지금까지 당신의 때에, 당신의 방법으로, 당신의 뜻을 이루신 하나님의 열심, 그 성실하심을 아침마다 신뢰하며 찬양을 드린다.

영파, 그 이후

  아버지 박용묵 목사님은 약한 육신을 통해 불편을 겪기도 했지만 영적인 힘을 의지함으로 긍정적인 마음으로 약함을 이겨내셨다. 거룩한 신앙치유의 방법으로 전인치유를 보여주셨던 것이다. 당신의 집회를 통해 나타난 수많은 신유의 현장들 역시 영적인 힘과 긍정적 마인드, 인간의 노력을 이끌어낸 전인치유의 현장이었다. 이렇듯 당신의 삶의 무대가 곧 전인치유의 현장이었음을 증명하셨기에 나로 하여금 의사로서 샘병원을 통해 전인치유에 힘을 쏟을 수 있게 하셨다.

우리 7남매는 아버지, 어머니 산소에 모이면 늘 함께 찬양하고 예배드리며 기도를 한다. 좋은 부모님 주셔서 우리 7남매가 이토록 복을 받았다고 감사하곤 하였는데, 어느 날 문득 내게 이런 생각이 들었다. 우리가 세상에서 성공하고 자녀가 좋은 대학과 훌륭한 직장에 들어가고 아름다운 가정을 이루었는데 과연 하나님이 우리에게 주시고자 하시는 진정한 복은 이것이 전부일까? 아버지는 평생에 10만 명을 전도하셨는데 그럼 과연 우리 7남매는 몇 명을 전도하였을까? 큰형님 목사부터 막내 동생 목사에 이르기까지 모두 중직자인데 전도한 사람을 모으니 몇백 명이 안되는 것이었다. 아니 이게 무슨 축복인가? 우리 모두는 주님 앞에 회개하며 아버지처럼 영혼을 구원하는 7남매가 되겠다고 다짐하며 〈10만명 전도의 꿈〉이라는 책을 출간하게 되었다. 이제 아버지로부터 시작된 영적인 파도는 한국을 넘어 아시아와 아프리카 땅끝까지 이르는 거대한 물결이 될 것이다. 내가 만들어 늘 외치고 다니는 구호가 있다. "통일조국의 청년들과 아프리카 땅끝까지!" 북한선교에 이어 인

의료선교대회

샘병원 50주년 비전선포식

도와 아프리카까지 영파의
물결은 흘러가고 있다.

박용묵 목사의 자손들

　이웃사랑을 실천하는 의
미에서 아프리카 지역의 의
료선교도 확장시키는 중이
다. 절망의 땅이라 불리는 남부 아프리카 지역은 빈곤과 질병, 특히 에
이즈와 같은 질병이 창궐한 전인치유가 요구되는 곳이었다. 이를 위해
아프리카미래재단이란 법인을 세웠고 2007년부터는 1년에 서너 번씩 아
프리카를 방문하고 있다. 영파선교회의 활동의 지경이 아프리카 대륙으
로 확산된 셈이다. 둘째 형님은 의사로서의 안락한 삶을 내려놓고 아프
리카 최빈국의 하나인 에스와티니에 들어가 의료선교사로서의 삶을 살
고 있다. 에이즈가 전 세계에서 가장 많은 나라이지만 의과대학이 하나
도 없어 이곳에 최초의 의대설립을 위해 매진 중이며, 코로나19가 빠르
게 확산됨에도 아랑곳 하지 않고 의사로서 진료도 계속 이어나가고 있다.

　오늘도 영파선교회는 검은 대륙을 향해 눈을 돌리는 중이다. 아프리
카는 하나님께서 우리에게 주신 또 하나의 꿈이다. 꿈의 시작은 하나
님으로부터 태동되었고 아버지에 의해 영글게 되었다. 가족들이 훌륭
하게 이끌어가고 있는 영파선교회와 더불어 내가 가야 할 의료선교사
역 모두 영파 박용묵 목사님께서 가슴에 비전을 품게 하셨기에 이제 우
리는 세상을 향해 나아가는 일만 남았다. 이제 그 걸음걸음으로 가슴에
살아계시는 아버지의 숨결을 더 크게 전하고 싶다. 마지막으로 내가 만
들어 늘 외우고 다니는 구호를 크게 외치고 싶다.

　"통일조국의 청년들과 아프리카 땅끝까지!"

9

1919 · 1987

사랑으로 역사하는 교회의
목회자 안성수 목사

안인섭 교수

고려대학교 사학과
총신대 신대원(M.Div.)
Theologische Universiteit van de Gereformeerde
   Kerken In Nederland(Drs., Ph.D.)
현 | 총신대학교 역사신학 교수
     기독교통일학회 회장, 한국개혁신학회 총무
전 | 한국칼빈학회 회장, Refo500Asia 디렉터
저서 | 『어거스틴과 칼빈』, 『칼빈: 하나님의 영광을
     위한 열정의 사람』, 『기독교와 통일 그리고 북
     한』(공저), Calvin Handbook(공저)

추억 속의 안성수 목사와 금곡

어려서부터 필자의 마음속에 남아있는 선친 고 안성수 목사의 목회는 "목양실의 칼빈주석", "화목한 교회 사랑방" 그리고 "조선 왕릉" 이 세 가지가 하나의 묶음으로 기억되고 있다. 필자의 선친인 고 안성수 목사는 경기도 남양주시 금곡에서 목회를 하셨다. 선친은 금곡에 1960년에 처음 부임해서 1987년 1월 4일 하나님의 부름을 받을 때까지 27년을 한결같이 한 교회에서 목회하셨다. 소천하실 당시에 금곡교회는 주일 예배에 장년 510명이 참석하는 중형 교회로 성장했다. 그러나 첫 발을 디뎠을 1960년에 교인이라야 학생까지 다 합쳐서 10여명이었고 적막한 농촌이었다. 게다가 교회당은 10간짜리였고 지붕에 아스팔트를 입힌 함석집이었다. 사택이라야 그 함석집 안에 있는 방과 부엌이 전부였다. 이 집에서 1965년에 고 안성수 목사와 김희용 사모 사이에서 태어난 필자는 무더운 여름에 교회의 일인용 나무 의자를 뒤집어서 자동차라고 하면서 조그만 교회당 안에서 땀을 뻘뻘 흘리고 놀았던 어린 시절을 어렴풋이 기억한다.

필자가 늘 보아 왔던 선친의 집에서의 모습은 접는 작은 탁자에 빛바랜 성경책을 펼쳐놓고 쪼그리고 앉아서, 설교 노트를 몇 번이고 종이로 붙여서 수정하고 또 수정하는 모습이다. 그러다가 잠시 눈을 감고 조용히 묵상하는 모습. 필자가 가장 많이 기억하는 선친의 모습이다.

필자의 초등학교 시절 가장 흥미로운 놀이터는 선친의 서재였다. 당시 부모님은 매일 심방을 나가셨다. 처음에는 걸어서 전도와 심방을 갔고, 후에는 자전거로 그리고 나중에는 오토바이를 타고 두 분이 나가셨다. 아침에 나가셨다가 해질녘이 되면 돌아오셨다. 책장엔 다양한 색깔의 책들이 가득 차 있었다. 나는 서재에 들어가서 놀았는데, 책 제목 크게 읽기와 책 표지의 색깔 찾기가 재미있는 놀이였다. 가장 기억에 남는 것은 "칼빈주석 놀이"였다. 빛나는 보라색 구약 주석과 자주색 신약 주석. 칼빈주석은 규모나 색상 면에서 단연 돋보였다. 종이 냄새도 좋았다. 필자는 이렇게 선친의 목양실을 기억한다. 목양실 서재에서 진행된 "칼빈 놀이"가 끝날 무렵이면 부모님은 사역을 마치고 돌아오고 계셨다.

안성수 목사

금곡교회가 있는 금곡은 2009년에 유네스코 세계유산으로 등재된 조선 왕릉이 있는 곳이다. 고종과 명성황후, 그리고 순종과 그의 황후가 묻혀 있는 이곳으로 어릴 때 학교 소풍을 갔고 교회 친구들과 즐겁게 놀았었다. 어린 시절 어느 곳인지 기억나지는 않지만 고종 황제가 일제에 독살되는 영화를 온 가족이 본 기억이 있다. 그때 너무 무서웠고 필자보다 4살 어린 여동생 안경미 권사가 영화를 보다가 하도 울어서 모친은 밖에 나가 계셨던 기억도 있다.

평양의 기독 청년: 굴절된 한반도의 역사를 온 몸으로 살아내다

1995년에 출판된 중서울노회 15년사 인물 편에 보면 1983년 중서울노회 4대 노회장을 역임했던 안성수 목사에 대한 간략한 역사가 기록되어 있다. 안성수 목사는 한반도가 일본의 식민지에 들어간 지 9년이 지나고 나서 3.1 운동이 불꽃처럼 일어났던 1919년 4월 3일에 평양 신양리에서 태어났다. 부친은 안영덕이었고 모친은 김치동이며 안성수는 외동아들로 태어났다. 중서울노회사는 1남 1녀라고 기록하고 있으나 이는 오류다. 청년 안성수는 6.25 전쟁 중에 남쪽으로 피난을 떠났고, 그 이후 분단이 고착되었기 때문에 필자는 평생에 한 번도 조부모를 뵙지 못한 아픔이 있다.

일본 제국주의가 한반도를 지배하다가 패망하여 물러가고 나서, 그는 방직 공장에서 근무했던 기술을 활용해서 일제가 놓고 간 기계를 가지고 조그마한 직조공장을 세웠다. 당시 26살이었다. 그렇지만 그때의 상황이 직조에 필요한 실이 제공될 수 없었기 때문에 큰 성과를 거둘 수 없었다. 이 공장은 곧 문을 닫게 되었다.

식민지에서 해방되었으나 여전히 어두웠던 국가적 상황과 거기에서 파생된 개인적인 좌절감이 겹치면서 인생의 방황기를 거치게 되었다. 이때가 청년 안성수가 하나님께 가까이 가는 중요한 계기가 되었다. 이 기간에 그는 자신의 삶을 인생에서 가장 가치 있는 일에 헌신해야 함을 깨닫고 목사가 될 것을 결심한다.

바로 이 부분을 생각할 때 필자는 선친이 필자에게 직접 해 주신 이야기가 오버랩된다. 중동고등학교를 졸업하고 대학 진학을 위해 고민하고 있는 필자를 향해서 선친은 똑같은 말씀을 하셨다. 선친은 하나님이 한 번 허락하신 인생인데 가장 보람 있는 일을 하는 것이 좋지 않겠냐고 권면하셨던 것이다. 선친의 이야기가 결정적인 동기가 되어 필자는 다른 인생의 방향을 포기하고 고려대학교 사학과에 진학했었다. 역사를 택한 것은 신학을 공부하기 위한 목적이었다. 지금 생각해 보면 이 시기에 본인도 동일한 결심을 했던 것으로 보인다.

다시 선친의 이야기로 돌아간다. 청년 안성수는 당시 성화신학교라는 곳에 들어가서 신학 공부를 시작했다. 가정에서는 처음 예수를 믿은 경우였기 때문에 모든 선택과 결과가 다 낯선 길을 걸어가는 것이었으리라 생각된다.

그러나 한국 근대사의 역동적인 흐름은 그의 신학 공부의 길을 흔들어 놓았다. 1950년 초에 북쪽의 공산 정권은 성화신학교와 평양신학교를 합병시켜서 기독교연맹신학교로 만들어 놓았다. 그 해 6.25 전쟁이 일어난 후 국군의 반격으로 평양은 공산당에 반대하는 지도자들에 의해서 이끌어가게 되었다. 그들 중 대부분이 기독교인이었다. 이때 청년 안성수도 기독교 청년 지도자로 지서장의 직책을 맡았다고 한다. 그는 이념적으로 혼란스러웠던 평양시의 평화와 안정을 지켜야 하는 책임을 맡고 있었기 때문에 공산주의자들을 강력하게 반대하는 견해를 가지고 있었다. 실제로 선친은 이후에도 보수적인 신앙뿐 아니라 보수적인 정치관을 가지게 되었는데, 그것은 한반도의 분단이 만들어 놓은 정치적 이념과 신앙이 혼돈한 시대를 직접 몸으로 경험했기 때문인 것으로 생각된다.

남한에서의 삶: 소명을 재발견한 피난민

한반도를 강타한 6.25 전쟁은 그 상황이 다시 역전되어 1.4후퇴를 할 수밖에 없었다. 이때 그는 기독교인으로서 혈혈단신으로 남쪽으로 피난을 떠나야 했다. 물론 당시에는 잠시 몸을 피하는 것이었기 때문에 이 전쟁으로 한반도가 완전히 분단될 것이라고는 상상도 하지 못했을 것이다. 필자가 어린 소년이었던 시절에 선친이 자신의 부모님들이 후에 공산당에게 처형되셨다고 안타깝게 말씀하시던 이야기를 기억한다. 민족사의 비극이 가정사의 비극으로 나타난 것이다. 평양의 기독 청년 안성수의 삶은 일본의 식민 지배와 분단 및 전쟁으로 몇 차례나 굴절되었고, 이것은 한국 근현대사를 살았던 보통 사람들의 모습과 크게 다르지 않았을 것이다.

6.25 전쟁으로 난민이 되어 살아가는 나그네의 삶은 참으로 척박했다. 필자가 어릴 때 선친에게 들었던 이야기는 부산의 부둣가에서 막노동을 하기도 했고 인간이 할 수 있는 고생은 다 겪었다고 한다.

그러던 중 평양에서 했었던 직조 사업을 남한에서 다시 시작하게 되었다. 필자의 기억을 더듬어 보면, 이때 사업이 너무 잘 되어서 주일 성수도 어려웠다고 한다. 그러던 중 어느날 갑자기 폐결핵을 앓게 되었다. 너무 치열하게 살아갔던 삶의 결과이었겠지만 그는 이 상황을 신앙적으로 해석했다. 그래서 하던 사업을 다 내려놓고 전국에 다니면서 천막치고 선교하는 순례 전도단에 무료로 봉사하면서 따라나섰다. 이때 한 가지 하나님께 서원을 하게 된다. 만약 이 폐결핵을 치료해 주시면 평양에서 가졌던 소명대로 주님의 교회를 위해서 평생을 바치겠다는 것이다. 그러던 중 언젠지 모르게 자연스럽게 폐결핵이 치료되었다. 병원에 가서 X-Ray를 찍어보니 언제 그랬냐는 듯이 깨끗하게 나았다는 것이다. 그래서 다시 초심으로 돌아가서 신학의 길로 접어들게 되었다.

피난민에서 신학생 가정으로

선친은 다시 신학을 공부하여 목회자가 되라는 소명을 받고, 총회 야간신학교에 입학했다. 그리고 1957년에는 이환수 목사가 목회하던 청암교회에 전도사로 봉사했다. 이것이 그의 공식적인 목회 사역이었다. 1960년에는 총회 야간신학교가 발전한 칼빈신학교를 졸업했으며 총신 제10회 졸업생이 되었다. 함께 공부한 동창생으로는 총신대 학장을 지낸 박영희 목사, 총회장을 역임한 한석지 목사, 그리고 하구봉 목사 등 110명 가량 되는 것으로 알려져 있다. 사실 필자가 너무 어렸을 적의 목회자분들이라 대부분의 분들은 잘 기억하지는 못했다. 한석지 목사님 같은 분은 선친이 세상을 떠난 후에도 평생을 변함없이 필자의 가족에게 사랑을 베풀어 주신 참 고마운 분이셨다. 그래서 나는 한석지 목사님이 세상을 떠나시기 전까지도 자주 찾아 뵙고 감사의 인사를 드리곤 했다.

만학도 신학생이었던 선친은 같은 신학생이자 경기도 파주의 광탄교회에서 서로 알고 있었던 김희용 자매를 만나서 결혼한다. 이 분이 필자의 모친이다. 김희용 사모는 경기도 광탄의 유지였던 김경서 장로의 막내딸이었다. 이 집안은 한국 교회의 초대교인에 해당된다. 김경서 장로의 집에 자주 방문했던 분이 언더우드 선교사였다. 아마 신촌에서 평양으로 가는 길에 자주 찾았던 것으로 들었다. 그래서 언더우드 선교사 가정과의 사귐으로 처음부터 신앙이 돈독했던 집안에서 자랐던 김희용 사모는 안성수 전도사와 결혼하여 함께 금곡이라는 목회지로 동행하게 되었다.

처음이자 마지막 목회지, 금곡교회 목회를 시작하다(1960년)

선친은 총신을 졸업한 후 청암교회를 떠나 1960년 3월 5일에 경기도 남양주에 있는 금곡교회에 부임했다. 청암교회의 이환수 목사의 소개로 농촌 선교사 혹은 전도사로 파송된 것이었다. 금곡교회 요람에는 1961년으로 되어있으나 이는 오류이고 수정되어야 하며, 중서울노회사가 맞다.

이 금곡교회는 역사가 깊은데 1947년 8월 15일에 동막의 우상순 성도의 개인 집에서 4명이 예배를 드림으로 시작되었다고 한다. 1948년 1월에 예배 처소를 금곡 금융조합 관사를 구입하여 그곳으로 옮겼다. 그러나 1950년 6.25 전쟁으로 예배당은 불에 타 없어지고 말았다. 1951년 수복이 된 후 그해 우상옥 성도의 개인 집에서 다시 예배를 재개했다. 1952년에는 16평에 해당하는 예배당의 모양을 갖추었다. 그리고 1957년에 우상옥 집사가 장로로 장립했다. 이 우상옥 장로는 1960년에 금곡교회에 부임하는 안성수 전도사와 감동적이고 은혜로운 파트너십을 가지고 교회를 신앙으로 잘 이끌었다. 목사와 장로의 아름다운 동

금곡교회 초기 모습

새 예배당 모습

행 바로 그 전형적인 모습이었다. 나의 기억으로 우상옥 장로는 수시로
사택을 찾아와서 교제했고, 특히 성도들의 형편을 자세히 살펴서 선친
과 함께 의논하며 섬겼다. 교회의 사업을 추진할 때면 언제나 목사님이
먼저 결정하시라고 했고, 늘 뒤에서 든든하게 후원하는 그런 귀한 목양
장로였다. 선친은 1964년에 금곡교회 목사로 위임을 받았다.

안성수 전도사가 부임했던 1960년 당시 금곡은 아직 비포장도로였
으며 전기도 없었다고 한다. 호롱불을 사용하는 집도 많았다고 들었다.
물론 나는 전기가 있었는지에 대한 기억은 거의 없지만 당시 금곡의 상
황은 어렴풋이 기억난다. 사방으로 논이 있었고 교인들이 거의 다 농사
를 짓는 분들이었다. 부모님에게 직접 들었던 다음의 이야기가 기억난
다. 당시 금곡은 농가들이 여기 저기 흩어져 있었고 구심점이 있는 시
가지가 없는 곳이었다. 그래서 선친은 새벽 3시면 일어나서 자전거를
타고 흩어져 있는 성도들을 새벽기도에 오라고 깨우러 다녔다. 그렇게
해야 농사를 짓느라 피곤한 교인들이 일어나서 새벽기도에 올 수 있었
기 때문이다. 새벽기도를 마치면 모두 논과 밭으로 일하러 나갔다. 어

머니의 친척들이 어려운
형편에 보탬이 되라고 쌀
과 고추장을 가지고 오면
선친은 모든 것을 가난한
성도들에게 나누어 주었
다. 그래서 우리는 늘 넉
넉하지 못했다.

위임식(1964년)

한국 교회 1960~70년
대의 부흥의 원인이 무엇일까? 이런 목양의 정신이야말로 오늘의 한국
교회를 있게 한 밑거름이 아닐까? 헌신적인 충성 그리고 순수한 믿음.
당시 한국 교회에는 이처럼 열정적이고 헌신된 목회자들이 적지 않으셨
던 것으로 생각한다.

1964년 5월 29일에 안성수 목사는 위임식을 거행하면서 금곡교회의
담임 목회자로서 그 사역을 더욱 열정적으로 감당하게 되었다.

붉은 벽돌의 아름다운 예배당 건축: 교회의 기초를 확립하다
(1967~1974)

금곡교회와 중서울노회의 자료를 보면 금곡교회의 건축 현황이 비교
적 자세히 기록되어 있다. 금곡교회는 1967년 6월 27일에 예배당 신축
을 위한 대지 181평 매입하게 되었다. 그리고 사택의 대지 85평을 그다
음 해(1968)에 기증받는다. 1968년 9월 20일에 예배당 준공식을 거행
했고, 다음 해인 1969년 7월 14일에 예배당 입당식을 거행했다. 이 교
회의 건물은 붉은 벽돌이었고, 슬라브로 된 3층이었다. 선친은 새벽기
도를 마치고 나서 평생 처음으로 지게를 지고 자갈과 모래를 날랐다.
이 교회 건축 과정에서 서대문교회의 장로였던 외삼촌(김희봉 장로) 가

예배당 짓는 과정(지게 지신 분이 선친)

교회를 짓는 과정과 사택

정은 헌금과 물질로 정성껏 섬겼다. 그래서 금곡교회 장로라는 별명을 듣기도 했다고 한다.

1972년 4월 2일에는 예배당의 현관 건축 기공을 하고 5월 27일에 준공을 했다. 이 예배당은 연건평 19평 2홉이었다고 한다. 1974년 6월 18일에는 이 붉은 벽돌 예배당의 봉헌식과 엄광정 집사의 장로 장립이 거행되었다.

나는 이 교회 건물과 사택에 대한 아름다운 추억을 참으로 많이 가지고 있다. 중후한 붉은 벽돌로 된 예배당 바로 옆에 사택이 있었다. 이 집은 전혀 화려하지 않았고 소박했지만, 예배당 마당과 사택 사이에 있는 장미 울타리가 너무나 인상적이었다.

이 장미 울타리는 당시 금곡원예고등학교에 다니던 필자의 형인 고 안요섭 집사가 직접 만든 것이었다. 잠시 형에 대해서 말하자면 형은 선친이 소천한 후 1988년 5월에 금곡교회 안수집사로 봉사했다. 농어촌 선교를 하던 "작은 등대 봉사선교회"의 초대 회장으로 1990년 8월 5일에 전라남도 해남에 농촌선교를 가던 중에 교통사고로 세상을 떠났다. 순수한 믿음과 선교에 대한 열정이 참으로 뛰어났던 형이었다.

다시 옛날 이야기로 돌아가자. 해마다 5월이 되면 붉은 벽돌의 교회

붉은벽돌 예배당과 사택 장미울타리　　　　심방 오토바이

옆에 있는 붉은 장미 울타리는 정말 눈이 부시게 아름다웠다. 봄만 되면 성도들은 장미꽃으로 둘러싸인 교회 마당에서 활짝 웃으면서 행복한 마음으로 사진도 찍고 교제를 하곤 했었다. 한국 교회의 초기 모습은 이렇게 교회에 오면 즐겁고 행복한 것이었다.

그 당시 경춘가도를 통해서 춘천이나 청평 방향에서 서울로 갈 때, 평내를 지나 높은 고개에서 평지로 내려오면 금곡교회의 붉은 예배당이 한 눈에 들어오게 되어 있었다. 교회 건물이 금곡의 동산 맨 꼭대기에 세워져 있었기 때문이다. 그래서 춘천이나 청평에서 서울로 향하던 승용차들이 금곡교회를 구경하러 일부러 방문하는 일도 많았다. 당시 어렸던 필자는 이 교회의 입구에서 공을 차고 놀았고 교회 유리를 깬 적도 몇 번 있었다.

원래 교회에 시무하고 있었던 우상옥 장로 외에 안성수 목사가 처음으로 금곡교회에서 장립한 장로는 엄광정 장로였다. 그는 안목사가 금곡교회에 부임한 이래 청년 시절부터 신앙생활을 시작하면서 믿음이 신실하게 성장한 성도였다. 그 부인인 김창자 권사와 함께 순수한 열정으로 늘 교회에서 자면서 철야기도를 했던 믿음의 가정이었다. 그 후에 박완덕 장로, 김해일 장로, 지인길 장로, 이정훈 장로 등이 세워져 안성

수 목사와 마음을 모아 금곡교회의 전성시대를 열어갔다. 이 해 12월 1
일에 부임했던 최창순 전도사는 나이가 많은 분이었지만 늘 인자한 미
소를 지으며 목양에 임했던 목회자로 기억한다. 안성수 목사와 팀워크
를 잘 이루어 목양을 감당한 사역자였다. 당시 교회의 많은 중진들은
선친이 직접 전도하고 중매해서 결혼한 가정이 많았다. 자연히 따뜻한
가족적인 분위기였다.

　필자가 기억하는 이 당시의 금곡교회의 모습은 예배 전과 후에 교회
중직자 부부들이 선친의 사택에 늘 모였다. 겨울에는 따뜻한 방에 이불
을 덮고 과일도 깎아 먹고 오손도손 사랑방 이야기를 꽃피우는 행복한
성도의 교제가 늘 있었다. 봄과 가을철이면 교회 버스를 타고 한국의
산하를 다니면서 교제하면서 그리스도의 사랑으로 똘똘 뭉치는 교회였
다. 요즘 한국 교회에는 분쟁이 적지 않아서 안타까운데, 그 당시의 금
곡교회는 말 그대로 "사랑으로 역사하는 교회"였다. 이런 목회 정신이
안성수 목사 목양의 전형적인 특징이었다.

교육관 건축, 사랑으로 역사하는 교회의 기둥을 세우다(1975~1980)

　금곡교회와 노회의 자료를 다시 살펴보면, 금곡교회는 1975년 1월 11
일에는 교육관 대지를 51평 매입하였고 윤귀손 집사는 도로 대지 19평
을 기증했다. 교회는 그동안 부족했던 교육 공간을 확보하기 위해서 교
육관 건축의 시대로 들어가게 된다. 목양을 위한 기틀이 세워져 가는
것이었다. 1977년 2월 28일 새 예배당 신축을 위한 대지 337평을 매입
했고, 4월 27일에는 교육관 건축 기공을 했으며, 6월 30일에는 교육관
준공식을 했다. 1977년 10월 1일에는 교육관 봉헌식과 박완덕 장로와
김해일 장로의 장립식을 거행했다.

　박완덕 장로는 홍신주물의 부사장으로 이후 예배당 건축을 위해서

큰 힘을 보태게 된다. 김해일 장로와 안경옥 권사 부부는 교회를 위해서 작은 일까지 세밀하게 섬겼다. 안경옥 권사는 안성수 목사 부부에게 입적한 딸로서 교회의 살림꾼이었다. 특히 김해일 장로는 오랜 세월 주일학교 부장을 하면서 어린이를 위한 구연 동화같은 설교를 참 잘했다. 필자가 초등학교 시절에 들었던 김해일 장로의 어린이 설교들은 아직도 기억이 날 정도다. 이제 안성수 목사의 옆에서 목양과 교육을 적극적으로 도울 수 있는 장로진들이 든든하게 구축되고 있었다. 1979년 4월에는 예배당 안을 2층으로 증축(9평)했다.

당시 금곡교회의 마당에는 커다란 은행나무가 세 그루 있었다. 그 밑에는 등받이가 없는 평평하고 긴 의자들이 놓여 있었다. 여름에 저녁 예배를 마치고, 혹은 금요 철야 때 성도들이 삼삼오오 이 은행나무 아래 의자에 앉아서 두런두런 이야기 꽃을 피우곤 했다. 이곳은 가을이 되면 노란 은행나무의 단풍이 흐드러지는 아름다운 자리이기도 했다.

동생의 초등학교 졸업 기념 가족사진(1982)

교육관 건축

새 예배당을 건축하며 사랑으로 역사하는 교회를 완성하다
(1981~1987)

　금곡교회는 점차 부흥하게 되어 새로운 예배당이 필요하게 되었다. 그 결과 1981년 4월 16일에 새 예배당 기공 예배를 드리게 되었다. 규모는 대지 1,000평, 지하 1층, 지상 2층, 건평 430평에 해당된다. 이 새 예배당 건축을 위해서 목사 사택이 허물어지게 되었다. 개인적으로 나는 참 아쉬웠다. 너무나 아름다운 장미 울타리의 집이 사라진 것이다. 은행나무 아래에서 오갔던 성도의 교제와 대화의 공간이 없어진 것이었다.

　1981년 4월 16일에 기공 예배가 있었다. 후에 건축은 거의 완성단계로 가서 1983년 10월 12일에 새 예배당 입당예배도 드렸으나, 미처 헌당예배도 드리지 못한 채 선친은 1987년에 하나님의 부름을 받았다. 교회 건축 단계에서 선친은 추우나 더우나 오토바이를 타고 새벽 3시에 장로님들 댁을 방문하여 깨워서 새벽기도에 오도록 했다. 교회를 건축하는데 목사와 장로가 기도해야 한다고 독려한 것이다

　새 예배당 건축을 위해서 사택이 헐리게 되자, 교육관 1층을 리모델

안수집사 임직 후에(1980)

새 예배당 입당(1983. 10. 12)

링 해서 담임 목사와 부목사, 그리고 교회 관리 집사의 사택으로 만들었다. 교육관 2층은 중고등부 예배 및 교육의 공간이었다. 필자는 아이보리색 페인트로 칠해져 있었던 이 교육관 사택을 선명하게 기억한다. 우리는 고등학교 1학년부터 이곳에서 살았던 것 같다. 이곳은 예배당이 완공될 때까지 생활하는 임시 거처였다. 교회를 건축하는 과정에서 중진들 간의 의견 차이도 없지는 않았으나 전체적인 분위기는 사랑이 넘치는 교회였다. 이 즈음에 교회는 선친의 노후를 위해서 평내에 100평의 땅을 사 놓았는데, 선친은 이것도 모두 팔아서 예배당 건축에 헌금했다. 선친은 가지고 있는 것도 별로 없었지만 뭐라도 있으면 예배당 건축을 위해서 바치고 기도하고 헌신했던 그런 목회자였다.

선친은 1983년 4월 12일 중서울노회 노회장으로 취임하면서 본격적으로 노회를 섬기셨다. 중서울노회와 관련된 이야기는 조금 뒤에 별도로 기록할 것이다. 1984년에는 금곡교회에서 사역했던 박기환 목사가 사임했고, 이삼규 전도사가 부임했다. 나는 이 두 목회자들을 기억한다. 기도와 말씀으로 최선을 다해서 성실하게 교회를 섬겼던 사역자들이었다.

1985년 10월 17일에는 지인길 장로와 이정훈 장로가 장립하게 된다. 나는 이 두 분의 장로님들의 헌신과 사랑에 대해서 참 좋은 기억이 많다. 지인길 장로는 명석한 지혜와 부드러운 마음을 겸비한 인물이었다. 언제나 교회를 중심으로 생활하면서 교회의 어려운 대외적인 일들을 도맡아서 지혜롭게 해결하는 교회 지도자였다. 그의 아내인 김창순 권사는 순수한 사랑과 인정이 넘치는 솔찍한 성격이어서 늘 섬기는 삶을 살았다. 내가 중고등학교에 다닐 때 김창순 권사는 수시로 나를 데리고 옷가게로 가서 그때그때 필요한 옷가지를 사주셨다. 목회하던 부모가 아들의 옷을 자세히 챙기지 못하니 직접 본인이 나서서 목사의 아들이 시대에 뒤떨어지지 않는 세련된 학생이 될 수 있도록 섬겨주었다. 지금 생각해 보면 참 감사한 분들이다. 지인길 장로 부부도 안성수 목사가 중매해서 결혼하여 교회의 중진이 된 경우로 알고 있다.

이정훈 장로는 부지런하고 성실하며 영적인 열정이 넘치는 교회의 지도자다. 늘 진실하게 기도하는 모습이 인상적이었다. 사업상 해외를 다녀오는 일이 있더라도 교회 봉사에 있어서는 조금도 흐트러짐이 없었다. 그의 아내 임성자 권사도 늘 따뜻한 미소와 사랑으로 교회를 섬기는 교회의 일꾼이었다.

이와 같이 내가 기억하고 있는 금곡교회의 장로님 가정들은 언제나 우리 집, 즉 교회 사택에 자주 들러서 웃으면서 이야기하는 가족 같은 분들이었다. 이들은 늘 교회 중심으로 생활했고, 교회 구석 구석을 섬기는 분들이었다. 나는 선친이 세상을 떠날 때까지도 한국 교회의 아픔이라고 할 수 있는 교회 안에서 목사와 장로의 갈등이라는 것을 단 한 번도 경험하지 못했다. 적어도 나에게는 그랬다. 이것은 선친의 목양은 물론 교회를 함께 섬기는 장로들과의 동역이 참 아름다웠다는 것을 증명해 준다고 생각한다.

천성으로 가는 길(1987년 1월 4일)

선친의 목회 사역은 금곡교회 당회장으로 있던 중 하늘나라로 가심으로 마무리 되었다. 그때는 1987년 1월 4일이었고 필자는 대학생이었다. 중서울노회 15년사에 보면 당시의 정황이 비교적 자세히 기록되어 있다. 어떤 기록은 필자도 잘 알지 못하는 내용이 있다. 1986년 11월 교회 차로 두 번의 교통사고가 나면서 선친은 책임 의식을 느끼고 충격을 받게 되었다. 새해 1월 3일 토요일에 주일 예배 설교 준비를 하다가 갑자기 왼쪽 가슴에 심한 통증을 느끼게 되었다. 선친은 곧 돌아오실 것처럼 생각하고 설교 준비하던 방을 잠그게 하고 다시 와서 설교를 마무리

하겠다고 했다고 한다. 장로님들이 급하게 찾아와 서울 이대부속 병원에 입원하게 되었다. 그러나 결국 집에 와서 설교를 마무리하지도 못하고, 주일 밤 10시에 그토록 사랑하던 하나님 아버지 품으로 영원히 돌아가시게 되었다. 심근경색증으로 인한 심장마비라고 했다. 중서울노회 15년사는 아침 식사 중에 입원하신 것으로 되어있으나 이는 오류다. 이렇게 해서 선친인 안성수 목사는 첫 목회지였던 금곡교회에서 27년을 사역하던 중에 현직 담임목사의 위치에서 하나님의 품으로 가셨다.

그날은 1987년 새해 첫 주일이었고, 당시 중등부와 고등부에 두 명의 부교역자들이 부임하면서 교회는 더 활기를 띠고 있었다. 나는 당시 고려대학교 학생으로서 청년부 회장과 고등부 성가대 지휘를 맡아서 열심히 봉사하고 있었다. 그날 주일 첫 예배를 마치고 고등부 성가대원들과 일 년 계획을 세우던 중, 그 전날 동대문 이대부속병원에 입원하셨던 아버지가 위독하다는 연락을 받았다. 급히 병원에 갔으나 이미 거의 호흡이 멈추어 가던 중이었다.

나는 직접 들은 바가 없지만, 중서울노회 15년사는 아버지의 유언을 다음과 같이 기록하고 있다. 차량 인사사고 당사자의 책임을 절대로 따지지 말라고 말했다고 한다. 누가 예배에 나오지 않는지 장로들에게 물어 보았다고 한다. 그리고 교회에 물심 양면으로 봉사하면서 가정 형편이 매우 어려운 교인의 자녀들에게 장학금을 주라고 부탁했다고 한다. 나는 선친의 임종을 지켜보기는 했으나 나를 향한 선친의 직접적인 유훈을 듣지는 못했다. 늘 아쉬움이 남아 있다. 그러나 지금 생각해 보면 선친은 이미 당신의 삶과 목회를 통해서 나에게 너무나 많은 이야기를 남겨 주셨다.

사실 예배당 건축 과정에서 은행에서 받았던 융자를 그해 7월에 해결할 수 있었고, 10월에 헌당예배를 드리려는 목회 계획이 다 세워져 있었다고 한다. 그러나 하나님은 예배당을 잘 짓게는 했지만 헌당은 후임인 채영간 목사에게 맡기셨고, 더 좋은 천성으로 불러가셨다.

장례식은 1987년 1월 6일 추운 겨울이었고 중서울노회장으로 거행했다. 발인예배 집례는 중서울노회장 정인원 목사가 맡았으며, 기도는 부노회장 정문호 목사가 감당했다. 설교는 증경노회장 김윤수 목사가 했으며 조동진 목사가 조사를 했다. 축도는 평소에도 사랑으로 교제했던 한석지 목사가 맡았다. 나는 이날 교회로부터 금곡릉 옆에 있는 산소까지 수 킬로미터를 성도들이 울면서 상여를 따라갔던 모습을 선명하게 기억한다. 그렇게 선친은 그토록 사랑했던 성도들의 눈물의 천국 환송을 받으며 하나님 품으로 가셨다.

중서울노회(예장 합동)의 대표적 교회로 섬기다

선친이 노회를 위해서 섬겼던 내용은 중서울노회 15년사 곳곳에 기록되어 있다. 선친은 중서울노회 창립부터 중요하게 봉사해 왔다. 노회의 역사와 관련된 부분은 언제 기회가 있을 때 한국 교회사의 맥락에서 정리해 보고 싶지만 여기에서는 지면과 주제 관계로 제한될 수밖에 없다.

그 이야기는 1971년으로 거슬러 올라간다. 제56회 총회(합동)에서 지나치게 비대해 진 경기노회에서 수도노회와 서울노회가 분리되었다. 수도노회는 1972년 4월 25일에 서울 성도교회에서 노회를 조직했다. 중서울노회 15년사에 의하면 1972년 경기노회가 세 노회로 분열한 것은 합동 교단의 중요한 변화를 의미한다고 한다. WCC 문제로 통합이 분열되어 나간 후에 합동 교단을 이끌어 가던 황해-호남측이 쇠퇴하게 되고, 그 대신 평안-영남 측이 득세한 것으로 평가한다. 당시 총신을 위해서 물심 양면으로 애쓰던 백남조 장로가 부도가 나서 어려운 상황이었는데, 이때 황해-호남측은 총신 운영에서 매끄럽지 못했다. 사당동 총신 땅을 팔고 서울 근교로 이전하려는 계획을 몰래 추진하고 있었다. 이때 평안도 측이 신학생들과 연대해서 총신과 교단의 주도권이 바꾸었다고 중서울노회사는 기록하고 있다. 이때 김희보 박사가 학장이 되어 사당동 발전에 집중하게 되었다.

그러자 호남 측은 정치적 리더십을 회복하고자 신학적 보수를 명분으로 내세우며 방배동에 복구 총회신학교를 세웠다. 바야흐로 총회는 분열될 위기 가운데 있었다. 그러던 중 1979년 10월 총회 수호 서울지구 위원회가 출범을 했다. 그 위원장은 장성칠 목사였다.

총회가 정치적 긴장 속에 빠져들어가고 있을 때 수도노회에서는 1979년 가을 정기 총회를 앞두고 황해도와 호남계 지도자급 목회자를 소환하는 일이 발생했다. 이에 맞서서 "개편 수도노회"가 조직되었는데 1980년 1월 14일의 일이다. 윤두환 목사가 노회장을 맡았고 당시 정풍운동을 일으키던 정문호 목사가 시무하던 신용산교회에서 개최되었다. 안성수 목사도 개편 수도노회 측의 전권위원 중 한 명으로 활동하고 있었다. 이것은 수도노회 내의 정치적 권력 독점에 대한 반작용이었다고 말할 수 있는데, 결과적으로 이 그룹이 중서울노회가 출범할 수 있도록 촉매 역할을 했다고 할 수 있다.

그렇지만 실제적으로 중서울노회가 조직되어 형성될 수 있었던 것은 수도노회 안에 머물러 있으면서 총회 핵심부와 소통하면서 수도노회의 개혁을 부르짖었던 그룹이었다. 그 중심 인물은 김윤수 목사, 하구봉 목사, 조동소 목사 등이었다.

결과적으로 수도노회의 개혁을 주장하던 위의 두 그룹이 연합하여 제64회 총회 전권위원회에 의해서 중서울노회가 조직되었다. 이때 중서울노회 조직노회위원회의 위원장은 박명수 목사였다. 안성수 목사는 창립노회에서 전권위원 가운데 한 명으로 섬겼다. 당시 박명수 목사의 개회 예배 설교는 중서울노회의 정체성을 정확하게 말해준다. 중서울노회는 말씀 중심의 노회요 성경을 가장 중심에 놓는 노회가 되자는

것이었다. 성경을 가장 핵심적 가치로 삼자는 정신은 개혁신학의 심장
과 같은 것이다. 중서울노회사는 노회의 2대 창립 정신을 (1) 법치주의,
(2) 중심주의라고 정의하고 있다. 따라서 정리해 보면 (1) 성경, (2) 법
과 질서, (3) 좌로나 우로나 치우치지 않는 중심, 즉 균형을 잡고 중용
의 길을 가는 것. 이것이 중서울노회의 길이었다.

안성수 목사는 본인이 시무하던 금곡교회가 경기도 남양주시에 위치
했기에 1980년 10월 제2회 중서울노회에서 경동시찰장으로 봉사했다.
1981년 9월에 제66회 총회가 대전중앙교회에서 개최되었는데 이때 안
성수 목사가 총회 총대로 참여하여 봉사했다.

안성수 목사는 1982년에 중서울노회의 제3대 부노회장으로 선출되
었으며, 1983년 4월 금곡교회에서 개최된 중서울노회 제7회 정기노회
에서 제4대 노회장으로 선출되었고, 가을에 서울 평안교회에서 열린 제
68회 총회에서 공천부원으로 총회 총대로 봉사했다. 선친은 소천하기
전까지 총회에 두 번 총대로 참석하며 봉사했으나, 늘 본인은 교단 정
치보다는 금곡교회 목회를 항상 최우선에 두고 목양에 전념했으며 목양
일심의 길을 갔다.

세계칼빈학회에서 발표하는 안인섭 박사, 미국 웨스트민스터신학교(2018. 8. 28)

나의 아버지, 그리고 존경하는 목회자

아버지의 목회의 특징을 간단하게 요약하면 무엇이라고 말할 수 있을까? 그것은 본 글의 제목인 "사랑으로 역사하는 교회(갈 5:6)"를 세우기 위한 목회라고 요약할 수 있을 것이다. 그 동력은 간단하게 말해서 "말씀과 기도"라고 할 수 있다. 내가 기억하는 아버지는 아침에 일어나 보면 늘 성경에 빨간 색연필로 줄을 그으면서 성경 말씀을 묵상하는 모습이다. 새벽기도를 마치고 나서 집에 돌아와서 계속 말씀을 묵상하시는 것이다. 아버지는 사람들이 붐비는 기도원에 다니는 것을 별로 좋아하지 않았다. 목회 중에 교회 맞은 편 동산에 있었던 6.25때 파 놓은 방공호에서 묵상하고 금식하며 기도하셨다. 기도하던 중에 피곤하면 그곳에 누워 잠을 자면서 늘 기도가 삶이고 삶이 기도였다. 그래서 나는 아버지의 목양의 동력을 "말씀과 기도"라고 하는 것이다.

주일이면 교회 사택에 장로님과 집사님들이 밤 10시 넘어까지 다과를 나누며 대화하고 교제하다 집으로 돌아간 것을 행복하게 기억한다. 동생과 나는 교인들이 집으로 돌아가려고 하면 서운해서 더 있으라고 부탁을 하기도 했다. 참 사랑의 공동체였다.

아버지로서의 안성수 목사는 어떤 분이었을까?

아버지는 아들인 나에게 어려서부터 동화 구연과 웅변을 가르쳤다. 그것도 너무 잘 가르쳐 주셔서 나는 군부대 위문 공연도 다녔고, 초등학교부터 고등학교까지 교내 웅변대회에서 늘 최우수상을 받았다. 당시 금곡에서 서울에 있는 중학교까지 오토바이로 아침에 데려다주시는 날들이 많았다. 참 자녀들에게 사랑이 많았던 아버지셨다.

또 내가 무엇을 하든지 못하게 하기 보다는 더 잘하라고 격려하고 응원하는 아버지였다. 내가 고등학교를 졸업하고 대학과 전공을 결정하지 못하고 헤매고 있을 때, 아주 구체적으로 안내해 주셨다. 그러면서 본인은 목사로서 목회하다 보니 많이 공부할 수 없었는데 아들인 나는 신학자가 되어 목회자들을 돕고 섬기라고 하셨다. 그것이 오늘의 내가 신학자가 될 수 있었던 원동력이었다.

내 동생인 안경미 권사가 기억하는 아버지는 아침에 학교에 갈 때 쇠톱을 갈아서 만든 칼로 연필을 직접 깎아 주셨던 자상한 아버지였다. 웃풍이 있는 사택이라 늘 집에서 두꺼운 조끼를 입으시고 양반다리 하고 앉으셔서 설교를 준비하고 성경을 보시던 모습, 이것이 딸이 기억하는 아버지의 모습이다. 늘 고향인 북한 땅을 생각했고 가족들이 함께 평양냉면을 자주 먹어서 우리 식구는 평양냉면을 좋아했다. 그리고 아버지는 추운 겨울에도 가죽 잠바에 헬멧을 쓰고 교인들을 심방하고 새벽에 교인들을 깨우러 다니신 모습, 이것을 자녀들은 기억한다.

필자는 현재 총신대학교에서 목회자를 양성하는 교육자요 신학을 연구하고 가르치는 학자로 살아가고 있다. 그러나 우리와 우리 다음 세대는 선배 목회자들의 어깨 위에 서 있음을 한시라도 잊지 말아야 한다. 역사는 과거와 현재의 부단한 대화라고 할 때 현대 목회자와 성도들은

안인섭 교수 가족

안경미 권사 가족

한국 교회의 가난했지만, 정말 하나님 사랑으로 행복했고 이웃 사랑으로 아름다웠던 시절과 더 대화하고, 더 배우면서 미래를 꿈꿔야 할 것이다. 그래야 한국 교회가 재도약하고 다시 부흥할 수 있을 것이다.

◆ 참고문헌

김요나, "안성수 목사"『중서울노회사: 21세기를 향한 화합과 전진』, 서울: 대한예수교 장로회 중서울노회 역사편찬위원회, 1997, p.337~342

대한예수교 장로회 금곡교회 홈페이지(http://www.ggc.or.kr)

International Congress on Calvin Research (https://calvincongress.com)

10

1923 • 2007

내 아버지 권태석 목사

권호덕 박사

총신대학교 신학과 (B.A.)
총신대학교 신대원 (M. Div. eq.)
Universität Münster (Mag. theol.)
Universität Heidelberg (Dr. theol.)

전 | 독일 뮌스터장로교회 담임목회, 성산교회 담임목회, 백석대
학교 조직신학교수, 한국개혁신학회 회장, 한국인터넷선교
학회 창립 부회장, 서울성경신학대학원 대학교 총장

저서 | 『종교개혁신학의 내포적 원리』, 『율법의 세 가지 용도와
그 사회적 적용』, 『성경해석으로서 교의학』, 『교회: 예수
그리스도를 실현하는 공동체』, 『교의학의 성경해석』 『성경
의 기도학』, 『하나님 형상, 교회 그리고 영원한 안식』

역서 | 『천년왕국』, 『구약속의 그리스도』, 『신약속의 성령』, 『창조
와 인류의 연대측정법』

몇 년 전에 '아버지처럼 살기 싫었어'라는 드라마를 본 적 있다. 돌이켜 보면 어릴 적 내 마음 속에도 항상 그런 감정이 있었던 것 같다. 이 드라마의 아버지는 자식들 보기에는 항상 부족한 아버지였지만 자식들을 위해 자신의 모든 것을 희생하는 그런 아버지였다. 6.25 전쟁이 끝난 직후 우리가 자라나던 시기에는 모든

권태석 목사

것이 부족한 상태에 있었다. 먹을 것도 입을 것도 거할 곳도 부족한 상황에 놓여 있었다. 그런 상태에서 아버지는 7남매라는 많은 자식과 할머니 그리고 어머니를 포함한 대 식구를 거느리고 산다는 것은 참으로 벅찼을 것이다. 따라서 자식들은 불만족한 상태에서 살아 갈 수밖에 없었고 많은 것을 포기해야만 했던 것이다. 따라서 자식들의 소원을 조금이라도 만족시켜 주지 못하던 아버지에 대해 불만을 가질 수밖에 없었다.

그런데 나의 일생을 돌이켜 보아도 과연 내가 아버지보다 더 나은 것이 있었던가 하는 질문에 고개를 가로 저을 수밖에 없다. 배운 것이 나보다 적었다 해도 아버지는 위대해 보인다는 것은 모든 자식들의 고백일 것이다.

2007년 10월 27일에 아버지〈권태석(權泰錫, 1923년 8월 25일[음력]~2007년 10월 27일)〉가 돌아가시기 전 입원 중에 있으면서 다른 환자들과 대화를 하는 아버지는 "나는 한 번도 아버지를 못 보았다"라고 말했다. 그 순간 나는 그 동안 내가 아버지의 이런 마음을 조금도 헤아리지 못하고 살았구나 하는 생각에 가슴이 미어지는 것 같았다. 아버지는 첫돌 지나고 할아버지가 세상을 떠나셨기 때문에 자녀들에게 말은 하지 않았지만 평생 동안 자기 아버지를 그리워하며 사신 것이다. 지금 생각하니 그런 마음을 헤아리지 못한 우리 형제자매들은 참 불효를 했다는 생각이 든다.

할아버지

  아버지의 삶을 이해하려면 할아버지 이야기를 하지 않을 수 없다. 우리 할아버지 권사연(權士淵) 공(公)은 안동 권가 부정파 34대손 3대 독자로 경상북도 의성군 안평면에서 태어났다. 사진 한 장 남기지 않은 분이니 할아버지에 대해 많은 것을 알 수 없다. 내가 어릴 때 할아버지의 여동생, 곧 나의 왕고모님이 우리 집에 사신 적 있는데, 그때 할아버지에 대해 조금 들었다. 할아버지는 농사를 지었는데 참외 농사를 하여 시장에 나가 팔 때 할머니 될 분이 오면 매우 많이 주었고 그것을 본 왕고모님이 자기 오라버니를 놀렸다고 한다.

  할아버지는 고향 동네에 복음이 들어오기 시작하면서 예수를 믿고 다른 사람들보다 먼저 머리를 깎았다고 한다. 아마 대구에 주거지를 둔 미국 선교사들의 전도활동 루트 가운데 우리 고향이 포함되어 복음을 빨리 받은 것 같다. 왕고모님의 증언에 의하면 할아버지는 다른 사람들보다 먼저 긴 머리를 자르고 신앙생활을 시작했다고 한다. 효심이 지극하여 장날이면 땔감 두 짐을 교대로 지고 시장으로 가서 그것을 팔아 부모님들이 좋아하는 생선을 사 오기도 했다고 한다. 그 당시에는 청어

조부 권사연(權士淵)의 묘비

권태석 목사

조부와 형제들이 지은 광암교회

광암교회에 초청받은 권호덕 박사

가 많이 나왔다고 한다. 증조 할아버지는 처음에는 아들이 예수를 믿
는 것을 매우 못마땅히 여겼다고 한다. 그런데 이런 효자가 믿는 예수
가 어떤 분인지를 알기 위해 교회 나와서 예배드리다가 보이지 않는 그
무엇이 이마를 쳐서 손에 들고 있던 담뱃대를 떨어뜨렸다고 한다. 물론
증조 할아버지는 그 순간부터 예수를 믿었고 담배도 끊었다고 한다.

우리 고향이 선교사들의 선교사역 길목에 있었다는 것은 큰 복이었
다. 이런 이유 때문에 의성군에는 역사가 오래된 교회들이 많이 있다.
또 교계에 유명한 인사들도 많이 나왔다. 전 장신대 학장이던 고(故) 이
종성 박사, 합동측 증경 총회장인 고(故) 신세원 목사 등은 의성 출신이
다. 이곳에서 태어난 할아버지는 믿는 형제들과 더불어 산으로 가서 나
무를 베어다 예배당을 지었다고 한다. 그 교회는 지금도 경북 의성군
안평면 광암리에 있고 이름은 '광암교회'이다. 우리 마을에 넓은 바위가
붙어서 동네 이름이 그렇게 붙었다고 한다. 할아버지는 평범한 농부였
는데 독립운동도 했다고 한다. 물론 해외로 나가서 독립운동하지 않고
여러 지역(3개 군)을 돌아다니며 독립정신을 고취시켰다고 한다. 3.1
운동 때는 여러 지인과 일본 경찰서 3개를 물리적으로 공격하여 파괴했

다고 한다. 그 행동 때문에 일제의 법정에서 실형을 언도받고 거의 3년 간 옥살이 하면서 심한 고문을 받았다고 한다. 할아버지는 감옥에서 나온 후에 얼마 지나지 않아 세상을 떠났다고 한다. 그때 4대 독자인 아버지는 첫돌이 지났다고 한다.

고모님의 증언에 따르면, 할아버지는 고향 지역에서 3.1 만세 운동을 지도했는데, 모두가 경찰서에 붙들려 갔다고 한다. 그 지역 형사들이 보니 붙들려 온 사람들이 모두 교회에 다니는 교인들이었다고 한다. 그 형사는 고향 사람들에게 기회를 주기 위해 이제 더 이상 교회에 나가지 않으면 풀어준다고 하니 믿음이 약한 사람들이 돌아가고 할아버지 혼자 남아 결국 형을 받고 감옥살이를 했다고 한다. 흥미롭게도 필자는 할머니와 오래 동안 같이 살았는데 할머니는 한 번도 이런 이야기를 들려주지 않았다. 아마 할아버지 없이 네 자녀들을 키우시느라 그럴 마음의 여유가 없었을 것이다. 이 이야기는 우리 후손들에게 매우 고무적이었다. 사실상 할아버지는 순국했을 뿐 아니라 순교했다고도 볼 수 있다. 나는 얼굴도 모르고 그 분에 대한 아무런 정보도 모르지만 그의 이런 신앙이 참으로 큰 격려가 되었다. 예수를 위해서는 심지어 목숨까지도 희생할 수 있어야 된다는 신앙 전통이 후손들의 가슴속에 남아 있게 한 것이다.

아버지의 형제자매들, 그리고 받은 교육

할아버지는 2남 3녀를 낳았는데 그 중에 장남은 일찍 죽고 막내인 아버지와 딸 셋을 두었다. 맏딸은 결혼하여 일본으로 가서 살다가 오래전에 세상을 떠났고, 둘째 딸은 80세 정도 살다가 세상을 떠났으며, 셋째 딸은 장로 부인으로 있다가 70세 전에 세상을 떠났다. 필자의 기억으로는 고모님들 모두 신앙이 참 좋았다. 고모님들은 막내 동생인 아버지를 무척 사랑했고 늘 위하여 기도한 것으로 알고 있다.

아버지가 어떤 교육 과정을 거치면서 성장했는지 확실히 알 수 없다. 다만 들은 것을 종합하면 아버지는 일찍 한문서당에 다니면서 글을 배웠다고 한다. 유감스럽게도 소학교(초등학교)에는 다니지 않은 것으로 알고 있다. 중학생 때 아버지는 그의 큰 누님이 있는 일본으로 가서 중학 과정의 공부를 좀 하다가 가정을 위해 노동을 했다고 한다. 그때 노동의 대가로 얻은 돈으로 고향의 문전옥답을 샀다고 한다.

귀국해서 20세에 오씨 문중의 규수(오태임)와 결혼한 다음 소명을 받고 안동고등성경학교에 입학하여 사역의 길에 발걸음을 내 디딘 것 같다. 그때 맏딸인 해방둥이 나의 누님이 태어났다. 아버지는 내가 태어날 즈음에 안동고등성경학교를 다니다가 6.25 전쟁으로 중단했다가 전쟁 이후에 다시 공부를 해서 졸업했다.

목회 사역

아버지는 안동고등성경고등학교를 마친 다음 경북 의성군 단촌면 중심 교회인 단촌교회의 청빙을 받아 사역을 시작했다. 물론 아직 신학교 공부도 하지 않았고 목사 안수도 받지 않았기 때문에 노회목사를 돕는 '조사'라는 신분으로 사역을 했다. 아버지는 전도 강연에 큰 은사를 받은 것 같다. 교회의 청년들과 함께 이 마을 저 마을 찾아 복음을 전했는데 많은 사람이 예수를 믿은 것으로 기억된다. 아버지에는 나름대로 방법이 있었다. 놀랍게도 아버지는 아코디언으로 찬송가를 잘 연주했다. 물론 체계적으로 배운 것은 아니지만 그 당시로서는 솜씨가 좋았던 것 같다. 어느 마을을 방문하면 먼저 아코디언으로 찬송가를 연주하고 청년들이 찬송가를 부르면 그 마을의 어린이들은 물론 어른들이 많이 모여들었다. 찬송가 몇 곡을 부른 다음 십자가의 도와 부활의 소망에 대한 복음의 핵심을 설교했다. 그 결과 상당히 많은 사람들이 교회에 나온 것으로 기억된다.

또 아버지는 그 당시 선교사들이 보급한 '구락부 운동'을 통해 학교에 다니지 못한 청년들에게 글을 깨우칠 수 있도록 특별 강좌를 열었다. 초등학교에 가는 시기를 놓친 수많은 청년이 마지막 배움의 기회를 놓치지 않기 위해 참석했다. 이 구락부 운동은 소위 '4H 클럽 운동'과 연관되어 있는데, 18세기 독일과 프랑스 국경 지역인 알사스 로렌 지역에서 복음과 농촌 봉사활동으로 농촌을 계몽하여 영육(靈肉) 간에 아울러 삶의 질을 향상시킨 프리드리히 오벌린(F. Oberlin) 목사로 거슬러 올라간다. 지금 돌이켜 생각해보니 그 당시 단촌에서는 복음이 세상 속으로 파고들어가 문화를 변혁시킨다는 느낌을 받았다. 나중에 우연히 아버지 서재에서 장공 김재준 박사의 편저(編著)인 '농촌의 사도 오벌린'이라는 책자를 발견하고 읽은 적이 있는데, 아버지는 그 책 내용을 잘 실천하셨던 것 같다. 필자는 신학교 교수 시절 이 책을 학생들에게 읽힌 적이 있는데, 교회 개척에 도움이 될 수 있는 그런 책이었다.

아버지의 그런 활동의 결과는 내 기억으로 원근 각지 대여섯 마을에서 온 많은 청년이 단촌교회 주일 예배에 출석했다. 그 중에 더러는 믿음으로 성장했으나 더러는 환경의 변화와 더불어 믿음에서 떠난 사람들도 있었다. 한 가지 확실한 것은 그 당시 단촌교회가 그 지역 사람들에게 빛과 소금의 역할을 했다는 점이다. 예수를 믿지 않은 사람들도 교회에 다니는 사람이면 존중했다. 그때 내 바로 밑 남동생인 권성덕(현재 LA 어느 한인 교회 장로)이 태어났다

이렇게 사역을 한 다음 아버지는 총회신학교(총신대)에 입학하여 3년간 신학공부를 했다. 신학교 시절 아버지는 파주 지역에서 개척교회를 시작했는데, 그때 천막 교회에서 찍은 사진은 지금도 보관하고 있다. 노년에 그 곳을 방문하고 그 교회가 많이 발전한 것을 보고 기뻐하

던 모습이 선하다.

신학교를 마치고 아버지는 강도사 고시에 합격함과 동시에 다른 지방 교회의 초청을 받아 가시고 고향에는 할머니와 누님, 그리고 나 세 사람이 남았다. 목사가 귀하던 그 시대에는 강도사도 담임 목회자 역할을 한 것이다. 그것이 경북 의성군 금성면에 있는 제오교회이다. 그때 나는 초등학교 3학년이었는데(1957년) 그 동네는 시골이었지만 대부분의 성도들이 부농이었고 교인들의 마음 씀씀이가 매우 풍성했다는 생각이 든다.

그런데 아직도 이해되지 않는 것은 그 곳에서 3년간 목회한 후에 아버지는 갑자기 사임하시고 공부를 더 하겠다는 마음으로 그 곳을 떠난 것이었다. 어머니의 증언에 의하면 어느 날 낯선 사람이 교회를 찾아와서 아버지를 부추겼다고 한다. 시간이 지난 다음에 어느 정도 알 수 있었던 것은 그때 아버지의 행동은 잘못된 판단이었다.

그 후 1960년에 청송군 현동면 도평교회 담임목사로 부임했다. 그 교회는 꽤 큰 마을의 중앙에 위치했는데, 언뜻 보아도 교회가 큰 역할을 하는 것 같았다. 그 교회에는 심이팔 장로 한 분이 있었는데, 그의 온 가족이 일심으로 교회를 섬기는 것을 보았다. 그 당시 대구 경북대학교에 다니던 맏아들(현재 심영초 은퇴교사)이 있었고, 대구 계성고등학교에 다니는 둘째 아들(故심영경 목사), 그 외에 여러 딸이 있었는데 우리와는 친형제와 자매들처럼 지냈다. 내 막내 여동생인 권주현(역사학 박사)이 그때 태어났다. 유감스럽게도 1959년 한국 장로교회가 통합 측과 합동 측으로 나누어질 때 전국적으로 분쟁이 일어났다. 도평교회도 예외는 아니었다. 한 교회는 둘로 나누어졌고, 이 두 교회가 같은 예배당에서 시간을 달리하여 예배를 드렸는데, 통합 측 목사 되시는 분은 같은 사택 다른 방에 거주했다. 내가 듣기로는 물리적인 충돌이 일어났을 때 아버지는 상대방 교회의 청년으로부터 타격을 받았다고 한다. 결국 교회 문제를 해결하기 위해 양측 목사가 사임을 하도록 노회가 조정해

신학교 시절

의성 철파교회 개척

철파교회

서 아버지는 다시 그 곳을 떠나게 되었다. 아버지는 거기서도 전도강연을 많이 한 것으로 들었다.

그 다음 노회가 파견한 교회는 의성읍 남쪽 지역에 있는 오로교회였다. 오로동은 의성에 가장 높은 오토산 북쪽 자락에 위치했는데, 오로교회는 그 마을 입구에 위치해 있었다. 그 교회는 여러 면에서 열악한 상태에 있었다. 아버지는 교회가 없는 인근 몇 지역에 자전거를 타고 다니면서 설교도 하고 심방도 해주었다. 물질적인 면에서는 많은 어려움이 있었으나 영적인 면에서는 풍성한 은혜를 누리던 곳이었다.

그 다음 아버지는 경중노회의 중심인 의성읍교회가 파견한 목사로 의성읍 북쪽에 위치한 철파에 교회를 개척하기 시작했는데, 그 교회는 지금 크게 부흥되었다. 그 당시에 막내 동생인 권영철(한전 원자력발전부서 근무)이 태어났다. 아버지는 철파의 뒷동산에 교회 부지를 매입하고 교인들과 더불어 예배당을 지었다. 그것이 사진으로 남아 있는데 성도들이 함께 교회를 세워간다는 점에서 매우 아름다운 장면으로 보인다. 교회를 세운 다음 아버지는 의성군 남쪽 지역에 위치한 춘산면에 있는 춘산교회를 잠시 맡아 사역하다가 대구 남쪽에 있는 청도군 이서면 학산교회로 옮겼는데, 의성을 떠나 멀리 대구 근방으로 이사 온 것은 우리 가족에게는 참으로 많은 변화를 가져왔다. 이 교회는 경청노회에 속했다. 그 당시 내가 대구에서 고등학교를 다녔기 때문에 아버지는 이동을 결심한 것 같은데, 이를 통해 동생들이 대구에서 공부할 수 있는 여건이 마련되는 계기가 되었다.

아버지는 이 교회에서 마음 고생을 많이 하신 것 같다. 돌이켜 보면 그 교회 전임 목회자들이 교인들에게 성도의 기본 윤리도 가르치지 않은 것 같았다. 장로가 함부로 교회를 휘두르고, 여자 집사 둘이 안하무인격으로 행동했다. 이런 사람들의 공통점은 하나님 앞에 진지하게 기도하지 않는다는 것이다. 아마 이런 일은 지금도 수많은 교회에서 일어날 것이다. 따라서 목회자들은 교회 헌법과 기독교인의 윤리 강령을 철저하게 가르쳐야 할 것이다. 그들은 장로교회가 무엇인지도 모르는 것 같았다. 그럼에도 그 교회 안에 신실한 성도들이 있어서 아버지와 어머니에게 큰 위로가 되었다. 내 기억에도 이들은 참으로 성령 충만했고 하나님의 교회를 사랑하며, 말없이 봉사하는 자들이었다. 아마 지금은 모두 하늘나라에 갔을 것이다.

아버지와 어머니는 교회 임지를 옮기는 것이 하나님의 뜻으로 여겨 이를 위해 기도하기 시작했다. 그런데 얼마 되지 않아서 경산군 압량면에 있는 당리교회의 이종기 장로님이 와서 일방적으로 아버지를 모셔가려고 했다. 처음에는 아버지도 당황하여 주춤하시는 것 같았다. 나중에 알고 보니 같은 노회에서 매우 존경을 받으며 목회하시는 당리교회 근방에 있는 남산교회의 이병철 목사님이 아버지를 그 교회로 소개하면서 선보는 일도 하지 않고 청빙한 것이다. 어머니는 이것이 기도의 응답으로 확신하고 아버지에게 빨리 결단할 것으로 권했다. 그리고 나서 한 주간이 지난 후에 그 교회 집사님들이 트럭을 가져와 이삿짐을 운반했다. 참으로 갑작스러운 이동이었다. 마지막 떠나는 날 새벽기도회에서 아버지는 하나님께서 세우신 목회자의 권위에 대해 설교하되 성경 속에서 이 권위를 무시하다가 멸망한 자들을 소개하면서 경고하는 설교를 하는 동시에 남은 성도들을 위해 간절히 축복하는 기도를 하고 그 교회를 떠났다. 하나님의 인사이동은 이렇게 갑자기 이루어지는구나 하고 감탄할 뿐이었다.

경북 경산군 압량면 당리동에 위치한 당리교회는 여러 면에서 학산교회보다 훨씬 더 좋았다. 우선 성도들이 기도에 힘쓰는 교회였다. 아마 이전에 고려교단 소속으로 있으면서 이런 신앙의 전통을 이어받은 것 같았다. 청년들이 직장에서 돌아와 혼자서 한참 기도하다가 귀가하기도 했다. 교회 건물도 더 크고 사택도 더 커서 편리한 점이 많았다. 교회가 자인면 접경 교량에 위치했기 때문에 사람들은 이 동네를 '자인교'라고 불렀고, 대구로 가는 버스가 많아서 대구에서 일하고 공부하는 동생들이 쉽게 집을 드나들 수 있었다.

아버지는 그곳에서 가장 행복한 목회 생활을 한 것으로 여겨진다. 무엇보다 어머니가 그 곳을 좋아하셨다. 이사 간 첫해에 나는 아버지 곁에 머물면서 교회 봉사에 몰두했다. 시골이라서 그런지 아직 교육전도사 개념도 없었다. 어쩌면 신학교에 가 보지도 못한 내가 교육전도사 역할을 한 것 같다. 어릴 때부터 교회 중심으로 살면서 선생님들에게 눈치껏 배운 대로 유년주일학생들을 지도했다. 그 아이들 중에 미국대학에서 교수생활을 하다가 신학을 공부한 다음 목사가 되어 목회하는 이도 있다. 그 외 다른 아이들도 대부분 지금 신앙생활을 잘하고 있다는 소식을 듣고 있다.

그해 옆 마을에 있는 같은 노회에 속해 있는 한 교회와 통합되었다. 참으로 고무적인 일이었다. 그 교회 목사님은 다른 임지로 가서 훌륭하게 목회사역을 감당한 것으로 나중에 들었다. 모든 성도가 당리교회로 출석하게 되었다. 그 교회 장로 아들 중에 하나인 문승우가 나와 거의 같은 연배였는데, 성가 지휘를 잘했고 나와 함께 열심히 교회 봉사를 했다. 그는 리더십이 있어서 경청노회 청소년면려회 회장으로 일하면서 여러 가지 행사도 인도했다. 그 친구는 경북대 의과대학을 졸업하고 지금은 의사로 일하고 있다.

그해 성탄절은 아버지 목회에서도 잊지 못할 절기였다. 나와 그 친구는 함께 성탄절 행사를 준비했다. 주일학교 학생들을 12월 초부터 교회에 나오라고 해서 여러 가지 순서를 연습하고 준비시켰다. 학생들도 매우 신나게 참여했다. 성탄절이 가까워 오자 나는 그 친구와 산에 가서 꽤 큰 소나무 한 그루를 캐 와서 성탄절 트리를 만들어 교회당 안에 세우고 여러 가지로 장식했다. 어른들은 새벽기도회를 마치고 교회의 모든 조명을 끄고 성탄절 트리의 불빛 아래서 기도하는 것을 매우 즐기시는 것 같았다.

성탄절 저녁 행사는 내가 단촌교회 유년주일학교 시절에 우리 선생님들이 한 프로그램을 다시 연출했는데 별 어려움 없이 진행되었다. 그날 저녁 행사는 성황리에 진행되었고 모두가 만족했다. 마을의 불신자들도 교회의 이런 행사를 즐거워하는 것 같았다.

그 당시 기억에 생생하게 남는 것 중에 하나는 아버지가 성령의 능력으로 교인들의 가축 병을 고치는 일이었다. 어느 날 아침 교회 집사 한 사람이 급하게 아버지를 찾았다. 지금 자기 양계장의 닭들이 병들어 모두 졸고 있다는 것이었다. 그 당시 시골에서 이런 산업은 그들의 생활에 중요한 부분이었다. 아버지는 즉시 함께 가서 닭장 안에서 두 손을 펴고 간절히 기도했는데 병이 다 나았다고 한다. 이 이야기는 아버지로부터 내가 직접 들은 얘기이다.

아버지 목회에서 또 하나의 특별한 것은 성찬식을 매우 은혜롭게 거행한 것이었다. 성찬식에 대한 깊은 이해를 가져서 그런지 성찬식을 거행할 때마다 교회 전체가 큰 은혜를 받는 것 같았다. 아마 전도 강연을 하면서 십자가의 道와 부활의 道에 대해 많이 설교하면서 성찬의 의미를 깊이 있게 묵상한 결과로 보인다.

아버지는 당리교회에서 거의 10년을 목회하시고 다시 교회개척에 관심을 가지셨다. 가족들이 말렸지만 그는 감행했다. 그때 내가 총신대 신대원에 다닐 때였는데, 아버지는 내 눈치를 많이 보는 것 같았다. 내가 잘 하셨다고 하니 매우 좋아하셨다. 그러나 어머니는 상당히 언짢아 하셨다. 개척지역은 부산 근방에 있는 기장읍이었다. 기장은 기장미역으로 유명한 지역이다. 거기에 몇몇 성도가 중심이 되어 교회가 시작되었는데, 내가 대학원시절에 친구들과 함께 가 보았더니 처음에는 참으로 초라하기 그지없었다. 그러나 시간이 지남에 따라 교회가 정상화 되어갔다. 나는 지금도 그때 그 헌신적인 성도들의 얼굴을 기억하고 있다. 교인들 상호간의 친화에는 어머니 역할이 컸다는 것이 사실이다. 사실 그 동안 아버지 목회에 있어서 눈에 보이지 않게 작용한 것은 어머니의 친화력과 지혜였다. 어머니는 과장할 줄도 모르고 말을 아끼며 인내하고 상대방을 잘 배려하는 분이다. 따라서 교회의 모든 성도들이 어머니를 좋아하셨다.

아버지는 기장제일교회를 개척하고 다른 분에게 맡기신 다음 양산시 주변에 양산동부교회를 개척하신 다음 70세 정년을 맞아 목회 일선에

개혁신학자 권호덕 박사 부부

권호덕 박사의 부친과 모든 후손들

서 물러서셨다. 그리고 지병으로 대구에 있는 집에 머무시며 치료를 하시다가 2007년 10월 27일에 소천하셨다.

아버지의 자녀교육

아버지는 특별한 가정교육을 하지 않았다. 아버지는 자녀들에게 강요하는 교육을 하지 않은 것으로 기억된다. 매일 저녁이면 온 식구들이 모여 앉아 예배를 드렸는데, 아버지는 성경 한 장을 돌아가면서 읽게 하고 그 중에 중요한 구절은 그 자리에서 암송시켰다. 그때 암송한 성경구절은 지금도 우리 입가에 맴돌고 있다. 지금 생각해보니 매일 드리는 가정 예배야말로 참으로 좋은 자녀 교육의 수단인 것 같다. 성경을 윤독한 다음 우리는 하루 한 사람씩 기도를 했는데 이를 통해 가족들 사이의 영적인 상태를 감지할 수 있었고, 자신이 좀 처진다고 여긴 사람은 신앙의 발전을 위해 노력을 했던 것 같다.

그리고 아버지는 우리 형제자매들이 새벽기도회 참석하는 것을 매우 강조하셨다. 졸음에 눈이 떠지지 않아도 우리는 새벽기도회에 참석했고, 그런 습관이 지금도 남아 새벽기도를 하지 않으면 무언가 허전함을 느낀다. 내가 입대하자 아버지는 부대장에게 편지하여 내 안위를 걱정했다. 이것은 6사단에 갔을 때도 파월 근무 때에도 그렇게 했다. 아버지는 겉으로 사랑을 나타내지는 않았지만 자녀들을 은근하게 사랑하신 것 같다.

우리 7남매는 아버지가 목회 생활을 하는 것을 보면서 안쓰러운 생각이 들어서 그런지 너무 일찍 철이 들었던 것 같으나 후회는 없다. 목회자의 자녀로 태어나 많은 고생을 했지만 지금은 자기들이 살고 있는 지역에서 모범적인 믿음의 삶을 살며 자기 위치에서 맡은 직분을 잘 감당하고 있다.

나가면서

　아버지는 독립운동을 하다가 일찍 돌아가신 자기 아버지를 모르고 자라났기 때문에 가장(家長)의 사랑과 엄한 교육도 받아 보지 못했다. 또 일제 강점기에 정식 소학교도 다니지 못했다. 많은 교육을 받은 것도 아니다. 그런데 아버지는 나름대로 가족들을 위해 최선을 다하신 것으로 기억된다.

　하나님은 아버지에게 여러 가지 은사를 주셔서 목회 사역을 잘 감당하신 것 같다. 교회 내에 귀신들린 사람들이 생기거나 출석하면 아버지는 기도로 귀신을 내쫓는 일이나 병든 자들을 낫게 하는 사역도 했는데, 내가 이런 은사 운동에 대해 반감을 가지지 않은 것은 어릴 때 그런 일들을 보았기 때문이다.

　아버지가 하나님으로부터 받은 사명은 전도하고 교회를 개척하는 일인 것 같다. 아버지 없이 자라나면서 교육도 제대로 받지 못했지만, 자기에게 맡겨진 목회 사역을 잘 감당한 것으로 생각된다. 마지막으로 '아버지는 위대하다'라는 말을 하고 싶다.

1924 • 2014

기도와 사랑을 실천한
노윤석 목사

안명준 교수

중앙대학교
합동신학대학원대학교 (M.Div.)
Reformed Theological Seminary (Th.M.)
Westminster Theological Seminary (Th.M.)
Universiteit van Pretoria (Ph.D.))
현 | 평택대학교 피어선신학전문대학원 원장, 한국장로교신
학회 회장, 칼빈탄생 500주년 기념사업회 실행위원장
전 | 한국복음주의신학회 회장, 한국개혁신학회 부회장
저서 | 『칼빈해석학과 신학의 유산』, 『칼빈의 성경해석학』,
『성경조직신학』
공저 | 『한국교회를 빛낸 칼빈주의자들』,
『전염병과 마주한 기독교』

고향과 부모

저의 장인 어르신 노윤석 목사님은 1924년 3월 28일 평안북도 선천군 수청면 고읍동 59번지에서 아버지 노효풍과 어머니 김순보 사이에 태어났다. 그의 형님으로 노윤승, 노윤경(목사)이고 누님으로 노윤명, 여동생으로는 노윤래(권사), 노윤옥(사모)이 계신다. 그의 선조와 친척들은 신앙의 가문으로 조선예수교장로회 사기(상)에 기록되었는데, 선천군읍교회를 세

노윤석 목사

운 노효준, 노국전, 노효몽, 노효진, 노효함, 노효욱 그리고 노정관이다.

일찍이 기독교를 노가(魯家) 마을이 받아들여서 각 가정마다 목회자들을 배출하였는데, 노 목사님도, 형님도 목회자가 되었다. 그는 이와 같은 기독교 환경 속에서 유치원 교육도 받고, 초등학교 교육도 받고, 중고등 교육도(선천 상업학교) 받았다.

그의 고향은 미국 선교사님들이 와서 보고 고읍동은 밭이 많으니 사과나무를 심도록 함으로써 중고등학교 다닐 때는 가난한 농촌이 부촌이 되었고, 선천에서는 고읍사과가 유명했다고 한다. 하나님을 모시는 마을은 영적, 육적으로 부한 마을이 되었다고 말하였다. 당시 문화적으로 낙후한 모습을 하나 소개하면 처음 선교사들이 마을에 왔을 때 자전거를 타고 왔는데 온 동네 사람들이 안경같은 것을 타고 왔다고 구경을 했다고 한다.

---

1 이 글은 노윤석 목사의 자서전〈하나님의 은혜 감사 간증서〉(2008)에 근거하였으며, 장녀인 노혜정 권사와 노혜선 사모의 체험적 이야기를 포함하고 있다.

성장과 교육

노윤석 목사는 성장과정에서 사선(死線)을 세 번이나 넘었다. 첫 번째는 3살 때 늑막염에 걸린 일, 두 번째는 6살 때 마당 한 모퉁이에 있는 우물에 빠졌다가 살아난 일, 세 번째는 초등학교를 졸업하고 열이 40도가 넘는 열병에 걸려 다 죽게 되었는데, 마침 웅담을 구해서 먹고 살아난 일이다. 죽을 고비를 3번이나 넘기며 살려 주신 하나님의 은혜에 항상 감사하며 목사의 자격은 안 되고 교회를 잘 섬기는 장로가 되고 싶었는데 하나님의 뜻은 목회자로 부르심이었다고 한다. 그는 6살 때 고읍교회가 운영하는 유치원에 입학하였는데, 가끔 자랑삼아 "내가 그 옛날에 유치원 다닌 유치원생이었다고 웃으면서 말씀"하시곤 하여 식구들을 웃게 했다. 1935년 봄에 숭신학교(가물남장로교회에서 설립)라는 초등학교에 입학하여 6학년 졸업할 때까지 1등했다고 한다.

1940년 봄에 숭신학교를 졸업하고 선천상업학교(제 을종 3년 과정)에 무난히 합격하여 다니던 도중 군대 가기 전에 결혼하고 가야 한다고 하여 한 번 맞선보고 결혼하고 학도병 1기로 차출되어 군입대를 하게 되었다. 군복무 도중에 폭격을 맞아 부대가 흩어지는 바람에 만주로 도망하여 독립군에 가담하리라고 결심하고 북쪽 산속으로 헤매다가 사람을 만났는데, 우리나라가 해방이 되었다는 얘기를 듣고 하나님께 너무 감사하여 감사의 기도를 올렸다고 한다. 1945년 8월 15일 마침내 해방이 되고, 1945년 9월 초 학교가 개강을 하여 1946년 7월에 졸업하였다. 졸업 후 초등학교에 취직하려고 군 교육과의 서류 이력서 종교란에 기독교라고 썼더니 "예수 믿는 사람은 안 된다"고 한마디로 거절하여 월남해야겠다고 생각했다. 어느 날 밤 자정에 민청들을 동원하여 민주당원을 체포하여 각 동네 공산당 사무실에 감금시켜 놓고 한 사람씩 끌어

내어 무릎을 꿇게 하고 몽둥이로 때려서 억지로 당원에 입당시키는 것을 보고 월남하기로 결심하고, 부모님과 가족들에게 가을에 통일되면 그때 다시 만날 것을 약속하고 월남하였다. 1947년에는 파주에 있는 천현국민학교에서 교사로 3년간 근무하였고, 1951년 부산 고려신학교에 입학하여 1958년 별과 3년을 마쳤다. 그는 평생 3곳에서 목회를 하였는데, 첫 부임지 경북 인동장로교회, 영등포 한남교회, 그리고 서울 숭신교회였다.

결혼과 사모

1943년 12월 겨울방학을 하고 집에 돌아오니 부모님께서 승지동에 좋은 가문의 처녀가 있는데 승지동교회의 장로님이 중매쟁이로 나섰으니 맞선을 보라고 하여 딱 한 번 보고 이듬해인 1944년 3월 21일로 부모님들이 날을 정하였다. 당시 선천의 갑부이며 신앙이 좋은 김의백과 장일신 사이에서 태어난 19살의 김춘옥과 결혼을 하게 되었는데, 이 결혼은 하나님의 전적인 은혜였다고 고백하였다. 왜냐하면 그녀의 형부가 숭신교회를 설립한 전칠홍 목사(사모는 김명옥)이며 동서이므로 그의 신앙지도와 진로 문제와 목회 등 많은 도움을 받았고, 또 사모님의 마음씨도 바르고 착하여 목회생활에 큰 도움을 주셔서 성도를 보살피고 하나님의 교회를 이루어 나가시는데 큰 힘이 되었기 때문이다. 후에 부부는 노혜정 권사와

노윤석 목사와 김춘옥 사모

노혜정 권사의 가족과 노혜선 사모 가족

동생인 노윤래 권사와 노윤옥 사모, 필자의 아내

노혜선 사모를 낳았다.

　김춘옥 사모의 신앙은 교회의 여러 부서에서 성도들의 모범이 되셨
다. 말씀도 없으시고 나서지도 않으셔서 성도들이 사모가 누구신가 물
어볼 정도로 묵묵히 가정과 교회를 섬기셨다. 특별히 경제적으로 어려
운 성도들을 그의 동생인 대한광학의 김병철 회장에게[2] 취업을 부탁하
여 여러 사람을 취업시켜주셨다. 김병철 회장은 한국의 경제발전에 크
게 공헌한 기업인이며 4.19 혁명 때 연세대학교 학생회를 주도적으로
이끌었다. 또한 교회에 찾아오는 거지들에게 항상 자선을 베풀었는데
술을 먹거나 담배를 피우는 자들에게는 결코 자비를 베풀지 않았다.

　김춘옥 사모는 일생에 가정과 교회밖에 다른 것은 모르셨다. 말씀과
기도로 생애를 사신 분이시다. 항상 목사님의 야당이셨다. 목회하실 때
어려움이 생기면 성도들의 말에 귀기울이는 것을 우선시하라고 조언하

2　그는 한국의 경제발전 현장에서 큰 활동을 하여 산업포장, 상공부장관 표창, 대통령 표창,
　국무총리 표창, 국방부장관 표창 그리고 석탑산업훈장을 수상하였다. 박정희 대통령 시
　절에 한국인들이 미국에 이민갈 수 있는 쿼터를 최초로 미국 정부로부터 공식적으로 얻어
　내었다. 그가 모범 경제인으로 한국 최초로 카메라(코비카)를 개발한 대한광학을 중심으
　로 1983년 MBC 현장드라마 '내일은 태양'에 방영되었다. 2016년 5월 13일에 연세대학교
　박물관에 신라 삼층석탑과 유물 1,803점을 기증하였고 그 유물들이 전시되어 있다. 출처
　https://ko.wikipedia.org/wiki/김병철(1938년). 연세대학교 재학중 4.19 혁명에 주도적
　인 역할을 하였다. 참고 https://news.joins.com/article/23755124(2020. 04. 15.)

김병철 회장과 연세대 총장

연대박물관(2016. 5. 13)

시고 성도 편에서 말씀하시곤 하셨다. 또 좋지 않은 말이 들릴 때는 목사님도 사람이기 때문에 나쁜 말은 안 좋아 하니 목사님 알지 못하도록 늘 신경쓰시고, 예수님도 제자에게 팔리시고 우리 위해 십자가 지셨는데 우리같은 죄인이 받는 고통은 고통이 아니라고 말씀하시고 교회가서서 기도로 해결하시도록 도우셨다. 주일에 어느 성도가 안 왔는가를 꼭 살펴보시고 성도들의 신앙생활도 기도로 또는 상담으로 도우시며 성도들의 사생활에 대해서는 무슨 일이 있어도 침묵해야 한다며 말없이 목회를 잘 도왔다.

김춘옥 사모는 "목사는 항상 바른말과 정확한 말, 하나님 말씀만 해야 한다"고 하시면서 농담 같은 대화를 아주 싫어하셨다. 성경 말씀에 "롯이 구원 받았을 때 천사가 집안식구들을 모으라고 했을 때 사위들이 농담으로 여겼다"라고 하시면서 평소에 롯이 가장으로서 권위가 서지 못했고 말의 신빙성이 없었기 때문이라고 하시면서 목회자의 바른생활이 집에서나 교회에서나 같아야 한다고 주장하였다.

재미있는 일화가 있다. 한번은 노 목사님이 주일 설교를 하고 집에 오셨는데, 사모님이 설교내용을 말씀하시니까 웃으면서 "그럼 다음 주 설교는 우리 사모님이 하시겠습니다" 라고 광고하시겠다고 하여 식구들이 모두 웃은 적이 있다고 한다. 설교 중에 예를 드는 성경 말씀은 꼭 그 자리에서 찾아 보신다. 항상 설교와 목회활동을 묵묵히 옆에서 도우시는 분이었다. 그리곤 늘 하는 말씀이 "목사 사모가 되면 신앙생활을 잘 할 수 있을 것 같아서 남편이 목회자 되기를 바랐기 때문에 사모가 된 것은 너무 잘한 일이다. 한 번도 후회를 해 본 적이 없다" 라고 하셨다. 이런 사명으로 목회자 사모의 역할을 잘 감당하셨다.

월남과 신학 공부

노 목사의 어머니는 신앙이 좋으셨는데 선천에서 공산당 밑에서는 살 수 없으니 모두 다 남한으로 가야 한다고 주장하였다. 그래서 본인이 친척들과 사돈들도 모시고 남한에 넘겨다주고 마지막으로 본인까지 9번이나 오가셨다. 남한에서 86세까지 장수하시고 돌아가셨다. 월남을 하던 날 바로 옆집에 당원 가족이 살아서 들키면 잡혀가니까 저녁에 밥

고려신학교 졸업 사진

을 일찍 먹고 보따리 싸서 앞대문을 잠그고 뒷문으로 모든 식구가 피난 갈 때 기르던 개가 짖을까봐 조마조마 했는데, 늘 짖던 개도 그날은 짖지 않도록 세밀하게 인도하신 하나님의 은혜가 너무 놀라웠다고 한다.

제주도에서 피난민 생활 중에 가장 비통하고 가슴 아팠던 일은 첫 아들(노현필)을 먼저 하늘나라로 보낸 일이었다. 이 일로 그는 서귀포 앞 바다에서 울면서 통곡할 때 "하나님의 음성이 너 나보다 아들을 더 사랑했지?" 그 말에 회개하면서 내가 하나님보다 아들을 더 사랑했다고 하시면서 우리는 하나님을 제일주의로 섬겨야 한다고 하셨다. 사모님은 그때부터 늘 하나님 나라만을 사모하며 살게 되었다. 아들 현필이 죽어 먼저 보내고 그는 부모님 앞에서 울 수도 없어서 바닷가 바위틈에 엎드려 대성통곡을 하며 "죄 많은 나를 부르시지 천진난만한 현필이를 왜 불러가셨습니까?" 원망 섞인 기도를 하면서 "잊어버리도록, 생각나지 않도록 해 주십시오"라고 기도하면서 며칠을 지내는데, 어느 날 울며 기도하고 있는데 우리 주님이 찾아 오셔서 하시는 말씀이 "천당 간 아들을 생각하며 울지 말고 네가 지금부터 어떻게 예수를 믿고 어떻게 살다가 천국 가서 아들을 만날 것인가를 생각하며 울라! 세상 사람들은 자녀들을 좋은 나라 미국 유학 보내면서 기뻐하는데 네 아들은 천국에 유학 갔는데 얼마나 기뻐해야 하겠는가? 그러므로 감사하라!" 기도 중 비몽사몽간에 이 같은 환상을 보신 후에 회개하면서 기도하기를 "주여 저는 모태 신앙인이지만 아무것도 모르고 교회에 다녔는데 이제부터 성경을 바로 알고, 예수님을 바로 알고 바로 믿으면서 살다가 천국 가서 아들을 만나려고 하니 신학교 보내주십시오. 그러나 신학을 해도 목회자는 되지 않으렵니다. 제 자신이 부족한 것이 많기 때문입니다" 이 같은 기도를 오랫동안 지속하였다고 한다. 그러던 어느 날 대구에 계신 동서인 전칠홍 목사의 편지를 받게 되었다. 편지에 "아들 죽은 곳이 무엇이 좋아 아직도 그곳에 있는가? 빨리 나와서 신학교에 입학하여 공부하라"고

고려신학교의 스승인 박윤선 박사와 필자의 은사인 신복윤 박사

권면하셨다고 한다. 1951년 10월 중순경에 성경을 바로 배우기 위해 정암 박윤선 박사가 교장이고 한상동 목사가 있는 부산 고려신학교에 입학하였다.

그는 새벽기도가 힘들어서 신학 공부를 그만두고 싶었지만 삯바느질하는 아내의 간절한 충고로 신학교를 열심히 다녔다. 힘든 생활 속에서도 하나님이 도와주셔서 사모님은 졸음을 쫓으면서까지 일을 하여 납품 날짜를 꼭 지켜주었기에 신용이 제일 좋다는 평을 들었다고 한다. 지금 사모님의 이마에는 삯바느질해서 먹고살았다는 흔적이 남아있다. 어느 날 밤 한잠도 못 자고 재봉틀을 붙들고 일하다가 깜빡 졸아서 실타래를 꽂는 쇠꽂이에 부딪혀서 앞이마가 깨졌고 그 흉터가 이마에 남았다고 한다. 이처럼 사모님의 내조는 그의 목회에 결정적인 요인이 되었다.

인동교회 담임

1952년 봄 고신 예과 2학년에 진급하여 계속 공부하는데, 그 당시에는 교회를 담임하고 있는 전도사들을 위해서 월요일과 토요일은 공부를 안 하고 휴강을 했다고 한다. 그래서 그는 금요일 저녁차로 대구의 집

인동교회

이용근 장로와 이태근 장로

에 올라와 쉬고 월요일 저녁차로 내려가서 사일 간 공부하고 올라오곤
하였다.

　토, 일, 월 새벽기도회는 대구 비산동교회에 출석하셨는데, 하루는
주일 새벽기도회에 참석하려고 깨어 일어나니 조금 늦었다고 한다. 늦
어도 가야겠다는 생각에 성경, 찬송을 옆에 끼고 가다가 시계를 보니
기도회를 마치고 돌아오는 교인들과 만날 시간이었다고 한다. 신학생
이 늦잠 자고 예배시간에 지각을 하면 창피한 일이 아닌가? 피해야겠
다는 생각이 들어 보리밭 가운데 무덤 사이에 숨어 엎드려 기도하는데,
어릴 때부터 지금까지 잘못한 일들이 영화필름 돌아가듯이 눈앞에 나
타나는데 얼마나 통곡을 하면서 울었는지 정신을 가다듬고 모습을 보니
눈물과 콧물이 뒤범벅되어 있었다고 한다. 이 같은 회개의 체험은 생전
처음이었다고 하셨다. 둘째 처남이 혼자 감당할 수 없는 사업이 있어서
서울에 와서 같이 사업하자고 하여 신학교를 그만두고 서울에서 돈을
벌려고 했으나 전칠홍 목사님이 두 분 집사를 소개시켜 주시면서 "내가
경북 인동교회 당회장인데 인동교회에 교역자가 없으니 교회 일 보면서
신학 하는 것이 좋겠다"고 조언하였다. 그래서 새벽기도회 나가 엎드려
기도하는데 비몽사몽간에 주님께서 나타나서 "너 교회로 가지 않고 서
울로 가면 요나처럼 된다." "주여 요나처럼 돼도 서울로 가렵니다." 주

님께서 "요나가 피하지 못하고 고기 뱃속에서 죽을 뻔 하고 결국 니느웨로 갔다. 너도 서울 가면 죽을 뻔 하고 교회로 간다." "주여 죽을 뻔 하고 가야 된다면 서울 가지 않고 곧바로 교회로 가겠습니다."라고 기도했다고 한다. 그런데 정신을 차려보니 꿈도 아니고 생시도 아니었다고 하였다. 다시 엎드려 기도하면서 생각하기를 만일 아침에 목사님 댁에 찾아갔을 때 "서울 가지 말고 교회로 가라" 그렇게 말씀하시면 하나님의 명령인 줄 믿고 가겠습니다 하고 기도를 마치고 집에 돌아와 목사님을 찾아갔더니 저를 보고 서울 가지 말고 교회로 가라. 두 집사님이 자네 모시고 가려고 윗방에서 주무시고 있는데 따라가게! 하나님의 뜻이야! 말씀하셔서 하나님의 뜻이라면 가겠습니다 라고 하고, 집에 돌아와 그의 아내와 결정하고 김천의 아포 인동교회를 왕복으로 왔다갔다 하면서 공부와 전도사 생활을 시작했다고 한다.

인동교회에서 그가 여름 방학 중 어느 날 새벽기도회를 마치고 혼자서 깊은 기도 중 비몽사몽간에 까만 마귀 세 놈이 나타나더니 이놈을 창문 밖으로 던져 버려야 한다고 하면서 나를 끌고 가서 창문으로 던지려는 찰나에 제 마음속에 예수 십자가하고 외치면 마귀가 도망가리라는 생각이 나서 "예수 십자가" 하고 고함을 지르니까 나를 내버리고 창문 밖으로 도망가는 것을 보고 있는 순간 예수님이 강단 위에 나타났는데, 얼굴 모습은 분명하게 볼 수 없고 말씀하기를 "내가 네 죄를 위해 십자가에 못박혀 피를 흘렸으니 교회는 부흥한다" 하시면서 "네 모습을 보라!" 그래서 자기모습을 보니 교회 마루 바닥 30cm 깊이 웅덩이 속에 앉아 있고 피가 무릎까지 차 있었다고 한다. 이것을 보는 순간 회개의 기도를 하다가 정신을 차려 모습을 보니 처음 엎드려 기도하던 그 자세로 있었다고 한다. 그 때 기도하던 중 깨달은 것들은 다음과 같다.

첫째, 교회는 예수님의 피로 값 주고 사신 교회이므로, 교회 출석하여 앉아 있다가 돌아가기만 해도 은혜를 받는다는 것이다.

둘째, 그 때 본 환상이 문자 그대로가 아니라 여러 면으로 어린 아이와 같으니까 담력과 용기를 주시기 위하여 깨우쳐 주시는 은혜라는 것을 깨닫고 감사하였다. 이 환상의 은혜로 어려움이 올 때마다 힘을 얻었다고 한다. 이 환상을 본 후 얼마 안 되어 놀라운 사건이 일어났다. 장석배 집사의 앞집에 사는 여성도 한 분이 교회를 출석하는데 그 남편이 핍박을 많이 하였다. 그래서 장 집사가 찾아가 그 남편을 질책하면서 "자네가 술과 노름으로 부모님께 받은 논, 밭 다 팔아먹고 남의 집 머슴살이 하는 처지에 뭘 잘했다고 술 마시고 죄없이 고생하는 아내를 구타하는가? 오늘은 주일이니 아내와 같이 예수 믿고 사람이 되어야 하지 않겠는가?"하고 강권해서 데리고 나와 주일예배에 참석시켰는데, 예배 중 성령이 강하게 역사하여 큰 은혜를 받고 술과 담배를 끊고 노름하는 버릇도 끊고 열심히 신앙생활을 하였다. 이런 변화된 모습을 지켜보고 있던 그 동네에 술 먹고 담배 피우고, 노름하는 남편과 함께 사는 부인들이 나도 예수 믿어 남편을 교회로 모시고 다니면서 신앙생활해야 하겠다는 생각으로 20여 명이 교회를 출석하게 되어 부흥의 역사가 일어났다고 한다. 그러던 중 고신예과 2년 과정을 수료하고 서울 용두동 집에 올라가 강태국 박사가 운영하는 성서대학 2학년에 편입학하여 공부하게 되면서 1954년 4월에 인동교회를 사임하였다. 전칠홍 목사가 강하게 권면하시는 것이 하나님께서 전도사의 일을 하시게 하는구나 하여 충현교회 주일학교 전도사로 사역을 다시 시작하셨다. 그곳에서 큰 사건이 있었다. 같이 사역하던 김관형 목사가 중고등부를 맡았는데 학생회장 선출이 여러 차례 부결되자 김창인 담임 목사가 그를 사임을 시켰다. 그래서 갑자기 충현교회를 그만두고 갈 곳이 없게 되었다. 그래서 김춘옥 사모는 부엌 마루에서 자고 노 목사와 큰딸 노혜정은 김관형 목사와 방에서 자면서 5개월 동안 같이 지내면서 함께 사신 것은 대단한 희생정신이었다.

1955년 9월 초에 다시 부산에 내려가 고려신학교에 등록하고 공부하고 있는데, 전에 봉사하고 있던 김천의 아포 인동교회를 다시 맡아 달라는 연락이 와서 사역하게 되었다.

인동교회 예배당 건축

1959년 봄, 신학교에 갔다가 토요일에 올라오니 사모님이 초가 예배당을 헐어버리고 새로 짓자고 했다. 한 거지가 와서 사택을 보고하는 말이 "목사님은 기와집에 살고 하나님은 초가집에 사니 이런 교회가 어디에 있는가?" 한마디 하고 가는데 마음이 괴로웠다고 한다. 그리하여 그는 온 성도들과 함께 예배당을 짓게 해 달라고 하나님께 기도하며 예배당 짓는 방법에 대해 몇가지를 제안하였다.

첫째로 온 교인들이 합심기도하는 것이며, 둘째로 낮에는 농사일 때문에 시간이 없으니 저녁마다 총동원하여 진흙벽돌을 만들어서 벽돌을 준비하며, 셋째는 착공은 8월 농한기에 시작하며, 넷째로 7월 맥추감사절 연보와 건축연보를 겸하여 정성껏 하자고 했다.

전 교인이 총동원하여 벽돌 만들기를 시작했다. 횃불(굵은 철사 끝에 솜방망이를 만들어 석유를 발라 불을 밝히다)로 어둠을 밝히고, 보리짚을 작두로 썰어서 진흙에 넣고 같이 섞은 후 나무틀에 넣어서 찍어내어 햇볕에 말려서 약 2,000장을 준비하였다. 부족한 재정을 서울 충현교회의 김창인 목사가 후원해 주어서 건축을 마치게 되었다.

어느 날 그가 새벽기도회를 인도하고 혼자 강대상 밑에서 기도하기를, "하나님! 제가 이 교회에 와서 있는 동안에 하나님께서 교회부흥도 시켜주시고 사택도 짓고 초가 예배당을 헐고 새 예배당도 짓고 했으니 제가 이 교회에 와서 해야 할 일은 다 한 것 같습니다. 또 일할 교회로 인도해 주십시오!" 새벽기도회를 마치고 혼자 기도 중 비몽사몽간에 "너는 한남교회로 가는데 그곳에 가서 기도 많이 해야 한다!"는 것이다. 이 같은 일이 있고 나서 며칠이 안 되어 서울 영등포 한남교회에 목사님이 공석이므로 가는 것이 어떻겠냐고 동서되는 전칠홍 목사로부터 연락이 왔다고 한다. 그날 밤에 서울 한남교회에 가기로 둘이 다짐하고 그 이튿날 대예배 후에 제직회를 소집하여 사임하였다. 그가 1959년 성탄절을 지키고 아포 인동교회를 떠나던 날 교인들을 비롯해서 동네 불신자까지도 나와서 전송하여 주었다.

영등포 한남교회와 예배당 건축

노윤석 전도사가 1959년 12월 말에 한남교회에 도착하니, 예배당은 미군 천막이고 사택은 판잣집이었다. 한남교회 사정은 전혀 모르고 부임하였는데, 어려운 교회 상황을 전임 목사가 수습을 못 하고 떠난 상태였다. 한남교회는 당시 김수길 집사가 영등포에 고신교단의 교회를 하나 세우겠다는 생각이 들어서 고신교회의 전칠홍 목사를 만난 후에 세운 교회였다.

지금은 합동 교단에 속해 있다. 당시에 성도들과 전임 사역자 간의 갈등으로 교회에 내분이 발생하였다. 이런 어려운 형편 속에서 어떻게 할 방법이 없어 노윤석 목사 부부는 6개월 동안 침묵하고 하나님께 눈물로 기도만 했다고 한다. 그런데 어느 날 새벽기도회를 마치고 강대상 밑에 엎드려 기도하는데 비몽사몽 간에 모세가 홍해가에서

한남교회

기도하는 모습이 보이면서 "너는 두려워 말고 가만히 서서 여호와께서 오늘날 너희를 위해서 행하시는 구원을 보라" 이 말씀이 마음속에 떠오르면서 "하나님이 이 교회의 모든 문제를 다 해결해 주실 것이니 하나님이 하시는 것만 구경하면 된다. 걱정할 것 없다."고 생각하니 마음에 평안이 생기고 찬송이 나오면서 기쁨이 솟았다고 한다. 그런데 한남교회를 떠나 이웃교회에 나가던 김수길 집사가 어느 토요일에 찾아와서 자신이 새벽기도회에 나가서 기도 중에 한남교회로 돌아가라는 하나님의 영음을 듣고 5월 첫째 주일부터 우리 17식구가 다시 나오겠다고 하시면서 기도해 달라고 하여 둘이 같이 눈물로 기도하고 일을 행하시는 하나님께 감사의 기도를 드렸다고 한다.

1960년 5월 첫 주일 10여 명 밖에 남지 않았는데 17명 식구가 돌아오니 교회가 가득 채워진 것 같아 모든 성도들이 기뻐서 하나님께 감사와 영광을 돌렸다. 그 후 교회는 더욱 부흥 발전하여 예배당을 건축하기로 하고 건축회를 조직하여 매월 건축연보를 하기로 작정했다. 매월 드리는 건축헌금은 은행에 저축하고. 1961년 3월 첫 주일부터 건축연보를 하기로 작정하고 건축을 위해 먼저 온 교인이 합심기도를 했다고 한다.

한남교회(우측 공광식 목사)

노윤석목사(앞 우2), 김홍전박사, 전칠흥목사

김수길 집사가 자동차를 팔아서 헌금하고 여러 성도들이 힘을 합하여 예배당을 완성하였다. 당시 공사를 맡았던 건축 감독자는 노윤석 목사의 인품에 감동하여 예수님을 믿게 되었다고 한다. 또한 처남인 김병철 회장의 도움으로 교회 묘지로 사용할 시흥시의 군자봉에 있는 산을 매입하였다.

이같이 하여 하나님의 은혜로 날로 성장 부흥하여 가는데 1972년 4월 25일 숭신교회 전칠홍 목사님이 소천하였다. 서울중앙교회를 설립한 후에 교단의 정치적 간섭에 스스로 사임하시고 동대문구 숭인동에서 숭신교회를 1957년 1월에 개척하였고, 또한 많은 지교회로 농촌교회도 세우고 성경학교도 세워 후배양성을 위해 헌신하고 바른 교회를 세웠다. 그가 서초구 반포동에 땅을 매입하여 예배당 건축을 하던 중 자재 구입을 위해 종로에 나갔다가 과로로 쓰러져서 병원에 입원하였다. 그날 밤 아무 말씀도 못 하시고 소천하셨다. 예배당 완공도 못 하고 4월 27일에 노회장으로 장례를 치렀다. 이런 상황 속에서 노 목사는 73년 봄철에 새벽기도회를 마치고 강대상 밑에서 깊이 기도 중에 숭신교회로 가게 된다는 느낌이 왔다고 한다. 그래서 기도를 마치고 집에 들어가 사모에게 이야기 했더니 "당신도 그래요? 나도 자주 그런 느낌이 와서 기도하고 있다"고 했다. 그래서 숭신교회 후임 문제를 하나님이 어떻게 하시려는가? 침묵으로 지켜보면서 기도를 하였다.

숭신교회 담임

노회에서 노윤석 목사를 파송하도록 결정하였고, 1973년 10월 초 숭신교회 담임으로 부임하게 되었다. 그러나 예배당은 완공도 못 하고 담임 목사 청빙 과정에서 제직간의 의견 충돌로 성도들이 거의 다 떠나가고 제직만 10여 명 남아 있었다. 수요일 밤 기도회 모임인데, 고 전칠

숭신교회

숭신교회를 방문하신 합동신대 총장님들

홍 목사님의 식구 3명, 사찰 식구 2명, 노 목사님 부부 도합 7명이 모여 예배를 하였다. 1973년 10월 첫 주일에도 10명이 모여 예배하였다. 교회 외부 공사는 완공되었으나 내부 공사는 하나도 되어있지 않았다. 그래서 1층 유초등부 주일학교 예배실에서 마루도 놓지 못한 흙바닥에 긴 의자를 놓고 예배를 드렸는데, 오전 9시에 어린이 예배가 끝난 후에 돌아가면 비포장도로에 자동차가 지나간 것처럼 먼지가 뽀얗게 차서 창문을 열고 환기한 후에야 예배를 드릴 수 있었다. 화요일에는 이사 방문차 들려 교회와 사택을 한번 둘러보던 막내 처남인 김병철 당시 대한광학주식회사 사장이 "얼마면 내부 공사를 다 할 수 있습니까?" 라고 물었다. 그러더니 다음 날 큰 액수를 후원하였다. 그래서 주일 예배 후 제직회를 소집해서 이런 사실을 말씀드리고 월요일부터 2층 대예배실 공사를 시작한 지 한 달만에 공사가 끝나 1973년 11월 중순에 입당하여 추수감사절 예배를 드릴 수 있었다고 한다. 전기공사는 대

노회 목회자들과 성도님들

한광학회사 전공들이 와서 가설하였고, 마루는 목공하는 직원들과 자재를 보내주어 공사를 마무리하고 예배를 드릴 수 있었다고 한다.

1974년 봄, 교인들이 정성껏 연보하여 1층 유년부 예배실과 그 옆에 두 칸 방과 사택 마루방 모두 회사에서 목재와 목수로 다 도와주시고, 사모님 외사촌 오빠 되시는 정도훈 집사 내외분이 방문하여 연보해서 교회가 어느 정도 공사를 마무리할 수 있었다고 한다.

노윤석 목사는 항상 모든 일에 먼저 기도로 시작하고 교회 일을 봉사하신 기도의 종이었다. 어려운 시기와 앞날의 방향을 결정하기 위하여 산속의 굴에서 늘 기도를 하였다. 또한 자신의 생각보다는 하나님의 말씀에 순종하는 목회자였다. 항상 하나님이 다 계획하시고 준비하시면 그 뜻에 순종하는 삶으로 목회를 하였다. 항상 하나님의 뜻을 묵묵히

교회 행사

교회 행사

후손과 친인척

기다림으로 서두르지 않고 하나님이 앞서 가셔서 일하시는 것을 따라가는 하나님께 순종하는 종이었다.

그는 어릴 적부터 부모님의 말씀에 철저하게 순종한 효자였는데, 목회자가 되어서 하나님 아버지께 언제나 순종하는 목회를 하였다. 또한 그의 신학은 항상 천국을 사모하고 주의 재림을 기다리며 항상 준비하는 종말론적 신앙을 강조하였다. 베드로후디 3:12절에 "하나님의 날이 임하기를 바라보고 간절히 사모하라"고 늘 설교하였다. 이런 그의 목회 철학의 특징은 철저하게 어릴 적 주일학교로부터 배운 것이요, 신학교에서는 박윤선 박사, 김홍전 박사, 한상동 박사, 그리고 한부선 선교사와 같은 훌륭한 목회자들로부터 영향을 받은 것이었다.

그는 목회관에 대하여 합신을 세운 박윤선 박사의 말씀을 항상 언급했다. "목회는 목사가 양을 끌고 가는 것이 아니라 어깨에 메고 가는 것이다" 라는 말씀을 하였다. 그리고 늘 죄인으로서 기도를 강조하였다. 박 박사의 설교 중에 "80년 묵은 죄인이 왔습니다" 하며 기도하는 모범을 그도 따라했다.

나가면서

노윤석 목사 부부는 평생을 하나님과 교회와 성도만을 위하여 사신 분이시다. 성품도 온유하시고 화를 모르시는 목회자이시며, 항상 나보다 남을 낮게 여기시는 목사였다. 목회를 지금까지 할 수 있었던 것도 순간마다 하나님이 도우셔서 할 수 있었다고, 하나님의 은혜를 간증하였다. 세 교회를 목회하면서 시험이 들어 문 닫을 수밖에 없는 교회들을 위하여 먼저 눈물로 기도하고, 하나님의 때를 기다리며 묵묵히 순종하고 상처받은 성도들을 위로하며 성도들을 세웠다. 가는 교회마다 힘든 건축도 하고, 교회가 발전하여 안정되면 거기에 안주하지 않고 하나

앞줄 첫 번째 우측에 김병철 회장과 친척들

두 딸들과 함께

님의 뜻을 따랐다. 또한 힘든 교회를 마다하지 않고 말씀대로 목회하였기에 이 시대에 닮고 싶은 존경받을 만한 목회자이다. 하나님의 은혜 가운데 소천하실 때 주님과 앞서간 믿음의 성도들, 특별히 함께 고난의 삶을 살았던 어릴 적 주변의 친척들을 속히 천국에서 만나고 싶다고 사위인 필자에 말씀하셨다. 자신의 천국에 가는 날짜를 거의 예측하고 믿음과 기도로 준비를 하셨다. 자신의 장례에 준비할 주변의 목회자들을 필자에게 미리 언급하셨다. 그는 죽음을 두려워하지 않고 기쁨으로 속히 천국에 가기를 위해 찬송과 기도로 준비하셨다.

첫째 딸인 노혜정 권사에 의하면 그는 방문하는 성도에게는 꼭 알아야 할 8가지 축복의 말씀이 있다고 하시면서 (1) 영생의 축복, (2) 하나님의 자녀가 된 축복, (3) 죄에서 해방된 축복, (4) 사망에서 해방된 축복, (5) 부활의 축복, (6) 천국 시민권을 받은 축복, (7) 천국에 예비된 처소를 갖는 축복, (8) 천 년 동안 하나님과 왕 노릇 한다는 축복을 생각하며 힘들어도 신앙생활 열심히 잘 하라고 늘 말씀하셨다. 노 권사는 그의 부친의 마지막 모습을 다음과 같이 전한다. 식사도 잘 하시다가 돌아가시기 전, 아침에 일어나시지 못하고 입만 움직이며 말씀을 하시는데, 소리가 안 들렸다. 하지만 얼굴은 환하고 밝게 웃으시며 눈은 너무 기쁜 모습으로 크게 뜨시고, 누군가를 반갑게 맞이하면서 말씀하시는 모습이 너무 아름다웠다. 자녀들 생각엔 황금보석으로 꾸민 황홀한 천국을 보며 그동안 수고했노라고 하시면서 예수님과 천군 천사들이 목사님을 맞이하는 것 같았다고 한다. 2014년 11월 7일 하늘나라로 가셨다. 노윤석 목사님의 삶을 다시 한번 생각하며 우리의 신앙생활을 점검해 보고, 그처럼 하늘나라를 그리워하며 살아가기를 소망하게 된다.

❖ 참고문헌

노윤석, 『하나님의 은혜 감사 간증서』 (이컴비즈넷: 2008)

노윤석, 『어린10분설교집 꼴인』 (백합출판사: 1985)

노윤석, 『천국을 향하여』 (백합출판사: 1995)

노혜정 권사와 노혜선 사모 인터뷰

김병철, 『김병철 동문 기증 가야·신라토기』 (연세학교박물관, 2016)

1924 • 2011

사랑의 실천자
이상춘 목사

스데반 황 목사

연세대학교 전자 공학
Westminster Theological Seminary (M.Div.)
Biblical Theological Seminary (S.T.M.)
현 | 그리스도의 보혈교회 담임목사, 개혁복음주의
　　　대표, 그리스도 중심의 성경 훈련 연구원 원장
전 | 필라델피아 한인성서연구원(Korean Institute of
　　　Theology and Evangelism) 구약 교수
저서 | 『사랑의 15가지 속성』,
　　　『주님은 나의 최고의 사랑』 등
역서 | 『주님은 나의 최고봉』, 『약속과 구원』, 『성도의
　　　영원한 안식』, 『거룩한 전쟁』, 『거룩』 등

나는 어렸을 때에 늘 목사님들이 너무 멋있
게 보여서 반드시 목사의 딸과 결혼하겠다고
다짐했다. 주께서는 그러한 어릴 때의 기도를
응답하셔서 목사의 딸과 결혼하게 해주셨다.
결혼한 후 인격적으로 겪게 되는 장인 어르신
목사님께 더욱더 존경심이 커지기 시작했다.
그분은 사위인 나와 목욕탕에 같이 가기를 좋
아하셨다. 그리고 양복 사주기를 기뻐하셨다.

이상춘 목사

아마도 젊었을 때 내가 입고 다니던 양복은 전부 장인 어르신 목사님이
사 주신 것이었다.

장인 어르신 목사님을 처음 뵈었을 때 그분의 서재에 책이 얼마나 많
았는지 놀랐는데, 그분을 뵐 때마다 점점 책은 많아지고 있었다. 서재
에서 몇 권씩 따로 챙겨와서 읽곤 하였다. 장인 어르신 목사님의 서재
에서 책을 빌리는 것이 내게는 가장 큰 기쁨이었다.

얼마 전(2019년 10월 21일) 장모님이 86세로 소천하셨다. 장인 어르
신이 섬기시던 장위제일교회의 많은 성도분이 오셔서 참으로 많은 눈물
과 사랑으로 큰 위로를 안겨 주었다.

장인 어르신은 1924년 8월 1일 진남포 출생이시다. 평양신학교 예과
를 졸업하시고 총회신학교를 2회로 입학하여 졸업하셨다. 황동 노회장
을 여러 번 역임하셨고, 동시에 종암 경찰서 경목 및 종암 경찰서 교경
협회 회장으로 섬기셨다. 장위제일교회의 제 2대 목사로 약 20여 년을
섬기시고 총 45년의 목회를 마치고 은퇴하셨다.

슬하에 2남 2녀가 있고, 장남은 총회신학교를 졸업하시고 합동교단
목사로 섬기시다가 올해 초에 은퇴하셨다. 나는 장인 어르신 목사님의
막내 딸과 결혼하여 두 아들과 엄마 닮은 딸이 하나 있다.

장인의 목회는 '착한 목회'였다. 원로 목사가 되시면서 장인 어르신은

섬기던 장위제일교회에서 대단히 먼 포천으로 이사 가셨다. 그때 포천은 아파트가 새로 들어서는 시골이었다. 버스를 오래 타고 들어가야 새로 지어진 아파트 몇 동을 볼 수 있었다. 그곳에 장인 어르신 목사님 내외분이 살기 시작하셨다. 이는 새로 오신 담임 목회자를 배려한 깊은 사랑이었다.

그런데 장인 어르신의 사랑이 그리웠던지 한 해도 빠지지 않고 교회의 성도들이 포천을 찾아오는 것을 보았다. 성도들의 그리움은 장인 어르신이 돌아가시는 그 해까지도 지속되었다. 그 이후, 장인 어르신이 돌아가신 후에 성도들의 고백을 들을 수 있었는데, 장인은 자신에게 너무 많은 사랑을 주셨다는 것이다. 그러한 고백을 한두 사람이 한 것이 아니고 대다수가 하는 것을 보았다. 이때 나는 장인 어르신의 목회는 예수님의 사랑을 실천한 아낌없는 사랑의 목회였다는 것을 분명하게 알 수 있었다.

장인 어르신 목사님과 만날 때면 그분은 변함없이 6.25 동란 때의 사건들을 이야기해 주셨다. 아마 6.25 동란은 그분 마음속에서 호흡이 마치는 그날까지 잊을 수 없는 사건이었나 보다. 장인은 6.25 동란과 함께 괴뢰군에 들어가지 않기 위해 남한으로 도망쳤다. 그 과정에서 공산군에게 잡힌 때가 있었다. 그때 목사님은 다윗을 떠올리면서 침을 흘리고 미친 사람의 흉내를 내어 위기에서 모면하셨다. 또한 공산군이 포로로 잡힌 사람들을 향해 이곳에 기독교인이 있으면 손을 들고 나와 보라고 했을 때 목사님은 손을 들고 앞으로 나가보니 아무도 없고 본인만 있었다. 공산군 장교는 너는 진짜 신자구나 라고 하며 풀어준 사건이 있다. 목사님은 피난 과정에서 공산군에게 매를 많이 맞았기에 목회를 하실 때는 예배를 마치고 집에 오셔서 늘 막내 딸(나의 아내가 된 딸)의 발로 허리를 밟는 맛사지를 필요로 하셨다.

나는 미국에서 살다가 신학을 하기로 최종 결정을 하였다. 이때 나는 아내의 가정이 심히 반대하고 특히 장인 어르신께서 노발대발할 줄 알았다. 귀한 딸을 데려가 고생시키려고 하느냐는 핀잔을 들을 줄 알았다. 그러나 미국으로 직접 찾아오신 장인 어르신 목사님은 나의 신학공부를 허락해 주셨고, 나는 세 자녀와 아내와 함께 미국 필라델피아에 있는 웨스트민스터신학교에서 목회학 석사를 공부할 수 있게 되었다.

그 이후로 미국에 가끔 오신 장인 어르신 목사님은 눈물 흐르는 기도로 나와 모든 손주들을 축복해 주셨다. 그 목소리에 얼마나 깊은 진정과 간절함이 담겨 있었는지 목사님의 기도를 들을 때면 나도 모르게 눈물을 흘릴 수밖에 없었다. 지금 돌아보면 나는 장인의 사랑에 익숙해지

장위제일교회

면서 버릇이 나빠진 못된 사위였다는 사실을 발견하게 된다. 아, 지금 살아계시다면 참으로 잘 섬겨 드리며 기쁨을 드릴 수 있으련만 ….

어느 날 장인 어르신은 갑상선암이라는 진단을 받고 목청 수술을 하게 된 후 목소리를 잃게 되셨다. 그 이후 목사님은 설교를 하실 수 없게 되었다. 40년이 넘는 오랜 목회를 하셨기에 원로 목사가 되셨지만 포천으로 이사한 후 암과의 투쟁은 지독하였다. 장인은 갑상선암으로 약 20년 동안 앓으시다가 마지막 5년 동안은 심한 고통 가운데 암과 투쟁하셨다. 그 중 마지막 1년은 늘 죽음 앞에서 가장 큰 고통 가운데 주 예수 그리스도만을 바라보시며 인내하셨다. 2011년 9월 29일 기도하시다가 소천하셨다.

훗날 장인 어르신의 길을 따라 목사가 된 나는 그분의 마지막 삶을 돌아보며 가장 큰 감동과 도전을 받았다. 그 이유는 20년의 암 투쟁 후에 죽음 앞에 서 있던 그분의 고백은 정확하게 복음의 능력을 따라 행하시던 모습이었기 때문이다. 목사님의 목회에 수많은 열매와 자랑거리가 있지만, 나는 그분이 마지막 숨을 거두기 전 마지막 1년을 이 지면에 남기고 싶다.

죽음 앞에 선 어느 노종의 병중 일기(이상춘 목사님의 병중 일기에서 발췌)

기도로 이기리라.

건강을 위해 녹용을 복용했지만 그 효과는 '역효과'였다. 저혈압이었던 나는 고혈압으로 둔갑하였고 목에 조그마한 혹은 갑자기 커지기 시작했다. 그래서 병원에 가서 진찰을 받아보니 갑상선 암이라는 판정을 받게 되었다. 청천벽력의 판정에 놀라움을 금할 수 없었다. 이로 인해 연세대학 병원에서 오른편 갑상선 제거 수술을 받아야 했고 여러 가지 치료를 해야 했다.

그 후 약 15년간 별 탈 없이 무사하게 지냈다. 그 후에 다시 왼편 갑상선에서 혹이 발생하여 여의도 성모병원에서 진단을 받은 결과 갑상선암 양성 판정을 받게 되어 우선 돋아난 종양을 제거하는 수술을 했다.

의사의 의견은 그 오른편 갑상선도 제거해야 한다는 것이었다. 그때 내 생각에는 15년을 지내는 동안 무사했으니 앞으로 이 암 혹이 자라려면 적어도 10년이 걸릴 것으로 생각하고, 또 내가 70살이 넘어 살 만큼 살았으니 죽은들 여한이 없을 것으로 생각하고 제거 수술을 거절했다. 그때 한 여의사가 내게 와서 "어르신, 그 왼편 갑상선을 떼어내어 버리세요. 그리고 오래 사셔야지요"라고 친절하게 권면해 주었다. 그런데 그 권면을 따르지 않은 것이 내게는 큰 실수이며 잘못이었다.

제거 수술을 받지 않고 그냥 두었더니 귀 밑에 조그마한 혹이 생겨났다. 그때 우리는 이미 포천 송우리로 이사를 와 있던 터라 그곳에서 가장 가까운 의정부 성모병원에 가서 진찰을 받게 되고 다시 입원 수술을 받아야 할 형편이 되었다. 그때 의사는 의대 교수였는데, 그가 하는 말이 수술은 해야겠지만 매우 위험한 수술이 될 것이라고 하였다. 왜냐하면 그 암 혹이 대동맥이 지나는 곳에 있기 때문에 만일 수술 중에 대동맥이 끊어지게 되면 죽거나 식물인간이 될 위험이 있다는 것이었다. 그래서 나는 죽는 것이야 별 문제가 없지만 식물인간이 되어 살게 될까봐 수술 준비가 다 된 형편에 수술 받기를 거절했다.

그 후에 암 혹은 커지고 퍼져서 먼저 식도를 막아 음식물을 넘길 수 없고 물 한 모금도 넘어가지 않아서 병원 외과 의사에게 의뢰하여 배에 구멍을 내어 튜브를 삽입하는 수술을 하였다. 그 이후로 음식물을 투입하여 목숨을 연명하였다. 또한 식도가 막힘으로 언로를 막아 말조차 할 수 없게 되었고 급기야 기도까지 막혀 숨을 쉬기 위해서는 목을 뚫고 튜브를 끼워 넣어야 했다. 이로 인해 적지 않는 고난을 감수해야 했다.

그래서 먹지 못하고, 말을 못하고, 호흡마저 어려운 삼중 고난에 빠지고 말았다.

그 중에도 호흡은 매우 중요한 것이어서 호흡하지 못하면 산소가 공급되지 못해 생존은 물론 몸을 움직이는데 큰 악영향을 주게 된다. 호흡이 원활하지 않고 음식을 섭취하지 못하게 되어 급격하게 체중이 감소되었고 체력이 소진되어 내 몸 하나 지탱하기가 어렵게 되었다. 이 일이 며칠 내에 급작스럽게 된 일들이다.

그러나 어찌할 도리가 없었다. 오늘처럼 문명과 의술이 발달한 이 때에도 내 병을 치료할 의술과 약이 없었다. 그래서 모든 것을 단념하는 수밖에 없었다. 아무리 투병을 하고 안간힘을 써도 내게는 모든 것이 끝장이었다. 그렇다. 나는 이전에 미처 상상하지 못했던 시련에 봉착하게 되었다. 이제 나는 인간에게 호흡이 얼마나 중요한지 깨닫게 되었다. 주저하는 동안에 내 병독은 퍼져나가 암의 세력을 확장해 나갔다.

장위제일교회 창립 25주년 기념 제직 일동

나의 투병은 실패였다. 병독과 싸운 나는 완전히 패배하고 만 것이다.

그러한 가운데 한 가지 크게 깨달은 것이 있었다. 바로 기도는 영혼의 호흡이라는 사실이었다! 호흡하지 않으면 내 몸이 활력을 잃고 죽게 되는 것같이 우리의 영혼도 기도의 호흡이 없으면 영혼이 활력을 잃고 죽게 된다는 사실이다. 기도해야 내 영혼이 힘을 얻어 살게 되는 것이다.

기도가 단절된 나, 기도가 단절된 가정, 기도가 단절된 사회, 기도가 단절된 국가는 활력을 잃게 되고 잘 될 수 없다. 이 모두가 잘 되려면 기도해야 한다.

기도는 하늘의 능력의 창고를 여는 열쇠이다. 하늘에 계신 하나님의 능력의 창고에는 이 세상 창조하실 때부터 쌓아 놓은 한량없는 능력이 저장되어 있다. 다니엘이 기도를 통해 하늘의 창고를 여니 그 무시무시한 사자의 입을 꽁꽁 묶어 놓았고, 사드락, 메삭, 아벳느고는 기도를 통해 수천 도가 넘는 고열의 풀무불에 내동댕이쳐지는 수난을 당하였으나 머리카락 한 오라기도 타지 아니하고 옷깃 하나 그슬리지 않고 건재할 수 있었다. 에스더는 대제국의 왕후였지만 멸망할 수밖에 없는 막다른 골목에서 자기 민족과 함께 금식했다. 기도하다가 전세를 역전시켜 원수 하만은 물론 해코지하려던 모든 원수는 멸절시키고 민족의 회복과 기쁨을 만끽하고 부림절을 세워 하나님께 영광 돌렸다. 히스기야 왕은 국가의 큰 위기가 닥치고 앗수르 왕 산헤립의 신복 랍사게가 이스라엘을 모욕하고 여호와 하나님을 모욕했을 때, 하나님의 성전에 올라가서 그 모욕하는 편지를 여호와 앞에 펼쳐 놓고 기도하기를 "그룹 사이에 계신 이스라엘 하나님 만군의 여호와여 주는 천하 만국에 유일하신 하나님이시라 주께서 천지를 만드셨나이다. 여호와여 귀를 기울여 들으시옵소서 여호와여 눈을 뜨고 보시옵소서 산헤립이 사람을 보내어 살아 계시는 하나님을 훼방한 모든 말을 들으시옵소서"(사 37:16~17). "우리 하나님 여호와여 이제 우리를 그의 손에서 구원하사 천하 만국이 주만

장위제일교회 창립 25주년 기념 제직 일동

이 여호와이신 줄을 알게 하옵소서 하니라"(사 37:20)라고 하였다.

히스기야가 이렇게 기도할 때 하나님께서 응답하시기를 "내가 갈고리로 산헤립의 코를 꿰며 재갈을 그의 입에 물려 그를 오던 길로 돌아가게 하리라"(사 37:29)라고 하셨다. 그 밤에 여호와의 사자가 앗수르 군사 십팔만오천 명을 치니 다 송장이 되었고 앗수르 왕 산헤립은 그 아들들의 칼에 죽고 말았다.

기도는 또한 축복의 통로이다. 이스라엘이 부강한 나라가 되었을 때는 언제였는가? 지도자와 백성이 마음을 합하여 기도하던 때이다. 해가 지지 않던 나라로 불리던 대영제국이 어느 때 왕성했는가? 국왕으로부터 일반 백성들이 함께 기도하던 때에 세계에서 가장 크고 강한 나라인 대영제국이 되었던 것이다. 영국 청교도들이 기도할 때 역사상 제일 부요하고 강한 미국을 건설하지 않았던가!

이제 우리나라를 생각해 본다. 이 세상에서 제일 못살고 가난하고 보잘 것 없던 나라였던 우리나라가 오늘에 와서 세계가 놀랍게 여기는 선진국이 된 것은 복음의 역사와 기도의 역사가 아니겠는가? 다른 나라의 도움이나 받아 겨우겨우 살아가던 나라가 이제 와서 가난한 나라들을 도와주는 나라로 성장한 것은 이 나라의 천만 성도들의 정성 어린 간절한 기도 때문이 아니겠는가! 이사야 선지자는 "오직 여호와를 앙망하는 자는 새 힘을 얻으리니 독수리가 날개치며 올라감 같을 것이요 달음박질하여도 곤비하지 아니하겠고 걸어가도 피곤하지 아니하리로다"(사 40:31)라고 하였다. 그렇다. 주님을 앙모하며 기도하는 자에게는 우리 인간의 생각을 초월하는 새 힘을 얻고 큰 축복을 받게 된다.

무력하고 힘이 없어도 낙심하지 말자. 힘의 원천이신 하나님께 나아가 그 힘을 구하자. 힘없으면 아무 것도 할 수 없다. 힘이 없으면! 영적인 힘이 없으면 내 자신을 이기지 못하고 세상도 이길 수 없고 마귀도 이길 수 없다. 힘이 있어야 모든 것을 이길 수 있다. 이 힘은 오직 주를 바라는 믿음의 기도 외에 어떻게 얻을 수 있겠는가!

다윗이 골리앗을 이긴 것은 자신이 갈고 닦은 실력도 있겠지만 무엇보다 하나님의 능력을 구했기 때문이다. 당대의 거장 골리앗을 작은 돌 하나로 무너뜨린 것은 다윗이 기도하던 사람이었음을 나타내는 것이다. 지금 내게 필요한 것은 힘센 원수 마귀를 꺾어 이기는 것이다. 그러나 내 힘으로는 어림도 없다. 오늘도 이 고통 가운데 능력의 원천이신 하나님을 붙들며 기도한다. 나는 승리할 수 있다. 주의 능력을 얻기만 하면 이 고난을 감사함으로 통과할 수 있다. 내게는 죽음이 문제가 아니라 이 시험 가운데 하나님을 부인하지 않고 주를 높이는데 있다. 그 일이 내게는 지금 이 고통 가운데 가장 중요한 사명이다. 주의 능력을 얻기만 하면 나는 이 놀라운 일을 할 수 있다. 어떻게? 기도로 하나님을 구하면 말이다.

악몽같은 내 인생의 마지막

내 인생의 마지막은 하나의 악몽이다. 병마와 싸우는 고투의 나날들이다.

그러나 이 모든 것은 꿈일 것이다.

꿈속에서 고대광실 높고 큰 집을 지어놓고 진수성찬 맛있는 음식으로 호화로이 먹고 즐길지라도, 또한 천하를 호령하며 권세를 휘두르며 세상에 좋다는 것을 다 가져 보았어도 꿈에서 깨어나면 다 허무다. 솔로몬 왕이 말하기를 "헛되고 헛되어 바람을 잡는 것이다"라고 했다. 그는 이 세상의 모든 것을 다 잡아 보았으나 바람처럼 빠져나가는 것을 보았다. 결국 남아있는 것은 헛된 꿈처럼 아무 것도 없었다!

그렇다. 세상의 꿈은 다 헛된 것이다. 하나님께서 보실 때 하나의 개미탑이요, 바벨탑처럼 허몽(虛夢)이다. 꿈에서 깨어나고 나면 아무 것도 잡히는 것이 없다. 그러나 꿈 중에는 진몽(眞夢)이 있다. 이 꿈은 "길이요 진리요 생명이신" 우리 주 예수께서 보여 주시는 신비한 꿈이다.

꿈이라고 다 같은 것은 아니다. 진몽과 허몽은 다르다. 기왕 꿈을 꿀바에는 참된 꿈을 꾸자. 참된 꿈과 헛된 꿈은 둘 다 꿈이지만, 깨어나고 나면 하늘과 땅 차이다. 참 꿈은 깨어나면 새 하늘과 새 땅, 새 예루살렘과 새 에덴, 새 나라, 새 세계일 것이다. 지금 우리가 사는 이 세상과는 차원이 다른 세상이며 신비의 나라일 것이다. 이 나라는 진몽을 꿈꾸는 모든 자가 보게 될 것이다.

먼저 간 성도들과 천사들의 노랫소리가 들리는 곳, 황금 보석으로 되어진 새 예루살렘성, 열두 진주문, 생명의 강이 흐르고 생명나무가 열리는 나라이다. 이 성에 들어가면 우리의 구속주 예수께서 면류관을 손에 들고 기다리고 계시다가 우리의 눈물을 닦아 주시면서 어루만져 위로해 주시고 머리 위에 생명의 면류관을 씌워주실 것이다. 그때 그 기쁨을 어떻게 말로 표현할 수 있을까? 그저 내 입에서는 "할렐루야 아멘" 하며 찬송과 영광을 돌릴 수밖에 없을 것이다.

나의 고난의 의미

나는 근자에 고난에 대해 깊이 생각하여 보았다. 내가 당하는 고난의 의미가 무엇인지 무척 고민했다. 내 생각에는 나보다 훨씬 악해 보이는 사람이 건강하고 장수하며 잘 살아가는데, 왜 나는 이렇게 고통의 무거운 멍에를 메어야 하는지를 고민했다. 마치 구한국 시대에 중죄인의 목에 칼을 채워 놓으면, 그 죄수가 머리를 들 수 없고 무거운 멍에를 메고 고생했던 것처럼 나도 현재 고개를 들 수 없을 지경이다. 병마 사탄이 나를 죽음에 몰아넣으려고 암균을 크게 자라나게 하여 내 식도(食道)를 막고 또 내 언로(言路)를 막아 말을 못 하게 하고 기도(氣道)까지 막아 숨을 못 쉬게 하여 죽이려 한다. 그러나 문명 덕분에 수술을 받아 배에 구멍을 뚫고 튜브를 삽입하여 식량을 공급받고, 목에 구멍을 뚫어 관을 삽입하여 숨을 쉬게 함으로써 아직까지 간신히 생존할 수 있다. 인간적으로 볼 때는 내가 사는 것이 사는 것이라 할 수 없다. 사는 것이 너무 의미가 없어서 죽고 싶다. 그러나 죽는 것을 내 맘대로 할 수 없지 아니한가? 돌이켜 생각해 보니 창조주께서 나를 살려 두심은 무슨 뜻이 있으리라 생각하게 된다.

사도 바울은 고난이 손해를 주는 것이 아니라 유익을 준다고 말한다. 또한 시편 기자는 "고난 당한 것이 내게 유익이라 이로 말미암아 내가 주의 율례들을 배우게 되었나이다"(시 119:71)라고 하였다. 이는 고난을 통해서 하나님의 깊은 뜻을 깨닫게 된다는 뜻이다. 고난 속에서 하나님의 사랑과 은혜가 얼마나 큰지를 알게 해 주신다는 의미다.

바울은 "또한 그로 말미암아 우리가 믿음으로 서 있는 이 은혜에 들어감을 얻었으며 하나님의 영광을 바라고 즐거워하느니라. 다만 이뿐 아니라 우리가 환난 중에도 즐거워하나니 이는 환난은 인내를, 인내는 연단을, 연단은 소망을 이루는 줄 앎이로다"(롬 5:2~4)라고 말하였다. 다시 말해서 우리가 고난을 즐거워하는 이유는 고난을 통해 참고 견디는 인내의 힘을 기르게 되고, 참고 견디다보면 연단이 되어 웬만한 고난은 쉽게 이길 수 있는 힘이 생기고, 또 고난을 통해 큰 소망을 가지고 살 수 있게 되는 것이니 유익이 된다는 것이다. 이는 마치 쇳덩어리가 강철이 되려면 뜨거운 풀무불에 들어가서 벌겋게 달구어진 후에 모루 위에 놓고, 큰 메로 치고 작은 망치를 쳐서 수없이 맞고, 차가운 물에 담금질을 한 후 다시 풀무불에 들어가고, 다시 모루 위에서 맞고 다시 담금질을 하기를 수십 번 해야 그 쇠는 강철이 되어 검이 되기도 하고 요긴한 도구가 되기도 하는 것이다. 곡식 또한 마찬가지로 찬바람과

이상춘 목사님 성역 35주년 및 수연감사예배

비바람에 수없이 시달리고 난 후에야 옹골찬 곡식이 영그는 것이 아니겠는가? 그늘 아래 있는 식물은 키가 클 수는 있으나 열매가 없다. 신자들은 고난을 통해 인내가 연단되고 그 연단 속에서 영생의 세계를 바라보게 되니, 이것이 바로 가장 크고 영원한 소망을 붙드는 것이 된다.

고난을 참고 인내하고 있으면 믿음, 소망, 사랑의 삼겹줄이 하늘로부터 내려와 나를 그 줄에 맨다. 그 줄은 아무도 끊을 수 없는 줄이다. 곧 고난 가운데 나타나는 하나님 아버지의 사랑의 줄이다. "누가 우리를 그리스도의 사랑에서 끊으리요 환난이나 곤고나 박해나 기근이나 적신이나 위험이나 칼이랴"(롬 8:35). 고난을 통해 승리할 때마다 고난을 통해 신비의 나라, 차원이 다른 영생의 나라에 대한 소망을 가지게 된다. 그러므로 고난이 유익이 되는 것이다.

우리가 당하는 고난은 겉으로 보기에는 위험해 보이나 실제로는 자애로운 스승이다. 고난을 겁내지 말자. 고난을 극복하고 승리하면 전화위복이 된다. 고난이 오는 길목을 열어두자.

사도 바울은 육체의 가시 같은 고통이 있어 여러 번 기도하였다. 그의 기도는 지금 내게 한없는 위로와 힘을 준다. "내 육체에 가시 곧 사탄의 사자를 주셨으니 이는 나를 쳐서 너무 자만하지 않게 하려 하심이라. 이것이 내게서 떠나가게 하기 위하여 내가 세 번 주께 간구하였더니 나에게 이르시기를 내 은혜가 네게 족하도다 이는 내 능력이 약한 데서 온전하여짐이라 하신지라"(고후 12:7-9). 주 예수님은 바울에게 고난이 은혜라고 하셨다. 바울은 이 말씀에 큰 충격을 받았을 것이다. 평안함이나 풍요로움이 은혜일 텐데, 주께서는 고통이 은혜라고 하신 것이다. 이는 우리 인생들에게 매우 당황스러운 말씀이기도 하다. 하지만 이 말씀처럼 깊은 깨달음을 주는 말씀도 많지 않다. 우리의 믿음은 고난을 통해 성숙하고 연단된다. 우리는 고난을 통해 겸손해지면서 큰 소망을 갖게 된다. 바울은 이 사실을 깨닫게 되었다.

인간은 평안할 때가 위기다. 다윗은 남정북벌의 승리를 거듭하면서 평안하게 왕궁에서 지낼 수 있었다. 그러나 그가 가장 평안한 때에 이웃집 담장 너머 우리아의 아내를 탐하여 그 여인을 불러 동침하고 우리아를 최전방 적지에 보내 죽게 하더니 결국 우리아의 아내를 빼앗아 자기 아내로 만들었다. 다윗의 인생 가운데 가장 평안한 때에 가장 크고 무서운 죄를 짓고 만 것이다.

솔로몬도 부귀영화가 극에 달했을 때 이방 여인들을 아내로 맞아 즐기더니 마침내 여인들의 유혹을 못 이겨 하나님의 성산에 우상 신당을 지어 주는 무서운 죄를 범하였다. 따라서 그의 생에 큰 오점을 남기고 그의 평생에 하나님의 징벌을 받게 되고 말았다.

평안하다, 안전하다, 잘 된다, 성공했다고 할 때가 오히려 영적으로는 위기임을 알아야 한다. 오히려 고난을 당할 때 신자들은 정신을 차리고 하나님 앞에 바로 설 수 있는 것이다. 그래서 바울은 고난을 유익이라고 말하였던 것이다.

기왕에 죽을 인생인데

기왕에 죽을 인생이라면 슬프게 살다가 슬프게 죽지 말고 기뻐하면서 살다가 기쁘게 죽자. 기왕에 죽을 운명이라면 통쾌하게 살며 항상 감사하고 노래하면서 사는 것이 아름답다. 산다는 것이 무엇이기에 아등바등 하겠는가?

이 세상에 한 번 왔던 사람은 그 누구나 저 영원한 세상으로 가버리지 않는가? 영웅도 호걸도 지식인도 달변가도 모두 가 버리지 않는가? 영국의 민요 가운데 '너도 가고 나도 가야지!' 라는 노래가 있다. 그렇다 너 나 할 것 없이 다 가고야 만다.

이 땅에 산 사람 중에 불사약을 구하고 별 노력을 다했을지라도 역사 이래 죽음을 피한 사람은 단 한 사람도 없다. 다 가고 다시는 돌아오지 못한다.

기왕에 가는 것이라면 뭐 그리 머뭇거리겠는가? 그 죽음을 향해 서슴없이 과감히 전진하자. 산다고 별거 있는가? 생은 고통이요 죽는 것은 반드시 있으니 너와 내 앞에 조금 멀고 가까울 뿐, 언젠가는 소문 없이 내게 닥쳐올 것을! 그러므로 사도 바울처럼 인생 마지막에 승리의 개선가를 부르며 전진하자.

"나는 선한 싸움을 싸우고 나의 달려갈 길을 마치고 믿음을 지켰으니 이제 후로는 나를 위하여 의의 면류관이 예비되었으므로 주 곧 의로우신 재판장이 그 날에 내게 주실 것이며 내게만 아니라 주의 나타나심을 사모하는 모든 자에게도니라"(딤후 4:7-8).

그리스도인들에게 죽음은 인생의 끝이 아니다. 새로운 신비의 세계로 들어가는 관문이다. 누구나 이 관문을 통과하고 나서야 그 차원 높은 세계에 들어간다. 가만히 들어보라. 들을 귀 있는 자들에게 은은히 들려오는 저 건너편 강 언덕에서 휘황찬란하게 비치는 곳에서 들려오는 황금 종소리를!

영의 귀가 열리고 영의 눈이 뜨인 자만이 듣고 보는 저 영원한 나라의 종소리! 성도를 위하여 십자가에 죽으심으로 주께서 친히 예비하신 집의 생명의 종소리 말이다. 주여 우리에게 그 영원한 나라, 그 신비한 세계를 보게 하소서.

인간성의 회복

사람이 되기 전에 장관이나 대통령이 된다고 한들 일이 제대로 될 리가 없다. 인간성 회복이 급선무이다. 그러나 인간성 회복은 그리 간단

한 것이 아니다. 니고데모가 예수님을 만났을 때, 예수께서는 니고데모에게 "네가 하나님의 나라에 들어가려면 먼저 거듭나야 하리라"고 하셨다. 그러나 니고데모는 "내가 어떻게 어미 뱃속에 들어갔다 날 수 있습니까?"라고 대답하였다. 이때 예수께서는 "네가 물과 피와 성령으로 나지 아니하면 결단코 천국에 들어갈 수 없느니라"고 하셨다. 인간성 회복은 물과 피와 성령으로 나지 아니하면 불가능하다는 말씀이시다.

물과 피와 성령의 능력을 힘입고 인생이 개조되어야 참된 인간이 될 수 있다. 전적인 하나님의 은혜로 인하여 그 피의 능력을 믿는 믿음으로 말미암아 성령의 충만함 가운데 하나님의 능력에 의해 참 사람이 되는 것이다.

유대인들은 율법을 다 준행함으로 이 일이 이루어질 수 있다고 믿었고, 불교에서는 고행으로 이루어질 수 있다고 믿었다. 그래서 천배 만배 절을 하며 귀신들의 신전까지 올라가야 할 것으로 알았고, 호랑이 발톱이나 매의 발톱을 끈에 매어 온 몸을 쳐 피투성이가 되게 하거나 손가락 끝에 기름을 바르고 불을 붙여 뜨거운 고통을 참음으로 죄악성이 사라지고 인간의 본성을 회복될 수 있으리라고 생각했다. 그러나 모든 시도가 다 헛수고였다.

인간성의 회복은 하나님의 형상의 회복을 의미한다. 하나님의 형상의 회복은 오직 하나님의 전적인 은혜와 그리스도의 보혈의 공로를 믿는 믿음으로 말미암아 성령의 강력한 생명의 역사로 개조된 거듭난 인생이 될 때 성취될 수 있다. 이것은 인간의 어떤 노력에 대한 대가가 아니라 절대적인 하나님의 선물로 믿음을 통해 되는 것이다. 이것이 거듭난 인생이요 인간 본성의 회복의 역사이다. 그 크신 하나님의 사랑으로 인하여 우리는 광명을 찾았고 새 생명을 얻었다. 우리의 삶은 죽는 그 날까지 주 예수 그리스도를 믿는 믿음 안에서 거듭난 생명으로 살아가야 할 것이다.

참된 만족

이 세상에는 참된 만족이 없다. 솔로몬 왕은 이 세상에서 부귀영화를 마음껏 누린 왕이다. 그는 왕의 딸들을 비롯하여 많은 왕후와 비빈을 거느리고, 목장을 크게 확장하고 많은 종들로 우양을 증식하게 하였으나 참 만족을 느끼지 못하였다. 결국 그는 다 헛되고 헛되며 바람을 잡는 것이라고 하였다. 다시 말하면 이 세상의 것을 다 가져도 참된 만족이 없다는 뜻이다.

요한복음 4장에 나오는 수가성 여인은 여러 번 남편을 바꾸며 만족을 얻으려 하였으되 오히려 더 만족이 없이 목마름만 심하게 되었다. 그녀는 주변 사람들에게 버림을 받아 소외되고 불량한 여인으로 낙인이 찍혀 아무도 상종하지 않는 사람이 되었다. 즉 사회에서 버림을 받았다. 그녀는 무더운 정오 시간, 즉 다른 사람들이 시원한 그늘에서 쉬며 낮잠을 자고 있을 그때에 동네 사람들을 피하여 물동이를 메고 물을 길러 나왔다. 그 때 예수께서 그 여인에게 물을 좀 달라고 부탁하셨다. 그 여인은 유대인 남자가 왜 이방 여인에게 물을 달라느냐고 반문하였다. 그 때 예수께서는 그 여인에게 물을 달라고 하는 자가 누구인지 알았더라면 그에게 생수를 주어 목마르지 않게 하였으리라고 말하였다. 그러면서 남편에 대한 이야기를 했다. 그 여인이 남편이 없다고 하자, 예수님은 그 여인의 모든 과거를 말씀하셨다. 즉 남편이 다섯이나 있었으니 만족이 없었고 지금 남편도 남의 남편을 가로챈 부정한 상태로서 여전히 만족을 누리지 못하는 점을 지적하셨다. 그러면서 참 만족을 위해 물과 피와 성령으로 거듭나야 할 필요를 알려 주셨다.

참 만족을 위해 가장 중요한 것은 물과 피와 성령으로 거듭나는 일이다. 마음 중심에 주 예수 그리스도를 모시고 성령 충만을 받을 때 우리 인생이 다시 회복되고 새롭게 하나님의 형상을 이루어 가게 되면서 참된 만족을 누리게 된다. 내 영혼이 은총을 입으면 중한 죄 짐 벗고 하늘

나라의 만족을 누리게 된다. 높은 산이나 거친 들이나 상관없이 주 예수를 모신 곳에 성령 충만함이 임하면서 참 자유와 만족을 소유하게 되는 것이다.

성령 충만을 받자. 주 예수 그리스도를 우리 맘속의 왕좌에 모시자. 내 마음속에 천국이 임하며 영원한 참된 만족을 누리게 되는 것이 바로 물과 피와 성령으로 거듭나게 된 역사이다. 이는 결코 사람의 노력이 아니라 오직 하나님의 은혜이다. 오늘도 하나님의 은혜가 내게 넘치는 참된 만족 가운데 이 고통과 비참한 상황 가운데서도 기쁨이 차고 넘친다.

1926 • 2019

협력하여 선을 이룬
하나님의 종 박장하 목사

박희근 목사

총신대학교 신학대학원 (M.Div.)
Liberty Theological Seminary (Th.M., D.Min.)
California United University (Th.D.)
현 | 뉴욕동원장로교회 담임목사
　　뉴욕총신대학교·신학대학원 교수 대학원장

유소년시절

나의 아버지 박장하 목사님은 1926년 3월 11일 경상북도 금릉군 대항면 복전동(마전이라 불림)에서 박래승 목사님의 1남 3녀 중 장남으로 출생했습니다. 유년시절 아버지(박래승 목사 평양신학교 30회 졸업)의 신학공부와 사역지의 이동으로 주로 할머니의 사랑 가운데 자랐습니다. 대구 계성중학교 시절 일본인 선생과의 문제로 학업을 중단하고 일본 유학길에 올랐습니다. 일본 유학시절 아르바이트로 하숙집에서 청소를 하며 공부하였는데, 주인에게 성실과 근면한 모습으로 인정을 받아 학업을 계속할 수 있었습니다.

해방을 맞아 귀국하여 신학공부의 권유를 받았으나 아직 목사의 소명이 없어 경북도청 학무과에서 공무원으로 근무하였습니다. 훗날 목사가 되어 미션스쿨과 신학교에서 후학 양성을 위한 사역에 힘쓰게 된 것은 아마도 해방 후에 몇 년간 교육공무원 생활을 했던 것이 크게 작용했으리라고 생각합니다. 그 후 6.25 전쟁을 맞아 참전하게 되는 것이 일생에 큰 전환기가 되었습니다.

한국전 참전과 포로 교환

6.25 전쟁에 참여한 후 얼마 안 되어 소속된 중대가 낙오되고, 결국 북한군에게 포로로 붙들려 평양에서 포로생활을 하였습니다. 포로생활을 전후하여 자고 일어나면 전염병과 추위와 동상 등으로 죽어있는 전우들을 보며 생사의 갈림길에서 하나님만 의지하여 생명을 갈구하는 힘든 생활을 계속하다가 휴전과 함께 남북 포로교환이 성사되어 북한에서 거제도 포로수용소로 넘어와 지내다가 석방되었습니다. 아버지는 전쟁

의 포화 속에서 살려주신 하나님의 은혜를 체
험하고 감사하며, 그 은혜에 보답하는 마음으
로 주님을 위해 살겠다는 소명을 가지고 1954
년 총회신학교에 입학하여 신학을 공부하게
되었습니다. 신학교 입학 후 1954년 여름에 제
어머니 김능숙 사모님과 결혼하여 슬하에 2남
5녀를 두었습니다.

박장하 목사

아버지가 80세가 넘어 머리 MRI를 촬영
하려고 했을 때 의료기사가 혹시 머리 수술하신 적이 있는지를 물었
습니다. 머리에 쇠붙이가 있어 MRI 촬영을 할 수 없다고 하여 대신
X-RAY를 찍었더니 머리 앞쪽에 큰 동전 크기의 쇠가 박혀 있음을 알
았습니다. 6.25 전쟁 중 옆에서 폭탄이 터지고 그 파편이 머리에 박혀
엄청난 피를 흘려 그 흉터가 지금까지도 남아 있는데 그때 박힌 쇠 파
편을 머리에 가진 채 사실을 알지도 못하고 70여 년을 건강하게 사신
것이 기적 중의 기적이라고 의사들도 놀랍게 여긴 일이 있었습니다. 정
말 생명의 주인 되신 하나님께서 살리시고 지켜주신 놀라운 은혜요 기
적이 아닐 수 없습니다

목사 임직 후 군산에서의 사역

아버지 박장하 목사님은 1958년 총회신학교 졸업과 함께 전라북도
임실읍 임실교회에 청빙을 받아 담임목회를 시작하였고, 그곳에서 목
사 안수를 받았습니다. 첫 담임목회를 하며 임실 시온중학교와 고등성
경학교를 만들어 후학 양성에 힘쓰다가 1960년 전라북도 군산에 위치
한 영명중고등학교(현 군산제일고등학교) 교장으로 부임하였고, 1965
년에는 군산 멜볼딘여자중고등학교(현 군산 영광여자중고등학교) 인가

와 함께 초대교장으로 부임하여 1980년
2월까지 20년간 미션스쿨에서 중고등
학교 학생들을 복음화시키고 신앙으로
훈련하는 교육사역을 하셨습니다. 특히
당시의 한국 상황에서 여성들의 신앙과
교육의 필요성을 절감하여 남녀공학이
던 영명학교에서 여학생들만 분리하여
멜볼딘여자중고교를 설립하고 교육하였
습니다. 아버지는 가정 형편으로 학교
다니기 어려운 학생들을 사랑으로 돌보
아 끝까지 졸업시킨 제자들과 학교생활

총회신학교 졸업식(1958)

중 예수를 믿어 크리스천이 된 제자들, 그리고 은혜 받고 목사가 된 제
자들의 감사를 기쁨으로 간직하셨습니다.

아버지는 교육계에 봉직하였지만 목회를 중단한 적은 한 번도 없었습
니다. 임실에서 담임목회를 시작한 이후 군산으로 옮겨 교육계에서 사
역하던 중에도 1966년에 군산 개복동교회(현 개복교회) 10대 담임목사
로 부임하여 1년 넘게 목회하셨습니다. 개복동교회는 1894년에 설립된
전라북도에서 가장 오랜 역사를 가진 교회로 1994년 5월에 교회설립
100주년 기념대회를 맞아 미국에서 오셔서 축사하셨던 아버지와 함께
그 자리에 있었던 기억이 생생합니다. 또한 1975년에는 군산영광교회
를 설립하여 1980년 서울로 옮길 때까지 초대목사로 사역하셨습니다.
중간에 잠시 담임목회를 쉬실 때에도 아버지는 주일이면 꼭 시골의 목
사가 없는 교회들의 임시당회장 책임을 맡아 예배와 성례식과 각종 회
의를 인도하는 사역을 계속하셨습니다. 주일 아침 일찍 자전거를 타고
출발하여 밤늦게 집에 돌아오실 때면 각종 채소들을 자전거 뒤에 싣고
오셨던 아버지를 기억합니다. 이렇게 계속된 목회를 인정받아 1978년

대한예수교장로회 군산노회에서 노회장으로 선출되어 섬기셨습니다.

총신대학교 교수와 서울 사역

아버지는 1980년 55세에 편안했던 군산의 사역을 접고 총신대학교
와 신학대학원 기획실장으로 부임하여 신학교 발전을 위한 사역을 시
작하셨습니다. 부임할 때 총신의 학교 상황은 매우 심각하여 학내 소요
로 데모하는 학생들에 의해 학장실이 점거되고, 모여 회의하던 이사들
이 감금되는 등 복잡하고 소란스러웠습니다. 주변에서 총신 교수로 부
임하는 것을 말릴 만큼 염려스러웠지만 아버지는 그럴수록 자신이 해야
할 일이 있다고 하시며 부임하셨고, 기획실장으로 학교와 총회(재단이
사회) 사이에서 소통의 통로로 활동하여 분규 사태를 해결할 수 있었습
니다. 그 후 총신은 큰 발전을 하였는데, 대학은 일반학과를 신설하여
더 많은 학생을 모집하고 종합대학교로 발돋움하였고, 신학교는 정식
으로 신학대학원 인가를 받아 M.Div. 학위를 수여하게 되었습니다.

무엇보다 학교가 발전하여 학생들이 많아질수록 비좁은 캠퍼스가 큰
어려움이었습니다. 이 어려움을 경기
도 용인군 양지에 20만 평 이상의 부
지를 구입하여 대학부는 사당동 캠퍼
스에서, 신학교는 양지 캠퍼스로 분리
하게 된 것을 최고의 업적과 기쁨으로
여겼습니다. 당시 서울의 많은 대학교
가 경기도 지역에 분교를 만들 때인데
양지에 땅을 찾아 구입하고 학교로 조
성할 수 있었던 것은 전적으로 하나님
의 은혜였습니다. 원래 그 땅은 군산에

기획실장 박장하 교수(실천신학)

서 백화양조라는 큰 술 공장을 경영하던 강정준 사장(后에 군산중앙교
회 장로)의 별장이었습니다. 술 공장을 하려고 사 두었던 땅인데 수질
은 최고지만 술 공장하기에는 수량이 부족하여 별장으로 사용하던 곳을
군산에서부터 좋은 관계를 맺었던 아버지가 주선하여 그 땅을 매우 싼
값에, 그것도 일부는 현금으로 받고 또 몇 년에 걸쳐 분할 지불하는 조
건으로 구입할 수 있었습니다. 아버지의 설득으로 강정준 사장이 그 땅
을 선지동산으로 변경함을 기쁘게 여겼기 때문인데, 이는 전적으로 하
나님의 섭리였던 것입니다.

그리고 초기에 어려운 학교 재정상황 중에도 도로를 설비하고 양지
캠퍼스로 신학생들을 보내어 교육하는 중 본관을 비롯한 여러 건물을
건축했습니다. 오늘의 양지 캠퍼스를 보며 만약 그때 양지 캠퍼스가 만
들어지지 않았다면 지금 총신의 모습이 어떨지 생각할 때마다 하나님의
은혜에 감사하지 아니할 수 없습니다. 또한 당시 서울 지하철 4호선이
완공되어 이수역으로 결정되었던 지하철역을 총신대역으로 바꾸는 등

여러 가지로 실무를 맡아 특유의 친화력으로 학교발전에 큰 역할을 하였음을 기쁨으로 간직하셨습니다.

총신의 교수와 기획을 책임지는 많은 업무 중에도 아버지는 교재를 집필하시고 설교집을 출간하시며 또한 목회사역도 쉬지 않으셨는데, 1980년부터 사당동에 오래된 교회로서 부흥하지 못하여 어려웠던 새서울교회(현 한마음교회)를 담임하여 교회가 부흥되고 안정된 교회로 세워진후 1987년 미국으로 이민할 때까지 그 교회를 열심히 섬기셨습니다.

미국 뉴욕 생활과 사역

1987년 5월 17일 60세가 넘어 아내와 당시 출가하지 않은 딸, 아들과함께 가족 4명이 미국 이민 길에 올랐습니다. 뉴욕에서 시작한 이민생활은 쉽지 않지만 이민자들을 위한 교회의 필요성을 가지고 그 이듬해 1988년 4월에 뉴욕동원장로교회를 개척하여 초대 담임목사로 사역하였습니다. 그 후 1997년에 은퇴하시며 원로목사로 추대되어 2019년하늘나라에 가시기까지 원로목사로 교회를 섬기셨습니다. 또한 뉴욕에서도 뉴욕총신대학과 신학대학원의 학장과 이사장으로 이민교회 목회자 양성에도 힘쓰셨는데, 특히 한국에서 유학과 이민 오는 후배 목사님들의 생활과 학업, 그리고 복회에 도움을 주는일에 기쁨으로 섬기셨습니다.

뉴욕동원장로교회 전경

차남 박희열 목사(뉴욕 빌립보장로교회) 비블리칼 신학대학원 졸업식

성품과 사역의 특징

아버지 박장하 목사님의 성품과 사역의 특징은 제가 어렸을 때부터 아버지를 기억하는 분들이 공통적으로 이야기하는 별명에서 짐작할 수 있습니다.

먼저는 〈백만 불짜리 웃음〉입니다. 아버지가 학교에 근무하실 때, 또는 교회나 어느 모임에서 그 자리에 계신지를 아버지의 웃음소리로 알 수 있다고 말하였습니다. 언제나, 어떤 상황에서도 호탕한 큰 웃음소리로 주변의 사람들과 소통하며 시원함과 평안함을 주어 어떤 막힘이나 싸움이 없이 갈등이 해결되도록 하는 능력을 가지셨습니다. 그 웃음 속에는 아버지의 인자한 성품이 크게 작용하였음에 틀림없습니다. 영남 사람으로 호남에서 20년 넘게 사역하며 활동하실 때 어려움이 많을 수 있었지만, 어느 누구와도 좋은 관계를 유지할 수 있었던 것은 바로 인자한 성품에서 나오는 그 백만 불짜리 웃음 덕분이라고 생각합니다.

또 하나의 별명은 〈현대판 홍길동〉입니다. 작지 않으신 체격임에도 많이 다니며 활동하시는 것을 본 사람들이 붙여준 별명이었습니다. 군산에서 교장으로 재직하실 때 아버지는 자신의 공부도 계속하셨는데, 전남대학교와 건국대학교에서 석사와 박사과정을 하셨고 1977년에 미국 Angels Bible College에서 명예신학박사(D.D)를 받으셨습니다. 또 주변에서 어려움을 당해 찾아오는 성도들의 부탁을 거절하지 못해서 손수 해결해 주시고자 전국 방방곡곡을 다니며 참 바쁘게 생활하셨습니다. 그런 바쁜 생활 중에도 새벽이면 교회에서 기도하시고 저녁에는 가정에서 자녀들과 함께 가정예배를 드리시던 모습이 잊혀지지 않습니다.

가정과 자녀들

아버지는 1954년 당시 제 할아버지(박래승 목사)가 목회하시던 경주 제일교회에서 어머니와 결혼하였습니다. 제 어머니 김능숙 사모님은 동평양교회 김상각 장로님의 3남 2녀 중 장녀로 평양 서문여고와 평양 사범학교를 졸업하고 1.4 후퇴 때 피난하여 제주도와 부산에서 교사생활을 하던 재원이셨습니다. 슬하에 2남 5녀를 두시고 평생을 목회자 사모로 교회와 가정과 자녀들을 위해 기도하며 헌신하신 분이셨습니다.

아버지는 참 가정적이셔서 저녁에 집에 들어오실 때 과자나 사탕봉지를 들고 오신 적이 많았습니다. 저녁식사는 둥그런 상에 둘러앉아 큰 그릇에 나물과 고추장으로 다 함께 밥을 비벼 자녀들에게 나눠주시고, 식사 후에는 가정예배를 드리고, 예배 후에는 신문지를 펴고 자녀들 순서대로 과자와 사탕을 공평히 나눠주신 뒤 각자 흩어져 공부하라고 하시던 분이셨습니다.

어머니는 무엇보다 남다른 교육열로 자녀들 교육에 최선을 다하셨는

목회자로 사역하고 있는 두 아들 가족과 함께

데, 특히 목사의 딸들이 교회에서 예배 반주를 할 수 있어야 한다고 딸들에게 피아노를 가르쳤고, 결국 딸들은 피아노를 전공하여 지금도 섬기는 교회에서 사모와 권사의 직분을 가지고 새벽예배 반주로 섬김을 다하고 있습니다.

우리 형제 7남매 중 아들 2명과 사위 2명은 목사이고 다른 사위 3명은 장로입니다. 큰 아들 박희근 목사는 뉴욕동원장로교회 담임목사로, 작은 아들 박희열 목사는 뉴욕 빌립보장로교회 담임목사로, 셋째 사위 김형훈 목사는 하와이 글로벌 리바이벌교회 담임목사로, 넷째 사위 채이석 목사는 서울 비전교회 담임목사로 목회하며 신학교 교수 등으로 사역하고 있습니다. 첫째, 둘째, 다섯째 사위는 장로로, 그리고 자부와 딸들도 모두 사모와 권사로 세움 받아 하나님 나라를 위한 섬김에 충성하고 있습니다.

칠순 기념 나이아가라 폭포 여행

우리 어머니는 장로의 딸로 살다가 결혼하니 갑자기 목사의 며느리가 되고, 조금 후에는 목사의 아내로 사모가 되고, 은퇴 후에는 목사들의 어머니가 되어 평생을 교회에서 엎드려 기도하며 살았음을 말씀하시곤 하였습니다.

두 분이 함께 지내시다가 2019년 3월 11일 아버지가 93세로 먼저 하나님의 부르심을 받았고, 약 두 달 후에 어머니도 87세에 아버지를 따라 천국으로 가셨습니다. 뉴욕에서 두 분의 천국환송예배를 연이어 드릴 때 7명의 자녀 부부들과 손주들까지 다 함께 조가를 불렀는데, 예배에 참여하신 분들이 교회 성가대 이상으로 많은 인원과 훌륭한 찬양이라고 함께 감사하며 위로하던 사랑이 지금도 감사한 마음입니다.

일제시대, 한국전쟁 등 참 어려웠던 시대에 가난한 목회자 아들로 출생하여 한평생 주님과 함께 사시며 가정과 맡겨주신 사역의 길에서 최선을 다하셨던 아버지를 기억할 때 어떻게 그 시절에 그 일들을 다하며 사셨을까 하고 놀라지 않을 수 없습니다. 그러나 생각하면, 그 배후에는 모든 일을 합력하여 선을 이루시는 참 좋으신 하나님의 손길이 있었음을 깨달을 수 있습니다.

일본 유학, 교육공무원, 참전용사와 포로교환 등은 목사로 부르실 소명과 목회와 교육 사업을 맡기실 사역을 감당하시도록 미리 훈련하심이었습니다. 또한 군산에서 20년 사역하심으로 그 때의 만남이 총신에서 귀한 결실을 맺게 되는 것도 "이때를 위함이 아닌지 누가 알겠느냐"(에 4:14)는 말씀의 열매로 생각합니다. 이때를 위해 훈련하여 목사로 세우시고 평생을 충성스럽게 사역하도록 이끄시고, 합력하여 선을 이뤄주신 하나님께 모든 기쁨과 영광을 올려 드리며 감사를 드립니다.

이제 우리 7남매 자녀들은 아버지께서 인자한 성품으로 성령의 열매를 맺어 많은 사람과 교회에 그리스도의 향기를 전파하며 이웃에게 덕을 세워 복의 통로로 사역하신 그 길을 본받아 따라 갈 것입니다. 목회자와 교육가로 교회의 성도들은 물론이고 많은 불신 학생들에게 복음을 전하여 그들의 가정을 복음화하고, 또 신학교에서 많은 목사를 배출함으로 하나님 나라 확장에 이바지 하셨던 아버지를 기억할 것입니다. 그리고 부모님이 생전에 보이신 모범과 가르치신 교훈을 마음에 간직하고 앞으로도 최선을 다해 교회와 성도들을 섬기며 사랑으로 영혼 구원과 선교 사역에 힘쓸 것을 다짐합니다.

마지막으로 아버지를 통해 우리 가정에 주신 하나님의 약속의 말씀을 마음에 새겨 봅니다. "여호와여 그의 재산을 풍족하게 하시고 그의 손의 일을 받으소서 그를 대적하여 일어나는 자와 미워하는 자의 허리를 꺾으사 다시 일어나지 못하게 하옵소서"(신33:11)

이 모든 일을 이루신 우리 하나님께 감사와 영광을 드립니다.

"할렐루야!!"

1927 · 2002

선교에 총체적으로 헌신한
김성규 목사

김현진 교수

계명대학교 영문학과 (B. A.)
총신대학교 신학대학원 (M. Div., Th. M.)
화란 Utrecht University 박사과정
남아공 North-West University (Ph. D.)
현 | 평택대학교 신학부 교수, 한국선교신학회 부회장,
　　태안 사귐의 공동체 원장
저서 | 『공동체 신학』, 『다민족 복음화는 에클레시아
　　공동체의 회복으로』
역저 | 『세계의 예수공동체』, 『피어선 설교선집』
공저 | 『종교개혁과 오늘의 교회개혁』, 『한국교회를 빛
　　낸 칼빈주의자들』

김성규(金聖圭) 목사(1927~2002)는 1927년 2월 14일 경북 안동군 일직면 국곡동 727번지에서 안동 김씨 가문의 김병순 장로 차남으로 태어났다. 그의 고향 교회인 국곡교회(菊谷敎會)는 미국 안의와 선교사 (James E. Adams, 1867~1926)의 전도 사역으로 세워진 교회였다.

안동 지방의 모교회 국곡교회

안의와 선교사는 대구를 중심으로 하여 경북 지역에 선교사역을 하였다. 그가 안동 지역으로 전도여행을 가서 귀미 시장에서 전도할 때 권수백이라는 사람이 쪽 복음을 받아 읽던 중 감동을 받아 예수님을 믿기로 작정하게 되었다. 권수백은 안의와 선교사가 어디 있는지 수소문하여 안동군 와룡면 지내리 홍재삼의 집에서 선교사를 만나서 하나님의 말씀을 배우고 국곡으로 돌아왔다. 그러면서 권수백은 동문들과 주위 사람들에게 박해와 고난이 있었음에도 불구하고 계속 열심히 성경을 읽고 기도하며 전도한 결과 믿는 사람들이 생겼다. 김병석, 김병일의 가정에서 돌아가며 예배를 드림으로 안동 최초의 교회이자 모교회인 '국곡교회'가 시작되었다. 권수백은 나중에 국곡교회 장로가 되었다.

권수백 장로는 국곡교회 건물을 손수 지었으며 일국학원(一菊學院)을 세워 애국정신으로 후진을 양성했다. 그는 일직에서 일어난 3.1 만세운동을 주동하여 옥살이를 했으며, 일제의 신사 참배 강압을 거부하다가 결국 순교하였다. 권수백 장로는 국곡교회 장로로서 일본 순경들이 와서 신사 참배와 궁성요배를 하고 예배를 드리라고 강요했을 때, 당시 국곡교회 담임목사는 신사 참배를 했으나 권 장로는 "일본 귀신을 섬길 수 없다"고 하면서 신사 참배를 끝까지 반대하다가 갖은 고문과 취조로 고령에 감옥에서 순교하였다.

소년 김성규는 모태신앙으로서 부친 김병순 장로, 모친 손석금 권사

슬하에서 어릴 때부터 이러한 뜻 깊은 역사를 가진 국곡교회의 주일학교에 다니면서 신앙생활을 했으며, 권수백 장로가 세운 일국학원에서 교육 받았다. 부친되는 김병순 장로는 국곡마을의 촌장같은 어른으로서 교회와 마을 일을 주관하였다. 초등학교 졸업 후에 목수이신 부친과 함께 삼 년간 톱질, 대패질, 나무 다듬기 등 목수 일과 농사일을 했었다.

일본에서 광부 생활

그 후 청년 김성규는 일본으로 건너가서 형님 되는 김상규 장로와 함께 교토(京都) 근처에 있는 망간 광산에서 광부로 일했다. 광부로 일본에 왔던 고향 사람들은 술과 여자에 빠져 타락한 생활을 했으나, 청년 김성규는 고향 국곡교회의 권수백 장로의 순교정신에 감화를 받아 늘 신앙을 지키며 살았다. 청년 김성규는 일본에서 신앙생활을 견실히 하는 가운데 동료들에게 따돌림과 소외를 당하기도 했다.

당시 태평양 전쟁 중 미국이 일본에 선전 포고를 하고 일본을 폭격하여 생활 사정이 악화되어 청년 김성규는 한국에 돌아오게 되었다. 그러나 해방 전이라 보국대 징용으로 차출되어 1942년 다시 일본으로 가서 3년간 광부로 노동하던 중 해방이 되어 1945년 한국으로 돌아올 수 있었다. 일본에서의 광부 경험은 나중 김성규 목사의 일본선교의 동기가 되었다.

경안고등성경학교 학업과 교회 개척

그는 고국에 돌아와 1945년 이경선 사모와 결혼을 한 후, 안동에 있는 경안고등성경학교에 3회로 입학하여 공부하게 되었다. 성경학교에서 공부를 할 때, 땔감 장사를 하면서 학비를 충당하였다. 경안고등성경학교 1학년 때인 1948년 김성규 전도사는 경안노회의 파송을 받아 강원도 삼척의 도계 장로교회를 개척하였다. 도계는 탄광 지역인데 개척 당시에 시장에서 전도 강연을 하면 시장 장사가 안 될 정도로 사람이 많이 몰려왔다. 이로 인해 경찰서로 끌려가기도 하고, 공산당 공비로 오해받기도 하였다. 그러나 그가 복음 전도자임이 드러나고 오히려 경찰 서장

김성규 목사

의 도움을 받아 전도가 더 활발히 되어 1948년 11월에 교회가 개척될 수 있었다. 그때 개척된 도계장로교회(통합)는 현재 도계 지역의 중심적인 교회로 성장하였다.

6.25 전쟁 중에 김성규 전도사는 하나님의 인도하심으로 부산 기장교회에서 전도사로 사역하였고 근처에 있는 육군제일병원을 심방하여 전쟁으로 불구가 된 군인들에게 복음을 전하였다. 전쟁 후에 그는 경북예천 지역의 신풍교회와 백송교회를 개척하였다. 목수였던 부친에게 배운 실력으로 손수 달구지를 몰고 나무를 베어서 기둥 목재와 석가래를 다듬었고, 진흙을 이겨 벽돌을 만들어서 예배당 건물을 세웠다. 성경학생이 열심히 사역하니 동장과 동민들이 감동을 받아 청년 전도사를 도왔고, 주님의 은혜와 그들의 도움으로 예배당 건물을 완공할 수 있었다. 교회개척이 힘들고 어려웠지만 예수와 복음이 너무 좋아 기쁘고 즐겁게 사역을 할 수 있었다.

총회신학교 입학과 목회 사역

1951년 7월 경안고등성경학교를 3회로 졸업한 후 김성규 전도사는 장로회 총회신학교에 입학하여 학업을 이어 가게 되었다. 당시 장로회 총회신학교는 전쟁 중 대구로 피난 와서 대구 계성초등학교 자리에 임시학교로 있었다.

예천 신풍교회에서는 김성규 전도사 가족에게 사례비로 한 달에 쌀 네 말을 주었는데, 그는 쌀 두 말은 이대영 목사 선교비로 드리고, 나머지 쌀 두 말을 팔아 총회신학교 입학금으로 사용하였다. 이대영 목사는 장로교 총회가 중국 산동성으로 파송한 해외선교사였다. 산동성에서 선교하다가 온갖 고초를 당하고 귀국하여 어려운 가운데 있는 선교사를 총회 차원에서 도와야 한다는 공문을 받고서, 김성규 전도사는 이대영 선교사의 사역에 감동하여 사례비의 절반을 선교비로 드린 것이었다. 이 쌀 두 말의 선교헌금이 후에 그가 세계 선교 사역을 펼치는 데 소중한 씨앗이 되었다.

그 후 김성규 전도사는 대구 불로교회 전도사로 3년간 사역하면서 1954년 2월 총회신학교를 3회로 졸업하였다. 동기로서는 김희보 목사(총신대학교 전 학장), 한병기 목사(전 총회장), 이삼성 목사(전 총회장) 등이었다. 총신 졸업 후 1954년 3월에 경북노회에서 목사 안수를 받고

김성규 목사 가족

대구 원대교회 부목사로 사역 후 대구 침산교회에서 임시목사로 3년간 목회하였다.

1957년 상주제일교회에서 청빙을 받아 7년간 위임목사로 사역하였다. 상주제일교회에서는 목회를 열심히 하여 교회가 부흥하였으며, 김천성경학교 교장, 경서노회 부노회장을 맡아 사역하였다. 김성규 목사는 당시 상주, 김천 지역에서 사역하던 라이스 선교사(Robert F. Rice, 1922-2002) 와 협력하여 지역 선교를 감당하였다. 그러나 상주제일교회는 지역 유지가 세운 교회로 목회자에 대한 설립자의 부당한 간섭이 심하였다. 결국 목회 7년만에 사임을 하고 대구로 가서 교회를 개척하게 되었다.

대구 원일교회 개척과 평생 목회

1964년 3월에 김성규 목사는 대구 원일교회의 청빙을 받아서 목회를 하게 된다. 1960년에 원일교회를 시작한 김치간, 최복실 집사 내외는 김성규 목사가 이전 대구 침산교회에서 목회할 때 교인이었다. 당시 장로교의 합동과 통합의 분쟁 가운데 침산교회가 장로교 통합 측으로 가게 되면서 보수신앙을 지향하던 그들은 상주제일교회에서 목회하던 김성규 목사를 찾아가서 도움을 청하였다. 1960년에 개척된 교회였지만 삼 년 동안 세 명의 교역자가 거쳐갔고, 땅 한 평 없고 교회 발전이 거의 되지 않았던 상태에서 청빙을 받았으니 개척이나 다름이 없었다. 당시 예배당은 먼지 나는 직조 공장 2층 일부를 세낸 한 칸이 전부였다. 김성규 목사는 부임하여 1년간 이사를 7번씩이나 하는 어려움을 겪었다.

1965년 5월에 김성규 목사는 장래에 받을 유산을 부친에게 미리 받아서 대구시 서구 원대동 2가 71번지에 대지 84평을 예배당 건축 부지로 매입을 하였고, 1966년 11월 건평 40평의 예배당을 신축을 하여 헌

맨 우측이 김성규 목사

당예배를 드렸다. 부임 당시 교인이 약 30여 명 정도가 있었으나, 김성규 목사의 헌신적인 목회로 부임 2년 후 예배당 신축시 장년부 240명, 유년부 120명, 중고등부 33명의 교회로 성장을 하게 되었다. 1964년 3월 김성규 목사는 원일교회에 부임하여 1995년 12월 은퇴할 때까지 32년 동안 목회하였다.

국내 선교 사역

김성규 목사의 목회의 중심은 '선교'였다. 그는 목회 초기부터 선교에 주력했다. 첫째, 그의 선교는 '목회를 통한 선교'였다. 김성규 목사는 영혼 구원을 위하여 기도하며, 그들을 불쌍히 여기고 사랑하여 전도하는 심령으로 정평이 나 있었다. 마을 전도, 공장 전도 등 쉬지 않고 전도하는 사역에 매진하여 교회가 부흥하여 대구 북부 지역의 중심적인 교회로 성장했다. 1978년 12월에는 교회 옆의 대지를 매입하여 연 230

평의 새 예배당을 신축하였으며, 장년 300여 명, 주일학교 120여 명, 중고등부 80여 명 등 약 500여 명이 출석하는 지역 교회로 성장하게 되었다.

둘째, '도시산업 선교'이다. 원일교회의 주변은 대구의 북부 지역으로서 수많은 방직공장이 들어선 공장지대였다. 김성규 목사는 60년대 후반부터 70년대에 외지에서 일하러 온 수많은 근로자를 주목했다. 열악한 근무 환경과 박봉으로 고달픈 생활을 하는 방직 공장 근로자를 위해 1969년 4월 '산업전도회'를 조직하여 공장 직공들을 돌보고 전도하였다. 당시 보수적인 장로교회에서는 보기 힘든 도시산업선교 사역이었다. 선교는 해외의 미전도종족에게 선교사를 보내는 것만이 아니라, 삶의 현장에서 고통당하는 영혼들을 섬기고 복음을 전하는 일이다. 김성규 목사가 시도한 산업선교회는 바로 그러한 현장 선교였다.

셋째, '교회개척을 통한 국내 선교'이다. 1975년 3월 원일교회 교인 중 박위조 집사가 교회에서 멀리 떨어진 평리동으로 이사하여 자기 가정에서 어린이들과 이웃 사람들이 함께 예배드린 것이 교회 개척의 발단이 되었다. 전도사를 보내어 매주 수요예배를 드리게 하던 중 원일교회에서 평리동 지역 선교를 위해 교회 개척을 하기로 결정하고, 건축헌금을 하여 1975년 7월 대지 177평을 매입하였다. 같은 해 12월에는 '서대구 제일교회'를 설립하여 입당예배를 드림으로 서대구 지역 선교를 위한 길을 열게 되었다. 모교회인 원일교회도 규모가 작은 교회이고 사정이 여의치 않은 가운데, 개척교회를 설립한다는 것은 김성규 목사의 적극적인 선교 정신이 아니고는 감당할 수 없는 일이었다. 현재 서대구 제일교회는 장년 300여 명, 주일학교와 중고등부 200여 명이 모이는 교회로 발전했으며, 서대구 지역과 국내 선교와 해외 선교를 위해 매진하고 있다.

이외에도 1976년 5월 경북 청송군에 이현교회를 개척 설립, 1978년에는 9010부대에 군인교회를 개척 설립, 1980년에 밀양 기산교회 개척에 협력하여 국내 선교사역을 전개하였다. 나아가서 만리교회, 자천교회, 도림교회, 구남교회, 승리교회, 희곡교회, 오미교회, 달곡교회, 창대교회, 복민교회, 대평교회, 남은교회, 가상교회, 장천중앙교회, 문어포교회, 삼산교회, 진리교회 등의 교회를 후원하여 국내 선교에 힘썼다.

세계 선교 사역

넷째, 김성규 목사의 선교의 강조점은 '해외(타문화권) 선교' 이다. 그의 세계 선교 비전에 따라 원일교회에 1976년 학생선교회가 발족되어 대구 동신교회 해외선교회 사역에 동참하여 일본 선교와 필리핀 선교에 합력하였으며, 1978년부터 원일교회도 자체적으로 국내 복음화운동과 세계 선교 운동을 전개하게 되었다.

1979년에는 원일교회가 후원하는 필리핀 김활영 선교사의 선교지에 현지인 안드레 사르미엔트를 현지 선교사로 단독 후원하였다. 1981년에는 원일교회, 대봉제일교회, 반야월서부교회가 합력하여 홍희헌 목사를 필리핀 삐꼴 지역에 선교사로 파송하였다. 이것은 김성규 목사가 주창한 '협력 선교'의 출발이었다. 계속된 협력 선교사역으로는 1986년 일본 정환구 선교사, 1988년 아르헨티나 김영화 선교사, 1989년 러시아 박시경 선교사를 후원하였다. 1992년에는 필리핀 선교사역으로 일로일로 지역에 카르레스교회를 설립하였으며 필리핀 장로회신학교 건축에 협력하였다.

1993년에는 일본의 최영신, 신요한 선교사, 필리핀의 김활영, 한도수, 서태원 선교사, 나이지리아의 이능성 선교사, 칠레의 하봉욱 선교사, 칠레 원주민 선교사로 따벌로, 빠라다, 우조아 선교사, 인도의 이은옥 선교사, 인도네시아의 조기술 선교사, 중국의 남창수 선교사, 영국의 유대우 선교사, 스페인의 손병기 선교사, 외항선교회, 모퉁이돌 선교회(북한선교) 등의 사역을 후원하여 협력선교 사역을 세계적으로 펼쳐나갔다.

1993년부터는 원일교회의 모든 기관을 선교체제로 전환하여 "모든 성도가 가는 선교사와 보내는 선교사가 되자"라는 표어 아래 매년 교회 재정의 50% 이상을 세계 선교비로 지출하게 되었다. 이로써 당시 원일교회는 장로교 합동 측에서 가장 많은 선교비를 지출하는 교회가 되었다. 김성규 목사는 1990~1992년 동안 필리핀 장로회신학교(Presbyterian Theological Seminary, PTS) 후원 이사장을 맡아 사역하였고, 그동안의 열정적인 세계선교 사역이 인정되어 대한예수교장로회 총회(합동) 세계선교위원회 이사장(현 GMS)으로서 총회의 세계선교의 책임을 맡아 사역하였다.

바울선교회를 통한 세계 선교사역으로 유명한 전주 안디옥교회 이동휘 목사는 김성규 목사의 선교 열정을 높이 사서 그를 전주 안디옥교회 선교집회에 초청하였고, 김성규 목사도 이동휘 목사를 원일교회 선교부흥회에 초청하였었다. 장로교 합동 측에서는 기장(한국기독교장로회) 교단과 강단 교류가 법적으로 금지되어 있는데, 기장 목사를 초청하여 집회한 것 때문에 비판이 일어 치리를 받을 수도 있었지만, 합동 측에서 개교회 당 가장 높은 비율의 선교비를 지출하는 원일교회의 선교사역과 김성규 목사의 진실되고 열정적인 선교정신을 익히 아는 교단 관계자들은 어떠한 치리도 하지 않았다.

대구 동신교회가 파송한 필리핀 선교사였고 총회세계선교회(GMS) 사무총장을 역임했던 김활영 선교사는 김성규 목사의 원일교회 세계선교 사역의 정신을 다음과 같이 회고하였다.

1970년대 내가 선교사 후보생으로 해외선교를 준비하고 있었을 때 원일교회가 보여준 기도와 격려, 지원은 잊을 수 없다... 1980년에 김성규 목사님은 훌륭한 리더십을 발휘하여 규모가 큰 교회들을 움직여 필리핀을 위한 '협력 선교'의 좋은 본보기를 보여주셨다... 1990년대 한국 선교는 확장 일로를 걸으면서 전략 면에서 잘못된 길로 들었다. 그것은 역사적으로 보여 주었던 협력 선교의 아름다운 전통에서 떠나 개 교회 중심 선교로 선회한 것이다. 그러나 원일교회는 차분하게 협력하는 기본적 자세를 흐트러뜨리지 않았다. 그것은 선교의 본질을 잘 이해하고 있었기 때문이다.

원일교회는 소위 '선교사 파송교회'가 되는 우쭐함에서 초연할 줄 아는 성숙함을 보여준 교회였다. 기회가 있어도 다른 교회에게 이름을 남겨 주고 협력자로 남아 있는 것이 지극히 정상인 것으로 받아들이는 김성규 목사님과 원일교회의 성숙함이 선교사에게 얼마나 큰 격려가 되었는지 모른다... 해마다 엄청난 숫자의 예산을 해외 선교지를 향하여 쏟아 부으면서, 수많은 시간을 선교사를 위하여 기도하면서, '나의 선교사'가 아닌 '우리 선교사들', '하나님 나라의 선교사들'을 기억하는 성숙함이 정녕 한국 선교에 앞장을 선 교회답다고 나는 감격스러워 마지않는다.[1]

위암 수술 중의 체험

김성규 목사는 은퇴 직전에 위암에 걸려 위 전체를 절제하는 수술을 하게 되었다. 위암에 걸려서 처음에는 주님께 원망을 하였다. "주님, 제가 47년 간 목회하면서 여러 교회를 개척했고, 국내 미자립 교회들도 많이 도왔고, 세계선교 사역도 열심히 했는데, 왜 위암에 걸려서 이렇게 고통을 당하면서 죽게 하십니까?" 그때 주님은 그의 마음에 "그 모든 선교 사역들은 나의 은혜로 할 수 있었지, 네가 했냐?" 라고 말씀하

---

1   김활영, "선교사가 보는 원일교회 선교", 『원일교회 40년사』, 303~305.

셨다. 이에 김성규 목사는 "주님, 옳습니다. 옳습니다. 저의 오만함을 용서해 주옵소서"라고 하면서 회개하였다.

그는 위암 수술을 받기 전 "내 주의 보혈은 정하고 정하다. 내 죄를 정케하신 주 날 오라하신다"라는 찬송을 목 놓아 부르면서 수술실로 들어갔다. 4시간의 수술이 끝난 후 마취가 풀렸을 때, 김성규 목사는 깨어나서 통증으로 심히 괴로워하는 가운데 십자가에 달리신 주님을 생각하면서 다음과 같이 기도하였다. "주님은 나의 죄 위하여 마취도 하지 않으시고 창에 찔리고 양손 양발에 못 박히셨으니 얼마나 고통 당하셨습니까? 주님, 저는 저의 고통만 생각하는 죄인입니다. 용서해 주옵소서. 다시금 주님의 십자가를 바라보며 세상의 구원을 위한 주님의 희생과 고난을 묵상합니다. 주님의 보혈의 은혜에 참여하게 해 주시니 감사합니다."

김성규 목사는 수술하고 나서 그날 저녁부터 복도에 감사 찬송을 부르면서 걸어다녔고, 같은 병실에 있는 환자들을 심방하여 기도해 주었다. 그러던 가운데 주님의 은혜로 속히 나음을 받을 수 있었다. 김성규 목사가 수술 받았던 대구 동산병원 원목실에서는 어떻게 해서 그렇게 빨리 나을 수 있었는지 환우들을 위해서 간증 설교를 해달라고 그에게 요청하였다. 김성규 목사는 "내가 하나님 앞에서 허물이 많았고 교만하였는데, 하나님이 나를 치셔서 오히려 나의 심령과 육체를 새롭게 해주셨다"고 고백하였다. 그는 위암 수술 후 해외 선교지를 일곱 번이나 순방하여 복음전파 사역을 왕성하게 감당할 수 있었다.

은퇴 후 고통당하는 이들을 위한 사역

1995년 12월에 김성규 목사는 1964년 원일교회를 개척하여 한 교회에서 줄곧 목회한 지 32년 만에 원로목사로 추대되면서 은퇴하였다. 전

아들 김현진 평택대학교 교수와 함께

도사로서 시골교회 개척 사역을 시작하여 세계 선교사역을 활발히 감당
했던 전체 47년간의 목회 활동 후, 은퇴 목사가 되어 어디로 가서 무엇
을 해야 할 지 고심하면서 기도하였다.

주님의 인도하심 가운데, 그는 집 근처에 있는 영세민 아파트단지를
사역지로 삼았다. 그곳은 알콜 중독자, 가정 파괴자, 정신 질환자 등 불
쌍한 사람들로 가득 차 있는 곳이었다. 그들에게 복음을 전하기 위해
우선 그들의 생활 환경을 깨끗이 해 주었다. 방 청소를 해 주고 이발 도
구를 사서 그들의 머리를 깎아 주고, 라면도 삶아서 같이 먹으면서 기
도를 해 주고 전도하면서 그들의 친구와 아비가 되어 주었다. 그러자
그들의 정신이 제대로 돌아오게 되었고, 그들 중 상당수가 교회를 따라
나오게 되었다. 김성규 목사는 그러한 사역에 대해 다음과 같이 설명하
였다.

저는 기초부터 새로운 목회를 시작하게 되었습니다. 이것이 예수님의
목회 정신이라고 생각합니다. 저는 어떤 누구에게도 친구가 되어주며

그들을 돌봅니다. 고통당하는 이들과 함께 먹고 함께 생활하면서, 그들을 위로하고 섬길 때 그들이 얼마나 은혜를 받는지 모릅니다. 그래서 저는 목회를 다시 시작했습니다. 예수님은 마구간에서 태어나셨는데, 제가 아무리 더럽고 냄새 나는 아파트촌에서 사역하더라도 이곳이 천국입니다. 이곳이 바로 주님이 천국 복음을 전하시던 장소입니다. 가축들이 살던 주님의 마구간을 생각할 때 저는 이곳이 너무 좋고 너무 자유롭습니다. 야고보서에서 '자유롭게 하는 온전한 율법'(약 1:25) 이라고 하였는데, 그것은 '사랑의 율법' 입니다. 저는 참으로 행복한 목회를 하고 있습니다.[2]

사역의 원동력

김성규 목사는 선교사의 영향으로 세워진 안동 국곡교회에서 선교의 정신을 가졌으며, 애국지사 권수백 장로의 순교 정신을 이어 받았다. 전도사로서 개척교회 시절에 이대영 중국 선교사를 위한 선교헌금을 봉헌하면서 선교사역에 합력하게 되었고, 후일에는 목회를 통한 선교와 세계선교를 위한 사역을 감당하게 되었다.

그는 학력도 부족하고 배경도 없는 농촌 목수의 아들로 태어나서 목회자가 되었지만, 밀도 있고 풍성한 열매 맺는 선교사역을 감당할 수 있었다. 그 사역의 원동력은 무엇이었을까? 아들 목사가 바라본 아버지 김성규 목사의 원동력은 다음과 같다고 생각된다.

첫째, 아버지는 기도의 사람이셨다.

여느 목회자들이 다 기도의 사람이겠으나, 아버지는 특별히 기도의

---

2 김성규, "나의 나된 것은 하나님의 은혜," 1996. 9. 18. 총신대학교 신학대학원 수요 저녁 예배 설교 테이프.

무릎을 꿇는데 평생 정진하신 고전적인 목회자이셨다. 나는 늘 새벽에 두세 시간씩 우시면서 드리는 아버지의 새벽기도 소리를 들으면서 자랐다. 경북노회에서 아버지는 '기도 많이 하시는 거룩한 목사님', '기도의 성자'로 정평이 나 있었다. 아버지에게는 기도의 능력과 성성(聖性)이 있어서 목회사역 가운데 하나님이 살아 역사하시는 은혜가 많이 나타남을 볼 수 있었다. 노회정치에 관심이 없으셔서 노회장을 극구 사양했으나 노회원들의 간청으로 선거에 나가서 90% 이상의 득표를 하여 경북노회 역사상 최다 득표로 존경받는 노회장을 역임하셨다.

둘째, 아버지는 긍휼한 마음이 많은 목회자이셨다.

아버지는 뛰어난 설교가는 아니셨지만 성도들의 생활에 관심이 많아서 늘 심방에 힘쓰셨고, 환자가 생기면 퇴원할 때까지 매일 심방하셨다. 성도들을 위해 아비의 마음으로 기도하고 정성을 다해 돌보는 사랑의 목회자이셨다. 가난한 성도의 집에 심방을 가서는 방석 밑에 지폐를 몰래 놓아두고 오시곤 하셨다. 은퇴 후 어려운 이웃들을 예수님의 마음으로 불쌍히 여기고 그들을 돌보며 몸으로 복음을 증거 하셨다. 그래서 아버지의 장례식 때에 그분의 은혜를 입은 수많은 목회자와 성도들의 보은의 행렬이 끊이지 않았다.

셋째, 아버지는 평생의 전도자이셨다.

20대에 시골교회 전도사로서 첫 개척 목회 때부터 노방 전도자로 사역을 시작 하셨으며, 이후 교회 사역을 통한 전도 사역, 도시산업선교, 국내 개척교회 설립과 후원을 통한 선교, 다양한 해외선교 사역, 고통당하는 이웃들을 위한 섬김의 전도 사역 등 평생 '총체적인 선교 사역'에 헌신하신 분이다. 명함 뒷면을 전도지로 만들어 길거리에서 만나는 사람들에게 전도하셨으며 택시를 탈 때마다 웃돈을 얹어 택시비를 주면서 운전사 분들을 전도하셨다. 지난 2002년, 암이 재발되어 아버지는 병원에서 산소 호흡기를 끼고 임종을 앞두고 계실 때, 많은 문병객이 찾아 왔다. 그들 중 예수를 믿지 않는 사람들에게는 숨이 넘어가기 한 시간 전까지 고통스러운 가운데서도 일일이 메모지에 글로 써서 "예수 믿으시오" 라고 보여주며 손짓으로 간곡히 복음을 전하셨다. 그분은 시골에서, 도시의 산업현장에서, 세계 선교현장에서, 소외된 이웃들에게, 병상에서, 돌아가시는 최후의 순간 까지 순교정신으로 복음을 전하셨다.

물론 그분에게도 약점과 단점이 있다. 아버지는 다음과 같이 늘 말씀하셨다. "내가 목사가 된 것은 하나님의 은혜이며, 나같이 부족한 사람이 이렇게 세계선교 사역을 할 수 있었던 것은 하나님께서 은혜를 베풀어 주셨기 때문이다. 나는 다시 태어나도 목사로서 복음 전파 사역에 즐거이 헌신할 것이다." 아버지를 아시는 많은 분이 "김성규 목사님은 '참 목자' 이셨다"라고 회상하였다.

여섯 명의 자녀들은 아버지의 본을 따라 모두 신앙생활에 임하고 있다. 훌륭한 아버지의 목회 사역이 아들 목사에게는 비교되고 부담스러운 일이지만, 본받아야 할 목회의 모델이 아버지인 점은 정말 아름다운 일이라고 생각된다. 필자도 아버지의 선교 정신을 물려받아 선교학을 공부하였으며, 충남 태안에서 초대교회와 같은 공동체 생활을 통하여 선교 사역을 감당하고 있다.

한국 교회에서 참된 목회자를 찾아보기 힘들다는 탄식 소리가 들리는 이 때에, 김성규 목사의 삶은 이 어두운 시대에 목회자의 사표가 되며, 온 삶을 통하여 순교 정신으로 땅끝까지, 죽기까지 복음을 전하는 진정한 목회자 상으로서 후배 목회자들과 한국 교회에게 나아갈 방향을 조용히 제시하고 있다고 볼 수 있을 것이다.

"나는 선한 싸움을 싸우고 나의 달려갈 길을 마치고 믿음을 지켰으니, 이제 후로는 나를 위하여 내게 의의 면류관이 예비 되었으니, 주 곧 의로우신 재판장이 그날에 내게 주실 것이며 내게만 아니라 주의 나타나심을 사모하는 모든 자에게도니라" (딤후 4:7~8)

15

1930 • 1988

말씀의 실천자
김석준 목사

김성욱 교수

서울대학교 종교학과
합동신학대학원 (M.Div.)
Universität Münster (신학부, 역사신학) (Dr.theol.)
현 | 웨스트민스터 신학대학원대학교 교수
저서 | Adolf von Harnack Das Wesen des Christentums—
      eine methodologische Analyse, 『리츨[Albrecht
      Ritschl]의 신학적 고민—신학에서의 가치판단』
역서 | 『설교자 칼빈』(Wilhelm H. Neuser)

생애

　김석준(金錫俊) 목사님의 4남 5녀 중 막내아들(7째)로서 신앙의 스승이며 신앙과 신학을 전하여 주신 아버지를 소개합니다.

　복음이 이 가정에 소개되는 과정을 살펴보면 하나님께서는 각 성도들을 참으로 다양하게 부르시는 것을 확인할 수 있습니다. 선친은 조부이신 김상조의 다섯 아들 중 셋째 아들로 태어났습니다. 할아버지의 첫째 아들은 경상도에서 공부를 가장 잘해서 조선총독부 장학금으로 공부하고 있었는데, 통학하던 중 한 전도인이 전해준 누가복음(쪽복음)을 받아서 학교를 오가며 그 성경말씀을 다 암송할 정도로 마음에 받아들였습니다. 그리고 그 복음을 가족에게 전하고 싶었으나 강한 불교 집안 분위기로 인해 미루다가 전염병을 얻게 되어 죽어가면서 자신의 부친에게 예수 믿는 것을 고백하고, 영수님을 모셔서 세례를 받고 죽게 해달라고 간곡히 부탁드렸습니다. 죽어가던 아들의 소원을 들어주기 위해서 영수님을 모셨는데 세례 문답 시 묻는 것마다 정확하게 대답하여 영수가 놀랍게 여기며 교회를 가지 않고도 어떻게 그리 잘 아느냐고 물었더니 그는 누가복음을 다 외워서 대답했다고 했습니다. 큰 기대 가운데 가문의 모든 것을 걸었던 장남의 뜻하지 않은 죽음으로 할아버지께서는 분통하고 막막함으로 아무 것도 하지 못하고 그저 통곡으로 지냈습니다. 불교집안 임에도 아들의 유언으로 기독교 장례로 치른 후 너무나 상심한 나머지 세상의 덧없음과 절망의 결과로 노름에 빠지게 되었습니다. 노름으로 재산을 모두 탕진하고 길바닥에 나앉았을 때 포항 유금교회 전도구제부의 노력으로 교회 사찰로 살 길을 제의 받았습니다. 그때의 할아버지의 고백이 우리 아들이 이상한 신을 믿고 망했으니까 우리도 이 신을 믿고 빨리 망하자 하면서 온 가족을 데리고 유금교회 사찰 일을 하게 되었습니다. 다른 분들처럼 귀한 목사님의 전도나 선교사의 전도를 통해서 예수를 믿은 것이 아니라 삶을 포기할 목적으로 선택한 것이 예수를 믿는 것이었습니다.

김석준 목사

그러나 하나님께서는 놀라운 결과를 이 집 안에 선물하셨습니다. 유금교회 주일학교에서 할아버지의 자녀들이 한글과 성경을 배우고, 김석준 목사님은 현숙한 아내를 만나 결혼하게 되었습니다. 그리고 조부의 두 아들은 목회자가 되었습니다. 김영광 목사(합신교단 총무역임)와 김석준 목사, 더 나아가 김영광 목사님의 두 사위와 김석준 목사님의 네 아들을 목사로 부르시고 여러 딸들을 사모로 부르시더니, 그 다음 세대까지도 주님의 부르심을 입게 되었습니다. 장남인 김성봉 목사(안양대학교 신학대학원장 역임)에 이어 손자인 김의창 목사 역시 서울대 영문과를 졸업하고 영국 세인트엔드류에서 신약학 박사를 마치고 현재 횃불트리니티대학원대학교 신약학 교수로 활동하는 등 전체 집안에 많은 목회자들이 있습니다.

김석준 목사님과 함께 그의 아내인 어머니(권생이)와 외할머니(김분희)를 함께 소개해야 할 것 같습니다. 외할머니가 어머니를 낳기 전 세 아들을 낳았으나 다 죽고 네 번째 딸인 어머니를 배었을 때, 하늘에서 노래 소리가 들리면서 천사가 백합화 한 송이를 던지는 것을 외할머니께서 치마를 펴서 받는 태몽을 꾸셨습니다. 그러나 태어난 딸이 너무 허약하여서 곧 죽을 것이라 생각하고 이름을 지어주지 않았다고 합니다. 그러나 학교를 입학할 나이가 되어 이름 없는 아이에게 학교 선생님이 이 아이가 살아있다 하여 '날 생(生)'자를 써서 '권생이'라 이름을 지어주었습니다. 단지 예수님을 믿는다는 이유로 안동 권씨 가정에서 배척받은 외할머니에게 유일한 소망과 기대는 그 신앙을 이어받은 무남

독녀 딸이었습니다. 이 귀한 무남독녀 딸을 데리고 산 기도를 다니며 늘 기도하셨던 기도제목이 '이 딸을 통해 하늘의 별처럼, 바다의 모래처럼 목사, 장로, 주의 종들이 많이 태어나게 해

대구동교회 주일학교 학생들

주세요' 였습니다. 어머니가 결혼 적령기가 되었을 때, 옹기장사, 비단 장사 등 사업을 해서 재산이 많았던 외할아버지의 지인 중 부유한 집안의 청년과 결혼하면 많은 유산을 물려받고 부를 누릴 수 있었으나, 단 한 가지 조건 '예수 믿는 청년'을 원하였기에 제 부친이신 김석준 청년과 결혼하게 되었습니다. 어려운 환경의 목회를 하면서도 신앙으로 세워진 가정에 주님께서 많은 자녀를 허락하셔서 어머니는 12자녀를 임신하셨고, 6남 5녀를 낳으셨으며 현재는 4남 5녀가 남아있습니다.

소명에 따라 순종하며 열심히 달려가신 목사님은 52세에 갑작스럽게도 간경화로 몸이 약해지셔서 병원의 신세를 지기도 하였지만, 마치 바울 사도처럼 주님의 부르심을 향하여 달려갈 길을 최선으로 달려가듯이 그 질병을 통하여 주님께 나아가는 삶을 6년 더 살아가시다가 마침내 천국으로 가게 되었습니다.

소명

1950년 6월 25일 동란이 발발하자 아버지께서는 이미 결혼하셨고, 어머니께서 임신한 상태이지만 자원하여 입대하셨습니다. 1.4 후퇴 때 수류탄을 오른쪽 허벅지에 맞아 죽음의 문턱까지 갔다가 목사가 되겠다

고 서원한 후 은혜로 다리를 자르지 않고 살
아나셨으며, 그 후 여러 과정을 거쳐 대구신
학교에서 공부하였습니다. 당시에 만난 이성
봉 목사님을 너무나 존경하여 이성봉 목사님
처럼 훌륭한 부흥사가 되고자 닮으려고 노력
하며 많은 활동을 하였습니다.

김석준 목사

마침 큰 아버지이신 김영광 목사님께서 먼
저 대구신학교에 입학하셔서 수학 중에 아
우인 아버님을 불러 신학공부를 하도록 권하셨습니다. 4월 중순이었으
니 이미 개강한 후이지만, 청강을 허락 받고 공부를 하였습니다. 그런
데 한 학기 공부 후 성적이 너무 우수하게 나오자, 정식 입학을 허락받
아 대구신학교에서 공부하게 되었습니다. 이후 형제가 나란히 서울에
있는 총회신학교인 남산신학교로 진학하게 되었습니다. 형님의 권유로
신학교에 입학한 사실과 하나님의 인도와 섭리 가운데 목사로서의 길을
가게 된 것을 기억하면서 김영광 목사님께 감사하는 마음과 형제로서의
깊은 우애를 항상 표하였습니다. 그리고 그 과정에는 언제나 기도하시
는 외조모님과 많은 자녀를 기르면서도 끝까지 후원하는 어머니의 기도
와 내조 덕에 신학공부를 잘 마칠 수 있었습니다.

남산신학교 졸업반 때, 김현봉 목사님을 알게 되면서 성경을 깊이 연
구하는 즐거움과 감격을 느끼게 되었습니다. 그리하여 이성봉 목사님
을 흉내 내던 부흥망사 식의 설교나 목회를 포기하고 깊은 성경연구와
진리운동의 길에 들어서게 되었습니다. 당시 말씀의 깊은 연구와 말씀
에 완전히 매달리는 가르침이나 설교를 접하고자 하나 그런 교훈을 받
을 길이 없었습니다. 그래서 아버지께서는 새벽기도를 마치면 말씀을
연구하며 묵상하고 기도하려고 많은 산을 다니며 눈물로 기도드렸습니
다. 산으로 들로 뛰어 다니다가 심지어는 묘지 옆에 가서 이렇게 기도

드렸습니다. 어느 집회에서 고백한 것으로 자신의 생명을 걸고 고민과 갈망 가운데 기도하였던 내용을 옮겨봅니다.

"하나님이여, 김현봉 목사님에게 주신 성령님, 그 성령님을 김석준에게는 안 준다는 법칙이 없지 않습니까?", "백영희 목사님에게 주신 은혜, 성령님, 내게는 안 주신다는 그런 법은 없지 않습니까? 주실 줄 믿습니다", "이병규 목사님에게 내렸던 그 각성적 영감의 감화를 내게도 주실 줄 믿습니다"라고 많은 떼를 쓰며 자신의 인생을 걸고 애타게 매달렸습니다. 당시의 이 기도가 너무나 간절하여, 도무지 밥 먹을 생각도 나지 않고 정말로 애타게 매달렸기에 "하나님께서도 아마 에이, 이놈, 참 고집불통이구나!" 하시고는 허락하신 것입니다.

이렇게 스스로 고백하고 있습니다. 즉 하나님께서 김석준 목사에게 져 주신 것으로 알며 그 이후의 인생을 오로지 성경을 읽고 연구하는 일에 모든 것을 집중하였습니다. 심지어 이전에 이미 받았던 많은 은사들, 치유와 축신의 은사들을 가져가시고 오직 성경을 깨닫는 은혜를 달라고 애타게 기도하였습니다. 그 결과 그 이후의 사역에서는 영적인 은사에 대한 강조가 없고 오직 말씀을 깨닫고, 깨달은 대로 살아가는 것을 강조하는 계기가 되었습니다. 그 이후에도 계속적으로 기도와 말씀 묵상으로 하나님의 은혜 가운데 말씀을 강조하는 목회와 사역을 펼쳐갈 수 있었습니다.

목회

목사님은 신학교 재학시절에 박형룡 박사님을 통하여 소개된 벌코프의 조직신학의 내용들을 거의 외울 정도로 공부하였고, 그럼에도 풀리지 않는 과제에 관하여서는 성경을 읽으며 고민하고 정리하였습니다.

대구 신천동에 위치한 동교회에서 사역할 때부터 매주 월요일 오전에는 말씀을 배우려는 많은 목사님을 대상으로 심도있게 성경을 가르쳤으며, 서울 광진구 능동에 있는 대동교회에서 목회할 때에도 많은 목사님과 성도님이 배우려 할 때에 3~5시간이라도 계속 성경을 가르치는 사경회를 여름과 추석 그리고 구정 때마다 감당하였습니다.

대구의 신천동 동(東)교회는 이북에서 내려온 피난민들이 평안남도 안주(安州)에 있던 동교회의 명칭을 따라 세운 교회로, 통일이 되면 그곳에 교회를 다시 세우겠다는 분들이 출석하는 교회였습니다. 대구시가 훤히 내려다보이는 영신고등학교 건너편 대구의 동쪽 신천동 산봉우리에 위치한 백 명 정도 모이는 작은 "피난민 교회"였으나, 귀한 말씀과 실천으로 꾸준히 성장하면서 그 지역의 사람들이 교회의 절반 정도를 이루었습니다. 신학교를 다니며 그곳의 다음 세대들을 일깨워 교회와 사회의 일꾼으로 만드는 것을 사명으로 여겼습니다. 피난민들이 모여 사는 곳이라 대부분 성도들의 삶의 수준이 자식을 중학교에 보내는 것을 생각도 하지 못하는 처지였는데, 교인들을 찾아다니며 좀 어렵더라도 계속 공부를 시키도록 권유하였고, 학생들은 새벽기도를 다니며 깨어서 공부하도록 이끌었기에, 그곳에서 귀한 인재들이 많이 배출되었습니다.

대구 신천동에서 사역 중에도 말씀이 더 확장되기를 원하여 남교회(현재 수성구 참좋은교회 – 이윤찬 목사님)를 개척하였습니다. 1972년에 뜻한 바가 있어서 서울로 올라와 대동교회를 개척하시고 말씀운동, 진리운동으로 15년 목회를 하셨습니다. 서울에서의 목회는 다른 사람들을 의지하지 않고, 개척멤버도 없이 가족들만으로 시작하였습니다. 바닥에서부터 시작된 대동교회는 철저하게 하나님의 은혜로 시작되고 진행되었습니다. 당시 교회의 모습 가운데 특징적인 것은 대부분의 성도들이 예배시간에 필기하는 것입니다. 그리고 교회가 전체적으로 함

김석준 목사의 아들들

께 나아가야하기 때문에 주일예배의 설교가 다음 주 주일학교 분반공부의 교재가 되었습니다. 그렇기에 주일학교 교사는 성경을 집중적으로 그리고 반드시 공부할 수밖에 없었으며, 교회는 전체적인 통일을 이루었습니다. 주일학교의 또 다른 특징은 학년 구분 없이 교사가 전도하면 같은 반의 구성원이 되었기에 열심히 전도하고, 교사는 토요일에는 심방을 하여 다음 세대를 양육하도록 하는 것이었는데, 그 결과 주일학교가 크게 부흥하였습니다. 그리고 중고등부 학생들을 보조교사로 섬기도록 하였는데, 방황하는 질풍노도의 시기에 어린학생들에게 좋은 본이 되는 모습을 갖도록 인도하였기에 대동교회는 아름다운 모습으로 성장하였습니다.

목회의 방향

목사님의 가장 자랑스러운 삶의 모습 가운데 하나는 사람을 키우는 것입니다. 시골교회에서 부흥회나 사경회 요청을 받으시면 말씀을 준비하여 열정적으로, 그리고 분명하게 선포하셨습니다. 그냥 시골에서 농사를 지으며 적당하게 살아가는 청년들을 보면 그 안타까움으로 인하여, 목사님께서 친히 청년들의 부모님께 간곡하게 서울로 보내어 인재가 되도록 요청하였습니다. 이런 청년들은 교회에서 함께 거주하며, 야간에는 공부하도록 하여 가난도 벗어나고 분명한 성도로서 훌륭한 가정을 세워나가도록 인도하셨습니다. 그런 인도에 따라 공부하면서 훌륭하게 직장생활도 하며 믿음의 가정을 이루어가는 청년들이 많았기에, 교회에는 언제나 새로운 청년들이 넘쳐났습니다.

목회자로서의 삶은 바쁜 목회 중에도 자녀들을 위하여 뒷바라지를 하며 다음 세대의 인물로 키워 가시는 것이었습니다. 자녀들이 공부할 수 있도록 어린 아이들을 업고 청소도 하셨기에, 아들과 딸들은 개척교회 목사님의 자녀들이지만 다 대학을 마칠 수 있었으며, 삶의 모범을 친히 보이셨기에 자녀들 모두 신앙을 가지고 생활을 할 수 있었습니다.

목사님과 관련하여 가장 많이 생각하는 것은 그의 성경연구입니다. 찬송가 중에 "나의 사랑하는 책 비록 해어졌으나(낡아졌으나) 어머님의 무릎 위에 앉아서..." 라는 찬송가의 가사처럼 성경을 읽고 읽어서 다 닳아버린 성경책을 친히 보여주신 분입니다. 성경에 메모도 거의 하지 않는데, 성경을 넘기며 읽는 것으로도 가죽은 다 닳았고, 성경책 종이가 파이고 상할 정도로 성경연구에 평생을 몰두하셨습니다. 새벽기도 마치고 낮 12시까지 그 누구의 방해도 받지 않고 성경 읽고 묵상하는 평생의 습관은 그의 목회에 가장 중요한 버팀목이 되었습니다. 세 시간 이상의 말씀을 전파할 때에도 메모도 거의 없이 전체 내용을 헷갈림이 없이 논리적이고 조직적이며 체계적으로 펼쳐나갔으며, 계속되는 집회에 거의 반복을 하지 않을 정도로 설교나 강의를 진행할 정도입니다. 더구나 설교의 경우 조직신학적 접근과 성경신학적 접근을 통한 강해설교를 이미 오래전부터 행하고 있었습니다. 그러면서도 그리스도 중심적인 설교와 더불어 내세를 바라며 살도록 촉구한 설교였습니다.

김석준 목사님의 가장 중요한 신학적 공헌은 성화에 대한 강조입니다. 1970~80년 한국교회가 부흥에 대한 관심과 구원의 확신에 관한 논의에 집중할 때에도, 구원의 세 가지 시제(과거, 현재, 미래)를 언급하며, 칭의를 근거로 성화(성화구원, 건설구원 등으로 표현)에 대하여 그 중요성과 신학적 내용들을 분명하게 선포하였습니다. 성도들에게 구원의 확신이나 감격도 중요하지만, 이 땅을 살아가는 동안에 모든 것이 기회임을 알아서 하나님 앞에서 성실하게 성화의 과정을 걷도록 독려하였습니다. 또 다른 신학적 공헌은 하나님의 작정에 대한 분명한 선포와 그 내용의 풍부함을 토대로 하는 말씀 선포입니다. 달리 표현하면 한국에 칼빈주의 5대교리가 제대로 소개되지 않았을 때, 그는 이미 그러한 내용들을 성경을 통하여 강론하였으며, 또한 이를 바탕으로 하는 말씀선포는 성경을 전체적으로 조망하는 안목과 구체적인 삶의 방향과 실천을 강조하는 말씀을 힘 있게 선포하였습니다. 이런 신학적 내용들은 그의 자녀들의 신학에도 분명하게 나타납니다. 특별한 집회의 경우 세 시간 넘는 시간 동안 집중하여 강론하시고, 성도들은 그 말씀을 메모하며 받은 말씀대로 살아가려고 노력하는 아름다운 교회의 모습을 볼 수 있었습니다.

진리성가

전파된 말씀을 평생 기억하도록 만들려는 목사님의 열정은 그의 찬송과 작사에도 잘 나타납니다. 어린이를 위한 여름 성경학교가 열릴 경우 공부하는 성경의 내용을 이미 잘 알고 있는 찬송가 곡에 맞추어 작사를 합니다. 여호수아서의 경우 '승천가'의 곡에 15절의 여호수아 노래를 지어 부르게 하였습니다. 마치 일제 강점기에 한서 남궁억 선생님께서 노래로 백성들을 일깨우듯이, 어린 아이들의 머릿속에 신앙과 성경의 내용을 분명하게 가르치고, 또한 평생을 기억하도록 노래를 부르도록 한 것입니다. 그로 인하여 아직도 그 노래가사와 성경의 내용을 떠올리는 이들이 많습니다.

11절로 구성된 사도행전 노래와 10절의 느헤미야 노래 등이 가장 많은 사람들에게 불렸습니다. 지금도 여전히 선포된 말씀과 신앙의 자세를 추스르며 하나님께 나아가 기도하게 만드는 것은 바로 다니엘의 노래입니다. '영문 밖의 길' 곡에 7절로 개사하여 만들어진 것인데, 부르는 이로 하여금 그 역사의 현장 속에서, 그리고 하나님의 인도 가운데 신앙절개를 굽히지 않고 살아갈 것을 촉구하는 찬송으로, 한 번들은 말씀이 몇십 년이 지나도록 여전히 생생하도록 만든 것입니다.

> 다니엘아 다니엘아 무슨죄로 어디가나
> 내동족을 생각하며 기도함이 죄라더냐
> 예루살렘 바라보며 기도함이 죄라더냐
> 하나님을 바라보며 예배함이 죄라더냐
>
> 다니엘아 다니엘아 안심하고 걸어가라
> 네가섬긴 여호와가 너를구원 하시리라
> 사자입이 무서워도 다니엘은 못삼킨다
> 맹수발톱 강하여도 주의종은 못해친다

그의 생애 마지막 6년은 하나님의 역사하심이 더욱 분명하게 드러납니다. 간경화 판정을 받고 6개월 정도만 살 수 있을 것이기에 의사나 주위의 많은 목회자가 이제는 그만 쉬고 편하게 목회하라는 권유를 했습니다. 아니면 여기 저기 기도원에 다녀보든가 안수를 받아보라는 권유도 있었지만, 목사님은 친구 중에 먼저 천국 간 사람을 보시고는 자신의 남은 생을 쉬거나 여기저기 여행 다니며 생을 마치기보다는 오히려 더 열심히 최선을 다하는 목회자로 살아가기로 다짐하시고, 또한 그렇게 살아갔습니다. 다른 목사님이라면 20~30년에 이룰 일들을 이 기간 동안 성실하게 행하셨습니다.

6개월이 결국 6년이 되었는데, 약해진 간이 낙엽처럼 사그라들 정도로 모든 진액을 쏟아 부은 삶을 살다가 주님의 부름을 받았습니다. 그의 변함없는 고백과 설교한 대로 주님께서 부르실 때까지 최선을 다하는 모습을 친히 보이셨습니다.

아버지의 모습[1]

지금도 종종 자라던 시절의 기억이 꿈으로 재현된다. 학생 시절, 좀 더 자고 싶어서 잠이 깨었음에도 자는 척하며 잠자리에 머물러 있을 때에 "성봉아, 새벽 기도 가자!" 하시던 그 음성. 조금 있다 들려오는 성도들의 찬양 소리. 미안한 마음에 "일어나 가야지" 하고 기를 써서 일어나 보면 기억도 선명한 한바탕 꿈.

내게 있어서 아버지는 대단히 엄격하시면서도 참으로 다정하신 분이셨다. 나의 초등학교 시절 내가 소위 '천재여행'을 하느라 며칠을 연거푸 학교를 빠지고 이 산 저 산으로 돌아다녔을 때에, 교회 마당에 있던 버드나무 가지를 다 꺾어 회초리를 만들어서라도 맏아들을 바로 기르시려고 벼르시던 모습. 그로부터 몇 년 후 계성중학교 특설반에 장학생으로 입학하게 되자 자랑스럽게 생각하시며 비싼 일제 자전거를 선물로 주셔서 통학케 하시던 일. 그 때 이후로는 줄곧 믿어 주시고, 자랑스럽게 생

---

1 이 내용은 김성봉 목사의 간증이다. 신반포중앙교회, 2008. 12. 9.

각해 주셔서 그 기대에 어긋나지 않게 살려고 애썼던 기억들.

내가 초등학교 시절, 30대 초반의 젊은 목사로서 성경연구에 불이 붙어 새벽 4시에 일어나 예배처에 나가시면 낮 12시나 되어서야 돌아오시던 모습. 그 때 이후로 내게는 그 분에게서 성경을 배우려고 모이신 목사님들과 함께 그 모습이 기억된다. 폐결핵 환자, 행려 환자들을 찾아 위로하고 심방하시다가 병을 얻어 피를 토하시던 모습. 신앙의 결단을 추구하며 머리를 중처럼 빡빡 깎았던 모습에 충격을 받았던 어느 토요일 저녁의 기억. 사춘기 시절 까다로운 질문으로 곤란하게 했을 때에도 끝까지 진지하게 대답해 주시던 모습. 눈물을 흘리며 묻는 아들에게 시원한 대답을 못 해 주어 미안한 듯 얼굴을 붉히시면서도 끝까지 인내하시던 모습. 다음 주 설교 시간에 우리가 나누었던 대화가 소재가 되어 말씀으로 선포될 때에 가졌던 뿌듯함.

대구에서의 목회를 정리하시고 서울로 오셔서 개척하실 무렵 차비가 없으셔서 두 분이 점심도 못 드시고 한양대에서부터 어린이 대공원까지 함께 걸어오셨다는 말씀을 들었을 때, 마음이 미어지는듯 하던 일. 우리들이 시험 준비하느라고 예배실 책상에 옹기종기 붙어 공부하고 있으면, 의자에 앉아 있는 우리들의 발 사이를 대걸레를 밀고 당기시면서 청소해 주시던 일. 때로는 솜씨를 부리셔서 빵도 구워주시고, 때로는 어린 동생을 업고 계시기도 하시고, 때로는 손에 걸레를 쥐고 방과 거실을 청소해 주기도 하시던 모습. 아들이 사귀는 애인을 사랑과 관심으로 받아 주시던 모습.

때가 되어 결혼하게 되었을 때에 아들의 요청을 따라 주례를 맡아 하시면서 "바울이 실라를 택하여"라는 사도행전의 본문으로 주례사를 해 주시던 모습. 첫 손자를 안고 감격해 하시며 마음껏 축복해 주시던 모습.

한 번도 누워 계시던 모습을 보인 적이 없는 그 분. 내가 일어날 때는 언제나 일어나 계시던 분. 50을 넘기면서 과로한 몸에 병세가 나타나면서 투병하시던 모습. 생의 시간이 단축된 줄 아시고는 더욱 열정적으로 밤낮으로 성경을 읽어 가시던 모습. 위독하다는 소식을 듣고 유학 중에 급히 귀국한 아들에게 "아비 때문에 매이지 말고 주님의 종의 길을 계속 가라!"고 말씀하시며 차마 돌아설 수 없었던 발걸음을 다시금 유학 길로 내미신 그 분. 그 길이 그 분을 이 땅에서 마지막 보는 길인 줄은 미처 몰랐었다.

내게서 찾아볼 수 있는 많은 좋은 것들이 그 분께로부터 받은 것이다. 나의 설교에서 느낄 수 있다는 영감과 감동, 교훈의 깊이는 거의 모두 그 분을 통한 영향이다. 사춘기, 청년기, 장래를 결정해야 할 결단의 시기들을 거치면서 나를 강력하게 붙들어 놓은 것은 그 분의 모습이었다. "주어진 한 생애를 저렇게 진지하게 살아가시는데, 거기에 의미를 부여해도 결코 헛되지 않을 것이다!" 그 분은 늘 성공만 하고, 늘 승리만 했던 분이 아니시다. 때로 실패와 패배의 처절한 형편에서도 다시금 일어나서서 앞을 향하여 가시던 그 모습이 내 눈에는 지울 수 없는 모습으로 새겨져 있다. 그 분의 설교를 듣는 동안 우리에게는 가난도, 시련도, 역경도 아무런 문제가 되지 않았다. 가난도, 시련도, 역경조차도 영원한 나라에서의 면류관 마련에 둘도 없는 기회로 여겨졌던 것이다. 그 분의 설교를 듣고 있노라면 성경의 인물들이 살아서 성경 밖으로 걸어 나오는 듯이 느껴졌다. 그 분을 기억하면, 나의 부족함이 여실히 드러난다. 주님을 사랑하는 일에도, 주님의 말씀을 상고하는 일에도, 그 말씀을 붙들고 일사 각오의 자세로 살아가는 일에 있어서도.

은혜로 받은 기회를 은혜로 잘 감당하고 싶다.
주께서 부족한 종에게도 잘 감당할 만한 은혜를 더해 주시길 간절히 기원한다.

정리

　김석준 목사님의 생애와 신학에 관하여 많은 내용들이 있으나, 그의 삶과 교훈을 정리하면 다음과 같은 신앙고백훈련으로 정리할 수 있을 것입니다.

　성도의 기본자세

　　나는 하나님의 자녀이다.
　　나는 영존할 자이다.
　　현세는 나의 영존처가 아니다.
　　나는 현세에서 조만간 떠나야 한다.
　　현세는 나의 영적 실력 양성의 교육장이다.
　　나의 영원히 누릴 곳은 무궁세계(천국)이다.

　김석준 목사님의 묘비를 보면 그동안 살아가신 삶과 자세가 분명하게 드러납니다.

　　진토에서 일으키사 말씀의 종 삼으시고
　　높이고 또 낮추시며 한길 가게 하시었다
　　지금도 우리 귓전을 울리는 말씀
　　"선민의 긍지를 가지고 무궁세계를 바라보며 주어진 현실을 살자!"

　30년의 목회의 생활을 다음과 같이 정리할 수 있을 것입니다. 성경을 읽고 연구하면서 정말 많은 깨달음을 얻었는데, 그 깨달은 진리를 전하기엔 자신이 너무 부족하고 세상의 지식이나 경험으로도 다 알지 못

김석준 목사 부부

하니 진리의 말씀을 풍성하게 전하지 못하는 안타까움이 평생 동안 목회하면서 자책하는 부분이었습니다. 제대로 전하지 못하는 안타까움과 그럼에도 전하는데, 이마저도 듣는 사람들이 집중하지 않고 흘려들으며 제대로 이해하지 못함에 가슴 아파하였습니다. 그래서 그 느낌을 다음과 같이 표현하셨습니다. 너무나 귀한 생명수를 하나님께서 큰 통으로 부어주시는데, 자신의 부족으로 인하여 구멍이 숭숭 뚫린 채로 받아내고 있는 느낌이어서, 만약에 자신이 좀 더 체계적으로 공부하고 노력했더라면, 그나마 뚫린 구멍이라도 막아서 귀한 생수를 더 많이, 그리고 잘 전할 수 있을 것 같은 안타까움이 자식들로 하여금 공부를 하도록 만드셨습니다. 기독교인들은 언제나 하나님 앞에서 성실하고 저 천국을 소망하며 열심히 살아가도록 권면하며 실제로 모범을 보이며 살아가셨습니다.

❖ 김석준 목사의 생애 ◦◦

경북 영일군 출생(1930년)
대구신학교 졸업
남산 총회신학교 10회 졸업(총신대 전신)
대구 불로교회
대구동교회 15년
서울 대동교회 15년
1988년 소천

김석준 목사 자녀들

1931 • 2007

교육 목회에 헌신한
김대인 목사

이은선 교수[1]

서울대학교 역사교육 (B.A.), 서울대학교 교육학 (M.Ed.)
총신대학교 (M.Div.), 총신대학교 교회사 (Th.M.)
총신대학교 교회사 (Ph.D.)

현 | 안양대학교 교수, 한국개혁신학회 회장
전 | 한국복음주의 역사신학회 회장
     개혁교회종교개혁500주년기념대회 집행위원장
저서 | 『칼빈의 신학적 정치윤리』,
     『신학을 배우려는 젊은이들에게』
역서 | 『6세기 맥락에서 본 진정한 칼뱅신학』,
     『종교 개혁 후 개혁주의 교의학』,
     『영국의 복음주의 (1730~1980)』, 『기독교 강요』

김대인 목사의 목회 과정

칼빈주의 신앙의 전통을 소중히 여겼던 김대인 목사(1931~2007)는 특별히 1886년을 자신에게 있어 하나님의 축복이 예정된 해로 여겼다. 그 해 3월 1일에 김 목사의 고향인 안악에 복음이 들어왔고 안악읍교회 (후에 귀담뒤교회)가 세워졌기 때문이다. 당시 교회를 김 목사의 고향 인 황해도 안악으로 초청하신 네 분 가운데 한 분이 김 목사의 조부이 신 김용제[2]님이셨다. 조부님이 복음을 믿음으로 증조부를 비롯하여 온 가족이 주님을 영접하게 되었다. 그래서 생전에 김 목사는 4대째 예수 를 믿는 영광을 누리게 되었다고 하며 신앙을 유산으로 남겨주신 선조 들을 늘 자랑스럽게 생각하였다.

김 목사는 1931년 무녀독남 외아들로 태어났다. 유복한 가정에서 늘 일가친척들에 둘러싸여 많은 사촌들과 함께 자랐기 때문에 외롭지 않은 어린 시절을 보냈으며, 안악읍교회에서 신앙교육을 받았다.[3] 그러나 광 복과 함께 북한에 김일성 정부가 들어서고 일가친척이 소유한 모든 토

---

1 필자는 1997년부터 2000년 말까지 4년 가까이 김대인 목사님이 시무하던 목동제일교회에 서 협동 목사로 봉사하였다. 협동 목사로 있으면서 김 목사님의 철저한 개혁주의 신앙에 많 은 영향을 받았고, 이 글을 통해 그 분의 목회활동을 전하고자 한다. 이 글의 앞부분은 김 목사님이 남긴 글을 바탕으로 목사님의 둘째 딸인 김성경이 정리한 것이고, 목회신학에 대 한 부분은 필자가 썼음을 밝혀둔다.

2 김용제는 김홍량, 최명식 등과 함께 1906년 안악읍에 양산학교를 세워 애국계몽운동에 참 여하였고, 백범일지의 기록에 따르면 105인 사건에 연류되어 7년 형을 선고받았다. 1906년 당시 김용제에 대해 "김씨 문중 대부인 金孝英의 아우 金友英의 장남이므로 김홍량의 당숙 이 되며 1877년 생으로 8세 연상이었다. 김용제는 독실한 기독교 신자로서 언행이 바르면 서 매우 사교적이었다"고 소개하고 있다.(이경남, 『포우 김홍량전 – 일대기와 안악사람들』, 서울: 도서출판 알파, 2000, p.87). 김효영은 안악지역의 유지로서 그의 손자인 김홍량을 경성과 일본에 유학을 시켰고, 김구가 양산학교를 개교할 때 쌀 백석을 무명으로 기탁하였 다.(류숙희, 『백범 김구를 성장시킨 인적 환경』, 서울: 한국학술정보, 2009, p.80) 따라서 김대인 목사의 집안과 김구 집안은 안악의 유지로서 애국계몽을 함께 하였다.

지를 공산당에게 몰수당하면서 김 목사의 가족도 1948년 월남하는 행렬을 따라 삼팔선을 넘게 되었다.

김대인 목사

하나님과의 만남

월남 후 김 목사는 경신고등학교에 편입하여 학업을 계속하였다. 고향의 학교에서 테니스 선수로 활동하던 김 목사는 경신고등학교에서 도 테니스 선수로 발탁되어 전국여자정구선수권대회에 출전하기 위해 준비하던 한성여고 학생들의 훈련 상대가 되었다. 이들과 함께 매일 강훈련을 하던 중 결핵성 관절염이 발병하였고, 결국 운동을 중단하지 않을 수 없었다. 그리고 곧이어 발발한 6.25 전쟁은 김 목사의 개인적인 인생여정에서 가장 어두운 시기를 여는 서막이 되었다. 호구지책도 어려운 피난생활이라 제대로 치료를 받지 못한 관절염은 점점 악화되어갔고, 마침내 침상에 반듯이 누워 움직일 수 없는 상태가 되었다. 가족들의 발자국 소리와 공기의 진동에도 관절 부위의 통증을 느끼는 심각한 상태가 지속되면서 등과 허리 그리고 발에 욕창이 생겼다. 생살이 썩어가는 고통이 더해졌고 냄새를 맡고 날아드는 파리들과 상처 부위에 생긴 구더기와 더불어 힘겨운 사투를 벌여야 했다.

1951년 겨울 매서운 바람 속에 1.4 후퇴 피난길에 오른 김 목사는 들것에 실려 대구로 내려갔다. 그러나 그곳에서 만난 의사는 앞으로 6개월을 넘기지 못할 것이라고 진단하였다. 그렇게 병세가 점점 악화되던 어느 날 갑자기 관절염을 앓고 있던 고관절 부위에서 고름이 쏟아지기 시

---

3 이 교회 출신 목사로 강태혁, 김대인, 이배형, 민병지 등이 있다.("북녘땅고향교회 / 안악읍
교회", 「기독공보」, 2000. 9. 8

작했고 의사는 말없이 고름을 대접으로 받아 주었다. 뼈만 남은 앙상한 몸에도 실낱같은 생명은 모질게 이어졌고, 얼마 뒤 남쪽의 항구 도시 진해로 삶의 터전을 옮기면서 소생의 길이 열리게 된다. 당시 김 목사의 신앙 상태는 영적인 황무지와 같았다. 전쟁의 한복판에서도 성경을 읽으며 하나님의 보호하심을 의지하던 믿음은 오래고 지루한 투병생활로 약해졌고, 모든 것을 체념하며 신앙은 겨우 그림자만 남아있을 뿐이었다.

그러나 은혜의 때를 준비하시던 하나님은 이미 가까이 계셨다. 투병 과정에서 발생한 맹장염이 갑자기 파열되면서 복막염으로 발전하였고 병세가 더욱 악화되었던 것이다. 맹장 파열로 배가 점점 불러와 만삭의 배보다 더 불러 올랐고 견디기 힘든 고통이 계속되었다. 급하게 서울의 한 외과전문병원에서 근무하던 의사 한 분을 모셔왔으나 '창자가 썩어 살 가능성이 없으니 죽고 나면 배에 고여 있는 이물질을 씻어내고 묻어 주라'는 말을 남기고 돌아가 버렸다. 그렇게 사선을 넘나들며 고통에 잠겨있던 어느 날 배꼽 옆에 주먹크기의 돌출이 생기더니 복부가 펑하고 터지고 말았다. 가까운 의원에서 달려와 배에 구멍을 뚫었고 복부 안으로 굵직한 고무줄 세 개를 집어넣어 쌓여 있던 불순물을 뽑아내 주었다. 이처럼 죽음의 그림자가 가까이 다가온 것을 느끼자 김 목사는 마지막 기도를 해야겠다는 생각을 하게 되었다.

그래서 옆자리에 누워 계신 어머니에게 함께 기도할 것을 제안하며 이렇게 기도하기 시작했다.

"하나님! 하나님은 과연 계십니까? 제가 알고 있기를 하나님은 살아 계시고 전지전능하신 분입니다. 그래서 인생의 생사를 주관하신다고 믿고 있습니다. 그러면 저에 대하여도 알고 계시겠지요? 저를 죽일 수도 있고 살릴 수도 있으시겠지요? 제가 죽는 것은 그리 두렵지 않은데 주님 죽이시려면 언제 죽이시려는지, 살리시려면 언제 살리시려는지 그것이나 알았으면 합니다. 만일 죽이신다면 죽는 날 우리 친척들을 불러다 놓고 하나님은 진정으로 살아 계시어 인생의 생사를 주관하시는 분이시니 잘 믿으시고 다음에 저 천국에서 다시 만나자는 약속과 살아계신 주님을 증거하고 죽겠습니다. 그래야 천국에서 주님을 만날 면목이 있지 않겠습니까? 만일 저를 살려 주신다면 이제부터의 삶은 나의 삶이 아니라 주님이 주님을 위해 살라고 새로 주신 삶이요 시간이니 전적으로 주님을 위해 평생을 드리겠습니다."

이것을 김 목사는 하나님께 드린 항복 선언이라고 했다. 1952년 10월 어느 저녁에 죽음의 문턱에서 하나님이 자신의 기도를 들으시고 응답하신다는 믿음으로 드린 기도였다. 그리고 그날 밤 김 목사는 하나님의 신비한 응답을 경험하게 된다. 기도 후, 하나님께서 자신의 기도를 들으시고 응답하시기 위해 사역을 시작하셨다는 확신을 갖게 된 김 목사는 환상 중에 침상에 누워있는 자신의 모습을 보게 된다. 그리고 그 순간 하늘에서 한 분이 내려와 한 손으로 자신의 머리맡을 잡고 또 한 손으로는 자신의 배를 누르면서 급히 일으켜 앉히면서 "너는 이렇게 일어날 것이다"라고 말하는 것을 듣게 되었다. 그러나 김 목사에게는 아직 하나님의 기다리심에 대해 배워야 할 순간들이 더 남아 있었다.

그동안 여러 모양, 여러 통로로 소생의 날짜를 12월 3일로 예정해 주셨음을 깨닫게 된 김 목사는 12월 2일 저녁 금식을 시작으로 하나님의 소생시키심에 대한 확신과 믿음을 가지고 부모님과 친척, 그리고 교회 권사님 두 분과 함께 기도회를 진행하였다. 김 목사의 침상을 중심으로 여섯 명이 모여 앉아 함께 찬송 부르며 밤새 기도를 하였다. 생전에 김 목사는 당시의 기도를 평생에서 가장 마음을 다하고 힘을 다했던 기도였다고 회고했다.

시간은 자정을 넘겼지만 아무런 변화도 일어나지 않자 기도를 하시던 권사님이 김 목사에게 다가와 "하나님께서 약속하신 날이 되었으니 이제는 네가 그 말씀을 믿고 일어서야 한다"고 하며 어깨 밑으로 손을 넣어 일으켜 보려고 하였다. 여러 차례 반복된 권사님의 이 같은 노력이 별소용이 없을 때쯤, 김 목사는 갑자기 캄캄하던 눈앞이 환히 밝아지는 경험을 하게 된다. 그리고 저 멀리 하늘에 무엇인가가 보이기 시작하였다. 어떤 분이 큰 책상 앞에서 무엇인가를 간절히 기다리고 계신 듯 보였다. 그러나 아무리 기다려도 바라는 것이 없는 것을 보시고는 체념한 듯 책상 끝에 조그마한 항아리를 밀어놓았는데, 그 항아리에서 실낱같은 연기가 피어오르더니 차츰차츰 굵기를 더해 갔다. 그런데 그 연기는 위로 솟아오르는 것이 아니라 밑으로 무겁게 내려오고 있었다. 그리고 하늘 중간쯤 내려왔을 때, 온 하늘을 덮을 만큼 큰 구름이 되었다.

이 순간 김 목사는 저 구름이 나에게 내려오기만 한다면 내가 일어설 수 있을 것이라는 막연한 기대감을 갖게 되었고 더욱 간절히 기도를 하게 되었다. 그런데 그 밝고 환하던 하늘의 광경이 갑자기 사라지면서 다시 눈앞이 캄캄하게 되었다. '아! 이제는 절망인가보다'라고 생각하며 허전한 마음으로 허공을 향하여 소리치며 기도를 하고 있을 때, 불현듯 "너도 죄인이다"라는 음성이 귓전에 울리는 것을 느꼈다. 이때 김 목사는 이성을 잃고 죄를 회개하기에 바빴다. 눈물을 흘리기도 하고, 통곡을 하기도 하며, 몸부림치며 소리를 질러대기도 하였다. 그렇게 얼마간의 시간이 흘렀을 때 하늘에 있던 그 구름을 생각하게 되었다. 그러자 넓게 흩어졌던 구름이 순간적으로 한데 모이면서 벼락처럼 김 목사에게로 떨어져 내려왔다. 그리고 그것이 머리에서 발끝으로 연기처럼 스치고 지나갔는데 김 목사는 종종 그 순간을 잊을 수 없다고 말하였다. 구름이 지나간 후 몸은 한 여름에 시원하게 샤워를 한 것보다 더 시원하고 가벼워졌다. 그러자 김 목사는 "나 일어날 수 있다!"라고 외치며 자리에서 벌떡 일어나 앉았다.

이 과정을 옆에서 지켜보며 기도에 힘쓰던 권사님이 "하나님께서 일

으켜 세워주셨을 때 믿고 일어서서 걸어야 한다"고
하셨다. 그런데 그때 권사님의 음성은 단순히 권사님
의 목소리가 아닌 '지금 일어나 걸으라'는 거역할 수
없는 주님의 명령처럼 들렸다. 그래서 권사님의 부축
을 받아 자리에서 일어섰고 한 발자국씩 발걸음을 떼
어 놓았다. 그리고 창문 너머로 가로수도 보고 걸어

김대인 목사

가는 사람들도 보았다. 3년 동안 식물인간처럼 누워있던 사람이 무덤을
헤치고 나온 듯 자신의 두 발로 서 있었던 것이다. 비록 낙엽이 져서 앙
상한 가지만 남은 거리의 풍경이었지만, 다시 세상을 볼 수 있다는 그
날의 감격과 희열은 이후 김 목사에게 어렵고 힘든 많은 상황에서 좌절
하지 않고 오뚝이처럼 다시 일어나 앞으로 전진할 수 있는 능력의 원천
이 되었다. 처음에는 목발을 짚고, 다음에는 지팡이를 짚었다. 그리고
지팡이마저 버리는 순서로 회복이 되어 가면서 김 목사는 하나님의 능
력으로 일어나 덤으로 받은 인생을 살기 시작했다.

목적을 아는 삶의 시작

김 목사는 이제 하나님의 종이 되어야 한다는 분명한 목적의식을 가
지고 이전과 다른 새로운 의미의 성경읽기를 시작하였다. 이때의 성경
말씀은 진실로 꿀과 같은 맛으로 김 목사에게 다가왔다. 성경을 읽고
또 읽었는데, 가죽으로 된 표지는 낡아 떨어졌고, 떨어진 표지를 새것
으로 고쳐 다시 읽기 시작하였다. 두 번째 표지도 낡아 떨어지도록 읽
고 또 읽었다. 이렇게 성경을 탐독하면서 김 목사는 신학교에 들어가기
전에 이미 성경을 70회 이상 읽게 되었고, 이때 읽은 성경은 김 목사 자
신의 영적인 회복은 물론 45년 동안 그의 목회 일생에서 절대적인 힘이
되었다. 성경 외에 칼빈의 기독교강요와 구로사키 코우키치(黑崎幸吉)
라는 일본 사람이 쓴 신약성서 주해는 당시 황무지와 같았던 김 목사의

영적 토양을 비옥하게 바꾸는 데 크게 기여하였다.

전쟁이 끝난 후, 많은 사람이 고향으로 돌아가면서 김 목사의 부모님도 제2의 고향인 금촌으로 보금자리를 옮겼다. 그곳에서 김 목사는 당시 초가집 교회였던 금촌장로교회를 다니며 신학교(1961년 대한예수교장로회 총회신학교 졸업, 1982년 대한예수교장로회총회 목회신학원 졸업)에 입학했다. 그리고 1957년 4월 6일 부활주일 아침에 파주시 대동면 갈현리 갈현교회에 담임 전도사로 부임하면서 목회자의 길을 걷게 되었다. 이후 1961년 서해 안면도의 복도교회를 시작으로 1966년 충청남도 서천군의 석촌교회, 1968년에는 전라북도 김제군의 영광교회에서 빈손으로 월남한 피난민들과 하루하루 먹고 사는 일이 고된 수고였던 가난한 영혼들과 함께 어울리며 9년의 세월 동안 농촌 교회 목회자의 자리에 있었다. 1971년 서울 종로구 평창동의 평창교회에 부임한 김 목사는 오랜 기간 기도하며 마음에 품고 있던 개척교회에 대한 꿈을 위해 1976년 평창교회를 사임하였다. 그리고 이듬해 3월 6일 당시 장로교회가 없었던 화곡 3동에 10평짜리 2층 상가건물에서 첫 주일 예배를 드림으로 대한예수교장로회 성인교회의 역사가 시작되었다.

교회 성장과 예배당 건축

성도들이 앉을 의자도 마련하지 못한 채 돗자리와 방석 30개로 시작된 성인교회는 개척한 지 3개월 만에 주일 예배 인원이 60명을 넘으면서 밖에 서서 예배드리는 성도들이 늘어갔다. 좁아진 예배당의 수용공간을 늘리기 위해 그해 8월에 109평의 대지를 구입하여 예배당 건축을 시작하였다. 김 목사는 교회를 개척하면서 몇 가지 원칙을 세웠는데, 그중 제1원칙은 '전도는 전혀 믿지 않는 사람들에게만 한다'는 것이었다. 그래서 성인교회에는 믿음 생활을 막 시작하는 걸음마 성도들이 많았기에 이들의 신앙수준을 고려해 건축헌금을 따로 만들지 않았다. 교회가 예배당을 건축하면서 초신자들에게 재정적인 부담을 느끼게 하면 신앙이 자라는 데 걸림돌이 될 수 있다는 생각 때문이었다. 그러나 하나님은 여러 방식과 여러 손길을 사용하여 예배당 건축을 도우셨으며, 심지어 믿지 않던 이웃을 통해서도 예배당 건축 자금을 마련할 수 있게 도우셨다.

예배당을 건축 후 교회는 계속 부흥하였는데, 성인교회가 급성장하게 된 배경에는 잃어버린 자녀를 찾고자 애쓰시는 하나님의 계획과 은혜가 있었다. 화곡 3동은 주민들의 마음이 복음을 향해 열린 채 준비되어 있는 밭이었다. 이들을 향한 하나님의 마음은 김 목사 부부에게 고스란히 전달되었고, 두 사람은 아침식사를 마친 후 해가 지도록 전도와 심방을 통해 갈급한 영혼을 만나는 일에 지칠 줄 몰랐다. 신고 다니던 흰 고무신에 구멍이 나고 구멍 난 바닥에 반창고를 붙여 신고 다니다 양말에 구멍이 났지만, 화곡동을 복음화시켜야겠다는 두 사람의 열정을 사그라들게 하지는 못했다.

교회가 성장하면서 설립 2주년을 기념하여 성인교회는 사회복지관 사업을 새롭게 시작했다. 교회가 사회를 섬기는 방법을 찾아 사회적인 필요를 적극적으로 담당하는 것이 교회의 참 모습이라고 생각하였기 때문이다. 이 사업의 일환으로 선교원과 경로대학, 그리고 어머니 교실이 개설되었다.

예배당을 건축한지 3년 만에 또다시 성도의 수가 한 자리에 수용할 수 없을 정도로 늘어나면서 예배의 횟수가 늘었지만 여전히 비좁은 공간의 문제를 해결하기 위해 확장 공사를 단행하였다. 그러나 주변 주민들의 민원으로 건축 허가를 받을 수 없게 되면서 1987년 5월 목동 신시가지 종교부지로 이전하여 예배당을 새롭게 건축하게 되었다. 이렇게 하여 화곡동 성인교회가 목동의 목동제일교회 시대로 바뀌게 되었다. 그러나 이 과정은 그리 순탄한 길이 아니었다. 예배당 확장공사를 위해 본 건물을 헐고 상가를 임대해 예배를 드리는 과정이 3년을 넘기면서 교회는 믿음 면에서나 재정적인 면에서 많이 위축되어 있었다. 하나님의 갑작스런 개입으로 목동의 종교 부지를 구입하게 되었지만 건물을 올릴 믿음도 재정도 바닥 수준이었다. 과연 예배당 건축을 시작해야 하는지에 대해 교회 내 의견이 갈리면서 김 목사는 번민에 싸인 채 기도에 매달렸고, 하나님은 여러 번의 놀라운 섭리로 응답하시며 건축의 과정을 이끌어 가셨다.

1988년 2월 목동 신시가지에 예배당 건축을 시작할 것인가 포기할 것인가를 두고 최종적인 결정을 위해 김 목사는 두 주간의 기도시간을 갖기로 결심했다. 안산시 외곽의 한 기도원을 찾은 김 목사는 곧 마음속에서 일어나는 번민의 불길을 끄고 조용히 기도하기 어려운 상태임을 느끼게 되었다. 그래서 기도실을 나가 성전으로, 성전을 나가 산을 종횡으로 걸어 다니며 하나님께 목청껏 마음속 번민을 토해냈다. "주님! 어찌해야 합니까? 예배당 건축을 시작하여야 합니까? 아니면 어느 건축위원의 말처럼 대지를 팔고 다른 곳으로 이전하여 조그마한 예배당을 건축하여야 합니까? 어찌했으면 좋겠습니까?" 같은 기도를 반복하며 하나님의 뜻을 물었다. 큰 소리로 "주여"를 불러보기도 하고, 돌을 던지기도 하고, 지팡이로 바위와 나무를 치기도 하면서 부르짖고 또 부르짖었다. "주님! 제가 지금 어떤 결정을 내려야 합니까?" 그렇게 해소되지 않는 목마름으로 며칠이 지났다. 그런데 그렇게 몸부림치며 하나님께 기도하던 어느 순간에 쌍룡양회주식회사의 최탄 이사가 번개처럼 머리에 떠올랐다. 그 분은 아직 신자는 아니었지만 수년 전 화곡동에 예배당을 건축할 때 지대한 관심을 보여주셨던 분으로 김 목사의 아내[4] 쪽으로는 친척이 되시는 분이었다. 오! 주님, 그에게 해결의 실마리가 있습니까?

이제 기도는 새로운 방향으로 바뀌기 시작했고 마음의 번민도 조금씩 사라지는 것을 느끼게 되었다. 그래서 다음날 오전 그를 찾아갔다. 예

김대인 목사 가족

배당 건축과 관련한 현재의 정황을 설명하며 이번 건축에 도움을 줄 수 있겠는지를 물었다. 그는 정말 예배당을 건축할 각오가 되어 있는지를 재차 물으며 김 목사의 의지를 확인했다. 그런 후 천천히 이렇게 말했다. "목사님, 정말 예배당을 건축할 의향이 있으시면 제가 철근과 시멘트를 2년 동안 외상으로 드리겠습니다. 그러나 이것은 총 건축비의 삼분의 일밖에 되지 않습니다. 그래도 하시겠습니까?" 이것은 김 목사에게 하나님의 분명한 응답으로 다가왔다. 이처럼 하나님은 목동제일교회 예배당 건축의 첫 삽을 뜨셨던 것이다.

목회의 꽃이며 보람인 교육목회

1980년대에 일어났던 교회의 부흥은 목동제일교회만의 일은 아니었다. 한국 교회가 이 시기를 거치면서 폭발적으로 성장한 것은 누구도 부정할 수 없는 사실이다. 하나님은 놀라운 방법으로 역사하셨다. 그러

---

4 1960년 김 목사는 서울 성북동 성북교회 전도사로 섬기면서 장래의 사모 김영숙을 만나게 되었다. 불신가정의 반대로 기도하며 교제하던 김영숙 사모는 좁은 길에 대한 하나님의 마음을 깨닫고 목회자의 동반자로 삶을 시작하게 되었다. 1965년 4월 회현동 성도교회에서 고 김희보 목사님(당시 총신대 총장) 주례로 결혼식을 올린 후 9년간의 농촌 목회 과정에서 성희, 성경, 성덕 세 딸을 얻었다.

목동제일교회

나 교회가 복음 전파의 사명을 온전히 담당하기 위해 스스로를 날마다 새롭게 하는 일에 게으르지 않도록 목회자가 져야 할 몫도 남겨두셨다. 김 목사는 성장하는 교회가 그 믿음의 뿌리를 어디에 두어야 하는지를 고민하며 일찍부터 교육목회의 길을 걸었다.

평창교회 시절 청년들에게 성경을 가르치며 밤을 새워 그들의 신앙적 고민과 회의를 풀기 위해 함께 질문하고 답하면서 그 어떤 신비한 체험보다 말씀공부가 신앙을 성장시킨다는 사실을 김 목사는 발견하게 되었다. 그리고 화곡동에 개척교회를 시작하면서 초신자들을 처음부터 말씀공부로 양육하려는 원칙을 세웠는데, 이것이 김 목사가 은퇴하기 전까지 심혈을 기울였던 평신도 교육인 L.T.C.(Leadership Training Course) 교육의 출발점이다.

개척 초기, 화곡동의 성인교회는 불신자를 집중적으로 전도하였기 때문에 성도 가운데 처음으로 예수를 믿는 사람이 80% 가까이 되었다. 본격적인 평신도 교육의 필요가 생긴 것이었다. 김 목사는 L.T.C. 외에도 저녁예배 시간에 칠판 강의를 시작하였고, 이때 주로 박형룡 박사의 조직신학이나 창세기에서 요한계시록까지 신구약에 대한 개론을 강의하였다. 성도들의 신앙 수준이 조직신학을 듣기에 너무 이른 것이 아니냐는 동료 목사들의 충고도 있었다. 그렇지만 김 목사는 목회현장에서 성도들의 영적 성장과 자신들이 가지고 있는 신앙적 고민과 그릇된 신앙관을 시원하게 해결해 주는데 박형룡 박사의 조직신학처럼 좋은 자료는 없다는 점을 경험으로 터득했다. 그래서 김 목사는 바르게 가르쳐서 바르게 믿도록 이끄는 것이 목사의 보람이라는 신념을 지켜나갔다.

교육목회가 성도의 삶에 어떤 영향을 미치고 있는지, 김 목사가 경험한 것들 가운데 영락교회 집사이며 권사인 한 부부의 이야기가 있다. 어느 날 이 부부는 기도시간을 갖기 위해 기도원을 찾아 갔다가 능력 있는 하나님의 종을 만나게 되었다. 그 목사는 앉은뱅이도 일으킬 수 있는 능력을 가지고 있으며, 전화로 기도를 하면 환자들이 벌떡벌떡 일어난다는 것이었다. 그리고 그 밑에는 여선지자가 2명이 있었는데, 이들은 모두 하나님과 직통 대화를 하는 사람들이었다고 한다. 꿈을 꾸거나 무슨 답답한 문제가 있어 문의하면 이들은 입신을 하여 하나님께 올라가 하나님의 회답을 직접 받아 가지고 돌아오는 분들이었다는 것이다. 이 부부는 이런 능력 있는 종들을 만나게 된 것이 너무 감격스러워 이들과 함께 교회를 개척하기로 하고 자기 집 2층을 예배당으로 구조변경을 하고 개척교회를 시작하였다.

그런데 어느 날 주택 담보대출을 받은 은행에서 연체이자 지불통지서를 받게 되었다. 통지서를 받은 부부는 그 목사에게 이 문제를 상의하였다. 그러자 목사는 곧 입신을 하고 하나님과 상의하더니 "내가 다 알아서 해결해 줄 터이니 안심하라"는 응답을 전달하였다. 이 부부는 하나님의 은혜로운 말씀을 '아멘'으로 받았다. 이후 은행에서 똑같은 통지서가 올 때마다 그 목사와 상의했고 늘 하나님께서 처리해 주신다는 응답을 받았다. 그러나 시간이 지남에 따라 공매 처분 통고를 받게 되고, 어느 날 집행관들이 달려들어 가재도구를 집밖으로 내던지고 말았다. 하는 수 없이 이 부부는 천막을 치고 앞으로의 추이를 물었더니 역시 하나님께서 선하게 처리할 것이니 안심하고 기다리라는 회답이 내려왔다. 그러던 어느 날 그 목사는 자취를 감추고 말았다. 그리고 이들 부부는 집을 잃고 화곡동으로 거주지를 옮기게 되었고, 성인교회에 등록하여 LTC교육을 받게 되었다. 교육을 통해 이들 부부는 자신들의 어리석음을 깨달았고, 이후 신실하게 교회를 섬겼다. 이처럼 자신이 믿는 바를 정확히 알지 못하면 잘못된 길에 있을지라도 무엇이 잘못되었는지 분별

할 수 없게 된다는 점이 김 목사가 교육목회에 전념한 중요한 이유이다.

교육목회와 관련된 또 다른 예화도 있다. 어느 젊은 목사가 교육목회를 배우기 위해 김 목사의 교육 과정에 참석하여 다음과 같은 질문을 하였다. "목사님은 성경 말씀만을 가르치고 계시니 혹시 치유사역에 대하여 외면하거나 무시하는 것은 아닙니까?" 이때 젊은 목사와 치유사역에 대하여 여러 이야기를 주고받으면서 김 목사는 이렇게 말했다.

"신학교를 졸업하고 처음 부임한 교회가 안면도라는 섬에 있는 복도교회인데, 거기서 시작해 71년 가을에 서울 종로구에 있는 평창교회로 부임하기까지 9년 동안 농촌 목회를 하였다네. 그런데 농촌에는 의료시설이 없었기 때문에 환자들을 위해 더 많은 심방과 기도가 필요했지. 그런 열악한 환경이었기 때문에 주님은 나의 목회 현장에 동행하시며 치유 사역들이 일어나게 해 주셨다네. 때로는 환자들을 위해 기도하면 기적적으로 회복되기도 하였으나 결코 신유의 은사라고 생각하지는 않았다네. 그때나 지금이나 주님께서 나에게 어떤 은사를 주셨다고 믿기보다 주님께서 그 성도의 가정을 축복하셨고, 또 그들의 믿음을 강하게 하시기 위해 그들에게 주신 은혜라고 믿고 있다네. 평창교회는 삼각산 기도원의 영향을 많이 받는 곳이었지. 어느 기도원에서 신유의 은사가 일어나고, 어느 목사가 환상을 보고, 어떤 기적이 일어났다는 소문이 매일같이 바람을 타고 날아 다녔지. 그래서 그 교회에 부임하면서 칼빈주의에 근거한 정통적인 목회를 하고 성도들에게 말씀 중심의 신앙을 심어주어야겠다고 굳게 다짐을 했었다네. 그러던 어느 날 대심방 중에 잠시 휴식을 취하면서 한담을 하고 있을 때, 어느 권사님이 뜻하지 않게 이렇게 얘기를 하시더군. "우리 목사님의 기도를 듣고 있으면 목사님에게 신유의 은사가 있는 것을 느낄 수 있습니다. 안 그렇습니까?"라고 말이지. 이 말을 듣는 순간 이때야 말로 나의 목회 방향을 정확하게 제시할 기회라고 생각되어 "아닙니다. 저는 신유의 은사가 있는 것도 아니고 신유의 은사라는 말을 들은 적도 없습니다. 다만 저는 말씀 중심의 칼빈주의 신학에 기초한 목회자에 불과 합니다"라고 대답을 하였다네."

김 목사는 많은 부흥집회를 다니며 자신의 몸에 남겨진 하나님의 치유 사역을 간증했다.[5] 그러나 성도들이 하나님을 만난 극적인 체험이 신앙의 핵심은 아니라는 점을 분명히 알기 원했다. 김 목사는 기독교 신앙이 하나님과 그의 말씀에 대한 전적인 신뢰에 기초한 것이라고 믿었다. 그렇기에 구원의 확신도 하나님의 말씀에 근거하여야 했다. 그러나 많은 한국 교회 성도들이 구원의 확신은 자신들의 체험에 근거하고, 하나님에 대해서는 그의 존재를 인정하는 것이 신앙의 전부인 것처럼 생각하고 있다는 점을 안타까워했다. 많은 경우 신앙생활의 본질은 사라지고 나의 소원 성취를 최대의 은혜로 알고 열심히 기도를 드리고 있는 것이 신앙의 현주소라고 생각했다. 성경 공부를 하는 교회들 역시도 성경을 배우는 목적이 성경 지식을 습득하기 위한 것에 머물고 있을 뿐인데, 이런 것으로는 성경적인 기독교 신앙을 전파시킬 수 없다고 생각했다. 김 목사에게 교육목회는 목회의 꽃이며 보람이었다. 교육목회를 통해 진정으로 돌아오는 성도들의 변화를 확인할 수 있었고 바른 신앙을 지도한 목사라는 보람을 느꼈던 것이다.

목사의 성공(?)

목동에 예배당 건축공사가 마무리 단계에 접어들고 있던 어느 날, 한 목사님이 김 목사를 찾아왔다. 그 목사는 건축 현장을 이리저리 살펴본 후 김 목사를 바라보면서 "목사님은 목회에 성공하셨습니다"라고 칭

---

5 김 목사는 하나님의 은혜로 죽음의 문턱에서 소생한 후 한쪽 다리를 저는 장애를 지닌 채 평생을 사셨다. 그러나 그것은 덤으로 얻은 삶에 대한 하나님의 축복의 흔적이었으며, 영원한 나라에서 새롭게 얻을 몸에 대한 소망의 이유였다.

목동제일교회 예배 정경

찬을 했다. 여러 번 반복해서 이렇게 말하는 그의 눈빛은 매우 부럽다는 뜻이 가득 담겨 있었다. 그러나 그의 말은 김 목사에게 격려와 용기를 주는 것이 아니라 실망과 혼돈을 안겨 주고 있었다. 그래서 며칠 동안을 이 문제를 곱씹으며 고민을 했다. "과연 목사의 목회 성공이 사람들이 많이 모이고, 큰 예배당을 건축하는 것일까? 그것을 위해 나는 땀을 흘리고 정열을 쏟았던 것일까? 주님은 사람들을 많이 끌어 모으고 큰 건물을 건축한 목사를 향하여 과연 너는 성공한 목사라고 말씀하실까? 아니면 목사의 성공은 무엇일까? 어떤 목사가 성공한 목회자일까? 주님이 보실 때 어떤 목사를 성공했다고 칭찬하실까? 지금까지 교회를 건축하면서 이 건축이 목회의 성공이기 때문에 반드시 이루어야 한다고 생각해 본 일은 전혀 없다. 다만 그것은 필요에 의한 과정이었을 뿐이지 성공 그 자체와는 상관이 없었기에 그런 생각을 염두에 둔 일은 없다. 그런데 그 목사님은 지금 나를 그렇게 평가하고 돌아가지 않았는가? 과연 나는 지금 목회의 성공을 위해 교회의 건물을 건축하고 있는 것일까?"

김 목사는 목사의 성공이 외형적인 교회 건축에 있는 것이 아니라 영혼을 사랑하고 그 영혼의 구원을 위해, 그리고 바른 신앙을 갖도록 지도하는 것이어야 한다고 생각했다. 한 영혼이라도 바르게 믿고 건강하게 신앙생활과 사회생활을 할 수 있게 했다면 그것을 성공의 기준으로 삼아야 하는 것이다. 이런 목회 신념은 흔들려서 안 된다. 목사의 보람은 많은 교인이나 큰 예배당 건물에서 얻는 것이 아니라 한 사람이라도 바로 세워지는 것에서 얻어지는 것이다.

김대인 목사는 목동제일교회에서 교육목회를 하시다가 2001년에 70세로 정년 퇴임을 하셨다. 목사님은 은퇴 후에 캐나다로 가셔서 그곳에서 작은 이민 교회들의 빈 강단을 섬기기도 하고, 한인신문 컬럼을 통해 한국 교회의 역사와 신앙의 유산을 알리는 일을 하셨으며, 황해노회 역사와 노회록을 집필하는 데 마지막 여생을 바치셨다. 그리고 2007년 76세로 하나님의 부름을 받으셨다.

김대인 목사의 교육목회 내용

김대인 목사는 일생 동안 목회를 하면서 성도들을 올바른 교리로 교육하여 평신도 지도자로 육성하고자 하였다. 이를 위해 김대인 목사는 철저하게 칼빈주의 신앙을 가지고 성도들을 교육하였다. 그는 성도들에게 박형룡 박사의 조직신학을 가르치며 올바른 신앙관을 정립시키고자 노력하였다. 그런데 이 박형룡의 조직신학을 가르치면서 만나게 된 문제점은 성도들이 배울 때는 은혜를 받고 좋아하였으나, 이들이 다른 사람들을 가르치는 데에는 이 책을 사용할 수가 없다는 것이었다. 그래서 김대인 목사는 박형룡 박사의 조직신학을 가르칠 수 있으면서 동시에 평신도들이 쉽게 사용할 수 있는 교재들을 이용하게 되었다. 이러한 과정에서 그는 평신도 지도자 양육을 위한 교육과정을 세 가지로 편성하게 되었다. 그리고 이렇게 편성된 평신도 교육의 내용을 1997년에 『평신도 교육 길라잡이』라는 책으로 저술하였다.[6] 이 책을 통한 교육과정을 지도자 훈련과정(LTC: Leadership Training Course)이라고 하였다.

기초교육편

이 책은 세 부분으로 구성되어 있다. 기초교육편, 대화편, 그리고 정규과정편이다. 먼저 기초교육편은 교육생들이 예수님을 인격적으로 영접하도록 인도하는데 초점을 둔 것이다. 이를 위해 성도들이 교육을 받고 난 후 전도를 할 때 사용할 수 있는 두 가지를 교재를 사용하였는데, 하나는 사영리이고, 다른 하나는 성령 소책자 교육이다. 김 목사는 평신도 교육을 실시하면서 두 가지 분명한 교육목적을 가지고 있었다. 하나는 교육생들에게 구원의 확신을 심어주는 것이요, 둘째는 성도들의 인격이 그리스도를 닮도록 돕는 것이었다. 그는 구원의 확신은 말씀에 기초한 것임을 강조했다. 객관성 있는 구원의 확신은 객관적 진리인 하나님의 말씀에 근거해야 한다는 것이다. 기초교육편에서는 가장 먼저 구원언약을 다루고 있다. 하나님은 창세 전에 구원언약을 맺으셨는데, 구원언약의 당사자는 성부, 성자, 성령의 삼위 하나님이시라는 것이다. 성부가 구원을 계획하시고, 성자가 구원의 사역을 다 이루시며(요 19:30), 성령은 성부가 계획하고 성자가 이룬 것을 인간에게 적용하시어 구원의 확신을 가지도록 사역하신다. 구원언약의 대상자는 예정과 선택받은 자이다. 그리고 이어서 행위언약과 은혜언약을 설명한다. 김 목사는 예정론에 입각하여 성부, 성자, 성령의 구원론적인 사역을 구원언약이라 정의하여 가르쳤다.

---

6 김대인, 『평신도 교육 길라잡이』, 서울: 한들, 1977. 김대인 목사의 이러한 교육목회는 「목회와 신학」 통권 3호(1989, 9)의 "우리교회 양육사례"란에 "현대교회의 사경회"(p.134~135)라고 소개되어 있다.

(1) 사영리교육 요령

사영리교육 요령에서는 사영리의 내용들을 칼빈주의적으로 제시하며 피교육자 자신에게 적용하도록 하였다. "당신은" 이란 표현을 "나는" 이란 표현으로 변경하여 피교육자가 스스로 예수님과의 만남의 상태를 점검하면서 전도의 필요성을 깨닫게 하였다. 요한복음 3장 16절에 대해 이 구절이 중요한 이유는 구원의 모든 요소가 들어 있기 때문이라고 설명한다. (1) 하나님은 구원의 주체이고, (2) 세상은 구원의 대상이며, (3) 사랑은 구원의 동기이고, (4) 독생자를 주심은 구원의 방편이고, (5) 믿는 자, 곧 믿음이 구원 얻는 방법이며, (6) 멸망치 않고 영생을 얻는 것은 구원의 결과라는 것이다. 요한복음 10장 10절의 생명을 풍성하게 얻는다는 말씀에 대해서도 하나님과의 영적인 교제를 통한 인격적인 부요함이라고 가르쳤다. 김 목사는 사영리교육을 통해 피교육자가 예수님을 제대로 영접하지 못한 상태에 있으면, 그가 분명하게 예수님을 영접할 수 있도록 도우면서 동시에 전도에 필요한 이론적 근거와 방법을 배우도록 이끌었다.

(2) 성령 소책자 교육 요령

성령 소책자의 제목은 "성령 충만한 생활의 비결을 발견했습니까?" 이다. 성령 충만은 성령님의 지배를 받으며 사는 삶이다. 이는 성도가 100% 성령의 지배를 받으며 사는 것이므로 삶의 환경이나 상황이 어떠하든지 성령의 지배를 받는 것을 말한다. 고린도전서 2장 14절에서 3장 1절에 근거하여 사람을 세 종류 – 신령한 사람, 육신에 속한 사람, 육에 속한 사람 – 로 나누어 설명한다. 성령이 임하시면 우리는 이미 성령의 능력을 받은 것이고 이미 증인이 되었으나, 우리의 불순종 때문에 그 사역을 잘 감당하지 못한다. 성령 세례는 구원의 확신을 위하여 임하는 것이고, 성령 충만은 성령의 지배를 받아 성화되는 삶이고, 성령의 은사는 하나님께서 봉사하도록 주시는 영적인 재능인데, 말씀의 은사, 섬김의 은사, 표적의 은사가 있다. 성령의 열매는 단수로 사랑이며, 이 사랑 안에 8가지의 요소들이 포함되어 있다. 성령 충만을 위해서는 영혼의 호흡이 지속되어야 하고, 성령을 근심하지 말게 해야 한다.

대화편: Q. T. 교육

평신도 교육의 두 번째 부분은 하나님과의 대화편으로 Q. T. 교육이다. 기도는 하나님과의 대화를 통한 인격적인 만남이므로, 대화를 위해서는 (1) 살아있는 존재라야 하고, (2) 인격적 존재라야 하며, (3) 의사소통의 도구가 있어야 하는데, 그것은 성경말씀이고, (4) 주도적인 분이 있어야 하는데, 그분은 말씀하시는 하나님이시다. Q. T.는 기도로 시작하여 그 날 읽는 성경본문을 통해서 하나님이 어떤 분인지, 나에게 주신 교훈이 무엇인지를 구체적이고 정확하게 파악하여 본문을 묵상하면서 결단의 기도를 하고, 그렇게 살아간 후에 서로 나눔의 시간을 갖는다.

정규과정편: 일대일 제자 양육 성경공부

세 번째 부분은 정규과정편이다. 이 과정은 두란노에서 출간한 〈일대일 제자양육 성경공부〉라는 책으로 진행하였다. 이 책의 표지에는 배의 방향을 조종하는 키 그림이 있는데, 김 목사는 이 그림을 자신의 교육과정에 맞게 수정하였다. 이 교재는 가장 안쪽의 원에 그리스도, 두 번째 원에 구원의 확신과 하나님의 속성의 두 가지를 배치하였고, 맨 마지막 바깥쪽의 원에 7가지를 배치하여 10가지를 가르치도록 하였다. 그리고 이 전체를 그리스도가 다스리는 삶으로 명명하였다. 이것을 김 목사는 다음과 같이 수정하였다. 가장 안쪽 중앙의 원에 그리스도 한 분을 배치하고, 두 번째 원에 구원의 확신을 넣고, 세 번째 원에 하나님의 속성, 성경, 기도, 교제, 전도, 순종, 시험, 성령 충만한 삶 이렇게 8

가지를 넣고, 사역을 원 밖으로 배치하였다. 이렇게 수정한 이유는 하나님, 성경, 기도, 교제, 전도, 성령, 시험, 순종 등 여러 가지 신앙적인 요소를 성도의 구원받은 삶과 직접적으로 연결되도록 설명할 수 있으며, 적용의 구체적인 방법을 가르칠 수 있다는 장점 때문이다.

(1) 예수를 영접한 사람은 구원의 확신을 가진 사람으로 칭의로 중생한 사람이다. 원의 중심에 예수 그리스도가 계신 것은 그를 믿고 영접한 것을 의미하며, 그를 영접한 사람은 두 번째 원의 구원의 확신을 가진 사람이다.

(2) 구원의 확신을 가진 사람의 삶은 도덕적이고 윤리적인 변화를 통해 성화되는 것을 말한다.

이러한 성화의 삶을 위해 하나님의 속성을 세 번째 원으로 이동시켰다. 하나님의 속성을 바르게 알고 성경, 기도, 교제, 전도, 시험, 순종, 성령 충만의 제반 요소를 성도의 구원과 삶에 직접적으로 연결시켜 적용할 수 있게 돕기 위해서였다. 결국 성도들이 구원의 확신을 가지고 실질적인 삶의 변화를 가져오는 성화의 삶을 살아가게 돕는 것이 평신도 지도자 교육의 목적이었다. 김 목사는 평신도들이 그리스도의 지배를 받는 삶을 살면서 궁극적으로 주님을 위한 사역을 하게 되기를 기대했던 것이다.

또한 김 목사는 구원의 확신 부분에서 칼빈주의 5대 교리를 가르침으로써 자신이 목회과정에서 가르쳤던 박형룡 박사의 조직신학 내용을 철저하게 이 교재 속에 통합시키고 있다. 칼빈주의의 목회철학을 평신도 교육과 연결시켜 구원의 확신을 가지고 성화의 삶을 살면서 궁극적으로 성숙된 인격을 가지고 예수님의 몸된 교회를 섬기는 봉사자가 되도록 교육하였던 것이다. 정규과정편은 이처럼 그리스도인의 구원의 확신과 세 번째 원의 8가지 요소, 그리고 원 밖의 사역을 다루는 10주 과정으로 구성되어 있으며, 마지막 11주는 수료과정으로 되어 있다.

　김 목사님이 섬기던 목동제일교회에서 필자는 4년간 부목사로 있었다. 김 목사님의 철저한 칼빈주의 교육을 실시하고자 하는 열망 때문에 필자는 주일 오후 예배 시간에 소요리문답을 강해하게 되었다. 그래서 웨스트민스터 소요리문답을 먼저 강해하였고, 그 후에 다시 하이델베르크 요리문답을 강해하였다. 교회의 여러 행사들과 겹치다 보니, 결국 이 두 개의 요리문답을 강해하는데 3년 정도의 기간이 소요되었다. 이 기간 동안 기억나는 에피소드가 두 가지 있다. 첫째는 갑자기 본인에게 에베소서 2장 8절에 "너희가 그 은혜를 인하여 믿음으로 말미암아 구원을 얻나니 이것이 너희에게서 난 것이 아니요 하나님의 선물이라"고 했는데, 이 구절 속의 이것이 무엇이냐?고 질문하셨다. 당시까지 필자는 이 문제를 그렇게 깊이 생각하지 못하고 있었지만, 성경구문으로 볼 때 뒤에 나오는 믿음이라고 대답하였다. 김 목사님은 이신칭의에서 우리가 믿음으로 구원 얻는데, 이 믿음마저 하나님이 선물로 주시는 것이므로, 이신칭의가 오직 은혜에 기초한 것임을 가장 분명하게 드러내 주는 구절이라고 설명해 주셨다. 둘째는 성찬식을 행할 때 포도주를 사용한다고 강해를 하고 내려 왔는데, 정색을 하시면서 김 목사님은 포도주를 사용해서 성찬식을 한 적이 없고 언제나 포도즙을 사용한다는 것이었다. 그리고 합동교단에서는 포도즙으로 설명한다는 것이었다. 성도들에게 술을 먹지 말라고 가르치면서 술로 성찬식을 행할 수는 없다는 것이요, 포도에 설탕을 넣고 끓이면 알코올 성분이 날아가고 그 후에 밀봉을 하면 알코올 성분이 생기지 않아 순수한 포도즙이 된다는 것이었다. 이러한 모습을 보면서 김 목사님이 얼마나 성경을 칼빈주의적으로 해석하여 목회에 적용하려고 노력하시는지를 깨달아 크게 감동을 받았던 기억이 있다.

김 목사님은 칼빈주의에 입각한 교육목회를 추구하면서 동시에 자신의 출신지였던 황해도에 세워졌던 소래교회에 대해 깊은 관심을 기울였다. 김 목사님이 소래교회를 비롯한 한국의 초기 교회 역사에 관심을 가지게 된 것은 1984년이었다. 1984년은 알렌 선교사가 우리나라에 입국하여 선교가 시작된 지 100주년을 기념하는 해였다. 이러한 100주년 기념행사가 진행되는 가운데, 김대인 목사를 중심으로 황해노회는 '백주년기념사업회 소래교회 복원위원회'를 발족시켰다. 소래교회에 대한 한국 교회사의 기록을 살펴보는 과정에서 김대인 목사는 소래교회에 대한 기록들이 전혀 일관성이 없다는 것을 발견하게 되었고, 그때부터 자신이 직접 자료들을 찾으면서 소래교회에 대한 연구를 하게 되었다. 이렇게 시작된 노력이 결실을 맺어 1995년에 『숨겨진 한국 교회사: 민족교회의 발생』을 출판하게 되었다.[7] 이 책은 소래교회와 서상륜과 서경조 목사의 행적을 중심으로, 복음 전파로 인한 개화의 꿈, 선교사들의 애환 등을 다루고 부록으로 총신대에 세워진 소래교회의 복원과정을 설명하고 있다.

소래교회 설립일자: 1883년 5월 16일

김 목사님은 소래교회가 선교사들이 들어오기 전에 우리나라 사람들에 의해 세워진 순수한 민족교회라는 자부심을 가지고 계셨다. 그래서

---

7 김대인, 『숨겨진 한국교회사: 민족교회의 발생』, 서울: 도서출판 한들, 1995.
이 책을 출판한 것에 대한 인터뷰가 「목회와 신학」 1996년 4월호에 "올바른 역사관이 필요합니다"라는 제목으로 실려 있다(p.24). 그는 "사대주의 사상은 버려야 합니다. 한국 교회를 바로 세워 나가려면 올바른 역사관과 역사기술이 필요합니다."라고 강조한다.

소래교회의 기원에 대해 더 큰 관심을 기울였고, 그와 더불어 소래교회를 세웠던 서상륜에 대해서도 깊은 관심을 갖게 되었다. 책의 서두에서 집중적으로 다루고 있는 문제는 소래교회가 언제 세워졌느냐? 하는 것이었다. 당시에 1885년 설을 주장하던 김양선 목사의 견해, 1884년을 주장하던 기독교대백과사전의 견해, 박용규 목사, 민경배 목사 등의 견해를 하나하나 집어 보면서 사료적인 근거들을 바탕으로 이러한 견해들의 문제점을 지적하였다. 그러나 문제는 소래교회의 정확한 설립연대를 가르쳐줄 수 있는 문헌적인 기록이 남아 있지 않다는 것이었다. 그래서 김 목사는 1980년대부터 월남하여 살고 있던 옛 소래교회 교인들을 직접 찾아가 증언을 듣고 기록하는 작업을 진행하였다. 최근에 역사학계에서는 구체적인 기록이 없는 경우에, 사건 당사자들의 증언을 통해 역사를 복원하는 작업의 중요성을 인정하고 있는데, 김 목사님은 이미 이런 작업에서 선구자의 길을 걸으셨다. 그래서 소래교회를 세웠던 서경조 목사 밑에서 신앙생활을 했던 사람들의 증언을 바탕으로 소래교회는 1883년 5월 16일에 세워졌다고 주장하셨다.[8] 김 목사님이 이 날짜를 소래교회 설립일로 주장한 첫 번째 근거는 소래교회 교인들의 증언이었다. 그리고 이와 함께 송천교회에서 시무하다 백령도에서 시무하던 허간 목사의 증언이 있는데, 허 목사에 따르면 1943년에 소래교회 60주년 기념식을 성대하게 거행했다는 것이다. 그러므로 60년 전인 1883년에 교회가 세워졌다고 할 수 있다. 게다가 허간 목사는 교회 설립일을 기록하고 있는 소래교회 당회록을 가지고 있었고, 이 당회록에 근거하여 교회 설립일을 1883년 5월 16일이라고 주장하였다는 것이다. 그런데 현재는 이 당회록이 분실되어 기록으로서 확인하기는 힘들다. 이 밖에 소래교회에서 어린 시절 신앙생활 하던 분들은 서경조 목사님

---

8 김대인, 『숨겨진 한국교회사』, p.76

이 5월을 교회 설립일로 지켰고, 1883년에 세워진 것으로 기억하고 있다는 점이다. 따라서 김 목사는 소래교회는 선교사들이 들어오기 전에 우리나라 사람들에 의해 순수하게 세워진 최초의 민족교회라는 점을 강조한다.

그러면 최초의 소래교회는 어떤 형태였을까? 초기의 소래교회는 서경조 목사의 초가집의 사랑채에서 시작되었다고 한다. 이 집은 마을에서 약간 떨어진 곳에 있었고 사랑채를 교회로 사용하였다. 그 후에 성도들의 숫자가 늘어나자 1894년에 예배당을 짓기 시작했는데, 부지는 무당들이 사용하던 당골로 정하여 외부의 보조금을 받지 않고 교회가 스스로 비용을 모아 지었으며, 1895년에 8칸짜리 교회당을 건축한 후에 교회가 부흥하여 1896년에 16칸으로 증축을 하였다. 그리고 1984년 기독교선교100주년을 맞이하여 황해노회가 발의하고 총회의 결정으로 총신대학교신학대학원(양지)에 1896년 16칸짜리 소래교회의 예배당을 복원하게 되었다.

소래교회의 설립자 서상륜과 서경조 형제

서상륜은 만주에서 로스와 매킨타이어를 만나 그들에게 한글을 가르쳐 주면서 성경번역에 힘쓰게 되었다. 그리고 1883년에 번역된 성경을 가지고 국내로 들어오게 되었다. 국내로 들어오는 과정에서 국경 검문소에서 성경을 소지한 것이 발각되어 투옥되었다. 그러나 그의 집의 종이었던 김유순의 도움으로 말을 타고 도망하게 되었다. 그 후에 그는 소래로 이주하였고 소래에서 복음을 전도하게 되었다. 그의 동생인 서경조도 합류하면서 소래의 복음전파 사역을 감당하게 되었다. 서상륜은 소래에 머무는 것으로 만족하지 않고 서울로 올라가 동료 상인들에게 복음을 전파하였다. 그리하여 적어도 수십 명의 사람들이 복음을 믿게 되었다.

그리고 서상륜은 언더우드가 입국하자 1885년부터 그와 협력하여 사역을 하게 되었다. 여기서 김 목사님은 기존의 교회사와 다른 중요한 몇 가지 사실을 언급한다. 첫째로 한국의 최초의 세례라고 일반적으로 알려진 1886년 7월의 노춘경 세례 이전에 이미 세례 받은 사람들이 있다는 사실이다. 기록상으로 밝혀지는 바는 서경조가 1885년 7월에 서울로 올라가서 언더우드에게 세례를 받았고, 1885년 9월에 언더우드가 소래에 내려와 서경조의 아들 병호에게 유아세례를 베풀었다. 또한 서경조가 세례받기 전에 이미 두 명의 세례 받은 사람들이 있었다는 것이다. 그러므로 1886년 7월에 노춘경이 세례 받은 것은 우리나라에서 최초의 세례라고 볼 수 없다는 것이다.[9] 둘째로 노춘경이 세례를 받은 것이 언더우드의 전도나 한문 성경을 통해서가 아니라 서상륜이 만주에서 번역된 로스역본을 전달해 준 것이 중요한 원인이 되었다는 것이다.[10] 그러므로 노춘경을 비롯하여 새문안교회가 세워질 때 참석했던 14명은 대부분 서상륜의 전도로 얻어진 열매일 가능성이 높다는 것이다. 서상륜은 이미 1883년부터 서울을 오르내리며 동료 상인들을 중심으로 전도하여 이미 십여 명이 넘는 세례 지원자들이 생겨났고, 그래서 로스 선교사의 입국을 요청했으나 이루어지지는 못했다.

김대인 목사는 이와 같이 소래교회의 설립과 그 설립에 중요한 영향을 미친 서상륜과 그의 동생 서경조 목사의 신앙경력에 대해 여러 가지 자료들을 수집하여 기존의 교회사 기술이 가지고 있던 문제점들을 정확하게 지적하고 있다. 이것은 김대인 목사가 지닌 우리 민족 신앙의 뿌리에 대한 관심이요, 그 뿌리가 선교사들에 의한 복음 전파라기보다는 만주에서 복음을 받아들인 서상륜과 서경조의 노력을 통해 소래교회라

---

9 김대인, 『숨겨진 한국교회사』, p.150~151
10 김대인, 『숨겨진 한국교회사』, p.148

는 민족 교회에서 출발했다는 자부심에서 비롯된 것이다. 더 나아가 그 관심을 철저한 역사적인 고증을 통하여 밝혀냄으로써 교회사가 가진 미지의 한 부분을 깊이 있게 밝혀주고 있다.

김 목사는 그의 교회사 연구를 책으로 출판했을 뿐만 아니라 개인 홈페이지를 통하여 인터넷으로 널리 알리고자 하였다. 1990년대 후반 대부분의 사람들에게 홈페이지라는 말조차 생소할 때, 목사님은 날마다 컴퓨터에 관한 책들을 사서 혼자 읽고 실습을 하면서 스스로 홈페이지를 구축하였다. 그리고 그곳에 자신의 교회사 연구 성과와 함께 목회경험들을 올려서 다양한 사람들이 참고할 수 있도록 만들었다. 이 홈페이지는 그 분이 별세한 후에도 남아서 그의 연구 성과를 세상에 알려주고 있다. 그의 홈페이지 주소는 http://kimdi.net이다.

역사 연구와 함께 이루어지는 교회사 유적지 탐방

소아시아 일곱 교회 탐방

김 목사님은 교회 역사에 대한 깊은 관심으로 한국 교회사의 현장 뿐 아니라 세계 교회사와 관련한 지역들을 탐방한 후에 세 권의 기록을 남겼다. 먼저 1994년에 소아시아 일곱 교회를 돌아보고 50페이지 분량의 『소아시아 일곱 교회 성지순례기』를 작성하여 교회에서 출판하였다. 성지순례는 성경을 올바르게 이해하는데 많은 도움을 주는 긍정적인 면이 있는 반면에, "절대주권의 하나님께서 어찌 당신을 섬기는 교회를 지진에서 구하지 못하시고 폐허가 되게 하였을까?"라는 의문이 생기는 부정적인 측면도 있는 여행이라는 말로 성지순례기를 시작한다.[11] 먼저 일곱 교회의 역사적인 배경을 소개하는데, 바울이 52년경 에베소에 와서

---

11 김대인, 『소아시아 일곱 교회: 성지순례기』, 서울: 목동제일교회출판부, 1994, p.4

3년간 복음을 전해 일곱 교회가 세워지게 되었다.(행 20:31) 이 여행은 소아시아 일곱 교회를 소개하는데, 중요한 역할을 했던 사도 요한이 귀양 갔던 밧모섬에서 시작되었다. 이곳에서 시작하여 일곱 교회 지역에서 교회의 옛 흔적을 더듬는 여정이다. 필자도 이 지역을 가 보았지만, 미처 확인하지 못했던 여러 지역을 김 목사님이 돌아보셨다는 것을 확인할 수 있었는데, 셀죽(Selcuk)에 있는 사도요한기념교회, 에베소에 있는 잠자는 일곱 사람의 카타콤, 히에라볼리에 있는 사도 빌립의 순교지에 세워진 교회 등이다. 글을 마치며 김 목사님은 우리의 성지 순례는 성지순례가 아니라 숨가쁘게 진행되는 성지 관광이 아닌가 반성이 된다고 썼다. 유적지를 한 번 훑어보고 지나가는 여정이 되어서는 안 되고, 그곳에 처음 교회를 세우고 주님을 섬기기 위해 헌신하고 희생했던 초대교회 성도들의 신앙을 반추하는 신앙의 순례가 되어야 한다고 강조한다.

만주 동북 삼성 탐방

김 목사님은 1995년 동북 삼성의 한국 교회사 유적지를 탐방한 후에 『그때 그 현장: 복음과 민족운동의 만남』이란 책자를 저술하였다. 만주 땅을 찾아간 목적은 동북 삼성이 "한국의 독립을 갈망하는 민족주의자들과 이를 말살하여 한국 침탈의 야욕을 채우려는 일본 제국주의자가 대결한 현장을 찾아가는" 것이었다.[12] 그곳을 여행하며 남북 분단의 비극을 절감하게 만든 것은 같은 사건들을 "이데올로기의 프리즘"을 통해 다르게 해석하는 장면이었다고 하였다. 또한 역사의 현장에서 과거의 흔적은 사라지고 기념 표지석만을 발견하는 아픔도 있었고, 역사의 무게를 느껴 보는 경험이었다고 기록하고 있다.

---

12 김대인, 『그때 그 현장: 복음과 민족운동의 만남』, 서울: 목동제일교회출판부, 1995, 서문

그는 동북 삼성을 돌아보며 1900년대 이후에 세워졌던 교회의 자리들과 함께 우리 선조들이 싸웠던 독립운동의 발자취를 상세하게 돌아보고 있다. 제일 먼저 하얼빈에서 안중근 의사의 독립운동의 발자취를 따라간다. 1909년 10월 26일 오전 9시 30분 하얼빈 역에서 울려 퍼진 안중근 의사의 총탄에 우리나라 국권을 유린한 원흉 이토 히로부미의 가슴이 뚫렸다. 김 목사는 하얼빈을 여행하며 안중근 의사의 유적지와 함께 그의 종제 안명근의 독립운동 가담과 그로 인한 105인 사건까지 이야기한다. 김 목사님은 이곳에 가기 전에 미리 조사하여 하얼빈 역에 이토 히로부미가 저격당한 것을 기억하려고 만들어 놓은 화단이 있다는 것을 알고 그곳을 확인한다. 또한 731부대의 터를 찾아서 돌아보고 그곳에서 만난 중국 신자들과의 교제를 소개한다.

장춘으로 향하면서 간도 이민 역사를 기록하고, 장춘을 여행하면서 그곳의 역사와 함께 만보산 사건과 그 사건을 통해 일본이 일으킨 한중 간의 갈등, 그리고 그 갈등을 해결한 손정도를 비롯한 한국 교회 지도자들의 활동을 소개한다. 국경 도시 도문을 거쳐 훈춘에서는 1910년대에 세워진 훈춘교회를 찾아보고 청산리 대첩의 시발이 된 훈춘사건을 설명한다. 훈춘을 지나 백두산 지역을 지나면서 봉오동전투 장소와 청산리 대첩의 유적지들을 찾아서 그곳의 지형과 연결시키며 독립운동 현장의 숨결을 생생하게 전한다. 청산리대첩의 기념비에는 우리가 일반적으로 알고 있는 김좌진 장군의 전투 모습보다는 홍범도 장군의 이야기만 기록되어 있어 안타깝다고 설명한다.

용정 지역에서는 이곳의 지명인 용정의 유래, 이곳에 세워졌던 용정교회와 독립운동의 중심지가 되었던 서전서숙과 1919년 3월 13일에 만세운동을 주도했다가 일제에 희생당한 사람들을 모셔놓은 항일의사능을 소개한다. 그리고 같은 용정 지역에 있는 명동촌에서 기독교와 민족운동의 만남을 소개한다. 이곳에서 독립운동에 힘쓰던 김약연은 명동서숙을 세워 민족운동을 전개하였는데, 유학자이던 이들이 기독교인이던 정재면 교장의 감화를 받아 기독교로 개종하게 되었다. 정재면의 노력으로 1910년에 명동학교는 명동중학교로까지 발전하여 민족정신에 투철한 교육을 실시하여 후일에 많은 독립운동가를 배출하게 되었다. 1909년 정재면이 설립했던 교회가 명동교회인데, 캐나다 선교부를 용정에 유치하여 1910년대 중반에는 북간도에 40여개 교회와 일천육칠백 명의 교인이 있었다. 이 교회를 중심으로 1919년에서 20년, 3.1 독립만세운동을 전후하여 다양한 독립운동이 전개되었으나 일제의 탄압으로 1920년에는 90여 명의 교인이 피살되는 아픔을 겪었다. 특히 윤동주는 만주에서 출생하여 명동학교를 졸업한 후에 용정에 있는 은진중학교, 연희전문학교와 일본의 동지사대학에 유학중인 문학도였다. 그는 1943년 대학 재학 중에 독립운동을 했다는 죄목으로 2년 형을 받고 복역하다가 1945년 2월 세상을 떠났는데, 그의 생가가 이곳에 보존되어 있다. 그리고 연길로 이동하여 의란 항일 유적지와 삼둔자 전적지를 돌아본 후에 북경을 거쳐 귀국하면서 여정이 끝난다. 김 목사는 말미에 로스선교사로부터 시작된 우리나라 선교의 역사를 반추해 보며, 만주 지역 교회의 회복을 위한 한국 교회의 사명과 함께 통일의 염원을 새기고 있다.

종교개혁 유적지 탐방

김 목사님은 2001년에 종교개혁의 유적지들을 돌아보고 『젊은 오빠 서유럽을 가다』라는 책을 펴냈다. 이 책의 서문에서 여행에도 목적이 있어야 한다는 것을 피력하면서 우리가 선진국이 되려면 관광도 분명한 목적을 가지고 떠나는 여행이 되어야 한다고 강조한다.[13] 서유럽 여행에서 독일, 스위스, 프랑스, 영국, 스코틀랜드, 네덜란드를 돌아보고 있

---

13 김대인, 『젊은 오빠 서유럽을 가다』, 서울: 전자신문사, 2001, p.4

다. 여행한 나라들을 통해서 알 수 있듯이, 루터의 종교개혁의 발상지인 독일에서 출발하여, 개혁교회들이 발전한 지역들의 발자취를 따라간다. 독일에서는 루터의 회심의 장소인 슈토텐하임, 출생과 성장 과정의 장소인 아이스레벤과 아이제나흐와 에르푸르트, 종교개혁의 발상지와 그의 종교개혁이 진행되었던 유명한 도시들인 비텐베르크, 라이프치히, 마르부르그, 보름스, 바이마르, 하이델베르크 등을 여행하고 있다. 이 외에도 독일경건주의의 발상지인 할레와 함께 함부르크, 베를린, 포츠담 등을 찾아가고 있다. 김 목사님은 이 도시들마다 유명한 명소들을 소개하는 것과 동시에 그것이 가지고 있는 역사적인 의미, 특히 루터의 종교개혁과 관련된 의미들을 설명해 주고 있어, 그의 종교개혁의 여정을 이해하면서 현재의 문화유적이 어떻게 높은 수준의 문화 자원으로 활용되고 있는지를 설명하고 있다.

스위스에서는 바젤, 취리히, 빌트하우스, 칼빈의 제네바 등을 소개하고 있다. 그리고 프랑스에 와서는 칼빈의 출생지인 노아용과 교육을 받았던 파리, 프랑스 피난민 목회를 했던 스트라스부르그를 소개한다. 영국에 와서는 청교도운동의 중심지였던 플리마우스, 브리스톨, 바스, 글로스터, 옥스포드, 런던, 케임브리지, 일리, 맨체스터 등을 소개한다. 스코틀랜드에서는 에든버러와 개혁자인 존 녹스와 스코틀랜드 북부의 닉을 소개하고, 네덜란드의 암스테르담을 끝으로 여행을 마치고 있다.

김 목사님의 여행기를 읽으면서 느끼는 것은 이 분은 여행을 떠나기 전에 여행지를 철저하게 조사한다는 것이다. 그 지역에 가서 유적지로서 어떤 것을 확인할 것인지 미리 정보를 수집한 뒤에, 그곳에 가서 그것을 확인하면서 그 장소의 역사적인 의미를 되새기고, 앞으로 자신이 해야 할 일들을 함께 숙고하는 것이다. 김 목사님이 파리에서 여행을 하다가 갑자기 필자에게 국제전화를 했다. 파리에서 칼빈의 유적으로 확인하려고 하는 곳에 그것이 없으니 더 정확한 정보를 알아봐 달라는 것이었다. 김 목사님처럼 목적 있는 여행, 그 지역에 가서 역사적인 의미를 확인하고 미래를 조망해 보는 의미 있는 여행, 이러한 탐방 여행이라면 우리 자신의 신앙적인 토대를 확인하면서 동시에 우리가 가야 할 방향을 정립하는 새로운 전기가 될 것이라고 생각한다.

김대인 목사의 설교 세계

김 목사님은 자신의 설교를 출판하지는 않았다. 그렇지만 자신의 설교들 가운데 일정 부분을 자신의 홈페이지를 통해 소개하고 있다. 이곳에 실려 있는 김대인 목사의 설교 형태는 세 가지로 구분해 볼 수 있다. 김 목사님의 가장 중요한 설교 방식은 강해설교이다. 이미 종교개혁 때부터 츠빙글리와 칼빈은 로마가톨릭이 취하던 성무일과에서 편집해서 제시된 본문을 읽고 약간의 설명을 더하던 설교 방식을 버리고 성경을 연속적으로 강해하는 강해설교를 시행하였다. 그 이후에 개혁파에 속하는 교회들에서 강해설교가 많이 행해졌다. 우리나라에서는 선교사들이 복음을 전파한 이후에 예화설교나 제목설교가 주류를 이루어왔는데, 마틴 로이드 존스의 강해설교가 번역된 이후에 강해설교가 많이 시행되었다. 김대인 목사의 설교 원고들 가운데 남아 있는 것들을 보면, 레위기, 민수기, 여호수아, 아가서, 마가복음, 사도행전, 에베소 등의 강해설교가 남아 있다. 그리고 김 목사님은 교리에 깊은 관심을 가지고 있어 교리설교를 하였다. 기독론과 성령론 교리설교가 남아 있고, 강해와 교리를 함께 한 설교로 다니엘서 설교가 남아 있다.

성령론 설교를 하면서 서두에 "올바른 성령론을 알고 있는 성도는 매우 희귀합니다. 바른 성령론을 주일 낮 설교에 접목시킨 결과 많은 성도들이 성령님의 참 은혜를 깨닫고 구원의 확신과 바른 성도의 삶을 찾아가는 것을 보았습니다"라고 하였다. 성령론 설교는 중생론, 은사론,

구원의 서정 이렇게 세 부분으로 되어 있다. 중생론은 7개로 되어 있는데, 요한복음 3장을 가지고 중생의 거듭남을 설명한 후에 요한복음 14장, 16장을 가지고 그리스도께서 보내시는 성령이 하시는 사역을 설명하였다. 그리고 우리의 몸이 성령의 전이라는 것을 설명한 후에 성령충만을 받아 성령의 인도함으로 살아가면서, 성령의 은사를 올바르게 사용할 것을 가르쳤다. 그래서 2부에서는 은사론으로 5개의 설교를 하였고, 3부로 구원의 서정을 소명과 중생, 회심과 신앙, 칭의와 수양, 성화와 견인으로 설명한다. 구원론을 성령론으로 설명하는 점에서 개혁주의의 구원론의 명확한 특성을 보여주고 있다. 성령론의 설교의 내용은 아래와 같다.

중 생 론

1. 거듭나지 아니하면　요 3:1~15
2. 또 다른 보혜사　요 14:16~21
3. 내 것을 가지고　요 16:7~15
4. 세상을 이기었노라　요 16:25~33
5. 성령의 전 우리의 몸　고전 6:12~20
6. 성령이 충만하여　행 4:23~31
7. 성령과 은사　행 2:1~4

은 사 론

1. 신유의 은사　막 16:14~18
2. 섬김의 은사　롬 12:3~10
3. 말씀의 은사　고전 12:27~31
4. 성령의 은사와 열매　고전 12:27~13:3
5. 은사를 받으셨습니까?　고전 12:1~11

구원의 서정

1. 성령은 하나님이다   행 5:1~11
2. 성령의부름과 중생   겔 36:22~31
3. 성령의 회심과 신앙   행 9:1~9
4. 성령의 칭의와 수양   롬 8:12~17
5. 성령과 성화와 견인   사 30:18~22

이러한 측면을 종합해 볼 때, 김 목사의 설교는 한국 교회의 주종이었던 예화나 제목설교보다는 강해설교를 중심으로 필요한 경우에 교리설교와 강해와 교리를 혼합한 설교에 집중한 것으로 볼 수 있다. 설교에서도 김 목사는 칼빈주의 신학에 기초해 성경을 정확하게 강해함으로써 성숙한 성도들을 양육하려는 교육목회의 단면을 그대로 보여주고 있다고 하겠다.

나가는 말

한국 교회는 장로교 선교사들이 복음을 전파한 후에 1909년 평양 대부흥을 지나면서 양적으로 질적으로 놀랍게 성장하였다. 이때의 성숙을 바탕으로 신사 참배를 비롯한 일제의 혹독한 시련을 견디면서 해방을 맞이하였다. 해방을 맞이한 후에 한국 교회는 6.25 전쟁의 시련을 넘어서면서 1960년대 이후 민족복음화운동을 전개하였다. 그러한 다양한 노력을 통하여 1970~80년대 놀라운 양적인 성장을 하게 되었다. 이러한 성장의 시기에 단순한 양적인 성장에 그치지 않고 칼빈주의 신학에 입각하여 교회목회를 하려고 노력했던 많은 목회자가 있었고, 그들의 철저한 신앙교육을 통하여 한국 교회의 헌신된 일꾼들이 많이 배출되었다.

이 글에서는 그러한 교육목회를 위해 평생을 헌신했을 뿐만 아니라,

우리나라 최초의 교회인 소래교회를 비롯하여 우리나라 초기 교회를 민족교회의 관점에서 깊이 연구했던 김대인 목사의 삶을 살펴보았다. 김목사는 어려운 고난의 시기를 통과한 후에 목회자가 되어 평생을 칼빈주의에 입각한 교육목회를 하는데 헌신하였다. 그는 1977년 이후 교회의 양적 성장이 성경에 근거한 올바른 신앙교육이 밑거름이 되어야 건강한 부흥이 될 것이라는 것을 깨달아 교육목회를 위해 평생을 헌신하였다. 그는 평신도 신앙교육을 통해 성경에 기초한 교리와 함께 그들의 신앙 인격의 변화를 추구하였고, 강해설교와 교리설교를 통하여 예정에 기초한 칼빈주의 신앙을 철저하게 전수했을 뿐만 아니라, 한국 교회사 연구와 더불어 사전의 철저한 연구와 함께 이루어지는 교회사 유적지 탐방을 통해 과거를 돌아보며 미래의 방향을 설정하는 모범을 보이셨다. 앞으로 한국 교회 안에서 건전한 교리와 함께 신앙 인격의 변화를 추구하는 이러한 교육목회가 더욱 건강하게 뿌리내리고, 과거 역사에 근거한 철저한 역사의식과 함께 통일 한국과 세계 선교를 바라보는 안목이 넓혀지기를 기대한다.

김대인 목사

17

1933 • 2015

영원한 순례자
이봉재 목사

이종전 목사

안양대학교, 아세아연합신학대학원 (MA in Th. ATA)
神戶改革派神學校 (Th. M. eq.), Ashland Theological
Seminary (D. Min.)
현 | 대신총회신학연구원 원장,
　　개혁파신학연구소 소장, 어진내교회 담임
전 | 대한신학대학원대학교 교수
저서 및 역서 | 『한국장로교회사』, 『한국교회 어디로
　　가고 있는가』, 『총회 50년사』, 『인천기독교 135
　　년사』, 『현대의 종교개혁』, 『장로교회의 정치원
　　리』, 『도르트총회』, 『개혁파신앙이란 무엇인가』

내게 있어서 '아버지'는 언제나 멀리, 어딘가
에서 홀로 걷고 있는 순례자의 모습으로 남아
있다. 내가 태어나서 성장하는 과정에서 당신
은 언제나 아버지의 자리에 계시지 않았다. 내
기억에 없는 젖먹이 시절에도 아버지와는 함
께하지 못했다. 기억에 남겨진 아버지의 자리
에는 스틸 컷으로 정지된 순간들의 사진 몇 장
이 있을 뿐이다. 그렇게 당신은 언제나 어디론

이봉재 목사

가를 향한 길 위에 있는 순례자이셨다.

일제 강점기에 태어나서서 해방, 다시 6.25사변을 겪으면서 이미 나
그네로 살아야 했던 당신이기에 버거운 삶의 현장에서 스스로 살아남는
것조차 버겁기만 하셨으리라. 특별히 실향민으로 살아남을 수 있어야
했던 여정은 누구도 대신해 줄 수 없는 당신만의 몫이기에 버거운 것이
었으리라. 그럼에도 이 땅에서 허락받은 삶의 의미와 목적을 찾아 언제
나 당신만의 외로운 길을 가야 했고, 그 길은 버거우셨을 것이다.

그런데 그 길 위에서 주님의 부르심을 확인했으며, 그 부르심에 응답
하는 길을 가는 과정에서도 당신은 외로운 길에 서 있으셔야 했다. 덕
분에 내게 당신은 언제나, 어딘가의 길 위에 있는 모습으로 상상해야
하는 존재이셨다. 이것은 내게 남겨진 아버지에 대한 이미지다.

피난지에서 소명을 확인한 당신은 목회자로서 준비하는 길을 어렵게
결정했고, 외롭게 걸어가야 했다. 피난지에서 대부분의 사람들은 당장
의 생존을 위해서 무엇인가를 해야 했지만, 당신은 주변의 사람들로부
터 현실을 보지 못하는 사람이라는 비아냥거림을 당하면서도 그곳에서
주님의 부르심에 응답하여 목회자가 되기 위한 길을 선택하셨다.

해방 이후 6.25사변과 1.4후퇴를 거치면서 월남한 피난민들에게 주
어진 환경은 절대 빈곤 상태이었기 당장 생존을 위한 것이 급선무였다.

그럼에도 피난지에는 조부모님만 남긴 채 아버지는 공부를 위해서 가까운 광주로 나가셨다. 아버지는 조부모님을 떠나 홀로 이미 목회자로서의 길을 가고 계셨다. 지금 생각해보면 전쟁 직후 고학을 하면서 순례자로서의 길을 준비하는 것은 결코 쉽게 결정할 수 있는 것이 아니었으리라. 그렇게 시작된 순례자의 모습은 목회자로서 사역과 생을 마무리할 때까지 한결같으셨다.

그렇게 출발한 아버지의 순례길은 늘 가난하고, 힘들고, 외로운 길이었다.

언젠가부터 '아름다운 것'을 생각할 때, 그것은 특별한 것이 아니라 가장 일상적이고 평범한 것, 그리고 희귀한 것이 아니라 어쩌면 흔한 것이라는 것을 깨달았다. 사실 이 글을 요청받았을 때 마음에는 갈등이 있었다. '아름다운 목회자'라는 주제로 써야 한다는 것 때문이다. 딱히 아름다운 것을 주제로 아버지의 모습을 담아야 한다는 것에 떠오르는 아름다움이 어떤 것일지 고민이 되었기 때문이다. 그러나 '아름다운 것'이 특별하거나 탁월한 것이 아닌, 가장 일반적인 것이라면 아버지의 모습을 그릴 수 있겠다는 생각이 들었다. 순교자도, 대형교회를 목회한 것도 아닌 이 땅의 대부분의 목회자들이 살아온, 결코 특별하지 않은, 그러나 당신만이 걸어야 했던 여정을 돌이켜 보면서 목회자로서 아버지의 생애를 정리해 볼 수 있겠다는 생각이었다.

유년 시절

나의 조부모님은 지극히 평범한 농부로서, 그러나 가문에 대한 확신과 긍지를 가지고 열심히 사신 분들이다. 내 유년시절 여름날 밤, 마당에 모깃불을 피워놓고 동네 어른들이 모여서 피난을 나오던 과정과 두고 온 고향에 관련한 이야기를 시작하면, 하루 종일 중노동으로 피곤했으련만 거의 매일 밤을 지새워도 이야기는 또 다음 날로 이어졌다. 당시 어른들이 하던 이야기가 내게 와 닿거나 남겨진 것이 별로 없지만, 거의 매일 밤 마당에 모인 마을 어른들이 피난과정과 고향과 관련한 이야기로 여름날 밤을 보냈다는 기억이다.

기억에 남는 몇 안되는 이야기 가운데 할아버지(李容玉)와 관련한 것이 또렷하게 남아있다. 일제 강점기에 일본 순사들이 창씨개명을 요구할 때 할아버지께서는 일본 순사를 장작으로 두들겨 패서 돌려보냈고, 그 길로 도피하는 생활을 했다는 이야기다. 비록 배운 것 없지만 참 강직했던 어른이었던 것은 분명한 것 같다. 내가 태어나서 말귀를 알아듣는 나이가 되었을 때, 어린 나를 앉혀놓고 가문에 대한 이야기를 반복해서 했던 것 또한 내가 기억하고 있는 할아버지의 모습이다. 본관은 광주(廣州)이고, 한음(漢陰, 이덕형) 할아버지의 후손이라는 것을 세뇌라도 하시려는 듯 반복하셨다.

그러한 할아버지에게 있어서 외동아들인 아버지는 어떤 분이었을까? 할아버지의 형제들이 하셨던 이야기를 기억해 보면 온 집안이 아버지 한 사람을 위해서 살았다고 할 만큼 각별하게 양육했다고 한다. 학교에 가는 길이 멀고 험해서 늘 걱정이 되어 혼자는 보내지 않았고, 반드시 나이가 많은 사촌들이나 동네 누군가를 보호자로 동행하도록 했다고 한다. 동행하게 된 사람에게는 꼭 보살피도록 하는 조치를 취해서 학교에 다니게 했다는 것이 아버지의 유년 시절을 알고 있는 분들의 이야기다.

아버지께서는 초등학교에서 온전히 일제에 의한 식민지 교육을 받아야만 했다. 그러나 어느 날 갑자기 찾아온 일본의 항복은 식민지로부터 해방을 맞게 했다. 아직 초등학교를 졸업하지 못한 상태에서 해방을 맞았고, 고향에서 초등학교와 중학교를 다녀야 했다. 해방 이후 고향에서 있었던 일에 대해서는 거의 말씀하신 적이 없다. 꿈 많은 10대를 공산 치하에서 공부를 해야 했기에 말로 표현하지 못한 많은 어려움이 있었을 것이다. 이념의 갈등과 생존을 위해서 잃어버려야 했던 그 시간을 어떻게 살아오셨는지 지금으로서는 알 길이 없다. 평소에 특별한 지병이 없이 건강하게 지내시다가 갑자기 뇌경색으로 쓰러지시고, 그 길로 별세의 길을 가셨기에 아쉬움이 많다. 그래도 역사를 연구하고, 쓰고 있는 자식인데 아버지의 생애를 기록으로 남기지 못한 것이 끝내 송구한 마음이다.

6.25사변과 월남

조부모님과 아버지, 그리고 일가친척들은 모두 1951년 1.4후퇴 당시 고향을 떠나셨다. 그것은 필연적인 선택이었다. 해방 이후 경험해야 했던 5년간의 공산주의는 미련 없이 모든 것을 포기하고 고향을 떠날 수밖에 없도록 만들었기 때문이다. 특별히 그리스도인이고 땅도 조금 갖고 있었던 상황에서 급박한 결정을 해야 했다.

월남을 결심한 할아버지는 장손으로 가족과 친족들을 모두 이끌고 후퇴하면서 소개(疏開) 작전을 수행하는 미군함정(LST)에 목숨을 걸고 올라탔다. 그 과정에서 많은 사람이 인민군의 총탄에 수장되었고, 생이별을 해야 했다. 할아버지의 친척들도 그 과정에서 뿔뿔이 흩어졌다가 훗날 남한에 정착한 후 기적같이 모두 다시 만날 수 있었다. 당연히 그 과정에는 피나는 눈물의 여정이 있었다.

구사일생으로 LST(Landing Ship Tank)에 몸을 실을 수 있었던 가족들은 목포항에 내려졌다. 그리고 당시 정부에 의해서 피난민들은 군면리(郡面里) 단위로 나뉘어 분산 수용되었기 때문에 친족일지라도 같은 마을에 갈 수 없었다. 피난지에 도착해서도 친족들이 함께 갈 수 없었고 다시 흩어져야 했다. 아무도 예상하지 못했던 강요된 이별을 피난

70회 생신 때 피난지 순례 중 법성포에서 가족 일동

지에서 경험해야 했다. 교통과 통신이 어려웠던 시대에 친척들이 피난지에서 경험한 고통은 지금 우리가 느낄 수 있는 한계 밖의 것이다.

그러나 그럴 수밖에 없었던 것은 여러 가지 충돌이 있을 것을 예상한 정부의 조치였다. 실제로 그러한 문제들이 있었던 것도 사실이다. 목포에 내려서 아버지 가족이 배속된 곳은 나주의 영산강가의 한 마을이었다. 배속된 마을은 공교롭게도 주로 공산주의자들이 많이 있는 곳으로서 도움을 받기 보다는 월남을 했다는 이유로 많은 어려움을 당했다고 한다.

아버지는 구체적으로 어떤 어려움이 있었는지 말씀하지 않았다. 다만 70회 생신을 맞아 피난지를 돌아보고 싶다는 말씀에 형제들과 함께 부모님을 모시고 두 분의 피난지를 돌아볼 수 있는 기회를 가졌다. 그 과정에서 50년 만에 찾았던 피난지의 마을에서 긴 한숨과 함께 푸념처럼 내뱉은 한 마디가 전부였다. "많이 힘들게 했지!" 배속된 마을의 지역 공산주의자들에게 전혀 생각하지 못한 어려움을 겪으셨던 것이다.

아버지께서는 월남 후 피난지에서 살아남아야 했고, 정신적으로 방황할 수밖에 없었다. 하지만 아버지는 6.25사변이 일어나던 해인 1950년 4월에 고향에서 예수님을 만났고, 피난을 떠날 때 세례는 받지 못했지만 이미 그리스도인이었다. 따라서 피난지에서 경험하게 된 상황은 절망적이지만 아버지에게는 유일한 소망과 생명의 길이 예수님께 있었다. 그런데 배속을 받은 마을에는 교회가 없었기 때문에 나주군 다시면의 영동교회까지 걸어 다녀야 했다고 하셨다. 교회에 다니는 것만으로도 많은 힐난을 받을만큼 공산주의자들의 마을에서 피난민으로 살면서 신앙생활을 하는 것은 결코 쉽지 않았다.

그 마을을 돌아보고 우리 일행은 피난지에서 다니셨던 영동교회로 향했고, 그곳에서 5일 장이 열리던 다시면 쪽을 바라보면서 과거를 회상하셨다. 어려운 여건에서도 신앙생활을 계속하면서 1952년 10월 2일에 세례를 받으셨다.

월남과 함께 더 이상 학업을 계속할 수 없었던 아버지에게는 이 시기가 가장 예민하고, 미래를 위해 할 일이 많았던 때였다. 따라서 고민이 컸고 몸부림을 쳐야 했지만 피난지에서 할 수 있는 것이라고는 당장 먹을 것을 해결하기 위해서 무엇인가를 해야 하는 것 이상 아무 것도 없었다. 중단된 공부라도 하려고 하면 학교가 있는 곳으로 나아가야 했다. 하지만 경제력이 전무한 상태에서 공부를 하는 것은 엄두도 내지 못할 일이었다. 또한 마을에 교회가 없는 것도 문제였다. 미래를 위한 어떤 것도 할 수 없는 것이 피난지의 현실이었다.

그러던 어느 날 아버지께서는 더 이상 그 마을에 머물러 있을 수 없었다. 어떻게 알게 되었는지 알 수 없지만 광주에서 공부할 수 있는 길이 있음을 알게 되었기에 아버지께서는 조부모님을 떠나 홀로 광주로 나가셨다. 그리고 1954년 10월, 광주의 벧엘교회(현 광주산수교회)에서 시작한 광주고등성경학교(당시 신복윤 교수가 교장)[1]를 알게 되었고, 즉

시 문을 두드렸던 것이다. 그러니까, 20살에 고등학교 과정을 공부할 수 있는 기회를 얻으신 것이다.

당시 휴전이 되지 않은 상태로서 우리 정부는 경제적, 인적 자원의 절대부족으로 교육의 수요를 충족시켜 줄 수 있는 능력이 없었다. 따라서 교회들이 중심이 되어서 중고등학교 과정을 운영하는 곳이 많았다. 실제로 당시에 이러한 과정을 통해서 사회와 교계에 진출한 많은 인재가 있었던 것도 사실이다. 그러한 현실이었기 때문에 공민학교를 정규학교가 아님에도 불구하고 당국에서 인가하여 운영하게 했던 것도 사실이다. 지금으로서는 상상이 안 되는 일이지만, 그것이 우리나라 격변기의 역사이다.

조부모님을 떠난 아버지는 광주와 영산포를 오가면서 공부와 생활을 하셨다. 학교에 다니면서 생활도 할 수 있어야 했기에 영산포에 있는 영산포교회에서 숙식을 해결하면서 교회를 돌보는 일을 하셨다. 70회 생신을 맞아 피난지를 돌아보는 과정에서 영산포교회를 찾았을 때는 변하지 않은 영산포거리와 옛 건물들을 오롯이 기억으로 되살리며 여기저기를 돌아보셨다. 폐가로 있는 어느 건물에서는 구석구석 돌아보면서 혼잣말로 무언가를 열심히 말하면서 어렵게 공부하던 때의 일들을 회상하셨다. 그곳의 고아원에서 아이들을 돌보는 일을 하셨다. 다행히(?) 우리가 찾았을 때까지만 해도 영산포에는 옛 건물들이 그대로 있어서 아버지의 기억을 되살리는 것은 어렵지 않았다.

그렇게 공부를 하면서 외지에 있는 동안 조부께서는 앞날이 어떻게 될지? 고향으로 돌아갈 수는 있을지? 어떤 것도 예측할 수 없는 상황에

---

1 벧엘교회에서 시작한 광주고등성경학교가 토대가 되어 현재의 광신대학교가 만들어졌다. 따라서 지금은 없는 광주고등성경학교는 광신대학교의 모체라고 할 수 있다.

뒷줄 좌에서 세 번째 흰 두루마기 입으신 분이 할아버지(이용옥), 다섯 번째가 외할아버지(하경옥)

서 걱정이 많았다. 일가친족을 모두 이끌고 내려온 터라 할아버지의 어깨는 더욱 무거웠다. 그 중에도 가장 큰 걱정은 자신의 대에 와서 가문의 장손으로서 대를 잇지 못하는 것이었다. 예측할 수 없는 시대적 상황이었기 때문에 더욱 초조해 하셨다. 따라서 어렵게 이제 막 공부를 시작한 아들의 입장은 아랑곳하지 않고, 오직 장손으로서 대를 이어야한다는 책임만 강하게 느끼고 계셨다. 피난지와 이웃이기는 하지만 영산포와 광주를 오가면서 공부를 하고 있는 아버지가 가끔 집에 오시면 할아버지는 대를 잇는 문제를 제기하셨다.

그러던 어느 날 같은 피난민이고 동향인인 좋은 규수가 있으니 결혼을 하라고 종용하셨다. 할아버지의 일방적인 결정과 단호한 선언에 아버지는 거역할 수 없으셨다. 아버지는 고등학교 과정에 입학한지 얼마되지 않은 상황에서 학생의 신분으로 결혼을 하셔야만 했다. 그렇게 아버지는 1955년에 두 살 위이신 어머니(하옥희)와 결혼을 하셨다. 결혼식은 집에서 다니던 나주의 영광교회에서 했고, 나주장터에 있는 한 집의 문간방을 얻어서 신혼 생활을 시작하셨다.

그러나 아버지는 공부를 해야 했기에 말이 신혼이지 어머니는 나주에 계시고, 아버지는 광주와 영산포를 오가면서 공부를 하면서 생활비도 벌어야 했다. 한편, 아들을 결혼시킨 할아버지는 언제까지 피난지에서 머뭇거리고 있을 수 없다는 판단과 함께 고향이 가까운 곳으로 이주할 것을 결정하시고 할머니와 며느리를 대동해 길을 떠나셨다.

결국 아버지는 학업을 위해서 가족과 떨어져 영산포에 남아 광주를 오가며 공부를 하셨다. 그 어간에 부동리에서 개척전도를 하시기도 했다.[2] 그렇게 할아버지, 할머니, 어머니, 그리고 잉태된 나는 경기도 시흥시에 먼저 도착했다. 아버지는 혼자 남아 광주와 영산포를 오가면서 2년이라는 시간을 더 보내면서 공부를 마친 후에 합류하셨다.

이주와 소명으로의 길

휴전 이후 2년이라는 시간이 지나면서 피난지에 그대로 머물 수 없는 것이 할아버지의 심정이었다. 당장 고향으로 돌아갈 수 없다면 언젠가 돌아갈 수 있기를 바라는 마음으로 동향인들이 모여있는 곳을 찾아 수도권으로 올라오기를 원하셨다. 그렇게 정착하게 된 것이 지금의 시흥시 포동(리)에 있었던 피난민 정착촌이었다. 피난민들이 정착하기 위해서는 일거리가 있어야 했지만 딱히 지속할 수 있는 일거리가 있었던 것은 아니기 때문에 무슨 일이든 해야 했다. 아직 피난민촌이 형성되지 않은 상태에서 몇몇 동향 사람들이 찾아들었던 곳이기에 원주민들의 집

---

2 이즈음에 광주고등성경학교 학생신분으로 1955~1957년까지, 즉 광주고등성경학교를 졸업하기까지 부동리에서 개척전도를 하셨다. 그러나 이에 대해서 아는 바가 전혀 없어서 달리 표현할 수 없어 아쉽고 송구한 마음이다.

이나 헛간 등을 빌려 우선 기거하면서 집이나 움막이라도 마련해야 했다. 나는 나주에서 잉태된 상태로 어머니와 함께 시흥으로 이주했고, 임시로 기거하기 위해서 찾아들었던 포리의 어느 집 사랑채에서 1956년에 태어났다. 그리고 아버지는 고등학교 과정을 마치고 1958년에야 올라오셨다.

나의 출생과 함께 당장 정착할 수 있는 집을 마련해야 했기에 할아버지는 다른 피난민들과 마찬가지로 형편없는 자재이지만 어렵게 구해서 학미산 북쪽 자락에 집을 지었다. 조부모님과 부모님 모두 힘을 모아 흙벽돌을 만들어 쌓았다. 부실하고 허술하기 짝이 없는, 그렇지만 움막보다는 조금 나은 집을 마련하고 이사를 했다. 우리 가족은 그곳에 형성된 피난민촌에서 내가 너더댓살까지 살았다. 아랫마을의 원주민들은 우리가 살고 있는 피난민 마을을 '산골'이라고 불렀다.(그곳은 피난민들이 떠난 후 집들은 모두 없어졌고 밭으로 사용되다가 현재는 공장 건물이 들어섰다.)

집이 마련된 후 아버지는 자신의 길을 포기하지 않고 홀연히 서울로 가셨다. 1959년 신학교에 입학하기 위한 일종의 출가였다. 물론 할아버지의 허락이 있었기 때문에 가능했을 것이다. 서울에 올라가신 아버지는 선택의 여지가 없었다. 어려운 형편과 여건상 공부할 수 있는 유일한 야간신학교이었던 대한신학교(현 안양대학교)에 입학하셨다. 피난민으로서 당장 한 끼니를 걱정해야 하는 상황이었지만 생활을 위한 모든 것을 할아버지와 할머니께 맡기고 하나님의 부르심에 응답한 것이다.

한편 어린 나와 어머니는 조부모님과 함께 정착촌인 산골마을에서 살았다. 1958년 늦가을이었는지 1959년 이른 봄이었는지, 어느 날 어머니가 불을 때서 밥을 짓다가 집에 불이 붙었다. 어렵게 지은 보금자리가 순식간에 잿더미로 변하는 순간이었다. 나는 그 불속에서 구사일생으로 다친 곳 하나 없이 살아날 수 있었다. 그것은 아무도 모르는 하나님의 간섭하심이었다고 나는 고백한다. 마침 아버지도 계셨는데, 할아버지와 함께 품을 팔러 이웃 마을로 일을 갔다가 집에 불이 났다는 전갈을 받고 돌아왔을 때는 이미 화마가 모든 것을 앗아간 다음이었다. 급히 뛰어오시던 할아버지와 아버지의 모습이 지금도 눈에 선하다. 그때 할아버지는 집에 불이 난 것보다 내가 어디에 있는지를 찾으셨다. 장손인 할아버지의 본능적인 모습이었다. 그리고 아무 말 없이 나를 꼭 안고 흐느끼셨다.

아버지께서 신학교에 진학하여 공부하는 동안 뒷바라지는 오롯이 할머니(조동옥)께서 감당하셨다. 서울역 근처 어물전에서 조개류를 판매하는 장사를 해서 외동아들이 가는 순례자의 길을 뒷바라지 하면서 피난민 정착촌에 살고 있는 가족도 부양하셨다. 배움이 없는 분이지만 아버지가 신학교를 졸업한 후 피난민 마을을 떠나기까지 장사를 하셨다. 할머니의 뒷바라지는 대한신학교를 졸업하기까지 이어졌지만 아버지 자신도 고생이 많으셨다. 배달을 비롯해서 할 수 있는 일은 닥치는 대로 하면서 공부를 하셨다. 어머니 역시 고생이 많으셨다. 가난한 피난민 생활을 하면서 시부모를 모시고 나와 동생들과 생활을 해야 하는 것이 결코 쉽지 않았을 것이다.

그러는 사이 정확한 연도를 알 수 없으나 1960년경 피난민 정착촌의 이웃 마을에 새로운 집을 짓고 이사를 했다. 집이라야 흙벽돌을 만들어서 쌓았고, 부실한 목재들을 구하여 겨우 지붕을 올린 것이지만 산에서 내려와서 더 많은 주민과 함께 할 수 있는 곳에서 살았다.

예비 순례자

할머니는 서울역 근처에 있는 어물전에서 장사를 하시면서 아버지 학업을 뒷바라지 하셨고, 어머니는 할아버지를 모시고 어린 우리 형제를 양육하면서 가정의 살림을 맡아 고생하셨다. 할아버지는 가족들의 생활을 책임지셔야 했으니 온갖 힘든 일도 마다하지 않으셨다. 그렇게 온 가족이 어려움을 함께 극복하면서 아버지의 졸업을 맞을 수 있었다.[3]

대한신학교 졸업(1962)

아버지는 1962년 12월 15일 대한신학교 14회로 졸업하셨다. 그리고 바로 목회의 현장으로 떠나셨다. 여수의 많은 섬 가운데 있는 안도교회(1963~1964)가 첫 임지였다. 아버지가 먼저 가신 후 어머니는 갓 태어난 여동생을 등에 업고 첫 목회지로 향했다. 하지만 어머니가 도착한지 얼마 지나지 않아 아버지는 나라의 부름을 받아 군에 입대를 해야 했다. 안도교회는 젊은 전도사가 낙도에 온다는 것만으로도 기뻐했지만 그 기쁨은 오래가지 못했다. 월남한 독자로 입대가 미뤄지다가 면제가 될 것을 기대했지만 갑자기 입영 영장이 나와 다시 짐을 싸서 돌아와야 했고, 아버지는 그 길로 29살의 나이에 입대를 하셨다. 할아버지께서 1900년생이시니 아버지께서 입대할 때 이미 환갑을 넘긴 상태였기에 아버지는 20개월(1964~1965) 정도 군복무를 한 후 노부모를 모시고 있는 독자라는 사유로 의가사 제대를 하셨다.

제대와 함께 아버지는 전혀 다른 사역을 선택하셨다. 미국교회의 지원으로 한국에서 전개했던 문서선교 단체에서의 사역이었다. 〈한국가정문서선교회〉 지금은 존재하지 않는 단체이지만 1960년대 전국의 모든 가정을 방문해서 복음을 전하는 것을 목적으로 설립된 선교단체로서

---

3 1959년 대한신학교에 입학한 후 2~3학년 기간 동안(1960~61) 문법교회에서 임시로 목회를 하면서 공부를 하셨다. 또한 대한신학교 졸업반인 1962년부터 여수의 안도교회로 부임하기까지는 피난민 정착촌에 있는 포리교회에서 전도사로 적을 두고 계셨다. 그러나 이러한 사실들에 대해서도 확실하게 아는 바가 없어서 이렇게 표기할 수밖에 없음이 송구하다.

이요한 박사가 한국지부장이었다. 이 선교회는 국내의 모든 지역, 모든 가정을 대상으로 축호전도를 전개했는데, 그 현장에서의 사역을 맡으신 것이다. 아버지는 현재의 행정구역으로 말하자면 시흥시와 안산시, 화

피난민 마을에 설립된 포리교회 입당식(1991)

성시의 남양반도 일대를 맡아서 모든 마을과 가정을 방문해서 전도지와 복음서를 전달하고, 개인을 만나 복음 전하는 일을 하셨다. 당시 시국이 어렵고, 간첩이 많이 활동하던 시기였기에 온전히 두 발로 걸어서 전도하는 젊은 사람을 똑바로 보는 이들이 많지 않았다. 따라서 간첩으로 오인되어 신고를 당하는 어려움을 겪기도 하셨다.

걷거나 자전거를 타고 다니는 것이 전부이지만 자전거조차도 없었으니 새벽부터 나가면 밤늦게야 돌아오셨다. 멀리 가신 날은 돌아오지 못하고, 어딘가에서 숙식을 해결하고 축호전도를 계속하시다가 주말에 돌아오기도 하셨다. 그럴 수밖에 없는 것이 일단 교통편 자체가 연결이 어려웠고, 당시 이 지역은 가장 낙후한 곳으로 오가는 교통편이 쉽지 않았기 때문이다. 그러던 어느 날 면사무소에 근무하던 한 분이 퇴직을 하면서 자전거를 타지 않게 되어 그것을 빌려 타고 다니셨던 기억이 또렷하다.

아버지는 일정한 지역을 전도한 다음에는 전도보고서를 작성하셨다. 지도를 그려서 마을과 집들을 표기하고, 방문한 내용과 결과까지를 기록하여 보고하셨다. 당시에는 그것이 무엇인지 잘 몰랐지만 훗날 생각하니 그러한 작업이었다. 또 하나 내게 남겨진 기억은 매일, 그리고 종일 걸어야 했으니 늘 신발이 문제였다. 지금처럼 좋은 신발이 없었던 것은 물론이거니와 신발이 귀했던 시대였으니 구하기도 어렵고, 쉽게

떨어지고, 발이 편하지 않아서 고생을 하셨던 기억이다.

그 기간 동안 나는 집으로 배달되는 전도지와 '쪽복음서'에 스탬프를 찍는 작업을 했다. 당시 우체국 집배원도 고생이 많았다. 무거운 전도지 뭉치를 집까지 배달해야 했기 때문이다. 오직 자전거가 전부였던 집배원의 입장에서 무거운 전도지를 매번 면 소재지에서 우리 집까지 배달해야 하는 것은 여간 고역이 아니었다. 다행인 것은 그 집배원이 마침 집사님이셨기에 그것이 무엇인지를 알아서인지 늘 기쁜 마음으로 전해주셨다. 훗날 집배원이었던 그 분도 목사님이 되셨다는 소식을 전해 들었다.

목회자의 길

아버지의 생애를 정리하면서 제대한 후 시작한 축호전도자로서의 사역은 이 글의 '영원한 순례자'라는 제목을 떠올리게 한 근거이다. 제대 후 다시 목회자로의 길을 찾아가기까지 아버지는 순례자와 같은 삶을 사셨다. 하루의 일과는 정해진 일정에 따라서 매일 걸어서 축호전도를 하는 것이었다. 이때의 어려움은 짐작만 할 뿐 아버지께서 직접 말씀하신 적은 없다. 다만 주변 분들과 이야기하는 것을 우연치 않게 들은 것이 전부다. 전도자로서 감당해야 하는 어려움은 당신 외에는 모른다고 할 수밖에 없으리라.

전도자로서의 사역을 하면서 목회자로의 길을 준비하는 일을 계속해야 했던 아버지에게 가정을 돌보는 일은 어려웠다. 그것은 오롯이 조부모님과 어머니의 몫이었다. 아버지는 순례자로서 자신만의 길을 걸어가셨다. 전도자로서 사역은 고된 일이었다. 매일 걸어야 하는 거리만도 만만치 않았고, 게다가 지원되는 경비가 턱없이 부족하니 식사를 챙기는 것은 거의 불가능한 일이었다. 그렇게 전도자로서 매일 순례의 길을 걸으면서 총신대학에 입학하여 목회자로의 길을 준비하셨다.[4] 그리고

목회자로서 새로운 길을 나선 것은 1970년
(총신 63회) 졸업과 동시였다.

총신대 재학시절

이 과정에서 가정의 모든 것을 맡아서 책
임을 지고 계셨던 할아버지께서 1969년 5월
8일 갑자기 별세하셨다. 갑작스러운 할아버
지의 별세는 적지 않은 충격이었다. 생계에
대한 대책이 전혀 없는 상황에서 할머니와
어린 동생들과 함께 생활해야 하는 책임이
내게 맡겨졌기 때문이다. 아버지는 막내 동
생만 데리고 목회현장으로 떠나셨다. 중학
생인 내게 노모와 어린 동생들을 남겨둔 채 목회지로 향한 아버지의 마
음을 헤아리기까지는 시간이 많이 걸렸다. 단지 주어진 환경이기 때문
에 감당해야 한다는 것 이상의 다른 생각을 할 수 있는 여유가 내게는
없었다.

서곶교회(1970~1971)

목회자로 처음 부임한 교회는 인천시 서구의 서곶교회이다. 행정구역
으로는 인천시 공촌동이지만 이곳은 예로부터 마을이 형성된 전형적인
시골이고 낙후된 지역이었다. 계양산 북쪽의 한 산자락에 공동묘지가
조성되어 있는 바로 아래에 작은 예배당이 있었다. 그곳에 부임한 아버
지는 지적 장애인을 집에서 돌보면서 사실상의 첫 목회를 시작하셨다.
매우 가난한 시골마을의 작은 공동체였다. 하지만 진정한 목양의 의미
를 구현할 수 있는 환경이기도 했다. 외부로 나갈 수 있는 길은 강화도

---

4 총신대학에 다니면서 1968~1969년 동안 봉하교회를 섬겼다. 하지만 어떤 형태의 섬김이
있는지 알 수 없다.

와 인천을 오가는 도로, 하루에 몇
번 지나는 버스가 전부였다. 마을 사
람들과 함께하는 목양, 그것이 아버
지의 사역에 임하는 이미지였다. 늘
마을 사람들과 모든 것을 나누는 삶
이 그곳에 있었다.

서곶교회

인천교회(구송도 1971~1972)

어떤 계기로 이곳으로 부임하게 되었는지는 모른다. 전화도 어렵던
시대인 만큼 다른 곳으로 전임하셨다는 것도 나중에 알게 되었다. 어느
날 나는 그곳을 친구와 함께 찾아가야 했다. 인천교회에서는 잠시 계셨
는데, 아마도 장로님 개인이 중심이 되어서 설립한 교회였기 때문에 여
러 가지 문제가 있었던 것이 아니었을까 하는 생각이다. 장로님과 함께
교회를 섬기는 것이 쉽지 않았던 같다. 따라서 부임한지 얼마 안돼서
사임을 하고 백령도의 중화동교회로 임지를 옮기셨다.

중화동교회(1972~1975)

백령도는 지금도 먼 길이다. 인천
에서 뱃길로 220km나 떨어진 곳이
니 오가는 것이 쉽지 않은 곳이기에
교회는 있어도 사역자들이 비어있는
교회들이 많았다. 당시의 연락선으
로 12~15시간이나 걸리는 곳, 게다

중화동교회

가 바람이 불거나 서해상에 작전상황이 발행하면 오갈 수 있는 다른 방법
이 없는 곳이었다. 아버지는 그곳에 부임해서 이듬해인 1973년에 목사
안수를 받으셨다. 섬 주민 대부분이 신자인, 그래서 복음화율이 전국에

서 가장 높은 섬이기 때문에 목사로서는 사역하기 좋은 점이 많았다.

하지만 육지에 나오는 것이 결코 쉽지 않았던 때인지라 1년에 한두 번 나오는 것이 전부였다. 그것도 할머니의 생신을 앞두고 아버지만 잠시 나오셨다가 바로 다시 들어가셨다. 백령도에 계시는 동안 목양의 의미를 몸으로 체험하면서 공동체를 섬기는 삶을 사셨다. 그곳의 주민들 역시 외롭고 힘든 환경에서 오직 신앙으로 견디고 있는 실정이었기에 목사는 신자들에게 뿐 아니라 주민들에게 지도자로서 바라봄의 대상이었다. 백령도에 계시는 동안 아버지는 바다 건너 북한의 고향을 바라보면서 주민들과 함께 어울려 목양일념으로 목회를 하셨다.

입석중앙교회(1975~1977)

아버지께 있어서 이 시기는 많은 생각과 함께 목회의 전환점이 되었을 것이라고 생각한다. 고도인 백령도에서의 경험과 함께 당신에게 주어진 사역의 여정에서 확실한 전환점이기를 원했을 것이기 때문이다. 제천에서도 오지인 송학면에 있는 입석중앙교회에 부임한지 얼마 안돼서 서울 청계산기도원에서 40일간의 금식기도를 시작하셨다. 40일 동안의 금식을 마치고 하산하는 날, 나는 아버지를 모시러 기도

입석중앙교회

원을 찾아갔다. 당시에는 차가 없었던 터라 아버지를 등에 업고 기도원 아래까지 내려와서 택시로 청량리역으로, 기차로 제천까지 모시고 갔다. 평소 아버지의 체구가 큰 편이어서 기도원에서 내려가는 것을 걱정했는데 등에 업는 순간 너무나 가벼워진 몸무게를 느낄 수 있었다. 그렇게 입석중앙교회에서의 목회는 40일 금식과 함께 시작하셨다. 아버지의 친화력 있는 사역은 이내 지역 주민들과도 가까워졌고, 오지이면

서 한 시멘트 회사를 중심으로 공동체를 형성하고 있는 특별한 지역이지만 은혜를 사모하는 이들이 있기에 기쁨으로 목회하셨다.

성천교회(1977~1979)

인천시 중구에 있는 성천교회로 부임하시므로 인천으로 다시 돌아오셨다. 이때까지 우리는 늘 이산가족이었다. 이때까지 할머니와 동생 둘은 나와 함께 따로 생활을 했다. 그런데 성천교회로 부임하면서 할머니와 동생 둘은 아버지와 함께 생활할 수 있게 되었다. 작은 교회였지만 지역 주민을 중심으로 하는 공동체였기 때문에 탄탄한 유대관계를 갖고 있는 교회였다. 시내에 있는 교회이기는 하지만 주로 피난민과 외지에서 인천에 정착하는 과정에 모여든 사람들이 거주하는 지역이었기 때문에 경제적으로 어려웠고, 열악한 환경이었으나 끈끈한 관계로 뭉쳐있는 공동체였다.

상현교회(1979~2003)

서울 상계동의 상현교회로 임지를 옮기게 된 것은 갑작스러운 일이었다. 상현교회의 전임자인 김창세 목사님께서 이민을 가시면서 아버지를 후임자로 소개한 것이 계기가 되었다. 갑자기 임지를 옮기게 되었지만, 어떤 의미에서 아버지의 생애에 있어서 가장 의미있는 사역지가 되

부임 당시 상현교회 전경(1980)

상현교회 예배 광경

었다. 목회자로서 가장 원숙한 시기였고, 지역 교회와 교계의 활동 역시 활발하게 할 수 있었던 때였기 때문이다. 아버지는 상현교회에서 정년을 맞으셨고, 지역 교회를 섬기는 일을 가장 열심히 하셨던 곳이기도 하다.

1990년대 어느 날, 뜬금없이 내게 "강남에 가서 개척하면 어떨까?" 하는 질문을 하셨다. 본심이 어디까지였는지 알 수 없지만, 나는 "강남이 그렇게 녹록한 곳이 아니니 그냥 상현교회를 섬기시죠."라고 했던 기억이 있다. 아마 마음에 많은 갈등이 있었던 시기였을 것이라는 짐작이다. 강남이 발전하면서 목사로서 새롭게 한 번 도전하고 싶다는 생각이 아니었을까. 잠시 갈등이 있었지만 상현교회를 끝까지 섬기는 것으로 목회자로서의 사역을 마무리하셨다.

이렇게 목회자로서 아버지의 사역의 여정을 보면 환경이 열악하고, 경제적으로 가난하며, 소외된 지역에서 처음부터 마지막까지 보내셨다. 첫 임지였지만 사실상 목회를 얼마 하지 못한 여수의 안남교회로부터 시작해서 서해의 고도 백령도, 그리고 내륙의 오지인 제천의 입석, 인천에서의 사역도 피난민과 서민들이 사는 지역의 교회들이었다. 물론 마지막 사역지인 상계동, 그곳도 덕능고개 바로 밑이기에 고개만 넘으면 남양주다. 그곳은 서울에서 갈 곳을 잃은 사람들이 마지막으로 모여든 곳이었다. 부임 당시만 하더라도 수돗물이 각 가정에 나오지 않아서 언덕 아래 공동 수도가 있는 곳에서 물지게로 물을 가져다 사용해야 할 정도였다.

아버지께서 목회하는 여정에서 가장 오래 섬긴 것은 상현교회이다. 상현교회가 있는 곳은 당시만 하더라도 교통이 불편하고, 주변은 대부분 농사를 짓는 곳이었다. 그곳의 주민들은 지방에서 올라와 서울에 들어가는 단계에 잠시 머물거나 반대로 서울에서 살다가 어렵게 되는 과정에서 모여든 사람들이 대부분이다. 그러한 곳에 세워진 교회는 감당해야 할 것들이 많았다. 국유지에 지은 무허가 건물들이 많았고, 교회가 차지하고 있는 교육관 부지도 일부 그러한 것이 있었기에 후에 불하를 받아야 했고, 고지대여서 예배당 이전 문제와 같은 쉽지 않은 일들이 많았다. 아버지의 성격상 일방적으로 추진하지 않았기에 예배당은 그 자리에 다시 짓는 것으로 결론을 내렸다. 결국 상현교회는 그 자리에 예배당을 새롭게 지었고, 지금까지 상계동에서도 가장 고지대의 소외된 사람들과 함께하는 교회로 있다.

노회, 총회와의 관계

아버지의 친화력은 어느 곳에 가든지 주변의 사람들과 좋은 관계를 만드셨다. 노회나 총회의 일들을 감당하는 과정에서도 어려운 일들을 풀어가는 역할을 잘 함으로써 화평과 결속력을 만들어 내는 일에 주도적이었다. 그런가 하면 어려움이 있는 교회나 목회자의 문제를 해결하고, 새로운 임지를 연결해서 교회는 화평을 되찾게 하고, 목회자들에게는 문제의 해결과 적당한 교회를 만나게 했다. 이러한 역할은 주변의 많은 목회자와 교회에게 도움이 되었다. 아버지께서 별세하신지 5년이나 지났음에도 간혹 내 전화번호를 수소문해서 아버지와 관련한 이야기를 전해주시는 분들이 계신다. 당신에게는 직접 들을 수 없었던 일들인데, 도움을 받았던 분들은 아버지를 기억하면서 감사한 마음을 내게라도 전하고 싶으셨던 것이다.

아버지께서는 노회와 총회의 경우도 어려운 일과 관계를 풀어가는 역할을 자처하셨다. 큰 역할이 아니었을 수 있지만 분명한 것은 다툼이나 매듭을 풀어야 하는 일이 있다면 그 역할을 자원하셨다. 노회도 총회도 원만하게 돌아갈 수 있도록 하는 역할을 보이지 않는 곳에서 감당하셨

심령대부흥성회 인도하는 모습

다. 당신 자신이 정치적 입지를 가지고 하신 것이 아니라 늘 보이지 않
는 곳에서 조력자로 그 일을 감당하셨다.

현실적으로 한국장로교단들이 갖고 있는 많은 문제 가운데 돈이 정치
를 하는 현실이 가장 심각한 문제인데, 아버지는 이에 대해서 정문호 목
사님과 늘 함께하셨다. 총회의 임원에 대한 유혹이 없었던 것은 아니지
만 교단을 섬기는 역할로는 고시부장, 교육부장, 은급부장, 신학부장,
그리고 총신대학교 운영이사와 같이 실무적인 역할들을 감당하셨다.

친구와 동료들

인간적으로 아버지는 친구를 참 좋아하셨다. 친구가 없으면 하루도
살 수 없다고 할 만큼 친구들과 함께하는 것을 좋아하셨다. 어쩌면 성장
과정에서 형제도 자매도 없는 무녀독남으로서 어려운 환경에서 늘 혼자
였기 때문에 누군가와 함께 하는 것을 본능적으로 좋아해서 그러셨는지
모른다. 어떻든 주변에는 늘 친구들이 많이 있었다. 대부분 목회자들이
지만 실향민으로서 고향의 친구들, 그리고 피난지에서 관계를 갖게 된

친구들과도 각별하셨다. 어쩌면 실
향민들이 갖고 있는 공통점일 수 있
겠지만 아버지는 모든 사람들을 챙
기셨다.

우원근 목사와 함께(1991)

따라서 친구들과 매주일 만나야
했고, 무엇인가 함께 하는 일을 만들
어서 교제하기를 좋아하셨다. 특별
히 은퇴를 하신 다음에는 선교와 여
행을 위한 모임을 만드셔서 주변의 친구들과 함께하는 시간을 많이 가
지셨다. 뇌경색으로 쓰러지신 그 다음 주에도 해외여행을 떠날 준비를
하셨던 상황이었다.

아버지 주변에는 소위 절친이라고 할 수 있는 분들이 많다. 목회의
선후배들이지만 흉허물 없이 막역하게 지내는 분들로서 언제나 동행하
는 모습이었다. 생각해 보면 한 사람이 일생을 살면서 끝까지 함께할
수 있는 친구가 있다는 것은 귀한 일이다. 그만큼 교계를 위해서 섬기
는 일에도 남달랐다. 항상 말씀하시는 과정에서는 주변에 함께하는 인
물들이 언급되었는데, 그 이름은 많은 사람에게 낮이 익은 분들이다.
김윤찬, 박성겸, 한석지, 최훈, 김국일, 하봉구, 한명수, 이삼성, 허봉
춘, 정문호, 이찬봉, 이찬순, 우원근, 최응섭, 김창세, 박종록 등 목사
님들의 이름은 늘 들을 수 있었던 것으로 기억된다. 모든 분들이 목회
와 교계의 지도자로서 큰 역할을 감당하신 분들인 것은 교계가 알고 있
는 일이다.

특별히 일거수일투족을 함께했던 분은 우원근 목사님이시다. 포리의
피난민 마을에서 처음 만남이 이루어졌고, 그 후 신학교에 진학하며 목
회자로서 동행하며 형제나 진배없이 매일 만나야 하는 절친으로 서로에
게 너무나 소중한 관계이셨다. 흉허물 없이 모든 것을 함께했던 두 분

은 친형제보다도 가깝게 지내셨다.

또한 정문호 목사님과도 마지막까
지 절친으로, 일상의 생활을 매일 함
께하셨다고 할 만큼 가깝게 동행하
셨다. 정문호 목사님께서 아버지의
별세 소식을 듣고 노구에 조문을 오
셔서 목을 놓아 통곡을 하시는 것을
직접 목도하면서 참 특별한 관계이

정문호 목사와 함께

셨음을 확인할 수 있었다. 그만큼 가깝게 지내셨고, 모든 일을 함께했
고, 특별히 정목사님의 사모님께서 별세하신 후에는 거의 매일 아버님
과 동행하셨던 것으로 알고 있다. 1975년 청계산에서 40일 금식기도를
할 때 특별한 관계를 맺으신 것 같다는 추측인데, 그 후 정문호 목사님
과는 배움과 섬김, 선교, 여행도 늘 함께하신 것으로 안다. 정문호 목사
님은 아버지를 늘 친구로 함께하시기를 기뻐하셨다. 정 목사님은 자신
의 자서전에서 아버지와 관련한 이야기를 다음과 같이 남기셨다.

"이 목사는 나와 모든 일에 함께하였다. 목연회도 함께, 윌선교회도
함께, 선교도 함께, 여행도 함께, 그리고 교회정치도 함께하였다. … 이
봉재 목사는 총회 고시부장, 교육부장, 은급부장, 신학부장을 두루두
루 역임하였다. 내가 외로울 때 우리 집에 와서 함께 자기도 하였다." [5]
정문호 목사님도 실향민으로 아버지와 같은 마을은 아니지만 동향이시
다. 아버지보다는 4살 위이신데, 자신의 자서전에서 아버지에 관한 많
은 이야기를 담고 있다. 그 중에서도 아버지께서 뇌경색으로 쓰러지신
후 코마 상태에 빠져 중환자실에 있을 때 따님과 사위(김길성 교수)를
대동하고 병원을 방문하여 애통해 하셨다는 사실을 담았다. 즉 자녀들

5　정문호, 『그 십자가의 그 말씀은 나의 능력이다』, 서울: CLC, 2015, p.275

을 데리고 병문안을 하신 것이다. 그 사실은 나도 정 목사님의 자서전을 통해서 알았다. 또한 아버지에 대한 이야기를 시작하면서 "잊을 수 없는 나의 사랑하는 친구 목사를 소개하겠다. 나의 친구, 그 이름은 이봉재 목사이다. 믿음의 줄로! 은혜의 줄로! 인정의 줄로! 굳게 맺은 친구이다.[6]"고 특별한 마음을 담았다.

이것은 한 예이지만 아버지께서는 함께하셨던 많은 분들과 하나님의 선한 일을 섬기면서 일생을 사셨다.

순례자의 가족

아버지는 형제와 자매도 없는 독자이셨다. 대를 잇는 것에 대한 할아버지의 사명은 아버지에게 무거운 짐이기도 하셨을 것이다. 만 20살에 결혼을 하셨고, 슬하에 2남 2녀를 두셨다. 우리 형제들은 모두 피난민 정착촌에서 태어났고 성장했다. 나의 경우 초등학교까지 그곳에서 졸업을 했고, 동생들은 이주한 새로운 곳에서 그리고 막내 여동생은 부모님과 목회지에 동반했기 때문에 백령도에서 초등학교에 입학해서 다니다가 제천으로, 다시 인천으로 전학을 하면서 공부를 해야 했다. 초등학교를 몇 번씩 전학하고 적응하는 것은 막내의 몫이었고, 많이 어려웠을 것이다.

1970년 목회지로 가시면서 남겨진 할머니, 나, 그리고 두 동생들은 따로 생활을 하면서 공부를 해야 했다. 돌봐주는 사람도 없고, 그렇다고 생활비가 충분하게 주어지는 것도 아닌 어려운 상황에서 전적인 하나님의 은혜로 우리 형제들은 성장했다. 할머니께서는 묵묵히 손자, 손녀를 위해서 밥을 짓고 빨래를 해주시는 것 외에는 하실 수 있는 것이 없었다. 아버지가 보내주는 생활비로는 턱없이 부족하기에 어렵게 꾸

---

6 정문호, 『그 십자가의 그 말씀은 나의 능력이다』, p.274

려가셨다. 그러한 어려움 가운데서도 형제들 모두 하나님의 인도하심과 은혜로 목회자의 자녀로서 누가 되지 않게 성장했다. 이것은 전적으로 하나님의 은혜이며 축복이다. 따라서 입이 몇 개가 있어도 나는 그 입으로 하나님께 감사드리는 것 외에 할 수 있는 것이 없다.

모든 것을 기억하고 있지 못하지만 알게 모르게 하나님의 섭리는 우리 형제들을 강권하여 이끌어 주셨다. 우리 형제들은 오직 은혜로 오늘의 모습일 수 있었다. 아무도 계획하거나 원한 것이 아님에도 각자가 가야할 길을 열어주셨고, 그 길로 인도하셨고, 있게 하셨다.

다만 아쉬운 것은 손자인 나와 함께하시기 원하셨던 할머니(趙東玉)를 짧게라도 모실 수 있는 기회를 갖지 못한 채 별세하신 일이다. 어려운 환경에서 홀로 손자들을 보살피시다가 아버지와 생활을 합치게 되면서 나와 할머니는 헤어졌다. 그때 할머니의 소원은 내가 결혼하면 함께 사시는 것이었다. 하지만 아버지와 2년을 사시고 내 결혼을 불과 몇 개월 앞둔 1980년 12월 19일에 별세하셨다. 지금까지도 할머니의 사랑과 인자하심을 잊을 수 없다. 그리고 짧게라도 내가 모실 수 있는 기회가 있었으면 좋았을 것이라는 마음은 끝내 아쉬움으로 남겨져 있다.

나는 전혀 다른 길을 가고자 했지만 하나님의 전적인 인도하심으로 목회자의 길을 갈 수밖에 없도록 하셨고, 그 길을 선택한 다음 최선을 다하는 것이 내가 할 수 있는 전부였기에 오직 주어진 상황과 일에 충실하고자 했다. 그렇게 성장하면서 목사가 되어 현재는 어진내교회를 섬기고 있다. 또한 대한신학대학원대학교 교수(교학처장, 대학원장)로, 대신총회신학연구원 원장 등의 역할을 감당하면서 깨달음에 따른 번역과 저술도 하고 있다. '모든 것이 하나님의 전적인 은혜'인 것을 고백할 수밖에 없다.

내가 이렇게 일할 수 있기까지는 보이지 않는 하나님의 전적인 간섭과 인도하심, 그리고 하나님께서 맺어주신 아내(李惠禮)의 덕이다. 아

회갑연 가족 사진(1995년)

내는 지금까지 한결같이 남편의 일을 위해서 아낌없는 희생을 자처했다. 내가 늦게까지 공부하는 과정에서 그 길을 열어가도록 했다. 아내가 아니었다면 공부하는 것 자체가 불가능했을 것이다. 또한 그러한 과정에서 선물로 주신 아들을 교육시키기 위해서 할 수 있는 모든 일을 감당해 주었다. 그 과정을 오롯이 아내가 감당해 준 덕에 오늘이 있게 되었다. 늘 고마운 마음이다.

내게 선물로 주신 아들(李饒洙)은 아버지의 가는 길을 묵묵히 동행해 주었다. 경제적으로 매우 어려운 경험을 하면서도 예쁘게 성장해 주었다. 그에게 있어서도 하나님의 인도하심을 부정할 수 없다. 비록 아쉽게 그의 꿈을 접어야 했지만, 그것도 하나님의 섭리라고 생각한다. 어려운 환경에서도 열심히 공부하고, 예쁘게 성장해서 고려대학교와 대학원을 나와 현대건설(기획실)에 입사해서 지금까지 인정을 받고 열심히 생활하고 있다. 요수는 아버지께서 쓰러지신 한 달 후인 2014년 11월 1일에 자부(배지은)와 결혼해서 2016년 아들(李柱眞)을 선물로 받아 기르면서 서울 종로에 살고 있다.

둘째 동생(李鍾宇)은 나와 함께 생활하면서 나름 마음고생이 많았지만 자신이 가야 할 길을 열심히 열어갔다. 성결대학교를 졸업하고 입사해서 회계직과 영업직을 거치면서 직장생활을 하다가 아버지가 목회하시던 상현교회에서 제수(김은주)를 만나 결혼하였다. 그 후 직장을 그만두고 1995년에 항공운송업체인 ㈜파워트랜스를 창업하여 지금까지 회사를 운영하면서 열심히 일하고 있다. 그는 성문교회(목동)의 장로로, 제수는 권사로 봉사하고 있다. 동생은 남매를 선물로 받았다. 조카 경수는 한양대학교 건축과를 나와 건축설계회사에 다니고 있고, 둘째 지수는 성신여자대학교를 졸업하고 현재 프리랜서로 방송프로그램을 만들고 있다.

셋째 여동생(李安息)은 상현교회에 전도사로 사역하던 매제(이부호 목사)를 만나 결혼했다. 이부호 목사는 그 후 수원제일교회의 부목을 거쳐서 수원새빛교회에서 목회를 하고 있다. 한국성서대학교와 총신대학 신학대학원을 졸업하고 목사가 되었고, 평소에 관심이 많았던 신약학을 계속 연구하여 호서대학교에서 신약학을 전공으로 박사학위를 받았다. 1남(이성훈)을 선물로 받았는데, 조카는 미국 달라스침례대학교와 미주리주의 커버넌트신학교를 졸업하고 귀국해 총신대학 신학대학원에 편입해서 졸업을 앞두고 있다.

넷째 여동생(李聖民)은 대학시절 캠퍼스 사역에 동참하여, 그곳에서 매제(이귀형 집사)를 만나 결혼하여 1남(이상혁, 연세대학교 원주 재학 중), 1녀(이새연, 한양대학 재학중)를 선물로 받았다. 매제는 제자들교회(성내동) 안수집사로 섬기고 있으며, 현대자동차 딜러로 일하고 있다. 동생은 대학 졸업 후 바로 취직해서 롯데월드에 30년째 근무하고 있다.

비록 성장과정에서 아버지의 자리가 많이 비었었지만 이처럼 하나님의 은혜와 축복으로 살아온 역사인 것은 우리 형제들의 모습 그 자체가 증명한다.

별세 길의 순례자

이 땅의 목회자들이 교회를 섬기면서 살았던 것처럼, 아버지는 가장 평범한 목회자로서 삶을 사셨다. 지나온 사역지는 대부분 사회적으로 소외되거나 가난한 환경의 작은 공동체들이었기 때문에 경제적인 어려움이 많았다. 그럼에도 목회자로서 교우들과 친구 그리고 주변사람들과 함께 하는 것을 기뻐하셨다. 또한 어떤 사람들과의 관계에서도 중재하는 역할을 잘 하는 화평케 하는 자의 모습이었다. 특별히 목회자들이 어려움을 당할 때 항상 가족보다 먼저 챙기셨다. 이런저런 어려움이 있는 목사님들이 아버지를 찾았고, 그러한 문제들을 해결하기 위해서 동분서주하는 모습으로 언제나 바쁘게 활동하셨다. 그래서인지, 아버지 주변에는 늘 어려운 분들이 많이 계셨다.

2003년에 은퇴를 하시면서 남긴 말씀을 통해서 확인할 수 있었던 것은 아버지는 역시 "순례자"이셨다. 은퇴식을 한 다음에 보인 아버지의 표정은 만감이 교차하는 모습이었다. 그 시점에 섰을 때 느껴지는 아쉬움은 당신만의 것이었기에 내가 알 수는 없었다. 하지만 여전히 더 걸어야 할 길이 있는 것 같은 모습은 분명했다. 특별히 신경을 써야 할 것이 없는 건강 상태였기에 당신은 여전히 순례의 길을 걷고 있는 모습이셨다.

은퇴한 후, 상현교회의 원로목사로서 신분을 갖고 계셨지만 은퇴하신 목사님들과 함께 만든 소위 〈은목교회〉라고 하는 목사님들의 공동체를 섬기는 역할을 감당하셨다. 요즘에는 지방도시에도 은퇴한 목사님들이 모여서 예배하는 공동체들이 많이 생긴 것 같다. 이것은 한국교회가 안

2014년 여름 어머니 생신 모임: 생전의 마지막 사진

고 있는 또 하나의 문제이기도 한데, 은퇴한 목사님들이 주일에 예배를 드릴 곳이 없어서 어려워한다는 사실이다. 평생을 목회자로서 살았지만 은퇴한 후에 정작 그들이 편히 예배드릴 곳이 없기 때문이다. 이에 착안하여 목사님과 사모님들로만 형성된 공동체는 나름 매우 중요한 역할을 감당하고 있다.

　말년의 아버지는 은목교회에 출석하는 목사님들을 만나고 섬기는 것을 가장 즐거워하셨다. 은퇴자의 신분으로 지역교회에 참석하여 눈치를 보아야 하는 것만큼 힘든 일이 없다고 판단하여, 편하게 모여서 기쁜 마음으로 예배를 드릴 수 있는 것만으로도 기뻐하는 것을 보면서 아버지 자신도 열심히 섬기셨다. 현역 목회에 비해서 매이는 것이 없고, 예배를 드리는 것과 회원들을 살피는 것이 전부이지만 열심히 은퇴하신 목사님과 사모님들을 챙기셨다. 당신 자신이 뇌경색으로 쓰러지신 날 아침까지도 전화로 회원들을 챙기셨던 것을 함께하는 동료 목사님들은 기억하고 계신다.

그렇게 지내시다가 2014년 10월 1일 갑자기 뇌경색으로 쓰러지셨다. 손자의 결혼식을 꼭 한 달을 남긴 날이었다. 손자며느리를 보게 되어 기뻐하시면서 그날을 기다리시던 모습이 선하다. 평소에 드시던 당뇨약을 처방 받기 위해서 원호병원에 내원했다 가시는 길에 동행하면서 나와 나눈 이야기들 가운데 손자의 결혼과 관련해서 기뻐하시는 것이 전부였다. 집에까지 가면서 가장 많이 하신 말씀은 손자의 결혼을 앞둔 당신의 마음을 표현하는 것이었다. 그런데 그것이 아버지와 마지막 대화가 되고 말았다.

뇌경색으로 쓰러지신 후 119의 도움으로 입원하신 다음 중환자실에서 코마 상태로 꼭 13개월을 계시는 동안 아버지와 함께 했던 많은 동료 목사님들과 지인들이 안타까워하면서 찾아오셨던 것은 평생 순례자의 길을 걸으시면서 동행할 수 있었던 분들이 많았다는 것을 확인할 수 있게 하는 것이었다. 쓰러지신 후 고통과 두려움을 홀로 감당하시다가 2015년 11월 1일(주일) 이른 아침, 홀연히 별세의 길을 가시는 영원한 순례자가 되셨다.

1934 •

아름다운 목회자
오희동 목사

연세대학교 (B.Sc./B.A.), 성결대학교 (B.Th.)
Canadian Theological Seminary (M.Div.)
평택대학교 피어선신학전문대학원 (Th.M.)
Universiteit van Pretoria (Ph.D.)
현 | 성결대학교 설교학 교수, 한국복음주의실천신학
회 회장, 성결설교클리닉 대표
저서 | 『설교와 설교환경』, Preaching as Interaction
between Church & Culture, 『21세기 목회학
총론』(공저), 『실천신학 연구』(공역)

오희동 목사는 1934년 6월 20일 황해도 벽성군 서석면 백운리 389 번지에서 부친 오찬제와 모친 김경자 사이에서 태어났으며, 3남 4녀 중 장남으로 어린 시절 아버지와 어머니의 권유로 교회에 다녔다. 초등학 교 4학년 때 해방을 맞았고 6.25 동란을 겪으며 1.4 후퇴 때 황해도에 서 남한으로 피난을 내려왔다. 그는 1957년 그는 군복무를 마치고 나사 렛교단 내기교회(현 항만선교교회)에 다니게 되었다. 그러던 중 서울로 취직되어 서재철 목사를 인사차 방문했다가 당시 나사렛신학교 사감이 신 손응선 목사에게 편지를 전달하라는 부탁을 받았다. 손 목사를 뵙고 편지를 전했는데 그 편지가 바로 입학원서였다.

이를 계기로 나사렛신학교에 입학하였다. 그가 2학년이었던 1960년 평택 오성초등학교 교장으로 재직 중이시던 아버지가 소천하셨다. 장 례를 주관해야 할 장남이 미혼이면 안 된다며 평소 눈여겨보셨던 독립 운동가이며 해방 후 민정장관을 지내신 안재홍(安在鴻, 1891년 12월 30 일~1965년 3월 1일)의 형 안재봉의 막내딸인 고덕초등학교 안순희 교 사와 결혼하라는 아버지의 유언을 받들어 손인영 목사의 주례로 결혼했 다. 학교를 졸업한 후 첫 목회지로 강원도 화동교회에 부임하여 2년 간 목회하던 중 몸이 극도로 쇠약해졌다. 1966년 교회를 사임하고 미국 유 학을 준비하려고 미8군 정보처에서 영어 공부를 하던 그는 성결교신학 교 이사이자 큰 누나 오혜자 권사의 남편이었던 박홍직 장로의 권유로 성결교신학교에 편입하여 나사렛교단에서 성결교단으로 옮기게 되었

---

1 아들, 성결대 설교학 교수, 한국복음주의실천신학회 회장, 새에덴교회 청년대학부 목사, 아내 정선영과 사이에 3남 동현, 성현, 광현을 두었다.

다. 이후 2007년 은퇴하기까지 40여 년간 성
결교단에서 목회자와 교수로 활동하였다.[2]

오희동 목사

오희동 목사는 나사렛신학교를 시작으로 성
결교신학교와 단국대학교 문리과대학원 사
학과를 졸업했고, 미국 Berean Christian
Seminary, 싱가폴 Haggai Institute 등에서
공부했으며, 미국 버밍험신학대학원과 합동신
학대학원에서 목회학박사를, 성결대학교에서
명예신학박사학위를 받았다. 교육자로서 공로를 인정해 제15회 한국기
독교 선교대상(교육자 부문)을 수상하기도 했다(2005년 11월 14일). 또
한 『신약개론』(들소리 1985), 『바울서신』(들소리 1986), 『변증신학』(들소
리 1987), 『존 웨슬리 구원론』(신우 1990), 『종교철학』(신우 2001), 『변
증학』(신우 2001), 『웨슬리신학과 칼빈주의신학비교』(신우 2001), 『오
늘을 살며 내일을 보라』(들소리 2002), 『죄에 대한 연구』(신우 2002),
『웨슬리안 조직신학』(신우 2004), 『에드워즈의 대각성운동과 한국 교
회의 부흥운동』(성광 2005), 『고희기념논문집』(성결교회와 역사연구소
2005) 등을 저술했다.

성광교회 담임목사, 성결교신학교 학장, 성결신학원 이사, 성결교회
와 역사연구소 이사장, 성결교신학대학원 원장, 성결대학교 교수, 예수
교대한성결교회 총회장 등을 역임한 오희동 목사는 현재 성광교회 원로
목사, 웨슬리신학연구소 소장, 한국교회연합 명예회장이다.

---

2 이호정, "성실로 본을 보인 오희동 목사(3)," 〈대한기독교나사렛성결회 은퇴교역자 소식〉에
   서 발췌·수정 http://www.na.or.kr/new/bbs/board.php?bo_table=bbs6_3&wr_id=26

사람과 세상 속 하나님의 교회(마 5:13~14)

신학교 교수로 섬기던 오희동 목사는 "신학교에서 교수만 하는 것은 부르심에 충분하지 않다."라고 생각하고 제자들, 청년들과 함께 서울역 부근인 서울 용산구 동자동에서 성광교회를 개척했다. 이후 북아현동으로 이전했다. 어느 날 담임목사가 문제를 일으켜 분란이 있었던 교회의 집사들이 오희동 목사를 찾아와 "우리교회에는 성결교회 목사님이 필요합니다."라고 청빙을 했고, 장로교회가 성결교회 목사를 초청한 것이 고마워 승낙하면서 서울 성북구 정릉4동 산동네에서 30년 목회가 시작되었다. 하지만 먼저 있던 목회자가 "성결교회는 이단이다"라며 성도를 현혹하자 모두 떠나고 남은 건 학생 한 명 뿐이었다.

설상가상으로 희귀병인 심장암에 걸린 오희동 목사는 당시 한국의 의료 수준으로는 심장판막만 겨우 고칠 정도여서 두려웠지만 주변의 기도와 하나님의 도우심으로 수술을 잘 마치고 회복되었다. 그런 어려움 속에 3년 정도 시간이 지나자 교회 소문도 좋게 나기 시작했다. 목사가 바뀌었고 '신학대학에서 가르치는 목회자'라는 인식이 퍼져나가며 조금씩 성도도 증가했다.

하지만 성도 대부분이 산동네 사람들이다 보니 어려울 때 이곳에 찾아와 고생을 하다가도 형편이 조금 나아지면 훌쩍 떠나는

안순희 사모와 함께

특성이 있었다. 어느 해에는 1백여 명이 교회에 등록했는데 이사를 가는 사람이 그 숫자가 되는 적도 있었다. 당시는 성도만 아니라 교회도 상황이 나아지면 평지로 내려가는 경우가 허다했다. 하지만 그는 산동네 사람들을 위해 교회는 그곳에 정착해야 한다는 생각을 굽히지 않았다. 그곳에서 눈물을 흘려가며 교회를 세운 성도들의 기도가 떠올랐다. 어렵고 힘든 중에 형편에 맞는 안식처를 찾아 온 사람들에게 교회를 따뜻한 하나님의 집으로 누리게 하려면 그곳을 지켜야 한다는 생각이었다. 그렇지 않고 성광교회마저 저 아래로 내려가면 산동네 사람들은 교회에 가기 위해 얼마나 불편할 것인가, 더구나 아래에는 교회가 많은데… [3]

> "세상이 교회를 위해 있는 게 아니라 교회가 세상을 위해 있는 것이다. 세상 속의 일원들이 교회에 나오는 것인 만큼 성도는 교회 공동체를 통해 받은 은총과 축복을 사회에 나눌 수 있어야 한다."

이러한 신조로 그는 부름 받은 자리, 세워주신 지역에서 '사람과 세상 속 하나님의 교회'를 세워나갔다. 지역교회에서 제일 먼저 교회와 동사무소를 연결해 여러 일을 원활하게 할 수 있는 교동협의회를 구성하여 지역의 어려운 학생들, 독거노인 등을 돌보는 일을 솔선하고 지속적으로 수행했다. 특히 지역 학생들을 위해 교회에서 '공부방'을 운영했고, 청소년 독서실 관장과 유치원 원장을 맡아 섬기기도 했다. 공간 부족의 문제를 해결하기 위한 첫 예배당 건축 때 건축 소음 등으로 민원이 발생하고 어려움이 많았지만, 대다수 지역 주민이 신뢰하고 인정하는 가운데 무사히 준공을 마친 것은 '사람과 세상을 섬기는 목회'의 결실이었다.

---

3 양승록, "쉼터와 같은 교회를 지향하는 성북구 정릉4동에 자리한 성광교회(오희동 목사)", 들소리신문, 2004년 12월 1일자에서 발췌·수정함.

보라카이한인교회 부흥회에서   성광교회

이후 43년(성광교회에서만 30년) 목회를 하고 70세를 맞으며 2007
년 은퇴한 오희동 목사는 은퇴직전 재개발로 산동네에서 아랫동네로 내
려가 다시 예배당을 건축하게 되었다. 후임자에게 예배당 건축을 맡기
고 편안히 떠나가지 않고 '지역사회를 끌어안는 교회', '쉼터와 같은 교
회'라는 목표를 세우고 커피숍, 스포츠 공간, 독서실 등 지역 청소년들
과 주민들에게 적극적으로 활용될 수 있는 공간이 되도록 교회를 설계
했다. 그리고 1년 6개월이 걸려 대지 180평, 연건평 500평에 지하 3층,
지상 3층 규모로 예배당 건축을 완료하고 후임자에게 새로운 시대를 맡
겼다. 교회는 은퇴 전에 예배당 건축까지 마무리한 오희동 목사를 원로
목사로 추대했고, 신학을 공부하고 유학한 아들 목사가 아닌 참신한 목
회자를 후임자로 세우는데 별다른 문제가 없었던 것도 하나님의 전적인
은혜였다.

웨슬리와 오희동 목사

"오 목사님은 목회하면서도 열심히 신학을 연구하는 목사로 알려져 있습니다. 특히 그는 웨슬리신학을 평생 연구하고 가르친 웨슬리신학의 정통한 신학자입니다. 그는 평생 공부한다는 신념으로 계속 연구하며 목회하는 목사입니다. 그의 사무실을 찾을 때마다 책과 씨름하는 모습을 볼 수 있으며 이러한 모습이 목회자가 가져야 할 자세입니다."[4]

인생에서 소중한 일에 붙들려 산다는 것만큼 보람된 일은 없을 것이다. 오희동 목사는 신학교와 목회 현장에서는 은퇴했지만 웨슬리신학 연구소 사역에서는 여전히 현역이다. 그가 30여 년 전 개원한 웨슬리신학연구소에서 발행한 24종의 책을 무료로 보급하고 있다. 한두 권도 아니고 그 많은 종류를 수백, 수천 권씩 출판해 보급하자면 비용 또한 만만치 않은데 은퇴 이후에도 여전히 그 일을 계속한다. "대부분 자비로 이뤄지는 사역인지라 아내에게 욕먹는 건 감수하고 있다"라는 그를 평생 웨슬리에 붙잡히게 한 건 무엇이었을까?

오희동 목사는 사실 장로교단에서 자라 교사로 활동하다가 뒤늦게 소명을 받아 나사렛신학교에서 신학공부를 하면서 웨슬리신학을 접했다. 조직신학의 대가인 와일리(H. Orton Wiley)의 3권짜리 웨슬리 원서를 선물 받으면서였다. 우연히 서점에서 책을 보고 있었는데 낡은 책 한 권이 눈에 띄었단다. 와일리의 3권짜리 책의 개론서이었다. 당시에는 원서를 구하기가 쉽지 않았고, 와일리의 책을 소중하게 여기고 있던 터라 또 한 권의 책을 발견하게 되어 정말 기뻤다는 것이다. 유학길에 오

---

4   이성주, "축사", 『오희동 박사 고희기념논문집』, 안양: 성결교회와 역사연구소, 2005, p.9

르려던 시도가 잘 되지 않아 성결대에 편입했는데 성결교단신학의 뿌리라 할 수 있는 웨슬리신학 교과목이 없었단다. 당시 조직신학자가 가르친 것은 장로교단의 칼빈신학이었다. "성결교단은 있으나 성결교리가 없고 신학교는 있으나 성결신학이 전무했던 시절이었습니다."라고 그는 회고한다. 그런데 졸업할 때쯤 되니 손택구 목사가 비로소 웨슬리신학을 가르쳤다. 미국 유학자인 손택구 목사도 별도의 교재 없이 와일리의 신학으로 가르치기 시작했다. 오희동 목사도 70년대부터는 신학교에서 웨슬리신학을 가르치기 시작했다. 그러다가 이성주 교수가 웨슬리신학에 대한 책을 쓰고 가르치기 시작했다.

이런 아픔의 역사를 알고 있기에 오희동 목사는 웨슬리신학을 오늘도 보급하려 애쓴다. 토마스 아 켐피스의 『그리스도를 본받아』, 윌리엄 로의 『경건한 삶을 위한 부르심』, 제레미 테일러의 『거룩한 죽음의 법칙과 훈련』 등 웨슬리를 바로 세워 주었던 3권의 책과 함께 쓰다다 쓰기오의 『성결한 생애』와 『넘치는 기쁨』, 요컴의 『웨슬리신학과 칼빈주의 신학 비교』(손택구 역), 오희동 목사가 집필한 『웨슬리신학에 있어서의 그리스도인의 완전』 등 웨슬리신학연구소에서 보급하는 24권의 책은 초기 웨슬리신학자들의 정수를 고스란히 담고 있다. 이 책들을 후배 목사들에게 보내주고 있는데 '반응'이 미미하다고 말하는 그의 얼굴에는 아쉬움이 묻어나지만, 기운이 있어 할 수 있을 때까지는 웨슬리신학운동을 계속할 것이라는 그. 누구도 독촉하지 않는 일, 그러나 소중한 일이라 여기며 물질과 시간을 쏟아붓는 그는 여전히 '현역' 노장(老壯)이다.[5]

---

5 양승록, "웨슬리 느끼고 품고 실행할 수 있도록 하고파", 들소리신문, 2014년 1월 23일자에서 발췌·수정함.

한국 교회와 오희동 목사

이처럼 웨슬리 연구에 열정과 권위를 갖고 있는 오희동 목사는 한국 교회의 극복 과제에 대해 웨슬리처럼 몇 사람을 놓고도 신나게 복음을 전할 수 있는 목회, '한 생명'을 소중하게 여기는 목회자로 거듭나야 한다며 교회 내 물량주의와 세속화를 경고한다. 40여 년 전 처음 접한 와일리의 웨슬리신학, 그 후 강단에서 가르치다 보니 소그룹 모임을 중시한 웨슬리와 대형화를 추구하는 오늘의 교회가 자연스레 비교되었다.

"웨슬리는 소그룹 운동을 중요시했습니다. 하루는 웨슬리 목사가 인도하는 구역예배에 100여 명이 모여드니 '이것은 하나님 앞에서 불법'이라고 말했습니다. 하나님의 사람을 만드는 것은 '소그룹'이 아니면 어렵다는 것을 안 것이지요. 그런데도 오늘날 한국 교회 목회자들 중에는 대형화를 추구하는 이들이 여전히 많습니다. 대형 교회를 추구해서 얻어진 것이 무엇입니까. 분열밖에 더 있습니까?"

박사논문이자 저서인 『에드워즈의 대각성운동과 한국 교회의 부흥운동』 서문에서 그는 에드워즈와의 인연을 밝힌다: "나는 우연한 기회에 에드워즈를 만났다. 그 만남은 신앙적으로나 학문적으로 내 목회와 교수사역에 많은 경험과 지식을 얻게 하는 기회였고, 또한 신학에 대한 편견을 조정하고 넓혀주는 유익한 사건이었다." 성결대학교에서 30여 년간 웨슬리신학을 강의해 온 웨슬리 연구자인 그가 장로교의 에드워즈에 대한 글을 쓴다는 것에 혹자는 이상하게 생각할 수도 있겠으나 에드워즈는 성령의 사람이고 성결한 사람이라고 말한다. 에드워즈는 자신이 경험한 성령과 성결을 교회와 사회에서 외쳤고 이것이 그가 에드워즈에 대해 매력을 느낀 이유였다. 그가 에드워즈에 매력을 느낀 또 하

예성교단 신년하례식

나의 이유는 대형 집회를 인도하거나 선호하지 않았다는 점이고, 이는 웨슬리와 통하는 부분이기도 하다.

한국 교회는 대형 교회를 좋아한다. 1970년대부터 한국 교회는 대형 집회로 온 나라를 떠들썩하게 만들었다. 그래서 많은 구도자가 생긴 것을 부인하지 않는다. 하지만 그 후 한국 교계에 남겨진 결과는 무엇인가? 웨슬리와 마찬가지로 에드워즈는 수십 명을 놓고 설교했다. 그중 한두 명이 회개하고 돌아왔다. 그것에 만족하며 그는 하나님께 영광을 돌렸다. 이런 점에서 그는 한국 교회의 부흥운동과 에드워즈의 대각성운동과의 현격한 차이를 발견한다. 인류를 위해 희생제물이 되신 그리스도의 구령은 잃어버린 한 영혼, 99명의 의인이 아닌 1명의 탕자에 있었다.[6]

1970년대 한국 교회의 부흥은 지금 어디로 실종된 것일까? 오희동 목사는 1970년대 일어난 한국 교회 부흥이 1740년대 미국의 대각성운동과 유사점이 있다고 본다. 그것은 철저한 말씀운동에서 시작해 은사

6 오희동, 『에드워즈의 대각성운동과 한국교회의 부흥운동』, 서울: 성광, 2005, p.7~8.

주의와 성령주의로 쇠퇴한 점이다. 그 결과 부흥운동은 감정주의적, 은사 중심적, 극단적 신비주의 운동이 되고 교회 성장은 멈추고 쇠퇴가 왔다는 것이다.

현재 한국 교회는 이 외에도 많은 문제를 가지고 있어 안팎에서 비판의 목소리가 적지 않지만 오희동 목사는 장래 한국 사회의 긍정적 변화를 위해 한국 교회가 지속적인 자기 성찰과 개혁을 추진한다면 제2의 부흥기를 맞이할 수 있을 것이라 기대한다. 그 부흥은 다름 아닌 '한 생명에 천착하는 것'이다.

> "교회개척하면 구름떼와 같이 사람들이 몰려올 것이라 생각하는 게 아니라, 그저 한 10년간 정직과 성실로 땀 흘리고 말씀을 신실하게 준비해 증거하다 보면 한 사람은 주님 앞에 자신의 전 삶을 드리지 않겠나 하는 것이다. 그 한 사람을 위해 10년을, 모든 것을 거는 것이다. 주님이 나 하나를 위해 모든 것을 버린 것과 같은 그것이 진정한 부흥이다."

아버지 오희동 목사

아버지에 대한 기억을 담기에는 한 권의 책도 충분치 않다. 아버지는 '기다려 주시는' 분이었다. 기다려 주시는 아버지, 탕자의 아버지로 비유되는 하나님처럼 아버지를 통해 하나님의 아버지 되심을 경험했다. 하고 싶은 공부를 해서 사람과 사회에 이바지하고, 좋은 장로가 되어 교회와 목회자를 보필하라고 하셔서 생물학(BSc), 신문방송학(BA) 등 하고 싶은 공부를 하느라 7년을 보냈다. 졸업할 때가 되어서야 소명을 확신하게 된 세 번째 전공인 신학(BTh)까지 합치면 학부에만 10년 가까이 시간을 보냈어도 아버지는 기다려 주셨다. 그렇게 들어선 신학의 길에 아버지와 함께 서서 한 방향을 바라보게 되었을 때 하나님, 교

아들인 오현철 교수와 함께한 가족들

손자들과 함께한 모습

회, 성도에 대해 나누는 대화가 좋았고, 아버지 서재에 있는 수많은 책이 다 내 것이어서 좋았고, 그런 부자의 모습을 보며 오래 묵은 체증이 내려간 듯 했다는 어머니의 말씀도 좋았다.

1980년대 민주화 바람이 불던 시절에 대학을 다닌 아들이 시대의 암울함과 청년기의 고민으로 술 담배를 하고 학내 시위의 주동자로 연루되었을 때, 보이는 것으로 꾸짖지 않으시고 용납하고 기다려주신 아버지. 캐나다 유학시절 일주일에 한 통씩 고국에서 날아오는 아버지의 편지를 읽는 모습을 세계 각국에서 온 동료들이 부러워했고, 모교였던 연세대학교와 성결대학교 교수 청빙에 떨어졌을 때 그동안 우리가 교만했었다며 회개하고 하나님의 때와 인도하심을 기다리자고 하셨던 아버지. 아버지는 '기다려 주시고 함께 기다려 준' 분이었다.

아버지는 '사랑'이다. 아들은 하나뿐이었지만 손자가 셋이나 되어 남아공 유학 후 2년을 같이 살고, 4년을 주말마다 찾아뵙고 부모님 댁에서 자고 주일을 함께 섬겼다. 이후 집 근처 교회로 옮겨 한 달에 한 번 정도 찾아뵙게 되었는데, 그때마다 손자들에게 용돈을 주시고, 명절이나 아이들 생일이면 예쁜 봉투에 넣어주신다. 80이 훌쩍 넘으신 지금까지도 아들보다 식사 값 내는데, 손자들 챙기는데, 휴가철 숙박시설 예약하는데, 아들 졸저(拙著) 나눠 주시는데 늘 한발 빠른 아버지셨다. 최근 경북 문경에서 개최된 〈예성목회자하계수련회〉에서 특강할 때, 길지도 않고 들을 것도 없는 아들의 강의를 듣기 위해 먼 길을 달려오신 아버지, 2004년 최종 학위 취득 후 한국복음주의신학회 신학포럼에 초청되어 발표할 때도 참석자 40여 명의 식사를 감당하시며 이제 막 학계에 입문하는 아들을 격려한 아버지는 '넘치는 사랑'이다.

아버지는 '성실'이다. 아직까지도 원고 설교를 할 정도로 철저히 설교를 준비하고, 청년시절 직접 배우기도 했던 벧엘성서공부를 통해 성도의 수준을 향상시키기 위해 노력하고, 교회가 그리 크지 않았던 시절에도 유·초등부, 중·고등부, 청년회 등에 전임교역자를 배치해 교육에 힘쓰고, IMF나 예배당 건축으로 어려움에 처했을 때도 선교비는 멈추지 않고 지속적으로 보냈다. 그렇게 교회와 성도에게 성실했다.

많은 교회가 새로 입주하는 사람들을 경쟁적으로 잡기 위해 아파트 입구에 천막을 쳐 놓고 야단법석을 떨 때도 아버지는 "자신들의 상품을 팔려면 남의 것을 비방하고 내 것을 과장해야 하는데 교회는 그러면 안 된다"라며 성도를 만류했고, 교회 등록하겠다고 주변의 교회에서 오면 "웬만하면 본 교회에 나가라"며 돌려보냈고, 교회의 후임으로 아들을 추천하지 않는 등 목회 윤리를 지키는데 성실했다.

아버지는 시간과 사람에 성실했다. 전국과 해외에 제자들이 많아 때마다 일마다 초청받아 말씀을 전하고 강의하느라 지금도 분주한 아버지의 시간표는 대충 이러하다:

"오희동 목사는 도착 당일 17일 칼링포드한인교회(배창직 목사)에서 주일예배를 인도했고, 18일에는 오세아니아지방회 개회예배 말씀을 인도했고, 19일에는 '존 웨슬리의 구원론'이란 주제로 목회자 세미나를 인도했다. 20일에는 시드니소망교회(이상진 목사)에서 수요예배를 인도했으며, 21일에는 오세아니아 지방회원들과 간담회를 가졌고, 23일에는 시드니 연세중앙교회(박주현 목사)에서 연합 집회를 인도했으며, 24일에는 시드니수정교회(송영민 목사)에서 주일예배, 시드니성결교회(고준학 목사)에서 주일 오후예배 인도 후 시드니연세중앙교회(박주현 목사) 창립예배의 권면을 끝으로 모든 일정을 마치고 25일 호주를 출발 귀국했다."[7]

"가까이 지켜본 나로서 오 목사님은 자기의 일생을 잘 활용하시는 지혜로운 시간의 관리자이다. 모든 일을 빈틈없이 처리하시는 면에서 항상 후진들에게 모범을 보여 주셨다."[8]

러시아 내륙, 비행기에서 내려 기차로만 10시간을 훨씬 넘게 이동해야 하는 영하 30~40도의 극한 지역에서 사역하는 제자 선교사를 두 차례나 찾아간 유일한 방문자일 정도로 아버지는 사람에 성실했다.

"평소에 자상하시고 후배들에게 늘 격려와 힘이 되어 주시는 분, 개인적으로 어렵고 힘들 때마다 기도해 주시고 보이지 않는 힘이 되어 주셨습니다."[9]

"주의 말씀을 이룸으로 열매 맺는 삶을 살고 싶어 '성실'이 그의 평생 좌우명이며 가훈이라고 한다. 그의 성실함을 인정받아 하나님께서 목사님을 귀하게 쓰시었고, 다방면으로 선한 영향을 끼치며 하나님께 영광을

7 예성 오세아니아지방회, "오희동 목사 호주 방문하여 집회와 세미나 인도", 2008년 3월 4일자, http://cafe.daum.net/skoceania/2Zmy/45?q=%BF%C0%C8%F1%B5%BF%20%B8%F1%BB%E7&re=1
8 이성주, "축사", 『오희동 박사 고희기념논문집』, 안양: 성결교회와 역사연구소, 2005, p8
9 김성영, "예성의 자랑스러운 교육자", 『오희동 박사 고희기념논문집』, 안양: 성결교회와 역사연구소, 2005, p10

돌린 참으로 본받아야 할 선배 목사님이시다."10)

"성도는 목회자 수준 이상 더 따라가지 못합니다. 목회자가 뛰면 성도도 뛰고, 기도와 전도를 열심히 하면 성도도 따라 합니다. 안일하게 돌아가는 세상 속에서 목회자가 심기일전하여 편안한 것만이 좋은 게 아니라는 모습을 솔선해서 보여 주어야 합니다."11)

기다림, 사랑, 성실 … 아버지는 이 단어들의 의미를 알려주신 분이고, 그것을 어떻게 살아내야 하는지에 대한 모범 답안도 주신 분이다. 아버지는 모세처럼 평생 하나님의 계획이 무엇인지(출 33:13a), 하나님이 어떤 분이신지 알고 싶어 했다(출 33:13b). 이스라엘, 이집트, 미디안 세 나라의 문화적 배경 속에서 성장한 모세처럼 장로교, 나사렛, 성결교의 신학을 두루 섭렵하고 그래서 웨슬리만 아니라 에드워즈에도 정통한 스펙트럼이 넓은 학자다. 모세처럼 온유한 성격을 가진 신사(紳士)이다. 동족 사랑이 각별했던 모세처럼 이북 출신으로 나라 사랑하는 마음이 특별하고, 향토예비군 창단 시 내무부장관 표창을 받기도 했다(1972년 4월 3일). 하나님의 마음을 잘 헤아렸던 모세처럼(신 31:16 27) 아버지는 하나님의 마음을 잘 이해했던 분이다. 하나님의 친구 같았던 모세(출 33:11)처럼 아버지는 하나님의 친구 같고, 하나님의 은총을 입은 모세처럼(출 33:13) 아버지는 하나님의 은총을 입은 분이다. 올해 여든일곱 살이시지만 모세처럼 눈이 흐리지 않고 기력이 쇠하지 않은(신 34:7) 청년으로 남은 생애 건강하게 열정적으로 살아가시길 기도한다. 사랑합니다. 존경합니다.

---

10 이호정, "성실로 본을 보인 오희동 목사(3)", 대한기독교나사렛성결회 은퇴교역자 소식
11 양승록, "웨슬리 느끼고 품고 실행할 수 있도록 하고파", 들소리신문, 2014년 1월 23일자

19

1935 • 2015

아름다운 은퇴자
이노균 목사

이종훈 원장

부산의대
가톨릭의대 안과 전문의
현 | 가톨릭의대 외래교수, 닥터 홀 기념 성모안과 원장,
　　성경의학연구소장
저서 | 『의대를 꿈꾸는 대한민국의 천재들』, 『성경 속
　　의학 이야기』, 『전염병과 마주한 기독교』(공저),
　　『의료선교의 길을 묻다』(편저), 『老목사, 인생을
　　쓰다』(편저)

아버지 이노균(李魯均) 목사님은 일생을 통해 현실을 탓하거나 안주고, 이전 성공을 재현하는 것에 만족하지 않으셨다. 1995년 당시, 부산에서 손꼽히는 새 예배당을 건축하셨고, 교인들도 많이 늘었지만, 가나안 땅에서는 여호수아가 필요하다 판단하시고, 원로목사의 면류관을 마다하시고 조기 은퇴하셨다. 이후 아버지는 소천하실 때까지 만 12년이 넘도록 모교회에는 손가락에 꼽을 정도로만 가셨다. 하지만 성도들은 아버지를 잊지 않았고 장례예배는 교회장으로 장엄하게 드려졌다.

이노균 목사

우리 자녀들은 부의금을 모교회에 감사헌금으로 드렸고, 유지를 받들어 유산은 베트남의 선교 병원 건립에 헌금했다. 소천 이듬해부터는 '이노균 장학회'를 만들어 외할아버지와 아버지의 모교인 총신신대원에 매년 매 학기 두 명에게 장학금과 유고집을 드리고 있다. 화려하진 않았지만 진실했던 아버지의 목회철학을 누군가 이어주기를 바라는 마음에서다. 과거를 회상하는 것도 의미가 있겠지만, 미래를 통해 과거를 이어갈 수 있다면 더 좋은 일일 것이다.

아버지는 자서전 『날로 새로워라』에서 은퇴를 결심하게 된 동기를 적어 놓으셨다.

1995년 12월 새 예배당으로 입당 이후 교세는 점점 늘어나 1997년도 이르러서는 대예배 출석인원이 1000명에 육박했지만 그 이상은 늘어나지 않았다. 예배실은 중층을 합해서 약 1500석인데 중층은 언제나 비어 있었다. 이것은 나에게 큰 부담이 되었다. 나는 1998년도 안식년을 마치고 돌아와서 1999년 1년간 곰곰이 생각했다. 정년까지 가느냐 그렇지 않으면 새 천 년을 맞는 연말에 거취를 결정하느냐 이 문제를 놓고 오래 기도했다. 재임 기간에 일본인으로부터 물려받은 교회당을 정리하고 처음으로 부산중앙교회당을 건축하고 새로운 역사를 시작했으니 어떤 의미로는 새롭게 설립한 것이나 다름이 없었고, 교인 수도 배가 넘게 증가했고, 정년까지 가면 만 20년 근속이 되니 원로목사에 오를 수 있는 것이 무엇보다도 뿌리칠 수 없는 욕심이 되었다. 그러나 다른 한편으로 내 능력의 한계를 느끼고 능력 있는 젊은 목사가 부임하면 교회가 더 성장도 할 수 있지 않을까 하는 당위성에 마음이 편치 못했다. 기도하면 할수록 후자 쪽으로 기울어졌다. 그래서 용단을 내리기로 결심했다. 나를 아끼는 중진들 누구와도 상의하지도 않고 결심했다.

조기은퇴 상황을 김희재 은퇴장로는 이렇게 증언했다.

목사님은 2000년도 어느 주일 대예배 시 말씀을 전하시는 과정에서 본인께서는 66세에 조기 은퇴하겠다고 공포하셨다. 이 말씀에 성도들은 아무 생각 없이 멍하니 이의가 없다는 무반응으로 바라볼 뿐이었다. 이 내용은 부산 전 교계에 퍼져나가게 되었고, 어떤 목사는 우리는 어떻게 하라고 하면서 취소하라는 이야기가 있었다고 했다.

담임목사의 조기 은퇴는 자칫 교회 안에서 혼란을 초래할 수도 있었기에, 목사님은 예고 없이 주일 설교 시간에 조기 은퇴를 해야 한다는 뜻을 은혜롭게, 메시지와 함께 합당한 말씀으로 전하셨다. 하지만 그동안 함께한 성도들은 마음 아파했다. 사모님을 먼저 보내시고 목자의 길을 외롭고 쓸쓸하게 홀로 걸어오심에 마음 아파하는 성도들이 대다수였다.

목사님은 은퇴하시면서 당회에 남긴 말씀이 있었다. 내용인즉, 늦게 신학을 하고 목사가 되신 후 목자로 시작과 끝이 부산중앙교회 시무하시면서 저희들이 느끼지 못한 사랑과 애착이 너무 깊어 은퇴 후 한 달에 한 번이나 두 달에 한 번이라도 축복기도 할 수 있도록 배려해 주었으면 감사하겠다는 말씀이었다. 그러나 당신께서는 그런 것들이 새로 부임하는 목사에게, 그리고 성도들에게 덕이 되지 않는다는 이유로 경주로 이사해 그곳에서 사시다가 그 집을 개척교회로 사용할 수 있도록 대여하셨다.

은퇴예배는 참석한 모든 성도들과 가족들의 눈물의 은퇴식이 되었다. 은퇴식을 마친 후 전 교인들과 함께 예배당 뜰에서 기념 촬영을 하시고, 떠나셨다.[1]

유고집 『老목사, 인생을 쓰다』 발간

우리 자녀들은 아버지 소천 6개월 후 아버지가 은퇴 후에 발간하신 「씨앗」 글과 아버지 자서전, 그리고 추모의 글을 모아 유고집 『老목사, 인생을 쓰다』를 발간했다. 추천사는 이상규 목사님이 써 주셨는데, 아버지와 이상규 목사님은 형제처럼 음성도, 분위기도, 취향도 비슷하셨고, 서로를 신뢰하셨다. 그리고 아버지가 책을 내시면 추천사는 이상규 목사님께 단골로 부탁하셔서, 유고집도 이상규 목사님께 부탁드렸다. 이상규 목사님은 역사 신학자로서 아버지의 삶을 평가해 주셨다. 추천사 일부를 실어 본다.

(중략)
그가 1998년 환갑이 넘어 비로소 얻은 첫 안식년을 미국 풀러신학교에서 공부하기로 하셨는데, 이 목사님과 중앙교회 당회원은 부족한 나를 임시 설교자로 초청해 주었다. 그래서 1998년 1월부터 8월까지 중앙교회 설교자로 봉사할 수 있었다. 뒤돌아보면 이 목사님과 중앙교회의 후

---

1 『老목사, 인생을 쓰다』, p.240~246. 이하 모든 이의 증언은 『老목사, 인생을 쓰다』에서 인용한 것임.

의였다. 이런저런 일로 나는 이 목사님과 깊
은 신뢰로 교통하게 되었고 그를 진심으로 존
경하게 되었다. (중략)

이노균 목사

이 목사님은 경북대학교 법정대학 출신으로
매우 학구적이셨다. 1996년에는『부산중앙교
회 50년사』를 출간하셨는데, 흔히 교회역사
집필은 다른 이에게 위임하던가, 편찬위원회
를 구성하여 편찬케 하지만 이 목사님은 320쪽에 달하는 역사책을 본인
이 직접 집필하셨다. 이것은 본인이 담임하고 있는 교회에 대한 애정이
라고 생각된다.

그 후 은퇴를 앞두고 성경과 기독교의 기본 교리에 대한 해설서를 집필
하셨는데, 이 목사님은 총신대학교 신학대학원에서 공부하실 때부터 성
경을 더 깊이 공부해야겠다는 생각을 하셨다고 한다. 무엇보다도 교인
들에게 성경의 세계를 쉽게 가르치고 안내해야겠다는 생각을 하셨다고
한다. 이런 오랜 부담을 가지고 쓴 첫 책이 2002년에 출판하신『한눈으
로 보는 신약성경』이었다. 같은 해『한 눈으로 보는 구약성경』,『알기 쉬
운 웨스트민스터 소요리문답 해설』을 펴내게 된다. 이 책들은 2011년과
2013년에 재판을 내게 되는데, 이런 성경 해설서는 교인들을 성경의 세
계로 인도하되 보다 쉽게 가르치기 위한 목회적 동기에서 쓴 책들이었
다. (중략)

2012년 위암 수술을 받으신 이듬해에는『주기도문 사도신경 십계명 해
설』을 그리고 소천하시기 한 달 전에는 의사인 아들과 함께『성경 속 의
학 이야기』를 펴내셨다.

특히 이 목사님은 부산중앙교회에서 은퇴하고 일 년이 지난 2004년 1월

부터 「씨앗」이라는 전도신앙문서를 발간하기 시작했다. '용기를 얻고 도전을 받는 이야기'라는 부제로 시작한 「씨앗」 창간호는 16쪽의 소책자로 출발했다. 2005년 이후에는 격월간지로 전환하여 12년간 78호(2015. 11/12월호)를 발간하셨다. 창간호 때는 1만 5천 부를 발간하셨는데, 점점 요청이 많아져 이후에는 3만 부를 발간하셨다.

매호 발간 경비가 200여만 원에 달했으나 이를 감내하고 꾸준히 발간했던 것은 오직 한 가지 목적, 곧 독자들에게 삶의 의미를 깨닫게 하고 도전과 용기를 주고 믿음으로 살게 하기 위한 것이었다. 그는 발간 취지에서 이렇게 썼다. "70 평생 살아오면서 나름대로 터득한 삶의 지혜와 훌륭한 인물들의 교훈을" 소개함으로 "인생의 참된 목적을 깨달으며 고된 인생살이에 위로와 격려, 도전과 용기를 주기 위함"이라고.

이 목사님은 은퇴한 후에도 끊임없이 성경을 읽고 묵상하고, 책을 읽고 사색하고 원고를 쓰고 편집하며 「씨앗」을 거의 혼자의 힘으로 발간하셨다. 약간의 외부 후원이 있었겠지만, 출판 경비를 본인이나 자녀들이 부담했다. 이 책은 전국의 교도소, 병원, 선교 단체에 무상으로 보급되었다. 이 작은 잡지가 널리 읽혀지고 사랑받았던 이유는 이 책의 내용이 감동과 교훈적이었기 때문이다. 나는 지금도 이 책을 옆에 두고 한 편씩 읽고 감동을 받고 있다. 이 목사님은 100호까지 발행하고 싶어 하셨는데, 78호로 마감하게 된 것이 아쉽기만 하다. (중략)

이 목사님이 하나님의 부름을 받으신 후 장남 이종훈 원장으로부터 들은 이야기인데, 이 목사님은 이제까지 씨앗에 나온 목사님의 글들 중에 가장 핵심적인 45편의 글을 장남에게 주시며, 남은 생애를 더욱 보람 있게 보내기 위해 이 글을 연재할 곳을 찾아보라고 하시고 약 2주 후에 소천하셨다고 한다. (중략)

내가 만난 이 목사님은 하나님의 은혜로 사신 어른이시다. 본인도 이 점을 늘 강조하셨고, 그가 남긴 회고록 『날로 새로워라』에도 잘 드러나 있다. 고3 때 결핵으로 4년간 요양하시며 하나님을 영접하셨고, 20여 년간의 교직 생활을 접고 50세가 다 되어 목사가 되셨다. 1986년에는 6.25사변 때 구국기도회가 열렸던 부산중앙교회 담임목사로 위임을 받으셨고, 17년간 담임하신 후 2002년 말 원로목사의 욕심을 버리고, 교회의 더 큰 부흥을 위해 조기 은퇴하셨다. 그러나 은퇴가 목회의 마감이 아니었다. 그 후에도 문서를 통해 목회자로 일생을 사셨다. 그는 늘 주님을 의지하며 하나님이 주신 시간을 의미 있게 보내기 위해 마지막까지 치열한 삶을 사셨다. 나는 이 목사님을 대하면서 그분의 신앙과 인격을 존경하게 되었고, 그분의 겸손하고 진실한 삶을 흠모하게 되었다. 이 땅에서 그분을 다시 뵐 수 없다는 사실이 오늘도 나를 슬프게 한다. 하나님 나라에서 다시 만나기를 소망할 뿐이다.

어린 시절

아버지는 경북 흥해에서 농부의 아들로 태어나셨다. 본가에서 멀지 않은 곳에 이명박 전 대통령 생가가 있고, 한동대학도 들어서 있다. 당시 집안에서 교회를 다니는 사람은 아무도 없었고, 고모들의 증언에 의하면 공부를 잘하셨다고 한다. 고3 시절 아버지 노트를 빌려 보던 친구가 이후 서울법대를 진학해 법무부 장관이 된 최상엽 장관이다.

유년의 이노균 목사

아버지는 대입시험 직전에 결핵에 걸려 수년간 투병하시면서 법관의 꿈을 접었지만, 병 때문에 하나님을 믿게 되어 더욱 큰 복을 받았다. 노년에 최상엽 장관과 만나셨는데, 그 어른이 아버지의 삶을 부러워하셨다고 전해 들었다.

어머니 김사라 사모

아버지의 삶에 어머니 이야기가 빠질 수 없다. 외할아버지는 평양신학교를 나와 전라도에서 목회하시다가 전쟁통에 흥해중앙교회로 부임해 오셨다. 3남 3녀 중 막내였던 어머니는 당시 광주사범학교 졸업반이었고 그때 아버지와 처음 만났다. 어머니는 흥해로

어머니 출생 기념 가족사진(1942)
큰 아들은 일본 유학 중이라 사진을 붙임

발령을 자청하셔서 자녀 중에 유일하게 곁에서 외할아버지 목회를 도왔다. 이후 어머니는 아버지와 사랑에 빠졌고, 결핵으로 요양 중인 아버지와 결혼하셨다. 어머니는 결단력이 있고 지혜로우셨고 말씀도 잘하시고 재주도 많으셨지만, 자신을 잘 드러내지 않았다. 대통령 비서실장을 지낸 김광일 수석 장로님이 "우리 사모님 집에 가만히 계시게 해도 되나?"라고 했던 말이 기억난다. 어머니는 아버지가 외할아버지를 이어 신학을 하신 것을 무척 기뻐하셨고, 아버지가 담임목회를 하실 때까지 교직에 계셨다. 사랑이 넘치는 분이라 교직에 계시면서 어려운 학생들을 집으로 많이 데리고 와 밥도 먹이시고, 우리들과 놀게도 하셨다. 어머니는 새 예배당 건축 중에 말기암이 발견되었다. 건축 중에 시험드는 교회가 많지만, 우리 교회는 어머니의 와병으로 더욱 하나가 되어 기도했다. 하지만 입당 6개월 전에 소천하셨고 장례식장은 그야말로 눈물바다였다. 특히나 어머니의 사랑을 많이 받았던 국제시장에서 어렵

게 사시는 분들이 오열했다. 어머니가 살아계셨으면 아버지의 후반기 목회가 더욱 빛이 났겠지만, 하나님의 뜻은 거기까지였다.

교사 시절

아버지는 20여 년간 교사생활을 하셨는데, 무척 인기가 좋으셨다. 유머가 넘치셨고, 학생들에게 핵심을 잘 전달해 성적 향상이 두드러졌다. 1979년에 복막염 수술을 받고 학교로 복귀하실 때 온 학생들이 창문으로 고개를 내밀고 박수를 쳤다는 이야기를 자주 하셨다. 대구 성광중학교 교무과장을 하시다가 평교사로 자청하시고 대구신학교 야간부에 편입하셨다. 교사 시절 사랑도 많으셨는데, 안산 해맑은교회 김만섭 목사님의 증언을 싣는다.

> 1970년도 후반, 내가 10대의 나이로 아르바이트를 할 때였습니다. 목사님은 그때 대구 성광중학교의 영어 선생님으로 계셨는데, 하루는 점심시간에 학교에서 주문한 음식을 배달하는 일을 하게 되었습니다. 생전 처음 하는 철가방 배달인지라 음식이 흐르지 않도록 균형을 잡아서 배달하는 것이 너무나 힘이 들었습니다. 그때마다 선생님께서는 어린 나이에 고생한다고 하시면서 따뜻한 말씀으로 위로해 주시던 그때 그 시절을 아직도 잊을 수가 없습니다.
> 후에 선생님께서 집을 건축하실 때 전기공사 시공 관계로 다시 뵐 수가 있었는데, 간식을 사주시고 다정하게 대해 주시던 인자하신 모습은 지금도 가슴속에 온기로 남아있습니다. 그렇게 선생님과의 교류가 시작되었고 인자하신 모습과 인격적인 말씀으로 변함없이 대해 주시던 모습에 저는 자연스레 전도가 되어서 예수님을 믿게 되었습니다. 지금 가만히 생각해 보니 오늘의 나를 있게 한 것이 선생님과의 만남에서 시작되었던 것 같습니다.

부산중앙교회 목회

　아버지의 처음이자 마지막 목회지는 부산중앙교회에서였다. 대구서 문교회 부목사로 계실 때 부산중앙교회의 장로 두 분이 은밀히 오셔서 아버지 설교를 듣고 당회를 거쳐 바로 청빙을 한 독특한 경우였다. 부산중앙교회는 일제시대에 부산 최중심지에 일본인이 세운 교회로 6.25 때 초량교회와 더불어 구국기도회가 열렸던 곳이다. 설립자인 노진현 목사님이 은퇴하신 후 새중앙교회(이후 호산나교회로 개명)가 분리되었고, 두분이 담임을 하셨지만, 1년 6개월 동안 담임목사가 부재중인 상황이었다. 당시 교인들이 많지는 않았지만, 장로들은 변호사, 대학교수, 병원 이사장과 권사들도 그 시절에 대학을 나오신 분들이 많았다. 50세가 다 되어 목사가 된 아버지는 주변의 우려를 잠재우며 목회를 잘 하셨다. 아버지는 성경공부에 집중했고, 교회는 부흥했다. 당시 청년부였던 정순영 캄보디아 선교사의 증언을 싣는다.

　　목사님은 내가 청년 시절에 모 교회의 담임목사로 부임해 오셨다. 그해에 나는 부산에 있는 부산 장로교신학교에 입학하였는데, 목사님께서는 그 이듬해부터 신학교에 강의를 나오셨다. 목사님께서는 수업하실 때마다 적절한 유머와 재미있는 예화로 항상 화기애애한 분위기로 바꾸어 주시곤 하셨다. 또한 그 가르침은 우리 학생들을 끄는 묘한 매력이 있어서 당시 신학교 학생들은 목사님과의 수업을 모두가 다 좋아하게 되었다.

　　매주 금요일에는 중앙교회에 구역장, 권찰 성경공부가 있었다. 목사님께서는 구역장 권찰 성경공부를 위해 처음에 구약개론을 쓰셨고, 이어서 신약개론, 그리고 연이어 구약사, 신약사를 직접 저술하여 가르치셨다. 나는 금요일에 중요한 수업이 없으면 아예 교회로 와서 그 강의를 들곤 하였다. 들으면 들을수록 재미가 있을 뿐 아니라, 학교에서 들었던 어느 교수님의 성경강해보다 유익하여서 혼자 듣기엔 아까운 생각이 들었다.

그러던 어느 날, 같은 학급의 전도사님들께 이런저런 성경강해가 있는데 같이 가겠냐고 제안을 했더니, 처음엔 몇몇 전도사님들이 나를 따라나서서 그 성경공부에 참여하게 되었는데, 점점 참여 학생들이 늘어 가면서 급기야는 우리 한 학급은 물론이고, 다른 반 학생들까지 참여하게되어 신학교의 한 과목을 통째로 교회로 옮겨 듣는 듯 하였다. 심지어는 학교에서 그 사실을 알고 우리 학생들에게 자제를 요청할 정도였다.

당시에 배웠던 신구약 성경공부에 대한 내용과 교재는 햇병아리 전도사들의 개 교회 성경공부용으로 크게 히트를 쳤다. 2001년에 캄보디아 선교사로 나와서 사역하고 있는 나는 캄보디아 선교사들에게 이 교재를 소개하여 급기야는 캄보디아어로 번역을 하였고, 많은 선교사가 교회에서 신구약 성경을 이해시키는 자료로 사용하곤 하였다.

아버지는 재정에 투명하셨는데, 박종도 목사[2]의 증언을 싣는다.

교회의 재정에 너무 투명하셔서 종종 성도들의 선물이나 교회 행사 비용을 개인적으로 부담을 하셨다. 교회가 부흥되고 성장하는 일에 꼭 필요한 경비가 지출되어야 하는데, 당회나 제직회를 통과해야 되는 복잡한 절차가 있으면, 목사님은 사비로 이름도 없이 빛도 없이 지출하셨다. 아무도 모르지만 부목사였던 나는 알 수 있었다.

뿐만 아니라 학비가 없어 대학을 포기하는 학생들에게 사례비를 털어 공부할 기회를 자주 마련해 주신 것도 아버지 소천 후에 듣게 되었다.

---

2 런던 레인즈파크 한인교회 담임목사, 1990년 1월~1994년 9월 부산중앙교회 사역

전교인 40일 새벽기도회 기념(1993. 9. 24)

40일 새벽기도, 교회 이전

아버지 목회의 절정은 40일 새벽기도와 새 예배당 건축이라고 생각한다.
당시의 상황을 김희재 은퇴 장로는 이렇게 증언했다.

그때 우리 교회(대청동 시절) 건물은 말할 수 없이 시설이 낡았고, 비가
오면 천장에서 비가 새는 일제 시대에 지은 목조 건물이었다. 그리고 자
동차 한 대 주차할 수 없어 주일에는 교회 주변 이면 도로에 주차하다가
성도들은 벌금 스티커 받기가 일쑤였다. 두 차례의 건축헌금도 하였고,
뭔가 해결의 실마리가 보일 것 같으면, 그때마다 문제가 발생하여 부지
매입이 좌절되곤 했다. 몇 차례 그런 일들이 벌어진 후 목사님께서 최후
의 결단으로 40일 전교인 특별새벽기도회를 선포하셨다.
목사님은 특별새벽기도 출석 교인 숫자를 초대 교회 마가의 다락방에
120 문도가 모여 뜨겁게 기도하는 숫자를 보여 달라고 강대상 위에서
간절히 기도하고 계셨다고 했다.

부산중앙교회 입당예배 기념(1995. 10. 29)

새벽 5시 기도회가 시작되자 엎드려 기도하시다가 돌아서는 순간, 예배
실과 중층 예배실에 꽉 찬 성도들의 모습을 보시고, 첫날 새벽기도는 눈
물이 앞을 가려 벅찬 가슴을 억누르느라 말씀을 어떻게 전했는지 기억
이 없다고 하셨다. (중략)

이런 열기가 40일 동안 지속되면서 현재 남천동의 부지를 40일 특별새
벽기도회 3일을 남겨 놓고 매입하게 되었다. 목사님은 예배당 건축 기
간에 하루도 빠짐없이 현장에 계셨고 기도로 함께 하셨다. 지금 이 글을
쓰면서도 그때 목사님께서 감격하며 기뻐하시는 모습은 생생하여 잊을
수가 없다.

은퇴 그리고 「씨앗」 발간

아버지는 은퇴를 결심하고 주변을 정리하셨다. 임성은 목사[3]의 증언
을 싣는다.

---

3 미 남침례신학교 신약학 박사과정, 1999년 12월~2002년 12월 부산중앙교회 사역

"최대한 큰 박스 두 개 가지고 오세요."
은퇴를 앞두고 목사님께서 뜬금없이 밤에 호출하시면서 하신 말씀이다. '도대체 이 밤에 무슨 일이실까?' 도무지 상상이 가지 않는 궁금증을 간신히 억

「씨앗」 창간호

「씨앗」 종간호

누르며 허겁지겁 집무실로 박스를 들고 달려갔을 때, 목사님께서는 책장에 가지런히 꽂혀있는 책들을 가리키며 갖고 싶은 책들을 담아가라고 하셨다. 사실 이날 나는 책을 도저히 고를 수가 없었다. 목사님처럼 책을 무척이나 좋아했던 나는 당신께서 소중히 모아온 책들에 대한 애정을 떠올렸기 때문이다. 어쩔 줄 몰라 하며 박스를 들고 엉거주춤 머뭇거리고 있던 나를 위해 목사님께서는 가장 좋고 유익해 보이는 책들을 손수 골라 박스에 가득 담아 주셨다. 그 후 목사님은 당신의 소중한 책들을 모두 교회에 기증하셨다. 그날 밤 무척이나 무겁게 느껴졌던 책 박스와 그 속에 가득 담긴 목사님의 따스한 사랑은 내 서재를 둘러 볼 때면 언제나 또렷이 기억해 낼 수 있다.

아버지는 은퇴 후 경주에 거처를 정하셨는데, 경주에 고모 두 분이 사셨고, 부산과 흥해의 본가와도 가까워 그렇게 하신 것 같다. 막내 고모인 경주제일교회 이용숙 권사의 증언을 싣는다.

사랑하는 오라버님께서 부산중앙교회를 은퇴하신 후 경주에서 10여 년간 함께 지내온 시간들은 하나님께서 내게 주신 아주 특별한 선물이었다. 아버지를 일찍 여읜 나에게 있어 오라버님은 언제나 따뜻한 아버지셨다. 나는 막내로 오빠와는 22살의 나이 차이가 난다.

오라버님께서 은퇴 후 경주에 정착한 2003년~2010년까지 남편이 원장

으로 있는 아세아정형외과 원목으로 지내시면서 아침마다 병원 채플을 인도하셨다. 그동안 신앙의 가정에서 태어나 지금까지 수많은 목사님의 설교 말씀을 듣고 자라왔지만, 아침마다 듣는 오라버님의 성경강해 말씀은 참으로 한 번 듣고 지나기 아까울 때가 많았다. 그래서 언제부터인가 녹음하기 시작하였다. 하나님의 뜻이 있어 늦게 신학공부를 하는 지금 오라버님의 오랜 신앙 경륜에서 나온 성경강해는 참으로 내게 큰 힘이 되고 있다.

뿐만 아니라 '두나미스 워십 선교센터'의 지도 목사로 워십팀의 성경공부를 인도했는데, 반응이 너무 좋아 부부가 함께 듣게 해달라는 요청이 쇄도했다. 교회에 잘 나오지 않던 의사, 변호사 남편 등 6쌍의 부부로 구성된 성경공부팀을 3년 동안 한주도 빠지지 않고 지도해 주셨다. 결국, 아내에게 끌려 나온 남편들은 변화되어 술과 담배를 끊은 것은 물론이고, 장로로 안수집사로 큰 일꾼이 되기도 했다. (중략)

2004년 1월에는 드디어 '씨앗' 창간호가 세상에 나왔다. 이것은 오라버님의 오랜 숙원이었다. 처음 몇 년 동안은 포장한 모든 것을 오라버님 차에 싣고 직접 우체국으로 갖고 가서 부쳐야 했다. 노구임에도 그 무거운 책을 나르고 차에 실어 우체국까지 이동하는 것은 결코 쉬운 일이 아니었다. 그러나 오라버님은 책이 나올 때마다 마치 새 생명을 잉태하는 어머니와 같은 기쁨으로 피곤함을 잊으신 듯했다. 기도하며 시작했던 일이 어언 10년을 훌쩍 넘어버렸다. '하나님의 일에는 인간의 협조가 조금 필요하다'라고 하시던 오라버님의 유머러스한 말씀이 지금도 내 귓가를 스친다.

아버지는 「씨앗」의 글감을 모으기 위해 교사 시절부터 신문의 주요기사를 모은 20여 권의 대형 스크랩북을 참고하신 것은 물론, 끊임없이 자료를 모으셨고, 일일이 독수리 타법으로 자판을 치시며 글을 작성하셨다. 아버지를 많이 도운 넷째 고모 이영숙 권사[4]의 증언을 싣는다.

표지 사진들을 구하기 위해 본인은 국립중앙도서관 지하 서고를 수십 번 들락거리기도 했으며, 또 역사 사진전이 열린 곳은 빠지지 않고 찾아가 사진을 찍어 오곤 했습니다. 이 외에도 오빠는 어디서 출처를 찾았는지 필요한 글감의 서지 정보를 정확히 알려주며 책을 복사하거나 필사해서 보내라고 한 적도 한두 번이 아니었습니다. 때로는 곧 바스라질 것 같은 오래된 책과 잡지들도 있어 일반인들에게는 열람이 안 되는 것이었지만 오라버님은 국립중앙도서관의 직원인 동생을 한껏 이용하셨습니다.

아버지는 위암 수술 후 전이된 곳이 발견되지 않았지만, 종양 크기가 커서 재발이 우려되어 항암 치료를 권유받았다. 하지만 「씨앗」을 만들기 위해 항암 치료를 받지 않으셨다. 다행하게도 소천하실 때까지 재발하지 않았다. 「씨앗」을 보고 전국 각지의 목사, 환자, 수감자들이 보낸 편지들을 정리하는 것이 장남인 필자가 한 일이기도 한데, 아버지가 소천하신 후 종간호가 나간 뒤 많은 분이 계속 발간하라고 강권했지만, 아버지처럼 잘 만들 자신이 없어 고민하다가 종결짓기로 했다.

평소의 생활과 자녀교육

아버지는 본을 보임으로 자녀들을 교육하셨다. 누나의 증언을 싣는다.

어릴 적 기억 속의 아버지는 늘 뭔가를 읽고 공부하셨다. 아버진 우리에게 "너희들 내가 하는 공부 반만 해도 전교 1등 한다"며 농담처럼 얘기하시곤 했다. 내가 중학교 때 학교의 비행 청소년들에 대한 안타까운 마음을 늘 가지시더니 결국 상담심리학으로 고려대 대학원에서 석사학위를 받으셨다. 아버지는 늘 끊임없이 도전하시며 성실하게 살아가셨다.

---

4 서울교회 권사, 전 국립중앙도서관 사서, 문헌정보학 박사

장례식 접견실에 걸어놓은 가족사진

보람 있고 가치 있는 인생을 살아야 한다고 얘기하시며, 인생을 낭비하지 않기를 늘 당부하셨다. (중략)

아버지가 1998년 IMF의 어려움 속에서도 Fuller신학교로 유학을 강행하셨을 때 내가 두 아이를 데리고 함께 따라갔다. (중략)

3년 전 유방암 수술을 한 딸에게 "굳세라 강인하라 철저하라. 합력하여 선을 이루시는 하나님을 기억하라"며 로마서 8장 28절을 적어서 주신 아버지의 편지는 나에게 큰 위로가 되었다.

아버지가 돌아가시기 일주일 전 아버진 나에게 지금보다 더 열심히 가치 있는 일을 하고 살아가라며 당부하셨다. 그런 말씀을 잘 안 하시는데, 그날은 단호하게 말씀하셨다. 그 말씀이 아버지의 마지막 유언이 될 줄은 생각도 못 했는데, 며칠 뒤에 갑작스럽게 천국으로 떠나셨다.

아버지의 환갑이 넘은 미국 유학은 또 다른 가르침을 주셨다. 스위스 예수전도단 열방대학 DTS를 수료하고 하버드 로스쿨에 재학 중인 외손녀 양은성의 증언을 싣는다.

장로 장립 기념(1975)

"하나님 나라를 위해 큰 뜻을 품고 조국과 세계에 이바지하는 가치 있는 인생을 살아가야 한다"고 자주 얘기하셨는데, 내겐 할아버지가 그 살아 있는 예였다.

아버지는 생활면에서 무척이나 규칙적이셨고, 시간 낭비라고 생각되는 일은 하지 않으셨지만 '가요무대'는 즐겨 보셨다. 큰 며느리의 증언을 싣는다.

3년 전 위암 수술 이후 가까이에서 모시면서 「씨앗」 사역을 위해 최선을 다하시는 모습을 직접 뵐 수 있었고, 늘 같은 시간에 식사와 운동을 하시고 하루도 빠지지 않고 일정한 오후 시간 골방에 들어가셔서 기도에 집중하셨다.

에필로그

아버지는 필자와 공저로 『성경 속 의학 이야기』를 내시고 한 달 후,

반신욕을 하시던 중에 고요히 하나님의 부르심을 받으셨다. 아버지는 유산을 해외선교병원 설립에 기부를 원하셨는데, 그 병원을 통해 믿음이 자자손손 이어지기를 바라셨다. 후원할 선교병원 몇 곳을 접촉하셨지만, 결국 정하지 못하고 갑자기 소천하셨다. 이후 필자가 베트남에 직접 가서 확인하고 아버지와 상의 중인 후보 중 한 곳에 헌금했다. 그 헌금은 선교병원 건립의 씨앗(seed money)이 되었고, 완공되면 아버지 이름의 병원 예배실이 생긴다고 한다. 후에 안 일이지만 그 선교사님은 부산 호산나교회 파송이셨는데, 부산중앙교회에서 분립된 교회라 두 교회가 아버지를 통해 다시 하나가 된 기분이 들었다. 그리고 총신 신대원 장학금 이름을 외할아버지 성함도 넣어 '김태호-이노균 장학금'이라고 하려다 너무 길어서 바꾸었다. 총신대도 세계 유수대학처럼 개인 장학금이 많을 줄 알았는데, 그렇지 않아서 조금 놀랐다. 앞으로 아버지 장학금이 씨앗이 되어 많이 생겼으면 좋겠다.

우리 자녀들은 장례식 접견실에 환하게 웃고 있는 우리 가족의 대형사진을 걸어놓고, 아버지가 생전에 쓰셨던 책들과 「씨앗」을 조문객들에게 나누어 드리며 위로와 감사를 전했다. 하나님은 아버지와 어머니의 삶을 귀하게 보셨고 자손들에게 복을 주셨다.[5]

---

5 장녀 이미경은 이화여대를 졸업하고 셀장인 의사 남편과 함께 서울드림교회를 섬기고 있다. 현재 '어 성경이 읽어지네' 전문강사로 활동하고 있다. 아들은 스탠포드대학을 졸업하고 현재 도쿄의 AI 회사에 근무 중이다. 딸은 예일대와 하버드 로스쿨을 졸업했고, 현재 주정부 검사로 오퍼를 받은 상태이다. / 장남은 이 글의 필자이고 교회 음악을 전공한 아내와 슬하에 이남이 있었는데, 장남은 한양대 의대, 차남은 고등학교에 재학 중이다. / 차남 이종협은 연세대, 아이비리그인 터프츠대 플레처 외교학대학원을 졸업했고 유럽 등에서 외교관으로 봉직했고, 러시아 유학파인 아내와 슬하에 딸(중 3)이 있다. 미국 유학 중 태어난 딸은 태중에 있을 때 선천성 심장병이 발견되었지만, 믿음으로 아기를 낳았고 매 수술 사망률 50%가 넘는 심장수술을 3번이나 받았지만 하나님의 은혜로 건강하게 잘 자라고 있다.

❖ 이노균(李魯均) 목사 주요연보

1935. (호적은 1936. 11. 12) 경북 흥해에서 이병도(李秉道), 최분실(崔粉失)
의 3남 6녀 중 장남으로 출생 (차남, 장녀, 3남은 어려서 사망해 3대
독자가 됨) 본관은 영천(永川)

1943. 의창공립국민학교 입학(광복 후 흥해국민학교로 개명, 1996년 흥해
초등학교로 개명)

1949. 포항 동지중학교 입학

1952. 포항고등학교 입학 (8km를 매일 한 시간씩 걸어서 다님)

1954. 고3 대학입시 1개월을 앞두고 중증 폐결핵으로 입시를 포기하고, 회복
을 위해 흥해중앙교회에 다니기 시작. 당시 이노균 목사의 노트를 빌
려 보았던 이가 동기 최상엽인데, 서울법대 진학 후 법무부 장관이 됨

1956. 투병생활 중 경북대학교 법정대학 경제학과에 입학, 10월 28일 대구
산격제일교회 이병철 목사에게 학습받음

1958. 대학 2학년을 마치고 폐결핵 3기로 휴학 후, 고향에서 요양을 시작.
흥해중앙교회에 전라도 출신의 김태호 목사 부임

1959. 요양 중 흥해중앙교회 청년회 회장, 주일학교 부장으로 섬기면서 김
태호[6] 담임목사의 막내(당시 광주사범학교 졸업반) 김사라 사모와 첫
만남. 그해 김사라 사모는 졸업 후 아버지 목회를 돕기 위해 흥해국
민학교 교사로 부임

1961. 회복 후 복학하려 했으나, 교칙 상 2년 이상 휴학이라 편입시험 거쳐
3학년 복학

1963. 2. 26. 경북대학교 졸업

---

6 김태호(金泰鎬): 1936년 평양신학교 29회 졸업(방지일 목사가 30회, 손양원 목사가 31회
졸업) 광주숭일학교 졸업, 숭일학교 교사와 여수 돌산보통학교 교장을 역임하다가 평양신
학교 입학. 고향인 전라도에서 목회를 하다가 6.25사변 때 경북으로 목회지를 옮김.

1963. 12. 3. 김사라 사모와 결혼 (슬하에 2남 1녀)

1964. 흥해중학교 교사 근무(~1972)

1972. 3. 자녀교육을 위해 대구로 이전, 성광중고등학교 교사 근무(~1981. 4.)

1975. 11. 23. 대구 동촌교회에서 장로 장립

1975. 1. 부임 3년 만에 성광중학교 교무과장에 파격적으로 임명

1978. 2. 25 고려대학교 교육대학원 상담심리학 석사 졸업

1979. 교무과장을 사임하고 평교사로 대구신학교 야간부 3학년 편입, 복막염 수술

1980. 동촌교회 장로를 사임하고 대구서문교회 중등부 교육전도사로 파트타임 사역 시작

1981. 대구신학교 졸업, 총신신대원 입학(양지 캠퍼스 1회 입학)

1983. 총신신대원 졸업, 대구서문교회 전임 사역 시작

1984. 9. 6. 대구서문교회에서 목사안수(경북노회)

1986. 12. 21. 대구 최초의 서문교회 총동원 주일을 끝으로 사임. 김사라 사모 27년간의 교직 퇴직(대통령상 수상)

1986. 12. 23. 대청동 소재 부산중앙교회 4대 담임목사 부임

1987. 3. 17. 담임목사 위임

1987. 9. 부산장신대 출강(기독교 교육학, 목회 상담학)

1989. 당뇨병 발병

1992. 해방 전 부산중앙교회 예배당을 설립한 일본 메소디스트부산교회 2대 담임목사의 아들 야다 씨를 만나러 일본 방문

1993. 8. 16.~9. 24. 교회부지 매입을 위한 40일 특별 새벽기도회(9. 21 부지매입)

1994. 5. 11. 새 예배당 기공 예배

1995. 4. 26. 김사라 사모 소천

1995. 10. 29. 남천동 새 예배당 입당 예배

1995. 12. 2. 남천동 새 예배당 봉헌 및 교회설립 50주년 기념 예배

1996. 12. 1. 부산중앙교회 50년사 발간(본인이 직접 저술)

1998. 최초의 안식년 미국 Fuller신학교 목회학 박사과정 등록(63세 최고령 입학)

2000. 6. 미국 Fuller신학교 졸업 (목회학 박사 취득)

2002. 『한눈으로 보는 구약성경』, 『한국교회의 설교에 대한 연구』, 『알기 쉬운 웨스트민스터 소요리문답 해설』, 『한눈으로 보는 신약성경』(이상 미남) 출간

2002. 12. 22. 부산중앙교회 조기은퇴

2003. 4. 22. 자서전 『날로 새로워라』(에덴아트컴) 출간

2003. 5. 경주 아세아정형외과 원목사역 (~2010.)

2004. 1. '용기를 얻고 도전을 받는 이야기'란 부제를 달고 문서 선교 월간지 「씨앗」 창간, 만 5천 부 발행. 2005부터 격월간지로 전환. 매호 전국의 병원, 교도소, 교회에 배부

2012. 4. 30. 위암 수술(위 2/3 절제, 서울성모병원 박조현 외과교수)

2013. 4. 1. 『사도신경 십계명 주기도문 해설』(비전북) 출간

2014. 6. 「씨앗」 70호(7, 8월)부터 3만 부로 증간

2015. 10. 16. 『성경 속 의학 이야기』(새물결플러스) 아들과 공동저자 출간

2015. 10. 「씨앗」 78호(11/12월호) 발간

2015. 11. 19. 새벽 4시 47분 소천

2015. 11. 21. 부산중앙교회장으로 부활동산에 김사라 사모 곁에 안장

2016. 2. 유지를 받들어 유산을 베트남 우진호 선교사가 추진 중인 선교병원에 헌금

2016. 3. 「씨앗」 79호, 80호(종간호)7)를 미리 준비해 놓은 원고로 장남이 발간

2016. 5. 20. 유고집 『老목사, 인생을 쓰다』(비전북) 발간

2016. ~ 현재 '이노균 장학회' 설립 후 매 학기 총신신대원생 2명에 '이노균 장학금'8) 지원 중

교사 시절

구 예배당 세례식

대청동 구 예배당

老목사, 인생을 쓰다

부산중앙교회

---

7 「씨앗」은 성모안과 홈페이지(www.smeyehall.co.kr)에서 볼 수 있음.
8 당시 개인 이름의 총신신대원 장학금은 '옥한흠 장학금'뿐이었다. 현재 '이노균 장학금'이 추가됨.

1935·

은혜 목회자, 평생 목회자
이재기 목사[1]

이경직 교수

서울대학교 철학과 (B.A., M.A.), Universität Konstanz (Dr.Phil.),
백석대학교 신학대학원 (M.Div.), 백석대학교 기독교전문대학원
(Th.M., Ph.D.), (Visiting Scholar) Calvin Theological Seminary,
Universität Konstanz
현ㅣ 백석대학교 조직신학 교수, 개혁주의생명신학회 회장,
　　한국개혁신학회 부회장 및 편집위원장, 복음주의조직신
　　학회 부회장
전ㅣ 한국기독교철학회 회장, 백석대학교 기독교전문대학원장
저서ㅣ『기독교와 동성애』,『순교자 유스티누스의 생애와 사
　　상』,『기독교철학의 모색』,『플라톤과 기독교』, (역서)
　　『기독교윤리학』,『신앙과 이성』

나의 아버지 영파(靈波) 이재기 목사님은 아
브라함과 같은 분이시다. 아브라함이 "너는 너
의 본토 친척 아비 집을 떠나 내가 네게 지시할
땅으로 가라"(창 12:1)는 하나님 말씀에 절대
순종하였던 것처럼, 예수님을 믿는다는 이유
만으로, 신학을 공부하겠다는 이유만으로 부모
의 인정과 사랑을 버려야 했다. 평소 손찌검이
라고 모르시던 할아버지께서는 신학공부를 하

이재기 목사

겠다고 하던 아버지에게 "에이, 예수한테나 빌어먹어라!"고 하시며 뺨
을 때리셨다. 하지만 아버지는 신학공부를 포기하지 않았으며, 부친의
그 말씀을 아들을 향한 축복의 말씀으로 받아들이셨다. 하나님께서 주
신 신학의 길과 목회의 사명을 다하기 위해 본토 친척 아비 집을 떠나
야 했지만, 하나님께서 아버지와 평생을 함께 하시면서 은혜를 베푸셨
다. 할아버지의 말씀처럼 평생 예수님께 빌어먹는 은혜의 삶을 사셨다.
아버지의 목회는 한마디로 표현하자면 은혜의 목회였다.

어린 시절; 가난으로 빚어낸 인생

나의 아버지 이재기 목사님은 1935년 7월 4일에 경북 예천 작은 산촌
에서 태어나셨다. 할아버지가 살림을 돌아보지 않는 상태에서 할머니
혼자 여러 남매를 키우시면서 아버지는 굶고 또 굶는 일상을 경험하셨
다. 그러나 심부름 잘하는 어린이가 큰 부자가 되었다는 할아버지의 이
야기를 듣고 모든 심부름을 도맡아 하셨다. 이 훈련이 장차 하나님께서
시키시는 모든 심부름을 도맡아 하는 목회자가 되는 밑거름이 된 것 같

---

1 이 글은 이재기, 『평생목회 은혜목회』, 서울: 영성네트워크, 2018.에서 부분 발췌한 글입니다.

졸업식에서

평화목회 은혜목회

다. 아버지 심부름을 열심히 잘 한 것처럼 하나님 아버지께서 시키시는 대로 하면 복을 받는다는 말씀으로 확대 적용되었기 때문이다.

가난한 가운데서도 아버지는 노래를 잘 하셨고 공부에 대한 열정도 강했다. 가난한 형편 때문에 초등학교도 남들보다 4년 늦게 입학하셨다. 하지만 당시 키나 몸무게가 초등학교 1학년 평균치보다 못해서 그렇게 늦게 입학한 학생인줄 모를 정도였다. 그 학업조차 극심한 가난 때문에 금계고등공민학교 2학년 때 중단되고 말았다.

신앙의 첫 걸음과 세례

공부할 길도 막히고 힘든 농사일을 해도 가난을 벗어나지 못하여 아버지는 긴 겨울밤 잠을 이루지 못하며 '인생이란 무엇인가?'라는 생각을 하게 되었다. 이때에 아버지는 고향 마을에서 3km 떨어진 성곡교회 부흥회에 참석하시게 되었다. 그날 예배 때 들은 찬송가가 아버지 마음으로 들어왔다. "웬일인가 내 형제여 주 아니 믿다가 죄값으로 지옥형벌 필경 받겠구나. 웬일인가 내 형제여 마귀만 좇다가 저 마귀 지옥 갈 때에 너도 가겠구나. 웬일인가 내 형제여 재물만 취하다 이 세상 물건 불탈 때 너도 타겠구나. 웬일인가 내 형제여 죄악에 매여서 한없이 고생하는 것 참 못 보겠구나." 이 찬양을 듣고 아버지는 "내가 지옥가서 불에 탄다고? 내가 죄악에 매였다고?"라는 생각이 들면서 지옥가서 불에 탈 수밖에 없겠구나 하며 불안해 하셨다. 그런데 "여보시오, 내 동포여 주께로 오시오. 십자가에 못 박힌 주, 너를 사랑하네."라는 5절을 듣고 마음이 열리기 시작했다. "오늘 밤 이 자리에 처음 나오신 분들의 마음 문을 여시고 주님을 영접케 하시고 …"라는 장로님의 대표기도와 탕자에 대한 설교를 듣고 내가 하나님 아버지 품으로 돌아가지 못한 탕자이기에 이렇게 불행하게 되었는가 하고 생각하시게 되었다. 그리고 결단의 시간에 자신도 모르는 사이에 손을 들어 예수님을 영접하기로 하였다. 1953년 2월 아버지는 새 생명을 얻으셨다. 먹고 살기도 막막하고 미래가 불투명한 상황에서 교회는 아버지에게 한 줄기 희망과 같았다. 주일 성수를 하기 위해 가뭄 가운데 주일에 비가 내려도 논물을 잡고 모심기하는 일을 하지 않으셨다. "너는 교회 다니다가 농사 망칠 것이다"라는 비난을 받아도 주일 성수를 포기하지 않았다. 6일 동안 힘써 농사를 지은 결과 풍작을 거두자 아버지를 비난하던 동네 사람들이 더 이상 비난하지 않게 되었다. 이재만 목사님 3형제가 아버지 고향 마을에 개척교회를 세워 갈산교회가 시작되었다. 이때 성곡교회에 출석하던 갈산리 사람들이 갈산교회로 옮겨왔으며, 1955년 초 아버지는 갈산교회에서 세례를 받고 서리집사가 되었다.

신학교 시절

1956년 2월 아버지는 고향을 떠나 부산 고려고등성경학교에 입학하셨다. 고려고등성경학교를 다니다가 여름방학에 갈산교회 여름성경학교를 섬기러 온 정영규 자매의 이야기를 듣고 신학 공부를 결심하셨다

대한예수교 장로회 대전노회   이재기 목사

고 한다. 이때 아버지의 눈에 정영규 자매는 천사처럼 보였다고 한다. 나중에 갈산교회를 세우신 이재만 목사님께서 시무하시는 부산 영생교회 수요예배 설교 후 이 목사님의 중매로 정영규 자매를 다시 만나 결혼을 약속한다. 이재만 목사님은 어머니의 외삼촌이시기도 하셨으며, 나에게 유아세례를 베풀어주신 분이시기도 하다. 하나님께서는 시골구석의 작은 교회를 온 마음으로 섬기던 총각 집사에게 신학의 길과 평생의 반려자를 한꺼번에 보여주신 셈이 되었다. 어머니는 그날 아버지께서 수요예배 때 하셨던 설교를 지금도 잊지 못하신다. "광야에서 만나자"라는 제목의 설교였다. 그 설교를 듣고 어머니는 "저렇게 훌륭한 하나님의 사람을 내가 여러 가지 조건을 따져 마다하면 안 된다"는 마음이 들으셨다고 한다.

그러나 아버지께서 신학공부하러 가는 길은 쉽지 않았다. 믿지 않던 할아버지께서 완강히 반대하셨으며, 경제적 여건은 학비뿐 아니라 생활비조차 마련할 수 없는 상황이었기 때문이다. 아버지는 30일 동안 낮에는 더 열심히 농사일을 하면서도 밤에 철야기도를 하셨다. 그 결과 정영규 자매의 인도로 낯선 부산을 향해 신학의 길을 내딛었다. 기댈 곳 하나 없는 낯선 타지에서 아버지는 오직 하나님의 은혜에 기댈 수밖에 없었다. 먹을 것도 없는 상태에서 학비가 없어 매번 하나님께 매달리는 기도를 할 수밖에 없었다. 성경학교 화장실 분뇨를 한 동아리 풀 때마다 5원씩 주신다는 오종덕 교장 선생님의 말씀을 듣고 그 일을 하고 받은 대가로 학비를 충당했다. 남들이 싫어하는 일이었지만 신학공부를 위해서라면 무엇이든 하겠다는 마음이 이를 가능하게 했다.

첫 번째 목회지 월곡교회

고려고등성경학교 1학년 첫 학기를 마친 후에 아버지는 방학 동안에 월곡교회를 섬기셨다. 당시 당회장이셨던 안동 성좌교회(한센병 환자 약 1,000여 명 교회)를 시무하시던 이맹희 목사님께서 그곳으로 보내셨다. 첫 주일 예배 시간에 13명이 모였다. 예배당은 흙바닥에 가마니 몇 장을 깔았는데 절반이나 썩어 있었고 예배당 뒤쪽 언덕이 무너져 비가 온 후 물이 예배당 안으로 흘러 들어왔다. 강대상은 송판 몇 장을 엮어 그 위에 얹었을 뿐 설교자가 앉는 의자도 없었다. 그러나 아버지는 수백 명 앞에서 하는 것처럼 열심을 다해 설교했다. 저녁에는 장년, 유년 합하여 함께 예배를 드리셨다. 매일 주민들을 찾아가 전도했고, 장날에는 노방전도도 했다. 그런데 놀랍게도 한 달이 지나자 장년 50명, 유년 70명이 모이는 교회가 되었다. 예배 시간마다 찬송 소리가 온 동네에 울러 펴졌고, 뜨겁게 부르짖어 기도하니 더 많은 사람들이 모였다. 아버지는 예수 믿은 지 몇 년 되지도 않았고 성경지식도 부족한데 어떻게 설교를 감당할까 두려움이 찾아왔다고 하셨다.

교회가 부흥하면서 사단의 핍박도 강하게 일어났다. 그러나 점쟁이가 회개하고 예수를 영접하고 온 가족이 교회에 나왔다. 아버지는 다양한 사람들이 모여들어 오순절 다락방과 같은 성령의 역사가 일어난 것 같았다고 회고하셨다. 아버지는 캄캄함 밤, 높은 산꼭대기에 홀로 올라 주님께 부르짖어 기도할 수밖에 없었다.

두 달이 지나고 방학이 끝나갈 무렵 학교로 돌아가기 위해 짐을 정리하셨다. 그런데 교인들이 찾아와 울면서 아버지의 보따리와 책가방을 빼앗고 못 가게 막아섰다. 이 소식을 들은 안동 이명희 목사님이 한 학기를 쉬고 내년 봄학기부터 공부하라고 하셨다. 아버지는 이 말씀에 순종하여 한 학기 휴학하고 월곡교회를 섬기셨다. 당시 교회에서 받는 사례금은 없었다. 시찰회에서 주는 적은 돈으로는 성경 찬송을 사서 교인들에게 나누어 주었다. 아버지는 1957년 2월까지 월곡교회에서 시무했고, 아쉽지만 신학공부를 위해 다시 부산으로 내려가셨다.

신생성경학원과 두 번째 목회지 정관교회

아버지는 부산 고려고등성경학교에 복학한 후에 초등학생을 대상으로 하는 신생성경학원 교사로 섬기셨다. 신생성경학원은 항도교회 부속 교육기관이었는데, 아버지는 성경 과목을 가르치며 예배 인도를 담당했고, 교회에서는 주일학교와 장년부 교사를 맡아 섬겼다. 예수 믿은 지 불과 4년, 장로와 안수집사 등 오래된 신자들에게 성경을 가르친다는 부담이 있었지만, 하나님에 대한 마음이 뜨거웠기에 최선을 다해 가르치셨다. 그 당시 아버지는 이 마음을 담은 찬송시를 남기셨다.

"주를 따라 가는 우리 어렵다고 아니갈까(마 7:13~14)
목말라도 가야 하고 배고파도 가야 하네(마 4:1~2, 21:18)
겟세마네 동산까지 주를 따라 가는 우리(마 26:39~40)
피땀 나고 잠이 온들 어찌 아니 가오리까(눅 22:44)
친구 없고 외로워도 주를 따라 가는 우리(눅 22:54)
고적하고 외로워도 주를 따라 가야 하네(막 15:34; 계 7:17)

가시면류관을 쓰고 희롱 받고 침 뱉어도(막 15:16~20)
대항 없이 가신 주를 내가 따라 가오리다(마 27:13~14; 벧전 2:19~25)

골고다의 언덕까지 십자가를 등에 지고(마 17:32)
무거워도 가야 하고 쓰러져도 가야 하네(마 10:38)
십자가에 높이 달려 못 박히고 창살 받아(요 19:18~20)
물 흘려도 가야 하고 피 흘려도 가야 하네(요 19:33~35)
십자가에 나체 수치 고난 죽음 받는 중에(요 19:23~24; 히 12:2~3)
모욕하고 조롱해도 주만 따라 가야 하네(막 15:29~32)
세상부귀 다 떠나도 일가친척 배반해도(마 19:21; 눅 4:28~29)
나 위하여 죽은 주님 내가 따라 가오리다(사 53:4~6)
원수 마귀 삼키려고 사자같이 달려드나(마 4:11; 벧전 5:8~9; 약 4:7)
두려워도 가야 하고 뜯기어도 가야 하네(행 19:19, 20:23~24; 딤
6:16~17)

주님께서 싫다 해도 주를 따라 가올 몸이(마 10:38)
주님께서 오라는데 어찌 아니 가오리까(마 4:19, 11:28)
의인 오라 하셨더면 한 사람도 못 따를 길(롬 3:10; 마 9:12~13)
죄인 오라 하셨으니 괴수 죄인 따르리라(딤전 1;15)
주님 하신 최종 부탁 보내주신 성신받아(마 28:18~20; 행 1:4~8)
땅 끝까지 복음전파 헌신하며 따르리라(행 7:59~60; 막 6:27~29)
주님이여 가옵니다 이 죄인이 가옵니다(눅 15:20~24)

박대하지 마옵시고 영접하여 주옵소서(마 :13)
천군천사 나팔 불고 구름타고 강림할 때(마 25:29~31)
세상 설움 받던 죄인 주여 주여 올리소서(요 14:3)
천신만고 당한 뒤에 십자형틀 다 진 후에(딤후 4:28)
영원복지 천국 세계 무진 복락 누리리라(마 13:43)

아버지는 고려고등성경학교를 졸업한 후, 고려신학교에 합격했고 부산노회 전도사가 되었다. 그러나 입학금도 등록금도 없었다. 신생성경학교 교사직도 위태로웠다. 향도교회 담임전도사의 친척이 온다는 소문이 들렸다. 이때부터 아버지는 엎드려 간절히 기도했다. 그때에 향도교회 여전도사님이 후임을 찾고 있는 정관교회를 소개해 주셨다. 장년 4명, 유년 8명이 모이는 작은 개척교회인데, 그런 약한 교회라도 가겠냐고 조심스레 물었다. 아버지는 "비록 주의 양이 한두 마리일지라도 먹여야 그들이 살 수 있지 않겠습니까? 내가 가겠습니다."라고 대답하셨다. 그 여전도사님이 국제시장 양복점을 하시는 허 집사님을 소개해 주었다. 고향이 정관인 허 집사님은 불신 가족이 있는 정관에 목회하러 가겠다는 아버지를 붙잡고, 아무도 가지 않으려는 시골의 작은 교회에 당시 24세였던 새파랗게 젊은 전도사가 가겠다고 자원하니 고맙다고 하시며 매월 500원을 보조해 주겠다고 약속했다.

아버지는 가난하지만 아버지 안에 계신 하나님을 바라봐 준 어머니를 만나 결혼한 상태였다. 함께 살 집이 없어 경북 영주의 처가에 가 있던 어머니는 함께 살 수 있는 것만으로도 감격해 하셨다. 이렇게 아버지는 1959년 4월 정관교회 담임전도사로 본격적인 목회를 시작하셨다. 교회당은 초가 네 칸짜리 기둥 집에 지붕은 억새를 엮어 덮었다. 사택 부엌은 방 옆에 조그맣게 달아냈다. 교회 종탑에 달린 종은 큰 포탄의 피를 거꾸로 매달아 놓은 것이었다.

정관교회는 아버지의 본격적인 목회의 시작이자 신혼생활이 시작된 곳이다. 이곳에서 첫째 아들을 얻으셨고 돌림자 '직'(職)에 정관교회의 '정관'(鼎冠)에서 '관'(冠)을 가져와 이름을 '관직'으로 지으셨다. 아버지는 세 아들 모두 시무하셨던 지역명을 따서 지으시고자 했다. 아들들의 이름을 부르실 때마다 아마 섬기셨던 교회를 계속 떠올리셨던 것 같다.

아버지가 정관교회에 시무하신 지 1년 만에 장년 4명, 유년 8명이 모이던 개척교회가 장년 15명, 유년 20명으로 부흥했다. 교회 종치기를 자처한 최재벽 집사는 아버지가 신학교에 가는 월요일 아침에 새벽기도회에 참석했다가 기다려서 아버지의 책가방을 들어주시고, 냇물을 건널 때에는 아버지를 업고 냇가를 건넌 후 잘 다녀오시라고 허리를 굽혀 절을 하셨다. 최 집사보다 나이가 적었던 아버지는 극구 사양했지만, 최 집사는 주의 종을 극진히 섬겼다. 아버지는 성도의 섬김에 부끄럽지 않은 목회자가 되어야 한다고 다짐하고 또 다짐하셨다. 세월이 흘러 최 집사는 목회자를 사위로 두었다. 사라호 태풍에는 간절한 기도 덕분에 예배당과 사택이 무너지는 일을 면하기도 했다.

세 번째 목회지 좌천교회와 장전동 생활

1961년 초 가까운 좌천교회의 초빙을 받았다. 60년 역사가 있는 교회였으며 좌천역이 있어 고려신학교로 매일 통학할 수 있었다. 교인도 장년 50여명과 유년부 30여 명이었으며 장로님도 계셨다. 강도사님이 시무하시던 교회에 전도사인 아버지가 가게 되어 주변에서는 좋은 자리로 영전하셨다고 말했다. 당시로는 상당한 수준의 성도들이 모여 있는 교회였다. 박정희 대통령 때 화폐 개혁을 해서 교환비율을 1/10으로 줄였다. 1인당 교환 가능한 금액에 상한선이 있어 돈 있는 사람들은 당황해 했다. 전도사인 아버지에게는 아무 돈이 없었는데, 한 집사님이 아버지에게 돈을 바꾸어 달라고 부탁했다. 아버지는 이 일이 불법이라 해서 거절했다. 성수주일을 강조하면 목회하기 힘들 것이라고 하는 교인의 협박 아닌 협박에 굴하지 않았다. 성도들 사이에 간통 문제가 생겨 경험이 부족한 아버지는 이 문제를 감당할 수 없어 결국 성탄절을 일주일 앞두고 좌천교회를 사임하고 임지도 없이 떠나게 되었다.

아버지는 정관교회 목회를 후원해 주셨던 국제시장 허 집사님에게 돈을 빌려 어머니 외삼촌 되시는 이재만 목사님이 시무하시던 장산교회 앞에 움막 하나를 구입하셨다. 어머니는 빈대가 우굴거리는 움막이 아늑한 사택보다 더 평안하다고 하셨다. 생활비를 벌기 위해 아버지는 부엌을 헐고 그곳에 작은 구멍가게를 내셨다. 그곳에서 아버지는 둘째 아들을 얻으셨다. 아버지는 장전동(長箭洞)에서 '장'(長)을 가져와서 돌림자 '직'(職)에 붙이셔서 '장직'이라는 이름을 주셨다.

그러나 그곳에서 아버지는 쌀 두 가마니 값을 사기 당했다. 1963년 3월 봄학기 개강을 앞두고 신학공부를 계속할 수 없는 형편에 처했다. 등교하던 날 아침에 먹을 쌀도 없었는데, 이른 새벽 한 아이가 들어와 5원짜리 과자를 샀고 또 다른 아이가 들어와 물건을 샀다. 5원으로 쌀반 되를 사다가 아침밥을 지었고 나머지 5원으로 신학교로 가는 버스비를 해결했다. 학교에서는 사랑의교회 오정현 목사님의 부친인 1년 선배 오상진 전도사님이 학우 회비를 내주셨고, 총신대원 부산분교장 이상은 목사님이 성적 장학금으로 등록금이 해결되었다고 말씀해 주셨다. 버스 정류장으로 가던 길에 만난 삼협인쇄소 사장 처외삼촌 이재석 장로님이 학자금 10,000원을 주셨다. 다음날 아침 이재만 목사님이 박윤선 목사님의 성경주석 원고를 삼협인쇄소에 전달하고 그 원고를 교정해 주면 한 달에 천 원을 주시겠다고 하셨다. 그 다음 주일 오후 예배 시간에 받은 은혜에 감격해서 눈물로 기도했더니, 참석했던 성애원(고아원) 원장님과 보모들이 감동받고 성애원 새벽기도 설교를 부탁했다. 한 달 사례비로 천 원을 주고, 둘째 아들 장직에게 먹일 우유를 매일 한 병씩 배달해 주었다. 전도사 생활을 하면서 생활비를 벌기 위해 가게도 하고 연탄 배달도 했었는데, 아버지는 하나님의 은혜로 장사를 그만두고 학업에 전념할 수 있게 되었다.

네 번째 목회지 송정교회

좌천교회를 떠나 장전동으로 이사 온 지 1년 만에 아버지는 송정교회 담임전도사로 부임하셨다. 1963년 12월 17일이었다. 이때 아버지의 나이는 28세였고 셋째 아들인 나는 어머니의 뱃속에 있었다. 그 때에 송정교회는 60년 역사를 지닌 교회였으며, 장년 50명 정도에 유년 50명 정도가 모였다.

송정교회에서 여러 가지 일이 있었다. 박세봉 씨는 신문사 기자로 일하다가 결핵에 걸려 휴양을 위해 송정해수욕장에 방을 얻었는데 돈도 떨어지고 건강도 악화되자 부인마저 떠나고 말았다. 그가 너무 많은 요구를 하는 바람에 무거운 짐을 지게 되었지만, 아버지는 그의 건강과 영혼 구원을 위해 그를 외면할 수 없었다. 아버지는 그를 생활보호 대상자로 만들기 위해 노력했고 행려병자 수용실에서 요양 치료를 받을 수 있게 하기도 하셨다. 오랜 시간이 지나 그는 예수님을 영접했다. 아버지는 우리 가족이 결핵 환자였던 박씨와 가까이 지냈음에도 건강하게 지낼 수 있었던 것이 하나님의 은혜와 돌보심이라고 하셨다.

1964년 3월에 아버지는 셋째 아들인 나를 얻으셨다. '송정동'(松亭洞)에서 한 글자를 가져와서 돌림자에 붙이려 하셨다. 그런데 송정해수욕장에서 아침에 해가 떠오르는 것을 보시고 빛을 뜻하는 '경'(景)을 사용하시기로 하셨다. 그래서 내 이름이 '경직'(景職)이 되었다. 아마도 한경직 목사님을 본받아 좋은 목회자가 되라는 뜻도 담지 않으셨나 생각한다. 참고로 나의 한자 이름은 한경직 목사님의 한자 이름과 같다. 나는 그 이름을 '빛된 직분,' 즉 목사라는 뜻으로 받아들인다. 결국 나는 아버지를 이어 목사가 되었다. 빛과 진리 되시는 예수 그리스도를 내 삶의 주님으로 온전히 모시고 사는 빛된 삶이 되길 소망한다.

아버지는 송정교회에서 강도사가 되셨고, 1966년 4월 목사고시에 합격하셨다. 아들 셋과 복중에 딸을 둔 상태여서 아버지는 군목시험에 응시하셨다. 아버지는 어려서부터 제대로 먹지 못하고 자란 탓에 성인이 되어서도 몸무게가 60kg을 넘지 못했다. 그러나 색약이라는 이유로 군목신체 검사에서 불합격되었다. 그 대신 가족생계 곤란이라는 조건으로 군 면제를 받으셨다. 군대를 가지 않게 된 사실을 알게 된 송정교회는 그곳에서 계속 남아 목회해 주기를 원했다.

부흥집회 때에 2년 내에 50평 예배당에 500명 성도가 모이는 교회를 비전으로 품게 하셨다. 그러나 당시 미신과 우상 숭배가 가득했던 송정에서 주민들을 전도하기가 매우 어려웠다. 그런 상황에서 아버지는 약 10개월 치 사례금인 3만원을 작정했고, 송정에서 큰 상회를 하시던 박 집사님이 12만원을 작정하면서 불가능해 보였던 예배당 건축이 시작되었다. 예배당 지붕을 덮는 목재를 군부대에서 몰래 빼낸 것을 싸게 산 것에 대해 반대하면서 장로님과 갈등이 생기기도 했지만, 장로님께서도 이해하고 순종해 주셔서, 결국 군 장교들의 장물 취득으로 교회당을 세웠다는 오명을 벗을 수 있었다. 기초를 단단히 한 덕분에 50여 년이 지나도 교회 건물에 금이 가지 않을 정도의 예배당을 세울 수 있었다.

송정에서 아버지는 첫 딸 은주를 얻으셨다. 1968년 봄 아버지가 그동안 임시목사로 있었기에 송정교회는 임기 연장을 위해 목사 청빙 문제를 다루었다. 임시 당회장이 오셔서 목사 청빙 문제를 다룰 때에 일전에 예배당 건축 문제로 갈등이 있었던 장로님이 앞장서서 아버지를 다시 청빙하는 일에 반대했다. 이때 아버지는 임지 이동을 위해 하나님께 기도하셨다.

당시 기독신문 편집자였던 변 목사가 아버지에게 논산제일교회를 새로운 임지로 소개해 주었다. 논산을 방문하여 그 교회 장로님을 만나고 이사 날짜를 1968년 4월 19일로 정하고 송정으로 돌아와 교회에 말하고 이삿짐을 쌌다. 송정역을 떠나시던 날 교인들뿐 아니라 불신자들까지 과자를 사 들고 와서 전해주며 섭섭한 마음으로 전송해 준 것을 아버지는 잊지 못하셨다. 아버지는 이때에 성도들의 마음을 제대로 만져주지 못하고 쉽게 결정하고 쉽게 임지를 옮기신 것에 대해 서툰 목회자의 잘못이라고 미안해 하셨다. 이런 식으로 훌쩍 떠나는 경우 마무리를 잘 하고 남은 성도들의 마음을 다독이는 일을 하지 못하기 때문이다. 임지 이동은 일종의 도피가 되어서는 안 되기 때문이다. 그런 점에서 아버지는 너무도 경험 없고 서툴렀던 목회자이었음을 인정하신다.

다섯 번째 목회지 논산제일교회

아버지가 송정교회를 떠나 논산제일교회로 임지를 옮길 때 아직 서툰 목사의 허술함이 드러났다. 목사의 임지 이동은 전도사의 임지 이동과 다르다는 사실을 몰랐기 때문이다. 임지 이명을 본인이 소속된 교회가 소속 노회에 이명신청을 하고 그것을 노회가 허락해야 하며, 청빙하는 교회는 목회자 청빙 의향 서류를 노회에 제출해야 한다. 그러나 아버지는 이런 절차도 없이 장로님과의 약속만으로 무작정 논산제일교회로 이동했다. 논산제일교회의 전임 목사님은 교회 앞에서 사임 의사를 구두로 밝혔지만 아직 노회에 이명 허락 요청 서류를 제출하지 않은 상태였다. 아버지는 전임목사님께 오해를 풀기 위해 그 목사님을 만나 확인할 때까지는 설교하지 않기로 하셨다. 그러나 사모님께서 찾아오셔서 설교하도록 권했으며, 금식기도를 마치고 돌아오신 전임 목사님을 찾아뵙고 용서를 구했다. 이것은 아버지가 교회법에 대해 엄중하고도 철저하게 지키게 된 계기가 되었다.

아버지는 논산에서 열심히 사역하시면서 넉넉한 생활비는 아니지만 절약해서 가난한 교인들 집에 쌀과 연탁을 몰래 배달시켰다. 동짓날에 교인들이 팥죽을 쑤어서 보내는 경우 보낸 사람들의 이름을 다 적어두셨다가 팥죽을 보내지 못한 성도들에게 아버지가 받은 팥죽과 집에서 쑨 팥죽을 더해서 아이들을 통해 보내셨다. 그 명단에 없다는 것은 팥죽을 쑤지 못할 만큼 형편이 어렵다는 뜻이기 때문이다. 아직 초등학교도 들어가지 않았던 나도 팥죽 심부름을 했던 기억이 난다.

논산시장에서 찐빵을 팔던 김봉구 씨가 신자가 되었는데, 그 부인이 귀신에 들렸다. 군대 마귀가 들린 그 여인을 말씀과 기도, 찬송으로 치유했다. 김봉구 씨는 집사로, 그 부인은 권찰로 교회를 잘 섬겼다. 얼마 후 그 부인이 다시 귀신이 들렸을 때, 성경 읽고 찬송하고 합심기도 하여 귀신을 몰아내었다. 김 장로님은 같이 심방 가기를 거부했는데, 마귀 들린 사람은 누가 어떤 죄를 지었는지를 잘 지적하기에 두려웠다고 했다.

1968년 아버지는 논산제일교회 위임목사가 되었다. 예쁜 교회당에서 많은 사람들이 모여 떠들썩하게 잔치했던 기억이 아직도 선명하게 남아 있다. 교회는 아버지에게 심방할 때 사용하시라고 삼천리자전거(5단 기아변속)를 선물로 주셨다. 그 자전거는 요즈음 고가의 자동차만큼이나 귀한 것이었다. 아버지는 그 자전거로 더 많은 성도들을 심방하실 수 있었다. 어린 시절 집에 사 온 개가 옛 주인집으로 도망을 간 적이 있었는데, 아버지가 그 자전거로 그 개를 추적하시던 장면이 떠오른다.

이곳에서 아버지는 둘째 딸 신주를 얻으셨다. 어머니도 아버지 목회를 돕느라 바쁘시기에 5남매나 되는 자녀를 돌보기가 쉽지 않으셨다. 외할머니가 몇 달씩 머무시면서 살림을 도와주시고 5남매를 키워 주셨던 기억이 난다. 외할머니는 특히 신앙이 깊으셔서 아버지의 목회를 옆에서 보시면서 많은 기도로 도와주셨던 것 같다. 외할머니는 방언뿐 아니라 방서까지 쓰셨다. 초등학교 교육도 받지 못했던 외할머니는 방언을 하시면서 그것을 종이에 부지런히 쓰셨다. 외할머니는 특별히 나를 아끼셨는데, 외할머니의 믿음과 기도가 영적 세계에 대한 확신을 어린 나에게 심어 주었던 것 같다.

아버지는 넉넉하지 않은 생활비를 절약해서 어려운 형편에 있는 성도들을 쌀과 연탄 등으로 구제했다. 그 사실을 알게 된 김 장로님은 아버지께서 내시는 십일조를 교우 구제비로 쓰시도록 권했다. 그런데 교회가 사택을 건축하고 장로님의 기업도 기울어져 어렵게 되었을 때 모인 제직회에서 김 장로님은 "목사님께서도 십일조를 교회에 바치도록 하십시오"라고 말했다. 아버지가 십일조를 교회에 내지 않는 것처럼 비칠 수 있다는 생각에 아버지는 그 다음부터 십일조를 교회에 헌금했다. 목사 위임을 받을 때 '이제부터 조심하세요'라고 하셨던 전임 목사님 말씀이 생각나던 차에 경북 문경에 있는 신기교회에서 한 장로님이 직접 찾아와서 와 주십사 하고 부탁을 했다.

사택도 좋고 교인들도 열정적으로 사랑하고 봉사하며, 김 장로님도 잘 대접하는 교회였지만, 아버지는 임지를 옮기기로 하고 당회를 소집하여 사임 의사를 밝혔다. 장로님들은 할 말을 잃었다. 장로님들이 다시 생각해보라고 권했지만 아버지는 "한 번 떠나기로 의사를 밝힌 경우 번복하는 것은 옳지 않다"라는 원칙에 따라 신기교회로 떠나기로 하셨다. 김 장로님은 좋은 목사님을 두 분이나 쫓아내었다는 오해를 사게 되었고, 교인들도 상처를 받아 장로교회였던 논산제일교회가 성결교단으로 옮겨가는 결과를 낳았다.

그 일로 너무 섭섭해 하셨던 김 장로님께 나중에 다시 찾아뵙고 용서를 구했다. 내가 대학 시절 서울에 오셨던 아버지께서 나를 데리고 당시 청량리에 살고 계셨던 장로님을 찾아뵈었던 기억이 난다. 김 장로님의 막내아들이 나와 동기였다. 훗날 그 장로님께서 돌아가셨을 때 아버지는 그분의 장례식에 참석했고 장지까지 동행하여 유족을 위로하기도 하셨다. 그 당시 그 교회 중고등부 학생이었던 분이 나중에 목회자가 되어 서울에서 목회할 때 아버지를 기억하고 부흥회 강사로 초빙한 적이 있었다. 나도 이틀 동안 그 부흥회에 함께 참석했었다.

여섯 번째 목회지 신기교회

1970년에 아버지는 나름대로 규모가 있고 조건이 좋았던 논산제일교회를 뒤로 하고 경북 점촌에 있는 신기교회에 부임하셨다. 당시 이 교회는 교역자가 전혀 없었고 교인들은 쌍용시멘트회사에 다니는 직원들과 인근 탄광에서 일하는 광부들이 전부였다. 예배당은 마루에 방석을 깔고 앉았고, 비 오는 날은 종탑에서 비가 줄줄 새서 보기에도 안타까웠다.

이곳에서도 아버지는 복음을 부지런히 전했다. 회사 채석장에서 백과장을 만나 전도했다. 그런데 그분은 "목사님은 자녀교육을 위해서라도 도시로 나가야 하는데 어떻게 이 산 속에 있는 교회로 오셨습니까?"라고 안타까워했다. 아버지는 "도시로 나가고, 또 서울대학 정문 앞에 있는 교회를 시무한다고 해도, 하나님의 복 주심이 없으면 서울대학에 입학할 수 없고요. 이 산촌교회를 시무한다 해도 하나님이 복 주시면 우리 애들도 서울대학에 들어갈 수 있다고 나는 믿습니다. 또한 비록 일류 대학에 못 간다 할지라도, 목사의 자녀라고 해서 반드시 좋은 대학에 가야 한다고 생각하지도 않습니다"라고 대답하셨다. 그는 그 말에 감동을 받고 교회에 출석했고, 신기교회를 증축하고 수리할 때 시멘트도 여러 포대 지원해 주었다.

하나님께서는 아버지의 이 고백을 들으셨다. 6남매 가운데 3명이 서울대학교에 입학했으며 3명이 박사, 2명이 석사, 1명이 학사가 되었다. 3명이 해외 유학을 했으며, 그 중 2명이 신학대학원에서 가르치는 교수가 되었고, 며느리와 사위도 박사가 되어 교수까지 되었다. 하나님의 일을 위해 최선을 다하면 하나님께서 자녀를 책임져주신다는 확신이 아버지에게 있었다.

신기리 마을은 둘로 나뉘었다. 신시가지에는 시멘트 공장의 관사들이 있었고, 다른 마을에는 탄광촌에 다니는 광부들이 모여 살았다. 신기교회 성도들은 제비표시멘트회사(현 쌍용양회) 직원들이 대부분이었다. 직원들은 회사에서 무료로 제공해 주는 수돗물과 전기를 너무 함부로 썼다. 결국 제비표시멘트회사는 부도가 나고 회사는 쌍용시멘트회사로 간판을 바꾸어 달았다. 쌍용시멘트회사가 물이나 전기의 사용료를 각 가정이 부담하도록 하자 그 때부터 절약하는 모습을 보았다. 아버지는 평생 목회하시면서 예배당 곳곳을 다니시면서 전기 코드를 뽑고 허투루 새는 물이 없는지 살펴보셨다. 집으로 편지가 많이 왔는데, 그것을 뒤집어서 다시 봉투를 만들어 헌금낼 때 사용하기도 했다. 나도 편지봉투를 뒤집어 다시 풀을 붙이는 작업에 많이 동원되었다. 이는 어릴 때부터 근검절약을 몸에 익히는 계기가 되었다.

신기교회에는 불정탄광회사에 종사하는 성도들도 있었다. 탄광에 다니는 집사님들은 지하 1,200m에 들어가서 매일 생명의 위험을 무릅쓰고 일하신다. 얼마 되지 않는 수입에서 십일조헌금, 감사헌금, 주일헌금, 기타 특별헌금을 드린다. 아버지는 이런 헌금에서 사례금을 받고 사는 목회자는 까마귀들이 물어다 주는 떡을 먹은 엘리야처럼 생명을 걸고 사명 다해 충성해야 한다고 말씀하시곤 하셨다.

신기교회에서 아버지는 18년 기도의 응답을 받으셨다. 아버지는 인근 지역의 교회들에 초청을 받아 부흥회 강사로 섬기셨는데, 영주 갈산교회 집회를 인도하신 적이 있었다. 그 교회 부흥집회 부탁을 받았을 때에 아버지는 "나는 갈 수 없다. 거기 살고 있는 형님들 가족 모두가 믿지 않는데, 어떻게 내가 고향분들에게 설교를 할 수 있겠는가? 만일 금번 집회 기간에 형님 가족 모두가 매 집회 때마다 참석하시겠다는 약속을 하신다면 강사로 가겠다"라고 대답하셨다. 갈산교회 목사님이 아버지의 형님들에게 이 말을 전했고 참석 약속을 받아 부흥집회를 인도하셨다. 믿지 않던 동네 사람들도 '이재기 목사가 설교한다'라는 말에 교회당에 많이 모였다. 수요일 저녁 집회 때에 아버지의 두 분 형님 이름으로 감사헌금이 강대상에 올라왔다. 아버지는 기뻐하시면서 축복기도를 하셨다. 목요일 밤 집회 후에 아버지의 형님 댁에 온 가족이 모여 회의를 했다. 예수 믿기로 2/3 이상이 찬성하면 다수결로 다 믿기로 하고, 이완직 사촌형이 제청하고 가부를 물어 만장일치로 믿게 되었다. 아버지가 예수 믿고 18년 동안 가족구원을 위해 기도하신 결과였다. 아버지는 가죽으로 된 성경전서를 사서 두 형님들에게 선물로 보내셨다.

신기교회도 부흥해서 장로 1인, 집사 2인, 권사 1인이 취임했고, 교회당 확장, 종탑 수리, 피아노 구입 등 하나님의 섭리와 은혜로 교회가 일어나고 있었다. 피아노를 구입할 때에 아버지는 우리 가족을 위해 피아노를 한 대 더 구입하셨다. 이때부터 우리 남매들이 피아노를 본격적으로 배우기 시작했다. 교회가 반주자 사례를 넉넉히 줄 수 없게 되자 아버지는 초등학교 다니던 두 형과 나를 반주자가 운영하는 피아노 교실에 보내셨다. 끈기가 있는 둘째 형은 피아노를 꾸준히 쳐서 서울대 음대 학사, 석사, 박사를 거쳐 음악 분야의 전문가가 되었다. 첫째 여동생도 오빠를 따라 서울대 음대에 진학했다. 그러나 워낙 노는 것을 좋아했던 나는 피아노를 꾸준히 배우지 못했다. 석탄이 까맣게 깔려 있는 임시비행장에서 놀다가 나를 찾아온 아버지 자전거 뒤에 실려 피아노 교실을 처음 방문했던 때가 기억이 난다. 하얀 피아노 건반 위에 올려진 내 까만 손을 긴 자로 때리면서 다음부터는 손 씻고 오라고 했던 피아노 선생님의 말이 기억난다.

나는 신기교회에서 초등학교 1학년 후반에서 4학년 초반까지 있었다. 탄광촌이어서 길에는 언제나 석탄 가루가 깔려 있었고 시냇물 바닥에도 석탄가루가 있었다. 그 영향으로 둘째 형은 축농증에 걸려 나중에 수술

해야 하는 상황까지 갔다. 탄광촌에서 흔히 겪는 진폐증을 온 가족이 조금은 경험한 셈이다. 그러나 나에게 신기는 여러 가지 추억이 매우 많았던 곳이다. 추운 겨울 차가운 학교 마루에 초칠하면서 걸레로 닦았던 일, 너무 추워서 교실 중앙에 있는 난로 옆에 앉기를 원했던 일, 하교 후 산과 들로 뛰어다녔던 일, 학교 정원을 가꾸기 위해 가지고 오라고 한 잔디를 얻기 위해 누군가의 묘 옆에 있는 잔디를 파다가 들켜서 도망갔던 일, 무엇보다 점촌읍에 볼 일 보러 나가신 아버지가 돌아오기를 기다리면서 마을 어귀에서 몇 시간을 앉아 있었던 일 등이 생각난다.

1973년 1월 주일 예배 시간에 점퍼 차림의 낯선 두 남자가 참석했다. 아버지의 신학대학원 동기 한동희 목사님이 부산 반송제일교회를 사임하고 서울로 가시면서 아버지를 추천했기 때문이다. 아버지는 고민을 하셨다. 신기교회는 어느 정도 안정되었고 많은 목회자가 오고 싶어 하는 교회가 되어 있었고, 당시 반송제일교회는 내부적으로 많은 어려움을 겪고 있었고 너무나 가난한 지역에 있던 교회였다. 아버지는 교회를 옮길 때마다 형편이나 조건을 따지지 않고 교회가 필요로 한다면 옮기겠다는 원칙을 갖고 계셨다. 아버지는 만장일치로 청빙을 하는 경우 하나님의 뜻으로 알겠다고 기도하고 계셨다. 그런데 두 집사님이 녹음해 간 주일예배 설교를 듣고 반송제일교회 제직회는 만장일치로 청빙을 결정했다. 교회는 무척 서운해 했지만 아버지는 임지 이동을 결정하셨다.

일곱 번째 목회지 반송제일교회

1973년 3월 8일 아버지는 트럭 두 대에 이삿짐을 싣고 부산으로 떠났다. 당시 중학교 2학년이었던 큰 형은 전학 문제로 신기교회 장로님 집에 한 달 정도 머물러야 했다. 아버지는 어머니와 작은 형, 두 여동생을 데리고 기차로 이동하셨고, 나는 차비를 아끼기 위해 이삿짐 트럭 앞자

리에 운전기사분과 반송제
일교회 집사님 사이에 앉아
서 이동했다. 오전에 출발했
던 이삿짐 트럭은 이동 중
고장이 나서 부산에 도착해
서 수리센터로 갔다. 나는
늦은 저녁 그 집사님과 함께
버스를 타고 굽이굽이 산길
을 돌아 한밤중에 반송에 도
착했다. 산간벽지 시골에 있

반송제일교회 집회

다가 대도시로 간다는 말에 조금이라도 빨리 도착하고자 이삿짐 트럭에
타는 것을 자청했는데 고생 끝에 가장 늦게 도착했다. 반송은 부산 지
역의 철거민들로 이루어진 부산 변두리에 있는 마을이었다.

 교회는 50평 예배당에 사택은 8평쯤 되었다. 이사할 때에 쌀 두 가마
니와 비록 낡았지만 피아노까지 가지고 갔더니 교인들의 눈이 휘둥그
레지며 우리 가족을 굉장한 부자로 여겼다. 당시 반송지역 주민들은 너
무도 가난했다. 반송은 부산 도시정비사업으로 인해 강제철거되어 허
허벌판인 장산 언덕으로 이주해 온 극빈자들이 무허가 건물을 짓고 살
던 지역이었다. 사람들은 주로 일용직 노동자들이나 시장에서 좌판으
로 생계를 이어나갔다. 매일 술에 쩔어 지냈고, 거리에는 악다구니 하
며 싸움질하는 사람들을 흔히 볼 수 있었다.

 영적으로나 육신적으로 넘어야 할 산이 만만치 않았으나 아버지는
당시 2만 명의 반송 사람들을 보며 구원할 생명이 많다고 생각하셨다.
1973년부터 1977년까지 반송거리나 시내로 나가는 길은 비포장 길이어
서 비만 오면 진흙탕이 되어 버렸다. 그러나 자전거를 타고 가파른 언
덕을 오르내리며 복음을 전하고 심방하였다. 평신도로 등록했던 안종

택 성도를 부산고등성경학교에 편입시켜 공부하게 하고 교육전도사로 세웠다. 1978년 교회를 개척하여 떠날 때까지 안 전도사는 아버지와 함께 자전거를 타고 반송 전역을 누비며 전도하고 심방했다. 반송은 유동인구가 굉장히 많은 곳이었다. 부산 시내나 타지에서 병들거나 사업에 실패하면 왔다가 조금 살 만해지면 반송을 떠났기 때문이다. 이런 곳에서 교회가 부흥하기는 힘들었다. 하지만 안 전도사와 함께 잃은 양을 찾는 목자의 심정으로 밤낮을 가리지 않고 전도하고 심방했을 때 성령의 역사가 임해 교회가 크게 성장했다.

1974년 2월 초신자 한갑연 씨의 헌금으로 교회 종탑을 세우는 공사를 시작했다. 예배당 지붕 위에 큰 합판을 깔고 그 위에 사람들이 올라서서 종탑을 줄로 끌어 올려 세우고 있었다. 아버지도 지붕 위에 올라가 같이 줄을 잡았는데, 갑자기 밟고 있던 합판이 비끄러지면서 슬레이트 지붕이 무너져 내렸다. 아버지는 7m나 되는 높이에서 예배당 안으로 파편과 함께 그대로 떨어졌다. 땅에 부딪히는 순간 의식을 잠시 잃으셨다. 아버지 외에도 지붕 위에 있던 사람 5명이 함께 떨어졌다.

동네 불신자들 사이에는 목사가 떨어져 죽었다고 소문이 났다. 아버지는 다친 성도들을 병원에 데려가 치료받게 하고, 입원하게 하는 등 신경 쓰느라 주사 한 대도 맞지 못하고 돌아왔다. 그 후유증으로 컨디션이 좋지 않을 때는 다리와 엉덩이가 쑤셔 고생을 많이 하셨다. 누워

성역 30주년

반송제일교회(현 부산 새누리교회)

계신 아버지의 팔다리를 주물러 드리는 일이 어릴 적 우리 형제들의 몫이었다. 거의 45년이 지난 지금도 아버지가 걸으실 때 삐그덕 하는 소리가 난다.

어렵게 종탑을 세운 후에 차임벨(음악종)을 설치했다. 당시 교회 종탑과 차임벨은 교회 부흥에 큰 역할을 했다. 종탑 때문에 멀리서도 교회의 위치를 확인할 수 있었고, 종탑에 있는 네온사인 십자가를 주민들이 매일 볼 수 있었다. 당시 전기가 부족해서 야간 조명이 없던 시절이라 교회 종탑에 달린 십자가가 밤에 밝게 빛나는 것만으로도 전도효과가 있었다. 또한 종탑에 달려 있는 스피커를 통해 동네 중요한 공지사항을 전하기도 했다. 동사무소 등에서 주민들에게 공지하고 싶은 사항이 있을 때 교회에 부탁하는 경우가 많았다. 중학생 시절 아버지를 대신해서 마이크를 잡고 공지사항을 방송했던 기억이 있다. 또한 차임벨은 매일 일정한 시간에 울려서 지역주민들에게 때를 알려주기도 했다.

교회가 성장하면서 부교역자들을 임명하여 함께 일하시게 되었다. 아버지는 부교역자 생활을 해 보신 적이 없었다. 목회를 전임전도사로 시작하셨기 때문이다. 그래서 부교역자들의 입장과 형편을 충분히 헤아리지 못하곤 하셨다. 전도사들이 이사 올 때 바둑판을 가지고 오면 혼을 내기도 하셨다. 재미와 오락을 위한 것이지만, 그것에 빠지다 보면 목회에 전념할 시간을 빼앗긴다는 이유에서이다. 부교역자는 비록 담임목사의 목회 철학을 공유할 수 없다고 해도 담임목사의 권위를 존중해야 한다는 것이 아버지의 한결같은 마음이었다.

1975년 반송제일교회에 부임한 지 2년만에 교회는 급성장했다. 장년 70명이던 교회가 2년 사이에 150명으로, 주일학교는 50여 명에서 200명으로 부흥했다. 아버지는 교회 내에 인물을 양성해서 전도인으로 세웠다. 부산 변두리에 있는 반송 지역에 신학대학원생들이 전도사로 오지 않는 것도 한 이유였다. 중학교 졸업자 이상 중에서 네 사람을 고등성경학교에 입학시켜 등록금과 교통비 등을 보조하면서 전도인으로 사역을 감당하게 했다. 공부의 길도 열리고 직분도 주어지니 서로 전도인이 되고 싶어했다. 한 학기가 지난 후에 학교에서 기말고사를 치룬 후 누가 성적이 더 좋은가 말다툼하다가 두 전도인이 서로 폭력을 휘두르는 사건이 생겼다. 아버지는 그 주일 당회를 소집해서 전도인 4명을 모두 직위 해제하셨다. 인격적으로 성숙하지 못한 사람에게 큰 직책을 맡긴 결과를 알게 되었다.

반송에는 철거민이 계속 들어오고 가난한 사람들이 몰려들어 왔다. 교인 수가 점점 늘어나서 예배 공간이 부족해졌다. 1977년 1월 첫 주일에 예배당 건축 5개년 계획을 발표했고, 조감도를 크게 그려 예배당 뒤 벽에 걸어놓았다. 당회에서는 '한 가정에서 한 평 짓기 운동'을 하기로 결의했다. 2년을 기도하며 준비한 후에 공사를 시작했다. 그런데 1979년 당시 2차 오일 쇼크가 오면서 공사를 위탁한 건설업체가 부도가 났다. 교회는 이미 건축비를 지불한 상태였는데, 건축업자는 기초공사와 2층 골조공사까지 하다가 돈만 받고 잠적해 버리고 말았다. 이 일로 예배당 건축은 중단되었고, 성도들도 큰 충격과 어려운 나날을 보내야 했다.

그러나 온 성도가 힘을 모아 건축헌금을 다시 냈다. 고등학교 1학년이었던 나도 10만원 반 평을 건축헌금으로 작정했다. 당시 나는 100만원 이상을 작정한 것처럼 느껴졌다. 어린 마음에 3년 동안 용돈을 모으면 낼 수 있을 것이라 생각했다. 하지만 정확한 계산을 하지 않고 내린 무모해 보이는 결정이었다. 이미 분에 넘치게 건축헌금을 작정하신 아버지는 나의 헌금 작정을 말리셨다. 하지만 내가 하나님 앞에서 작정한 것을 아버지께서 함부로 취소할 수 없다고 말씀드렸던 기억이 난다.

등교하기 위해 버스를 한 번 갈아타야 했는데, 두 번째 코스는 걸어서 등교하면서 매일 버스 토큰을 2개씩 모으기 시작했다. 아침밥을 먹지 않고 뛰어나가면 빵이라도 사먹으라고 주시는 용돈을 헌금에 보태기 시작했다. 나의 고등학교 시절은 건축헌금 모으는 시절이었다. 배고 프고 힘들기도 했지만 필통 아래 쌓이는 토큰과 동전을 보면서 기뻤던 기억이 있다. 당시 용돈도 거의 받지 못했던 나로서는 3년 동안 애써도 10만원을 모아 헌금하기란 역부족이었다. 나중에 보다 못한 아버지께서 잔액을 내주셔서 10만원 건축헌금을 완납할 수 있었다. 나뿐 아니라 모든 성도가 가난한 가운데서도 교회를 사랑하는 마음으로 건축에 동참했다.

1984년 반송제일교회는 오랜 건축을 끝으로 공사를 마무리하고 헌당 예배를 드렸다. 가난하고 어려운 성도들이 오랜 시간에 걸쳐 간절한 마음으로 세운 예배당이기에 헌당식을 하는 날 성도들의 감격은 이루 말할 수가 없었다. 반송제일교회는 당시 그 지역에서는 가장 크고 아름다운 예배당이었다. 새 예배당이 지어지면서 그 무렵 반송지역에 도서관도 생겼다. 공장가는 것이 당연했던 동네에서 대학생들이 나오기 시작했고, 취업하는 자녀들이 많아지기 시작했다. 하나님의 예배당을 짓고 난 뒤에 일어난 놀라운 은혜와 기적들이 반송에서 일어나고 있었다.

1977년 예배당 건축 계획을 선언한 후 1984년 11월 22일 성전 봉헌식을 하기까지 아버지의 목회는 고난의 연속이었다. 특히 장로님들이 장로 시무 사면서를 제출한 일이 가장 힘들었다. 정 장로의 사면서 제출은 예배당 건축에 앞장서지 못한 죄책감을 덜기 위해 다른 사람을 더 비난하게 되고 자신의 부끄러움을 알고 있는 목사가 눈앞에서 사라졌으면 하는 속내가 담겨 있었다. 사표 철회를 몇 번이나 권유했지만 거부하다가, 목사의 리더십을 훼손하기 위해 던진 사면서가 정작 받아들여지자 정 장로는 일부 성도들을 데리고 교회를 떠났다. 정 장로는 다른 교회로 옮겨갔다가 다시 교회 성도들을 데리고 우주교회를 개척했다. 그러나 얼마 되지 않아 그 교회도 양분되었다.

반송제일교회 교인들의 생활은 너무나 어려웠다. 대심방 때가 오면 심방대원들의 점심식사를 위해 구역 식구들이 십시일반으로 쌀을 한 주먹씩 모으고, 돈 100원씩을 걷어 밥을 짓고 반찬을 장만했다. 교회에 나온 지 3개월 정도 된 박 성도는 고물 수집으로 생계를 이어가는 분이었는데, 이사 가는 부잣집 청소를 해주는 대신 쓸 만한 물건을 가져가라고 하면, 그것을 팔아 심방대원들에게 점심을 대접할 비용을 마련했다고 하기도 했다. 아버지는 심방을 갈 때에 그 집안의 아이들이 있거나 이웃 아이들이 구경 올 때면 50원이나 100원씩을 준비해 두었다가 꼭 챙겨주셨다. 그리고 그 아이들의 이름을 외워두고 안수하며 기도해 주셨다. 아버지로부터 용돈을 거의 받지 못했던 나는 교인들의 자녀가 얼마나 부러웠는지 모른다. 아버지는 반송제일교회를 은퇴하신 지 25여 년이 지난 지금도 성도들과 자녀, 손주들의 이름을 부르시면서 하루 2시간씩 성도들과 그 가정을 위해 기도하고 계신다.

아버지는 물질에 있어서 철저하셨다. 하나님의 은혜로 살지만 나름대로 대책을 세우고 청지기로서 규모있게 사용해야 한다는 원칙을 갖고 계셨다. 때로 교회가 돈을 만지는 것이나, 목사가 교회 재정에 대해 언급하는 것 자체를 거룩하지 못하다고 여기는 사람들이 있다. 그러나 아버지는 목사가 교회 재정을 제대로 알지 못하면서 목회 계획을 세우고 일을 추진해 나간다면, 오히려 교회에 어려움을 끼칠 수 있다고 생각하셨다. 아버지는 영적인 부분만 추구하면서도 정작 물질에 매여 있는 사람들을 많이 보셨다고 한다. 교인들 앞에서는 물질을 초월한 듯하나 뒤에서는 사례비 이야기를 하는 부흥회 강사들도 있다. 성도들도 교회에서는 오직 영적인 사람처럼 행동하면서 집에서는 영 다른 사람처럼 산다.

아버지에 따르면 목회자는 교인들에게 물질에 관해서 하나님 말씀대로 사는 방법을 가르쳐야 한다. 목회자도 물질을 관리하는데 모범을 보여야 한다. 하나님 말씀에 따라 근검절약하고 헌금도 더 열심히 하고, 구제도 하고, 받는 자보다 주는 자가 되도록 가르치며 물질에 대해 인정하도록 해야 한다. 교인이 낸 헌금을 순간의 감정이나 무계획 속에서 사용하는 것은 하나님 앞에서 무책임한 행동이다. 주일학교 교육이나 선교와 구제 등, 교회 여러 기관에 재정을 지원할 때 예산에 맞게 절약해서 사용하고 목적대로 잘 사용되는지 끊임없이 점검해야 한다.

아버지는 열심히 아끼면서 대부분을 자녀들 뒷바라지에 쓰고, 성도들 자녀들에게는 충분히 베풀지 못하고 살았다고 생각하시며 성도들에게 미안하고 하나님 앞에서 송구해 하신다. 내가 대학 시절 장학금을 나보다 형편이 어려운 친구에게 양보하려 했을 때, 아버지는 장학금을 그대로 받으라 하시고, 그 장학금 액수만큼 교회 학생들에게 장학금을 나누어 주셨다. 교인들 자녀 가운데 대학에 입학하고도 등록금을 마련하지 못할 때 아버지는 형편에 따라 직접 도와주시기도 하고, 교회 재정을 통해 돕기도 하셨다. 은퇴 후에도 아버지를 힘들게 했던 집사님의 아들이 대학에 합격했다는 소식을 듣고 등록금 일부를 보내시기도 하셨다.

아버지는 평생 강해식 설교를 고집하셨다. 아버지는 17살에 예수를 믿고, 22살에 오종덕 목사님(부산고려고등성경학교 교장) 밑에서 성경 공부를 하셨다. 그 때 그분의 로마서 강해에 심취되어 로마서를 200독 이상 정독하셨다. 그 때 로마서로 조직신학의 체계를 잡았고 신앙생활의 근본을 확립하게 되셨다. 그래서 목회하시는 동안 오직 성경을 강조하셨으며 성경은 성경으로 해석해야 한다는 원칙을 배우셨다. 하나님의 말씀만이 성도들을 변화시킬 수 있다고 확신하셨다. 아버지가 예배 시간마다 카랑카랑한 목소리로 말씀을 강하게 전하셨던 모습이 기억에 남는다. 당시 교인들의 평균 학력이 초등학교 졸업인 상황에서 아버지는 재미있는 예화나 에피소드는 거의 사용하지 않으시고 성경 말씀을 그대로 분석하고 말씀 그대로 설교하셨다. 때로는 재미없어 졸기도 할 정도였다. 그러나 아버지 밑에서 그렇게 강해설교를 듣는 과정에서 나는 하나님 말씀을 소중하게 여기며 텍스트를 꼼꼼히 읽는 훈련을 받은

아버지의 회갑연 감사예배

것 같다. 어느 대학교나 신학교에서 받은 교육보다 더 좋은 교육을 나는 반송제일교회 강단을 통해 받았다.

내가 집에서 기억하는 아버지는 언제나 지쳐 계셨다. 만성 수면 부족에 시달리고 계셨지만, 자정이 넘도록 어린 막내 여동생을 포대기로 업으신 상태에서 새벽기도 설교문을 쓰시던 아버지가 기억나기도 한다. 매년 연말이 되면 거의 쓰러지기 직전이셨다. 설교 도중에 가래를 뱉어야 하는 일도 많았다. 성도들이 보기에 아버지의 건강은 항상 목회의 걸림돌이었다.

게다가 반송은 목회하기에 매우 어려운 곳이었다. 1986년 1월 토요일 오후 주일설교를 준비하고 계셨을 때, 아버지는 성도의 불신자 아버지가 분신자살을 했다는 소식을 들으셨다. 아버지는 이 위험한 동네에서 생명의 위협을 느끼며 목회하셨다. 동네 사람들은 믿는 사람이나 믿지 않는 사람이나 다급해지면 목사를 찾았다. 그러나 그들의 분노와 한을 애꿎은 아버지에게 풀기 일쑤였다. 악밖에 남은 것이 없다던 사람들도 가정이 회복되는 걸 보고, 자녀들이 신앙 생활을 하며 대학에도 가

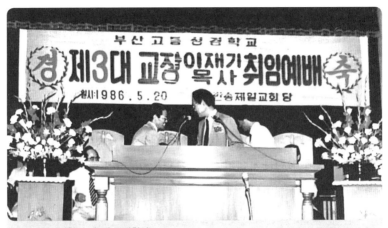
부산고등성경학교 제3대 교장취임

는 것을 보면서 하나님께서 이곳에 보내신 이유를 깨달았다고 아버지는 말씀하시곤 하셨다. '교회 가면 잘 된다. 하나님 믿으면 희망이 생긴다'라는 사실을 반송 사람들이 인정하게 되었다.

1986년 5월 아버지는 중부산노회 직영인 부산고등성경학교(현 부산성경신학원) 제3대 교장이 되었다. 정규학교가 아닌 성경만 가르쳤던 곳인데, 아버지가 신학을 처음 시작한 곳도 성경고등학교였기에 감회가 새로우셨다고 한다. 아버지는 교장으로 취임하셔서 재정 악화로 학교가 문을 닫아 어려운 형편의 학생들이 교육의 기회를 잃지 않도록 하기 위해 학교의 부채를 해결하는데 최선을 다하셨다. 아버지는 성경교육을 강조하셨다. 성경이 가는 곳까지 가는 사람, 성경이 머무는 곳에 머무는 사람, 성경이 침묵하는 일에 침묵하는 사람, 성경이 외쳐 증거하는 진리를 증거하는 사람이 되어야 한다는 것이 아버지께서 고려성경고등학교에서 배우신 원칙이었고, 아버지는 부산고등성경학교를 이 원칙에 따라 이끌고 가고 싶어 하셨다.

1990년 1월 31일 아버지는 어머니와 함께 성지순례를 떠나셨다. 반송제일교회에서 20년째 목회하시면서 처음 얻은 기회였고 태어나서 처음으로 떠나신 해외여행이었다. 평생 강해설교를 고집하신 아버지이셨기에 성지순례에 대한 기대가 컸다. 예루살렘에서 예수님이 십자가를 지고 가신 길, 빈 무덤을 보면서 성경은 진리라는 사실을 더욱 눈으로 확인하실 수 있었다.

1994년 1월 6일 아침에 나는 아버지에게 전화를 걸었다. 결혼 35주년을 축하드리기 위해서였다. 아버지는 그 사실을 알지 못하고 계셨다. 아버지는 1959년 1월 6일 창문도 없는 예배당 마루 바닥에서 소백산 겨울 바람에 몸을 떨면서 결혼식을 올리셨다. 그 후 아버지의 삶과 목회에서 어머니는 늘 변함없이 함께 하셨다. 무엇보다 두 분의 금실이 좋으셔서 우리 자녀들에게 그리스도 안에서 결혼 생활이 어떠해야 하는지 본을 보여주셨다. 서울 여동생 집에 다니러 가신 어머니가 밤 9시경에 부산역에 도착하셨는데, 중국집을 경영하던 서 집사님이 아버지 저녁식사 하시라고 밥과 군만두 한 접시를 보내오셨다. 아버지는 군만두를 식지 않게 따뜻한 이불 속에 묻어 두셨다가 돌아온 어머니에게 35주년 특미 요리로 드리셨다.

아버지가 반송제일교회에서 20년 정도 목회하셨을 때 3구역이 30구역이 되었고, 집사 16명이 235명, 장로 7명이 되었다. 기관도 20여개 기관으로 늘었고, 1년 예산도 150만원에서 2억 5천만 원을 세우게 되었다. 반송에 이런 교회가 세워졌다는 사실 자체가 하나님의 은혜이다.

아버지는 목회를 하시면서 교회 부흥회에 초청을 많이 받으셨다. 도심의 큰 교회들보다는 주로 강사를 모시기 어려운 산골짜기에 있는 작은 교회나 낙도, 오지 등이 훨씬 많았다. 그런 교회들은 재정 상태가 좋지 않아서 사례비 대신 김이나 미역 같은 것을 받아오시기도 하셨다. 부흥회 강사는 두 가지 유형이 있다. 하나는 교인들의 관심을 자기에게 몰고 가는 사람이다. 또 다른 한 유형은 담임목사님의 영적 권위를 세워주는 강사이다. 아버지는 평생 두 번째 유형의 부흥회 강사가 되시기 위해 노력하셨다. 인기나 유명세보다는 초청되어 가는 교회를 다시 회복하고 세우는데 초점을 맞추셨다. 황당하면서도 우스운 사건들도 있었다. 아버지는 경남 울주군 웅촌교회에서 집회를 인도하실 때에 강사를 대접할 음식마저 바닥이 났는데, 금요철야기도 중에 꿩 한 마리가 교회당 옆 창문을 깨고 날아들어 성도들이 토요일 아침에 꿩 고기를 대접했던 기억을 떠올리셨다.

반송제일교회는 1978년부터 선교원(사무엘 유치원)을 운영했다. 반송에서 얻은 늦둥이 막내딸 은신이가 이 선교원에 입학했다. 형제들은 6남매 중에 유일하게 유치원 문턱을 넘은 사람은 막내 여동생이라고 지금도 농담삼아 말한다. 교인들의 자녀와 지역 서민들의 자녀 교육을 위해 16년간 운영했다. 이 유치원을 통해 부모들이 교회에 나와 예수 믿는 사람들도 다수 있었고, 그 중에는 나중에 장로가 된 사람들도 있었다.

선교원 교사 채용과 관련하여 문제가 생기면서 목회자 거취 문제가 교회에서 생기기 시작했다. 아버지는 인간적 배신감은 물론 그동안 했던 목회에 대해 허망함도 느끼셨다. 그때 아버지의 연세는 62세, 은퇴까지 아직 8년이 남아 있었다. 그때 우리 자녀들은 아버지에게 목회를 그만두시라고 권했다. 아버지는 젊은 목사가 와서 일하면 교회가 성장할 텐데 몸도 약하고 나이 많은 사람이 더 있다가 하나님이 사랑하시는 교회에 짐이 될까 하는 생각에 사임하시기로 결정하셨다. 1996년 1월 16일 아버지는 노회에 사면서를 제출하였다. 여러 가지 우여곡절이 있었지만 결국 하나님의 은혜로 아버지는 23년간의 목회를 마무리하면서 반송제일교회 원로목사로 추대되셨다.

은퇴 후의 삶: 문막 기도원

아버지는 62세에 조기 은퇴하게 되셨다. 후임 문제는 당회가 알아서 교회 발전을 위한 인물을 선택하게 하고 아버지는 일체 간섭하지 않으셨다. 1996년 6월 6일 원로목사 추대식과 새로 부임한 김정훈 목사의 위임식이 함께 있었다. 은퇴 후 기도하는 가운데 아버지는 기독신문에 나온 기도원 목사 구인 광고를 보셨다. 성남 금광교회가 문막에서 운영하는 기도원을 맡을 목사를 찾고 있었다. 그렇게 아버지는 기도원을 관리하는 목사가 되셨다. 강원도 산 속에 있는 기도원은 하나님께서 아버지를 위해 준비하신 숲속 별장처럼 느껴졌다. 아버지는 그곳에서 반송제일교회 성도들을 위한 기도를 이어가셨다. 아버지는 문막기도원에 오시는 분들과 마을 사람들을 위해서도 기도하셨다. 얼굴을 익히는 것이 쉽지 않아 사진을 오려 붙여 놓고 정리하셨다. 가정별로 사진을 찾아 맞추고 그 집 가족에 대해 기록해 놓으셨다. 은퇴 후 25여 년이 지난 지금도 아버지는 성도들과 자녀들, 손주들의 이름을 불러가며 하루 2시간 이상을 기도하고 계신다.

아버지는 문막기도원에서 주일 낮과 저녁 예배, 수요일 저녁기도회를 인도하셨고, 화요일 오전마다 오는 성남 금광교회 성도들을 위해 기도회를 인도하셨다. 금광교회 성도들이 부모의 묘를 잘 찾을 수 있도록 묘지 조감도도 그려놓으시고 방문하는 분들에게 식사와 음료수도 제공하셨다. 남은 시간에 아버지는 어머니와 함께 밭을 일구었다. 하나님은 아버지와 어머니에게 목회하시면서 누리지 못했던 단풍 구경 등을 이곳 산속에서 마음껏 할 수 있도록 배려하셨다.

부산에서 멀리 떨어진 강원도 문막의 산골로 들어오셨지만, 때때로 반송에서 성도들의 전화가 걸려왔다. 대부분 새로 부임한 담임목사님에 대한 불만을 쏟아놓고 싶어서이다. 아버지는 성도들에게 전화가 올 때마다 "나의 시대는 지났다. 사람을 보고 신앙생활 하는 것이 아니라 하나님 앞에서 하는 것이니 담임목사님을 중심으로 신앙생활 잘 하라"고 권면하셨다. 2년쯤 지나자 이런 전화가 거의 걸려오지 않게 되었다고 말씀하셨다. 아버지는 후임목사가 소신껏 일하시도록 일체 간섭하지 않으셨다. 은퇴 후 초창기에는 노회에도 꼭 참석하셨다. 한 원로목사가 후임목사와 총대 장로님들과 노회 석상에 나란히 앉아 계신 모습을 보고 그대로 하겠다고 하신 결심을 실천하신 것이다.

문막에서도 아버지는 마을 사람들을 찾아다니며 전도하셨다. 예닐곱 가정밖에 안 되는 교인들의 가정사를 알게 되면서 농촌 사람이 옛날 시골처럼 순박하고 서로 참고 이해하며 살지 못한다는 사실을 아시게 되었다. 하나님께서 은퇴하신 아버지를 이곳에서도 사용하시고자 하는 이유를 발견하셨다. 은퇴하시고 문막에서 지내시면서 간혹 받는 한 통의 전화로 위로를 받곤 하셨다. 목회하셨을 때 베풀었던 은혜를 기억하고 신앙생활을 잘 하고 있다는 전화였다.

은퇴 후의 삶: 다시 성도가 되다

아버지는 금광교회 선병문 목사님이 원로목사로 추대되시면 문막으로 이사 올 것이라 생각하셨다. 3년 임기가 끝나던 겨울 아버지는 문막을 떠나기로 결심하셨다. 생활 정보지를 뒤지다가 경기도 이천으로 이사하셨다. 예배 드릴 교회를 찾는 일이 본 교회를 떠난 원로목사에게는 어려운 일이었다. 교회에 목사가 오면 그 교회 담임목사에게도 부담이 되기 때문이다. 한동안 어머니와 가정에서 예배를 드리며 신앙생활을 하셨다. 어머니는 예배 중에 눈물을 흘렸다. 목회자의 말로가 이렇게 마땅히 예배할 교회마저 없다는 사실 때문이었다.

얼마 후 아버지는 집 근처에 있는 은광교회에 출석하시게 되었다. 아버지는 성도가 되어보니 성도들의 헌신이 얼마나 큰지 아시게 되었다고 하셨다. 목사는 사택도 주고 전기세도 물세도 내주는데, 성도들은 온전한 헌신과 자비량으로 섬기고 있으니 평신도의 신앙이 목회자의 신앙보다 훌륭함을 느끼셨다.

은퇴 목사 위로회가 경남 부곡 하와이 호텔에서 있었다. 전세버스가 수원제일교회에서 출발했는데, 이규왕 담임목사님이 선배들에게 인사를 하러 나왔다. 잠시 만나 대화를 나누던 차에 이 목사님이 아버지에게 노인 사역을 도와달라고 하셨다. 장년 2천 명이 모이는 교회였다. 아버지는 예배 드릴 교회를 찾은 것에 대해 감사하셨고, 다시 사역할 수 있는 기회를 주신 것에 감사하셨다. 2000년 5월 이때부터 아버지는 노인사역 전문가로 사역하시게 되었다.

2004년 성탄절 예배를 마치고 나올 때 아버지는 부목사님 한 분을 모시기로 했다는 소망부 장로님의 이야기를 들으셨다. 4개월이 지나 용인 죽전에 있는 아파트에 전세를 얻어 이사하셨다. 거리가 멀어 다니기 힘든 수원제일교회를 떠나, 아파트 바로 앞에 신축하고 있던 새에덴교회로 옮기셨다. 수원제일교회에 출석한 지 5년 4개월 만이었다. 소강석 목사님이 2005년부터 개강하는 경로대학의 지도목사로 사역해주기를 부탁하셨다. 아버지는 지금까지 새에덴교회 협동 목사로 섬기고 계신다.

아버지는 비록 담임목사로서는 은퇴하셨지만 협동 목사로 노인 사역을 계속 하셨다. 주 중에는 아파트 노인들을 모아 노인회를 조직하고 아파트 경로당에서 노인 사역을 하셨다. 이사하시는 곳마다 노인회를 조직하셔서 정부로부터 재정 후원을 받게 하시고, 자녀들 없이 지내는 노인들을 사랑으로 섬기셨다. 은퇴 후 아버지는 여러 교회에서 협동 목사로 섬기며 실버팀 사역을 본격적으로 감당하게 되셨다(수원제일교회, 서울대광교회, 새에덴교회 협동 목사). 서울 죽전, 동탄 병점 등에 거주하시면서 아버지는 어머니와 함께 경로당을 새로운 사역지로 삼아 일하신 셈이다.

경로당에 나오는 노인들의 학력은 대부분 낮았다. 화투 치고, 싸우고, 그저 TV 시청하며 시간을 보냈다. 아버지는 교회 행정을 오래 하셨기 때문에 그것을 살려 노인복지에 도움이 될 수 있는 일들을 찾아서 봉사하셨다. 노인회가 조직되어 있으면 매달 국가에서 운영비가 나오기 때문에 이곳에서 점심식사까지도 할 수 있다. 이런 좋은 복지를 노인들이 모르고 있기에 아버지는 노인회를 조직하고 그와 관련된 서류작업도 했다. 쌀과 반찬을 사서 조별 당번을 정하고, 노인들이 밥과 반찬을 차리고 급식하면서 서로 친해지니 분위기가 훨씬 좋아졌다. 아버지가 목사인 것을 자연스럽게 알게 되어 이것저것 물어오기도 하고 복음을 전할 기회도 얻게 된다.

이런 섬김 하나하나가 다 간접적인 선교가 된다. 은퇴 목사님들이 일할 곳이 없다고 하지만, 사례비가 없어서 그렇지 전국 경로당에 가보면 할 일이 널려 있다. 외부 사람들이 와서 전도하는 것보다 같은 경로당 사람이 섬기면서 전하는 것이 더 효과적일 수 있다. 아버지는 노회며, 당회 회의를 많이 해 본 경험이 있는 목사들이 은퇴 후에 지역사회 일에 적극 참여할 필요가 있다고 말씀하셨다. 아버지는 용인 '생명의전화'에서 카운슬링 과정을 수강하시고, 노인자살예방 상담원으로도 봉사하셨다.

수원제일교회에서 협동 목사로 일하시면서 소망주일학교라는 노인대학을 맡아 섬겨 오셨다. 아버지는 개교하면서 품으신 소망이 몇 가지 있었다. 성경을 공부하면서 구원의 확신과 천국의 복을 소망하도록 하는 것이었다. 두 번째는 나이 들어 느끼기 쉬운 고독과 소외감을 교육과 성도들 간의 친교를 통해 위로받고 삶의 자신감을 얻으며, 남은 여생을 즐겁게 보낼 수 있도록 돕고자 하는 것이었다. 아버지는 노인지도를 위한 지식과 경험을 얻기 위해 이천의 노인복지회관을 찾아가 그곳의 노인대학에 입학하셨다. 수십 년 만에 에어로빅을 수강했다. 손발이 따로 놀고 제대로 움직이지도 않았으나 배움의 기쁨이 있었다고 말씀하셨다. 아버지에 따르면 새로운 사역을 위해서는 끊임없이 배워야 하는 것이 지도자의 자세다.

아버지는 평생 목회를 함께 하신 어머니에 대해 애틋한 마음과 감사를 품고 계신다. 아무것도 없는 아버지에게 시집 와서 어렵고 힘든 목회생활에, 7년간 신학공부하는 데 뒷바라지를 다 해주셨다. 6남매를 낳아 키우며 대학에 유학까지 보내며 살림살이를 지켜왔으니, 오늘에 이르기까지 수고하고 고생한 것을 생각하시면서 마음 아파하셨다. 어머니는 가난한 목회자의 아내로 알뜰함이 항상 몸에 배어 있으셨다. 어쩌다 남이 사준 옷 몇 벌을 제외하고는 모두가 저가의 옷들이다. 어머니께서 손주들 입히겠다고 헌 옷가지 파는 데서 여러 벌 사서 세탁하여 손 본 후 며느리들이나 딸들에게 주면 모두 부끄러워하지 않고 서슴없이 받아 갔다.

둘째 형이 초등학교 시절 밴드 악장이었는데, 돈이 없어 밴드복을 사주지 못하고, 이질녀 이원혜가 편물기로 곤색 털실을 짜서 입힌 적이 있었다. 초등학교 운동회 때 밴드를 지휘하면서 행진할 때에 매우 불편해했던 형이 기억난다. 나도 초등학교 때 동네 양장점을 돌면서 버리고자 하는 천 조각을 담은 포대를 받아 온 기억이 있다. 아버지는 천 조각을 이어서 덧신을 만들어 주셨다. 중학교 때 형에게 물려받은 책가방이 찢어져서 굵은 흰 실로 꿰매어 가지고 다녔던 기억도 있다. 나는 형이 둘이나 있어 형들의 옷을 물려받았으며 새 옷을 사 입은 기억이 없다.

아버지는 매일 화장실 세면대 앞에 걸린 거울 앞에서 자신의 모습을 바라보시는 경우가 많았다. 매일 보는 아버지의 모습은 핼쑥하고, 양쪽 볼에 살이 빠진 깡마른 얼굴이다. 신학교에 다닐 때는 지금보다 더 홀

쭉해서 동기생들이 아버지를 보고 존 칼빈을 닮았다고 했다. 아버지는 얼굴에라도 살이 좀 붙었으면 하는 바람을 가지셨는데 바람뿐이었다. 아버지는 외모에 대한 관심보다 내면에 관심을 두고 계신다. 그러나 은퇴 후에 아버지는 내면이 늙어 가는지 신앙생활에 뜨거움이 없는 듯 하다고 말씀하신다. 끝없는 전쟁터인 사역 현장을 떠나고 나니 신앙이 좀 느슨해지는 것이 아닌가 하는 염려도 된다. 아버지는 목회가 비록 힘들었지만 영적 부분에서는 복이 될 수 있다고 생각하신다. 영적 자녀들을 돌보다 보니 목회자 자신도 건강해진다. 섬김과 돌봄이 영적 건강의 비결임을 아버지는 다시금 깨달으신다.

아버지는 지난 85여 년의 삶 속에서 하나님의 은혜와 축복이 기적의 역사였다고 회고하신다. 마지막 날까지 그리스도를 본받아 살아가자는 다짐을 하신다.

2003년 아버지가 70세를 앞두고 소변을 보실 때마다 힘이 들기 시작하셨다. 비뇨기과에 가 보니 전립선염과 비대증 두 가지 증상이 다 있다고 했다. 고려대 병원에 입원해 조직검사를 해보니 이번에는 전립선암 판정을 받으셨다. 그 날 이후 끝없는 치료와 투병의 시간이 이어졌다. 호르몬 치료로 10년이 지난 날 담당의사가 이제는 항암 치료를 받아야 한다고 했다. 항암 치료가 한계에 이르면 어떻게 되느냐 물었더니 그 다음엔 치료 방법이 없다고 했다. 아버지는 이제 끝날이 가까웠구나 생각하셨다.

암센터로 옮겨 항암 치료를 받다가 21일 만에 한 번씩 아홉 차례 항암치료를 받으셨다. 한 번은 밤에 입원한 적이 있었는데, 그날 밤 간호사가 잠시 졸다가 제때에 주사기를 빼지 않아 아버지의 몸에서 피가 흘러나오기 시작했다. 결국 주사약까지 함께 빠져버리고 말았다. 자다가 깨어 간호사를 급히 부르셨다. 그냥 잠들었으면 아버지는 피가 역류하여 별세하셨을 것이다. 아버지의 암 주사약은 다시 주사할 수 없게 되었다. 그러나 하나님은 아버지를 지켜 주셨다. 여러 날의 항암 치료 기간 동안 아버지의 머리칼이 다 빠지고, 손톱과 발톱이 다 빠졌다. 식욕이 떨어지고, 기력이 떨어진 상태에서 혈압은 높고 어지러워 일어서지 못하는 때를 보냈다. 이때에 가족과 친척들, 많은 성도가 아버지와 작별 인사를 하러 왔다. 나는 아버지가 평생 설교하신 원고들을 정리해서 단행본으로 내어 아버지가 생전에 보실 수 있도록 해야 하겠다고 서둘렀다. 그 결과 나온 것이 『로마서 강해』(서울: 영성네트워크, 2016)이다.

그러나 하나님의 은혜로 머리털도 다시 나오고 손톱, 발톱도 다시 정상으로 돌아왔다. 2016년 정기 검사를 받았을 때에 아버지의 피의 수치가 45가 되었다. 의사가 권유한 임상 시험용 약을 복용하시면서 몸이 기적적으로 회복되기 시작했다. 아버지는 지금도 전립선암에서 완전히 해방된 것은 아니지만 암과 함께 살아가는 삶을 살고 계신다.

아버지는 가시는 곳마다 텃밭을 가꾸셨다. 목회하시는 동안에도 사택 주변에 텃밭을 가꾸셔서 푸성귀를 장만하셨다. 아버지는 "사람이 무엇이든 심든지 그대로 거두리라"(갈 6:7~10)는 말씀을 체험하시면서 삶의 원칙으로 가르쳐 오셨다.

은퇴 후의 삶: 말씀과 기도

아버지는 은퇴 후의 시간을 성경 읽기와 기도에 사용하고 계신다. 성경 일독을 위해 매일 25장씩 읽으시고, 기도는 2시간 이상씩 하고 계신다. 성경 일독을 하며 다시 줄을 치고 중요한 뜻을 표기하며 읽으시느라 시간을 많이 사용하신다. 하지만 말씀의 맛을 알고 읽을 때 꿀맛에 취한 벌과 같이 시간 가는 줄 모르신다. 아버지에 따르면 성경을 읽어 보면 아주 조직적이고 질서가 있다고 한다. 그래서 성경을 읽는 자가 그 주제되는 말씀만 바로 찾아내기만 하면 성경의 바른 의미를 쉽게 줄

지어 만들어낼 수 있다. 마치 밭에서 감자 캐는 농부가 줄기를 잡고 끌어올리면 그 줄기에 주렁주렁 따라 올라오듯 말이다. 주제의 말씀을 찾아 끌어올리면 본문 속에 들어있는 정금 같은 진리들이 연결되어 드러나게 된다. 그렇게 하려면 성경을 많이 읽을 뿐 아니라 성경 속에 묻혀 있는 보화를 보는 눈이 있어야 한다.

아버지는 성경 자체에서 제목과 대지를 찾아내어야 한다고 생각하신다. 성경 전체의 주제들을 성령의 도우심을 입고 발견하여 메모를 하셨다. 대지가 될 말씀은 노란색으로 칠하고, 소지가 되는 부분은 1, 2, 3 식으로 부호를 달았다. 성경을 매 장마다 분해하며 읽게 되었는데, 어떤 주석에서보다 세밀하게 분해되었다. 성경 말씀은 이런 조직적인 구성체로 되어 있어 이를 알고 보면 이해하는 데 큰 도움이 된다.

아버지는 전립선암을 발견하신 후에 하나님 앞에 기도하셨다. 창세기부터 요한계시록까지 모든 성경을 필사하면서 대소요지로 분석하는 작업이 끝날 때까지 생명을 보존해 달라는 기도였다. 하나님께서는 그 기도를 들어 주셨다. 아버지는 15년 이상을 암과 더불어 살고 계시면서 요한계시록까지 그 작업을 하실 수 있었다. 아버지는 목회 시작하실 때부터 모든 설교를 원고로 작성하셨는데, 그 방대한 설교 원고와 더불어 아버지께서 분해하신 성경필사본을 나에게 선물로 주셨다. 변두리 철거민촌에서 목회하신 아버지의 설교를 누가 읽겠느냐고 하셨다. 하지만 나에게는 그 설교문이 너무나 귀하다. 많은 돈을 들여 아버지의 육필 원고를 스캔해서 파일로 보관했으며, 그 중 로마서 부분을 타이핑해서 『로마서 강해』로 출판했다.

아버지는 평생에 받으신 하나님의 은혜가 얼마나 큰지를 손주들에게 알리고 싶어 하셨다. 그래서 평생의 삶을 원고로 쓰셨다. 아버지의 삶은 사용되지도 않고 쓰레기장에 버려진 400자 원고지에 기록되었다.

한자도 잘 모르는 막내 손자가 아버지의 육필 원고를 열심히 타이핑했다. CBS 방송작가 강신해 강도사님이 그 글을 다듬어 주셔서『평생목회 은혜목회』(서울: 영성네트워크, 2018)로 출판되었다. 아버지의 목회는 실제로 은퇴가 없기에 평생 목회이며 오직 하나님의 은혜로 가능한 목회라는 점에서 은혜 목회였다. 이 글도 이 책의 주요 부분을 발췌해서 이루어졌다.

지금도 아버지는 목회하셨던 교회의 성도들의 이름을 기록하고 일일이 불러가며 기도하고 계신다. 은퇴 후 시간을 어떻게 보내야 하는지 모르겠다는 분도 있다. 하지만 아버지는 말씀 읽고 기도하시고, 가정 살림을 도우시는 등 바쁜 일상을 보내고 계신다. 아파트 경로당은 여전히 아버지의 사역지다. 얼마 전 동네 아이가 타는 자전거를 보고 어릴 적 생각을 하고 자전거를 타시다가 넘어지셔서 물리치료를 받고 계신다. 80대 후반을 지나가고 계시는 아버지의 마음은 여전히 자전거를 빨리 몰고 다니며 심방하시던 시절에 머물러 계심을 알 수 있었다.

아버지는 1935년 경북 영주의 엄격한 유학자 집안에서 11남매 중 넷째 아들로 태어나 17세에 예수님을 영접한 후 가족의 반대에도 불구하

필자와 부친

막내 여동생 결혼식

고 신학의 길로 들어섰다. 집안에서 처음으로 기독교인이자 목사가 되었고, 오랜 기간의 복음전파와 섬김을 통해 형제자매 모든 가족이 주님을 영접하도록 했다. 부산 고려신학교를 거쳐 총회신학교에서 신학을 공부했다. 21세의 나이에 안동 월곡교회에서 전도사 사역을 시작했고, 항도교회와 정관교회, 좌천교회에서 담임전도사로 섬겼으며, 부산 송정교회에서 담임목회를 시작하여 논산제일교회, 신기교회를 거쳐 부산 반송제일교회(현 새누리교회)에서 23년간 목회를 했다. 1996년 62세에 조기 은퇴하여 새누리교회 원로목사가 되었다. 은퇴 후에 금광교회와 수원제일교회, 대광교회에서 협동 목사로 섬기다가, 현재 새에덴교회 (담임: 소강석 목사) 협동 목사로 섬기고 있다.

슬하에 3남 3녀를 두었으며, 특히 장남과 삼남을 신학의 길로 들어서게 하여, 이관직 목사가 총신대 신학대학원 목회상담학 교수로, 이경직 목사가 백석대학교 신학대학원 조직신학 교수로 섬기고 있다. 교회 음악을 위해 양육했던 2남 이장직 집사는 교회 찬양대 지휘자로 평생을 섬기면서 중앙일보 음악전문기자를 거쳐 월간 「객석」 객원 기자 및 서울대 음악연구소 수석 연구원으로 일하고 있다. 세 딸 은주, 신주, 은신도 가정을 이루어 그리스도의 몸된 교회를 잘 섬기고 있다. 현재 아버지는 용인에서 생활하고 계시며 새에덴교회를 출석하고 계신다. 아버지는 젊은 시절부터 그림을 그리는 일을 좋아하셨고 찬송가사와 시를 여러 편 지으셨다. 아버지가 최근 일기에 쓰신 시 〈거울〉로 이 글을 마무리하고자 한다.

거 울

1. 나는 거울을 들여다본다
   매일 몇 차례 거울을 들여다본다
   거울을 들여다보는 것이 나를 보기 위해서다
   거울은 있는 그대로 나를 보여준다
   거울 앞에서 나의 머리를 단정히 하고
   거울 앞에서 나의 복장을 바르게 하며
   거울 앞에서 나의 얼굴에 화장을 한다
   나는 매일 몇 차례 거울을 들여다 본다

2. 나는 말씀의 거울을 들여다본다
   매일 몇 시간씩 거울을 들여다본다
   거울을 들여다 보는 것이 나를 보기 위해서다
   거울은 있는 그대로 나를 보여준다
   거울 앞에서 나의 믿음을 점검하게 되며
   거울 앞에서 나의 생활을 되돌아보며

거울 앞에서 나의 내면을 정하게 한다
나는 매일 몇 시간씩 말씀의 거울을 돌아본다

3. 나는 역사적 거울을 들여다본다
   앞서 간 선진들의 당한 일들의 거울을 본다
   그들의 실패도, 성공도 우리의 거울이 되기에
   말세를 만난 우리의 경계의 거울이기에
   역사적 거울 앞에서 실패하지 않기를 다짐하며
   역사적 거울 앞에서 승리를 꿈꾸면서
   나는 매일 역사적 거울을 들여다본다

1936•

나사렛 예수의 사람,
류동형 목사

류원렬 교수

서강대학교 국문과 (B.A.), Trevecca Nazarene University
(M.A.), Union Theological Seminary in Virginia (M.Div.),
Emory University (Th.M.), Graduate Theological Union (Ph.D.)

현 | 평택대학교 피어선신학전문대학원 설교학/실천신학
　　교수, 평택대학교 신학과 학과장 및 신학대학원 주임
　　교수, 한국설교학회 수석부회장, 「설교한국」 편집위원

저서 | 『말씀과 현장-류원렬교수의 설교이해와 실제』, 『성
　　경과 세계』(공저)

역서 | 『하나님과 오늘의 선교』, 『영국케직집회 시작이야기』

아버지 해향(海鄕) 류동형 목사님은 4성의 인물이시다. 목회자이전에 거듭난 그리스도인으로 평생 성경을 가까이 하셨고, 성경의 예수님을 닮기 위해 언제나 성결의 삶을 추구하셨고, 47년간 5개 교회에서 목회하시면서 성령의 능력을 간구하며 성령과 동행하셨고, 평생 가족과 일, 삶을 사랑하시며, 근면과 긍정으로 살아오신 성실의 인물이셨다. 필자가 아버지를 떠올리니 성경, 성결, 성령, 성실의 네 단어가 연상이 되어 4성이란 표현을 하게 되었다. 아버지는 '해향(海鄕)'이라는 호가 의미하듯이 바다를 좋아하셨고, 자연 속을 거닐며 산책하시는 것을 즐겨 하셨다. 책을 가까이하며 사색하는 것을 좋아하셨고, 무엇보다 가족과 함께 대화하셨다. 식사하고, 노래하고, 기회가 되면 함께 여행하는 것을 좋아하셨고, 지금도 그렇게 살고 계신다.

아버지는 2007년 10월 말, 47년간의 목회를 경기도 평택 안중에 위치한 안중나사렛교회에서 마무리하셨다. 그리고 현재는 평택에서 어머니와 함께 노년의 삶을 기쁨과 감사함으로 보내시고 계신다. 아버지와 어머니는 4남매의 자녀를 두셨다. 딸과 아들 3형제를 두셨는데, 필자는 장남이지만 위로 누님이 계시기에 형제자매 서열은 둘째이다. 아버지의 큰 아들로서 아버지의 삶을 돌아보고, 아버지의 삶과 목회를 추억할 수 있어서 개인적으로 의미가 있고 감사하다. 아버지께서 은퇴하시면서 고백하였던 시편 말씀과 '바다와 소년'이라는 모티브를 통하여 본인의 삶을 묘사하신 아버지의 시 한 편을 소개하면서 류동형 목사님에 대한 삶의 이야기를 시작하고자 한다.

"내게 주신 모든 은혜를 내가 여호와께 무엇으로 보답할까!"

(시 116;12)

바다와 소년

바다는 소년을 어머니처럼 반겨 주었다
여름날 갯벌 얕은 물가에서
소년은 아이들과 물장구 치고 망둥이 낚으며 자랐다

바다는 소년에게 아버지처럼 단호하였다
주저 말고 남쪽으로 가라고
바다는 뱃길을 열어 소년을 자유의 땅으로 보내주었다
소년은 바다를 바라보며 떠나온 땅을 그리워했다

바다는 소년에게 스승처럼 일러주었다
푸른 마음 넓은 마음 깊은 마음 되라고
소년은 바다를 바라보며 마음을 추스르고 꿈을 펼쳤다

바다는 소년에게 영원한 말씀을 주었다
바닷물은 수증기 큰 물 되어 하늘로 올라간다고
소년은 하늘과 맞닿은 수평선 바라보며 영원한 본향을 사모하였다.

(2008. 5. 19.)

어린 시절

아버지 류동형 목사님은 1936년 4월 14일(음력) 황해도 신천군 초
리면 용학리 시르메 마을에서 문화 柳씨 가문 應(응)자 乾(건)자 부친
과 밀양 朴씨 孟(맹)자 女(녀)자 모친 사이에서 5남 2녀 7남매 중 넷
째 아들로 태어나셨다. 아버지의 직계 조상가운데는 조선 세종대왕 시
절 우의정을 지내셨고, 조선 초기 3대 정승이셨던 하정(夏亭) 류관(柳

寬, 1346~1433)이 계시는데, 하정 류관의 18
대 직계손이 되신다. 아버지께서는 넷째 아들
이셨지만, 위로 누님이 두 분 계셨고 남동생이
있었는데, 남동생은 어린 시절 홍역으로 세상
을 떠났기에 아버지가 사실상 막내로서 성장하
셨다. 한학자이며 한의사이신 부친의 영향으
로 엄격한 유교가풍 속에서 성장하신 아버지께
서는 다섯 살, 여섯 살 때 이미 마을 서당에서

류동형 목사

천자문을 떼셨고, 이를 축하하기 위해 집에서 훈장어른과 동리 어른들
을 초청하여 책거리를 열고 상을 받으셨던 기억이 생생하다고 하신다.

아버지께서는 여섯 살 때 부모님을 따라 황해도 신천을 떠나 도청소
재지였던 해주로 이사하여 일제 치하에서 행정 초등학교를 입학하였
고, 당시 할아버지께서는 황해도 해주 도청 앞 대로에 '갱생당한약방'을
운영하셨다. 1945년 8월 15일 해방과 함께 남북이 분단되자, 온 가족이
38선 이남이었던 해주 인근 옹진군 동강면으로 월남하여 동강 초등학
교를 거쳐, 다시 이사한 해남면 삼봉초등학교를 졸업하였다. 이후 서울
의 중동중학교로 진학하여, 1950년 6.25 전란이 일어나기 전까지 할아
버지께서 자녀들 교육을 위해 구입하신 서울 집에서 학교를 다니셨다.

신앙의 첫 걸음과 세례

아버지 가슴속에 기억되는 어린 시절은 황해도 옹진군 동강면 화산리
논터 바닷가 마을이셨다. 그 곳 바닷가에서 망둥이를 잡고, 친구들과
헤엄치시던 추억으로 인해 아버지께서는 평생 동안 바다를 고향으로 여
기셨고, 기회만 되시면 해변을 거닐며 삶의 과거, 현재, 미래를 생각하
시는 것을 가장 즐겁고 소중한 일로 여기시게 된 것 같다. 철저한 유교

가문에서 성장하신 아버지이셨지만, 어린 시절에 처음으로 교회를 경험하시게 된다. 아버지의 어린 시절 마을에는 20평가량의 함석으로 지은 (감리교회로 기억하시는) 작은 교회가 있었는데, 교회 이름이 '논터교회'였다. 아버지께서는 10살이던 초등학교 3학년 때 크리스마스를 맞아 교회를 나가셨는데, 그때 예수님의 이야기를 들었던 것이 아버지의 삶에서 복음의 씨앗을 마음에 받은 첫 사건이었다. 일제가 군수품 조달을 위해 모든 금속을 수탈해 갔기에 교회에는 종이 없어 대신 산소통이 나무에 매달려 있었는데, 예배시간 때가 되면 그 산소통을 누군가 세게 때렸고, 그러면 그 소리를 들으며 예배당으로 달려가셨다고 한다. 그때 나이가 지긋하신 원복이 아버지가 주일학교 선생님으로 검은 무명 두루마기를 입고 떠듬떠듬 들려주시던 성경의 이야기가 지금도 잊혀지지 않으시며, 당시 어른들 부흥회에 참석하여 감동도 받으셨다고 한다. 논터교회는 아버지 생애에 결코 잊을 수 없는 교회이다. 이후 아버지 가족은 그 마을을 떠나 교회가 없는 해남면 죽동으로 이사 하였고, 더욱이 교회와 선교사들을 완강히 거부하셨던 부친의 반대로 교회를 더 이상 나가지 못하시게 되었다.

여러 해 지난 후 6.25 전란이 터지자, 아버지께서는 서울서 공부하시다가 부모님 계신 옹진의 집으로 올라가셨다. 그러나 신의주까지 북진했던 국군이 중공군의 남하로 후퇴하자, 아버지가 계셨던 옹진의 바닷가 마을은 북한 공산당의 치하에 들어가게 되었다. 이후 수개월 동안 아버지께서는 인민군대의 징용을 피해 낮에는 조밭의 밭고랑에 숨어 있다가 밤이 되면 집으로 돌아가는 그야말로 피말리는 피신의 시간들을 보내야했다. 1951년 10월 어둠이 짙게 깔린 어느 날 자정 무렵에 중학생 나이의 어린 류동형은 인민군의 삼엄한 감시와 경계망을 뚫고 자유를 찾아 남쪽으로 떠나기로 결심한다. 결국에는 어머니의 마지막 당부가 되어버린 "어서 먼저 내려가라!"라는 말을 듣고, 아버지와 두 살 아래의 조카는 야밤에 물 빠진 갯벌 너머 바닷가에 정박한 고기잡이 돛단배를 타고 연평도로 급히 월남하였던 것이다. 아버지는 지금도 그 순간을 생생하게 기억하고 계신다. 썰물로 물이 빠져버린 드넓은 갯벌을 뛰어간다는 것은 해안에 잠복해 있던 인민군에게 언제든 총격을 당할 수 있는 상황이었다는 것이다. 실제로 그렇게 죽어나간 사람들도 있었지만, 아버지는 목숨을 걸고 긴 갯벌을 지나 바다로 뛰어 갔다는 것이다. 인민군의 호각 소리와 총성을 뒤로하고 자유를 향해, 미지의 세상을 향해, 생명을 걸고 구원의 돛단배를 향해 뛰었고, 마침내 기적적으로 그 배에 오를 수 있었던 것이다.

이후 15세 소년이었던 아버지께서는 부모, 가족, 고향과 생이별하여 부모의 생사도 모른 채 남한에 정착하게 된다. 아버지는 연평도를 통해 인천으로, 용인으로, 이후 경남 창원의 웅천에서 피난생활을 하셨다. 피난지에서 고생하며 외롭게 지내던 어느 날, 웅천의 한 교회에서 부흥회를 알리는 종소리가 울려 퍼졌다. 아버지는 그 순간 왠지 모를 감동과 함께 오랫동안 잊고 지냈던 하나님의 존재를 떠올리며, 그 분께서 부르신다는 마음에 발걸음을 교회로 옮기셨다. 공교롭게도 아버지께서 나가신 교회는 순교자 주기철 목사님의 모교회인 웅천장로교회였다. 웅천교회는 순교자를 배출한 긍지와 자부심 속에 말씀중심의 신앙 전통을 철저히 고수하는 교회였다. 웅천교회에서 아버지는 성수주일과 새벽기도를 배웠고, 예수 그리스도를 구주로 영접하고 신앙생활을 새롭게 시작하였다. 아버지의 어린 시절 논터교회와 피난지의 웅천교회, 이 두 교회는 아버지께서 기독교 신앙을 접하고 형성하는데 중요한 밑거름이 된 교회들이었다. 1953년 7월 27일 휴전이 된 후 아버지께서는 서울의 집을 찾아 귀경하셨고, 늦은 나이에 고등학교에 등록하여 고등학교 일학년 때 서울시 중구 장교동에 위치한 장수장로교회에서 배기주 목사님께 세례를 받으셨다.

나사렛교회와 나사렛신학교 시절

배문고등학교 시절 아버지와 가장 가까운 친구였던 이명수 학생이 서울 전농동에 살고 있었는데, 자기가 출석하는 교회에 가 보자고 해서 따라간 교회가 당시 배선표 목사님이 시무하시던 전농동 나사렛교회였다. 어린 시절 감리교회에 다녔고, 경남 창원 피난지에서는 장로교회에 다니셨다. 서울로 올라온 후에도 장로교회에서 세례 받고, 피난민들의 교회였던 한경직 목사님이 목회하신 영락교회도 출석하였지만, 친구의 영향으로 나사렛교회의 교인이 된 것이다. 나사렛교회는 19세기 말 미국의 성결운동 연합체가 중심이 되어 설립된 복음주의 기독교 교단으로 오늘날 세계에서 가장 큰 웨슬리주의 성결교단이다. 본래 감리교 목회자 출신의 캘리포니아 지역 연회 감독이었던 피니지 브리지(Phineas F. Bresee, 1838~1915) 목사가 1908년에 나사렛교회(The Church of the Nazarene)라는 이름으로 미국 로스앤젤레스에서 새로운 기독교 교회(교단)를 창립하였고, 한국에서는 1948년 기존의 '하나님의 교회' 소속 목사들이 미국나사렛교회와 연결하여 나사렛교회를 시작했다. 이후 1954년 미국 캔자스시티에 위치한 국제나사렛교단 본부에서 첫 선교사였던 Donald Owens (한국명, 오은수)를 파송함으로써 신학교가 서울에 세워졌고, 한국에 나사렛교회의 선교사역이 본격적으로 이루어졌다.

아버지께서는 신앙생활을 열심히 하셨고, 이후 가까운 주변 사람들의 권면과 배기주 목사님의 추천으로 서울 등촌동에 위치한 나사렛신학교에 입학하였고, 4년의 교육 과정을 거치면서 하나님의 인도하심 가운데 나사렛교단 목회자의 길을 걷게 되셨다. 당시 신학교 분위기는 김포 가도에 위치한 작고 아담한 교사와 기숙사에서 기십 명의 학생들이 가족과 같은 분위기 속에서 학문과 진리탐구에 열중하였고, 뜨겁게 기도하며 열심히 목회자의 꿈을 키워나갔다. 선교사였던 Donald Owens 목사님이 학장이셨고, 아버지께서 1962년 12월에 신학교를 졸업하셨다. 그때 5회와 6회가 함께 졸업을 하였는데, 5회 졸업생에는 공창술, 김건치 그리고 6회 졸업생에는 윤형근, 황종호, 이창만, 김팔배, 옥순채 그리고 류동형이었다. 아버지께서는 4년 공부하는 동안 늘 뛰어난 성적이셨다고 한다. 때문에 시험 때가 되면 동료 학생들로부터 노트 정리의 달인(?)으로 불리셨던 아버지의 노트가 시험 준비를 위한 특별 교재가 되었다고 한다. 결국 아버지는 최우수 성적으로 졸업을 하셨다.

첫 목회지 양진교회 개척

아버지께서는 나사렛신학교 2학년 말에 학생 전도사로서 교회를 개척하셨다. 1960년 12월 19일 당시 감독(지방장)이셨던 박기서 목사님의 파송으로, 류동형 전도사는 경기도 안성군 공도면 진사리 마을에 개척 전도사로 부임을 하였다. 당시 공도면의 전 면장으로 그 지역 유지였던 이강돈 씨와(후일 나사렛교단 평신도 대표와 고문역임) 현촌감리교회 속장이었던 이강년 씨 두 분이 교회가 없었던 진사리, 소사리, 건천리 일대에 교회설립의 필요를 절감하였고, 이에 류동형 전도사의 교회개척에 적극 협력하게 되었는데, 그 교회가 진사리 마을 최초의 교회가 된 양진교회이다. 25세의 젊은 학생 전도사였던 아버지께서는 당시 미국인 선교사가 제공한 구호물자를 등에 지고, 영등포에서 버스를 타고 2~3시간 걸려 현재 평택대학교가 위치한 정문을 조금 지난 버스정류장에 내려, 생면부지의 땅인 안성의 진사리를 향해 언덕을 걸어 올라가셨는데, 지금도 그때의 기억이 생생하다고 하신다.

아이러니한 것은 아들인 필자가 현재 아버지께서 개척하시며 전도의 씨를 뿌리셨던 동네, 어머니가 태어나서 성장하신 진사리 마을의 초입에 위치한 한 아파트에 살고 있다는 것이다. 50년이 지난 미래의 어느 날, 그 개척 전도사의 아들이 진사리에 살게 될지 아버지께서는 꿈도 꾸지 못하셨을 것이다. 아버지가 학생 전도사로 서울 등촌동에서 출발하여 교회가 개척된 안성의 진사리 양진교회를 매 주말마다 오가셨는데, 늘 버스를 타고 내리던 먼지 날리던 평택의 버스 정류장 근처에 지금은 평택대학교가 위치하고 있고, 필자는 평택대학교 신학대학원에서 교수로 있으니 참으로 신기한 인연이요, 하나님 섭리의 특별한 손길이 아닌가 생각해본다.

1960년 12월 아버지는 안성 진사리에서 동네의 몇몇 유지들과 함께 교회를 개척하셨고, 첫 예배는 이강년 집사 댁 안방에서 수요일 저녁에 드렸고, 찬송 369장 '죄 짐 맡은 우리 구주'와 요한복음 3장 16절 말씀으로 설교하셨다. 첫 예배에 모인 인원은 이강년 집사 가족 다섯, 이강돈 씨, 그리고 인도자 류동형 전도사까지 모두 7명이었다. 이후 교인이 늘면서 예배 처소를 진말 허영 씨네 방앗간 자리로 옮겼고, 아버지께서는 교회 이름을 볕, 태양 양(陽) 나갈 진(進)자로 주의 빛이 비추어 나간다는 의미로 양진교회라고 명명하셨다. 지금도 진사리에 가면 양진초등학교, 양진중학교가 있는데, 그 이름이 어떻게 시작 되었는지는 확인해야겠지만, 아버지께서는 '주님의 빛'이 지역과 삶을 비추어 나간다는 의미로 '양진(陽進)교회'라고 이름을 정하셨다.

류동형 전도사는 주중에는 서울 등촌동에 위치한 나사렛신학교에서 공부하고, 금요일 오후에 안성 진사리의 교회로 내려와서 심방과 전도에 힘썼는데, 하나님의 은혜로 동네의 유력한 분들과 청년들이 많이 나와 교회는 부흥되어 갔다. 마침내 헌신적인 몇몇 분들의 헌금으로 교회 대지로 300평 밭을 구입하였고, 교단 선교부가 지원한 건축 자금으로 32평 교회당을 건축하여 1962년 12월 8일 입당예배를 드렸다.

수년 전 필자는 아버지가 개척하셨던 지역의 한 경로당을 방문한 적이 있었다. 그런데 그 경로당에 앉아 있던 노인들 가운데 몇몇 분들이 아버지와 어머니를 기억하고, 아버지의 개척 시절을 생생히 기억하는 분들이 계셨다. 그분들 말에 의하면 당시 예배당이 동리 언덕에 지어질 때, 마을 사람들 전체가 함께 하였고, 돌을 서로 운반하며 마을 전체가 예배당을 세웠다는 것이다. 노인들이 "그 젊은 전도사님, 정말 열심히 목회했어요!"하는데, 필자의 가슴에 뿌듯함과 자랑스러움이 벅차올랐다. 이후 양진교회는 새 예배당에서 예배드리는 기쁨을 가지고 든든히 세워졌다. 그때 지역의 어머니 교회였던 평택교회에서 평택 안중지역 교사 동화대회가 있었는데, 진사리에 개척된 작은 교회였던 양진교회의 교사들이 참가하여 전체 1, 2, 3등 상을 다 휩쓸 만큼 양진교회는 활발하게 활동하고 부흥하는 교회였다.

아버지에게 양진교회는 첫 목회지로서의 특별함이 있었지만, 또 하나 결코 잊을 수 없는 복은 양진교회에서 어머니를 만나 결혼을 하였던 것이다. 당시 아버지의 개척교회 교인으로서 청년 전도사를 열심히 도왔던 김성자 권사님이 계셨다. 오인숙 청년은 그 권사님의 둘째 딸로서 교회를 착실히 나왔는데, 하나님의 은혜와 인도하심 가운데 주변의 중매와 권고로 성혼에 이르렀고, 1963년 12월 17일 가족, 친척, 온 교우들의 축복을 받으며 나사렛신학교 오은수(Donald Owens) 학장님의 주례로 새로 지어진 양진교회 예배당에서 결혼식을 올리게 되었다.

류동형 전도사는 나사렛교단의 인사 정책에 따라 이듬해인 1964년 5월 31일, 부흥하고 있던 양진교회를 사임하고, 충북 옥천군 청산면 교평리 청산교회로 이동하였다. 당시 필자의 어머니 오인숙 사모는 평택여상(현 평택여고 전신) 1회 졸업생으로 평택경찰서 옆에 있는 농업은행(농협) 직원이었는데, 직장과 가족, 고향을 모두 뒤로하고, 아골 골짝 빈들 같은 낯선 곳으로 이사를 떠났던 것이다. 이후 양진교회는 9명의 목회자가 부임을 하여 목회를 하였다.

1990년대 중반에 양진교회는 교회 이름이 한마음교회로 바뀌게 되었다. 그때까지 양진교회의 건물은 아버지 류동형 목사님이 1962년 겨울에 건축하신 건물이었으나, 90년대 중반에 양진교회를 목회하였던 목회자가 최초의 예배당을 헐고 그 자리에 부지를 더 매입하여 새로운 예배당을 크게 지었으나, 교회가 건축 빚을 감당하지 못하는 어려움에 처하게 되었다. 설상가상으로 목회자는 나사렛교단의 정책에도 순응하지 않는 가운데, 교회 재산이 재단법인에서 탈퇴한 것을 기회로 교회 건물을 임의로 감리교단에 매각하였다. 그 결과 1960년 12월 이래로 진사리 언덕에서 복음사역을 하였던 나사렛교단 양진교회는 50년 역사의 종지부를 찍고, 감리교단의 하늘문교회로 교단명과 교회명이 바뀌게 되었다. 목회자도 바뀌고, 교인들도 떠나고, 양진교회의 교회당에는 새로운 교단의 새로운 교인들이 평택의 다른 지역에서 이주를 해 왔던 것이다.

본래 아버지와 어머니께서는 2007년 10월말 목회 47년을 마무리하시고, 평택으로 이주하셔서 가까운 양진교회를 출석하실 계획이셨다. 그리고 은퇴 후 첫 주일에 본인들이 처음 목회 여정을 시작한 양진교회에 오셔서 감사예배를 드리는 감격을 맛보고 싶었는데, 이미 양진교회는 목회자와 교인들 간의 오랜 갈등으로 교회로서의 기능이 거의 끝나가는 바로 그 무렵이었던 것이다. 아버지는 첫 주 예배 후, 더 이상 그 교회를 출석하실 수 없었으며, 이후 바로 교회가 감리교단에 매각되었다는 소식을 들으셨던 것이다. 아버지께서는 교회가 어떤 교단에 속하던지 복음 사역만 잘하면 된다고 스스로 위안을 삼으셨지만, 당신의 첫 목회지이셨고, 여러 목사님들과 많은 성도들의 수고의 역사를 간직한 양진나사렛교회가 더 이상 존재하지 않고 나사렛교단에서 사라진 것에 대해 지금도 늘 마음 아파하신다.

필자는 진사리 동네를 산책할 때마다 멀리서 그 교회를 지금도 바라보곤 한다. 그리고 주일마다 교회를 갈 때, 공교롭게도 양진교회가 위치했던 지금의 하늘문교회 옆을 운전하며 지나갈 때가 있다. 그럴 때마다 필자의 어린 딸에게 이야기하곤 한다. "재윤아, 저 교회 있지? 저 교회 할아버지가 세우신 교회야! 할아버지가 20대 청년 때 이곳에 오셔서 저 교회를 세우셨고, 이 동네에서 할머니를 만나셨어." 그러면 재윤이가 다음과 같이 답하곤 한다. "와, 할아버지, 멋지시다!" 아버지의 목회 여정이 시작된 곳, 아버지와 어머니가 만나 결혼하신 곳, 동네 사람들과 함께 열심히 땀 흘려 세우신 양진교회가 이제 그 이름으로 존재하지는 않지만, 하나님께서는 다 아시고, 이해하시고, 위로하시고, 기뻐하시리라 믿는다.

제 2 목회지 청산교회(1964. 5. 31~1965. 9. 13)

충북 옥천의 청산교회는 훗날 타 교단으로 떠난 박희욱 전도사가 시작한 교회였고, 김건치 전도사가 뒤를 이었고, 아버지께서 세 번째로 부임하였다. 경부선 영동역에서 하차하여 버스로 굽이굽이 산 언덕길을 넘고 넘어 한 시간 반가량 달려 도착하는 장터였다. 아직 신혼부부였던 아버지와 어머니께서는 시골집 방 한 칸에 이삿짐을 풀고 사역을 시작하였다. 예배 처소는 간판도 걸 수 없는 마을 공회당이었고, 첫 주일예배에 청년 몇과 장년 한두 명, 그리고 젊은 전도사 부부까지 오륙 명이 예배를 드렸다고 한다. 수요일 예배시간에는 공회당 밖에서 설교 빨리 끝내라고, 마을 회의를 해야 한다고 청년들이 소리치는 경우도 있었으며, 아버지께서 새벽기도를 나가시면 자리에 담배꽁초가 사방에 널려 있기도 하였다.

아버지께서는 차츰 지역을 익히며 기도에 힘쓰셨고, 젊음의 열정으로 전도에 힘을 기울이셨다. 그리고 1964년 그해 가을에 연탄 찍던 초가창

목회하신 교회들: (충북) 청산교회, (평택) 내기교회, (인천) 주원교회(1964~1991)

고를 교단 본부 보조로 매입하여 청산나사렛교회 간판을 걸고 예배를 드렸다. 아버지와 어머니는 그 건물에 달린 방 한 칸을 수리하고 이사를 하였고, 신혼의 두 분이 거주할 공간을 얻은 것에 대해 하나님께 감사하였다. 예배당은 오랫동안 연탄 찍던 곳이었기에 아버지께서는 바닥에 깔린 검은 연탄 흙을 파내는 작업을 혼자서 감당하셨고, 처음에는 가마니를 깔고 예배를 드리다가 얼마 지나서는 가까운 무주로 가서 송판을 켜다가 마루를 까는 큰 공사를 하였다. 비록 아버지 혼자서 이 모든 일들을 주선하고 감당해야 했지만, 힘든 줄도 모르고 뛰어 다니셨다고 한다. 한번은 폭우가 쏟아져서 초가지붕이 철철 새는 바람에 흙벽돌 담벼락 한 쪽이 무너지고, 집 전체가 붕괴될 위기에 직면했었다. 그러나 다행스럽게도 이웃집 아저씨가 자기네 보리 집단을 비를 맞으며 지붕위로 올려 주어 지붕을 덮을 수 있었고, 마침 비도 더 이상 내리지 않아 큰 위기를 모면 할 수 있었다.

젊은 전도사 부부가 열심히 사역하는 모습으로 인해 교회에 대한 평판이 좋아졌고, 교인도 차츰 늘면서 주일이면 예배 인원이 60여 명 정도까지 모이는 부흥이 일어났다. 때로 주일예배가 끝나면 아버지께서는 점심도 금식 한 채 몇몇 교인들과 함께 마을의 골목길과 우물가를 누비면서 전도에 총력을 기울이셨다. 아버지께서 그때 깨달은 사실은 열심히 전도를 하다보면 원래 나와 주길 기대했던 사람은 안나와도 전연 뜻밖에 다른 사람이 나오기도 한다는 것이었다. 하나님께서는 동쪽에 뿌리면 동쪽에서 거두게 하실 뿐 아니라, 서쪽에서도 거두게 하신다는 것이다.

청산은 이름처럼 자연 환경이 수려한 고장이었다. 앞으로는 시냇물이 흐르고 뒤로는 병풍처럼 산이 둘러 있었다. 아버지는 아침나절 산 정상에까지 올라가 두 손을 높이 들고 부르짖어 기도하기를 좋아하셨고, 냇가를 따라 펼쳐진 둑길을 걸으며 홀로 생각에 잠기기를 즐겨하셨다. 청산에서의 사역이 비록 1년 4개월의 짧은 기간이었지만, 아버지와 어머니에게 청산은 잊을 수 없는 추억의 장소였다. 부모님에게는 첫 딸이었고, 필자에게는 누님이 되는 류혜정이 태어났기 때문이다. 당시에 아버지의 신학교 교수님이셨고, 부모님의 결혼 주례자이셨던 나사렛교단의 초대 선교사 오은수 목사님 내외분이 청산교회를 방문하셨는데, 아버지, 어머니의 고생스런 목회 현실을 바라보시면서 마음 아파하시는 가운데 많은 위로의 말씀을 주셨다고 한다. 그만큼 열악한 환경이었지만, 아버지와 어머니는 하나님께서 선물로 주신 기쁨과 위로의 예쁜 딸을 통해 언제나 감사하고 행복한 마음으로 사역에 힘을 다하셨다.

1965년 여름, 청산에서 목회하는 동안 아버지께서는 당시 교단의 지방장이었던 김종수 목사님으로부터 경기도 평택의 포승에 위치한 내기교회로 이동하라는 서신을 받으셨다. 또한 내기교회의 제직회 서기로부터 공식적인 초청 서신도 받았지만, 한창 청산의 산골사람들과 정이 들면서 교회가 자리를 잡고 성장을 해가는 때라 처음에는 교회를 떠날 수 없다고 사양을 하셨다. 이후 몇 차례 서신이 오가며 몇 달이 흘러갔다. 아버지께서는 기도하시는 가운데 교단의 인사 정책과 내기교회의 변함없는 초청 요청에 순종하기로 결정하였고, 청산교회는 후임자가 잘 맡아줄 것이라 믿고, 이동에 대한 사실을 청산교회 제직회에 밝혔다. 처음에는 교우들이 완강히 거부하였지만, 이후 내기교회의 강력한 초청과 교단의 정책에 따라 청산의 교우들은 이동에 대한 사실을 눈물로 받아주었다.

아버지와 어머니는 지금도 마음 한 구석에 헤어짐의 슬픈 장면을 기억하고 계신다. 1965년 9월 13일 이른 아침이었다고 한다. 그 날은 이상하게도 날씨도 쌀쌀하였다. 아버지와 어머니가 이제 갓 돌이 지난 아기와 함께 버스를 타고 떠나려 하는데, 가난하고 남루한 옷차림의 교우들이 나와서 아쉽고 슬픈 송별의 눈빛을 보내며 손 흔들던 그 모습이 목회생활 내내 잊혀지지 않으셨다고 한다. 그러면서 목회자로서 사람의 형편과 삶을 깊이 이해하고 함께 사랑해야 하는 목회자의 정체성과 사명을 깊이 인식하게 되셨던 것이다. 청산교회는 이후 4명의 목회자들이 부임을 하였는데, 여러 사정으로 교회가 더 이상 존속하지 못하게 되었고, 결국 교단 정책으로 끝내 문을 닫게 되었다고 한다.

제 3 목회지 내기교회(1965. 9. 13~1975. 4. 11)

경기도 평택군 포승면 내기리에 위치한 내기교회는 농촌 교회였지만, 당시 교단에서 몇 안 되는 자립하는 교회 중 하나였다. 아버지께서는 전임자인 김영백 목사가 교단 재무로 피선되어 서울 영등포교회(현 남서울교회)로 이동하게 되었기에 그 후임으로 초빙된 것이다. 아버지께서는 1965년 9월 전도사로 부임하였지만, 1967년 3월 21일 교단의 지방총회에서 콜터(Coalter) 중앙감독의 집례로 목사 안수를 받으셨는데, 만 31세였다. 내기교회에서의 10년 사역은 아버지의 30대 젊음을 쏟아부은 기간이어서 이후 아버지의 평생 목회를 위한 좋은 밑거름이 되었다. 초기에는 교회와의 갈등으로 인해 시련도 있었다. 추억도 많았고, 무엇보다 하나님의 선하신 인도하심이 얼마나 크신가도 깊이 경험한 시간이었다고 아버지는 회상하신다.

아버지께서 기억하시는 가장 큰 시련은 당시 교단에서 시행하던 목회자 신임 투표에서 1년 신임은 37대 17로 겨우 가결이 되었고, 4년 신임은 뜻밖에도 부결이 된 점이었다. 3년 동안 나름 열심히 목회하셨기에 아버지께서는 결과에 충격을 받으셨고, 교인들로부터 심한 배신감을 느끼셨다고 하셨다. 그리하여 하나님 앞에 기도하며 비록 인간적으로는 이해할 수 없었지만, 교회에 가타부타 아무런 내색도 않고 조용히 교회를 떠나기로 마음먹으셨다. 그런데 몇 주일 후 놀라운 사실이 일어났다. 불신임 운동을 주도했던 몇몇 집사가 목사관을 찾아와 무릎을 꿇고 잘못을 사죄하며 떠나지 말아 달라고 간청하는 것이 아닌가! 그리고 다음 주일에 다시 만장일치로 4년 신임을 결의하였고, 기념으로 예물까지 제공하면서 온 교회가 하나 되어, 화기애애한 은혜의 분위기를 조성하였다는 것이다. 아버지께서는 그때 합력하여 선을 이루시는 하나님의 은혜를 깊이 경험하시게 되었다(롬 8:28).

내기교회는 이후 새롭게 부흥이 일어났다. 류동형 목사는 더욱 힘차게 말씀을 선포하였고, 교회는 신유은사가 나타나 폐결핵 말기 환자가 일어나고, 귀신들린 사람들이 온전해지고, 각종 병자가 고침 받는 역사가 일어났다. 이러자 어떤 새 신자는 내기교회를 이제 내기병원이라고 간판을 바꿔야 한다고 말할 정도였다. 그 뒤 류동형 목사는 서울 등촌동에 소재한 나사렛신학교 교직원과 학생들 대상으로 부흥회를 인도하였고, 전라도 함라교회 부흥회를 시작으로 교파를 초월한 많은 교회의 강사로 초청 받아 부흥회를 인도하였고, 내기교회는 자연스럽게 부흥되기 시작하였다.

아버지는 교회 주변의 대지를 매입하고, 울타리를 치고, 철제 종탑을 세우고, 교육관을 짓고, 교회당과 사택을 증축하였다. 그리고 지역의 많은 유지들이 교회를 나오기 시작하였고, 교회 안팎의 봉사에 힘을 모으니 교인들이 하나가 되었고, 교회는 계속 성장하였다. 그 시절 한 가지 중요한 일은 인근 신영리에 있던 내기교회 기도처를 신영교회로 분리 독립시킨 것이다. 신영리 교우들이 주일 예배는 내기리 본교회로 와서 예배를 드리고, 매주 목요일마다 아버지께서 신영리 심방을 하고 저녁에 기도처 예배를 인도하고 밤에 귀가하시곤 하셨는데, 당시에 신영리에 살던 교우들이 내기교회 교세에 큰 비중을 차지하였다고 한다. 결국 정회원 가운데 30명 정도가 분리되어 신영교회로 독립하였고, 담임교역자로 이복균 전도사를 파송하였다. 그러자 하나님께서는 당년으로 신영리 교우들이 떠난 빈자리를 채워 주시는 전도의 결실을 주셨고, 내기교회도 성장하였다. 또한 인근에 새로운 교회가 세워졌으니, 모든 일이 하나님의 은혜였던 것이다.

아버지께서는 목회하시는 동안에 지역민이나 학교, 면사무소 등 지역 기관들과도 유대를 잘 가지셨기에 지역 행사에 항상 유지로 초대되시곤 하였다. 그런데 내기교회가 한창 은혜롭고 재미있게 성장하고 있을 때, 인천의 주원교회로부터 청빙이 왔다. 주원교회로부터의 청빙을 공개하자 내기교회 제직들이 펄쩍 뛰고 극구 만류하며 교단인사 정책에 반발하였다. 그러나 여러 날 지나면서 결국 교회가 좋은 마음으로 담임목사님을 보내 드리는 것이 마땅한 일이라고 이해를 해주었다. 사실 내기교회는 필자를 포함하여 아들 3형제가 교회의 사택에서 모두 태어났고, 성도들의 사랑 속에서 성장했으니, 아버지와 어머니에게는 특별히 정이 많이 든 교회였다.

1975년 4월 11일, 아버지는 10년간의 내기교회 사역을 마무리하시고 이삿짐을 트럭에 싣고 성도들과 작별한 후 안중을 지나 평택을 거쳐 인천으로 향하셨다. 아버지와 어머니는 또 한 번 목회자의 삶이란 순례의 길이라는 것을 느끼셨으며, 성도들과 헤어짐의 허전함을 달래기 위해 하나님의 은혜와 인도하심에 더욱 의지할 수밖에 없으셨다. 필자를 비롯한 우리 4남매도, 아직 어린 두 동생은 그렇다 하더라도, 초등학교 2학년이었던 필자와 6학년이었던 누나는 펑펑 울면서 정든 고향을 떠났던 기억이 난다. 아버지는 떠나시면서 이렇게 기도하셨다. "하나님, 우리가 떠난 뒤에도 내기교회가 계속 부흥되게 하시고, 우리 가는 길에도 선하신 하나님의 인도하심이 함께 하옵소서."

제 4 목회지 주원교회(1975. 4. 11~1991. 12. 21)

인천 주원교회는 당시 서울 등촌동 소재 나사렛신학교 기숙사 사감이셨던 손응선 목사님이 인천 간석동 주원마을의 한순길 씨 가정집에서 예배를 드림으로 1961년에 시작되었다. 교회의 초대 담임자는 학생으로서 파송된 정윤걸 전도사였고, 그는 교단 선교부의 지원을 받아 첫 번째 교회 건물을 건축하였다. 이후 2대 정병용 전도사, 3대 오승웅 전도사, 4대 이호정 목사, 그리고 아버지 류동형 목사가 5대 목사로 부임하였다. 역대 목회자들이 거쳐 가는 동안 교회는 많은 시련을 겪어야 했고, 이호정 목사 때에 와서 지역 주민들에게 신뢰를 얻고 교회가 지역에 뿌리를 내리며 교회 모습을 갖게 되었던 것이다.

1975년 4월 11일, 아버지가 주원교회에 부임하셨을 때, 교세는 주일 장년 출석이 70명 전후였고, 주일학교와 청년회, 선교회, 각 기관이 나름 잘 운영되고 있었다. 당시 교회가 위치한 주원 일대는 인천의 초입에 위치한 변두리 미개발 촌락으로서, 주변은 논밭으로 둘러싸여 있었고, 드문드문 집들과 공장이 들어서기 시작한 비교적 가난한 마을이었다. 교우들 중에 내 집을 소유한 사람이 열 손가락 미만이었기에, 실상 농촌 교회였지만 생활이 안정되었던 내기교회의 목회보다 열악한 환경이었다. 아버지께서는 도시목회를 기대했지만, 주원교회는 말이 도시에 있었지, 새롭게 적응해야 할 부분들과 교회 성장을 위해서 각별한 기도와 도전이 필요한 곳이었다.

아버지께서는 처음부터 교회 성장을 목표로 삼으셨기에 심방과 전도에 집중하였고, 1978년에는 '총동원 전도주일'이라는 특별 예배를 드렸다. 그때까지만 해도 한국교회에서 '총동원 주일'이라는 예배가 아직 보편화되기 전이어서, 주원교회의 총동원 전도주일의 성과는 굉장한 것이었다. 전도의 결과 주일 예배 출석률이 증가하고, 교회가 성장하자, 성도들의 뜻이 하나로 모아져 예배당 건축을 구상하게 되었고, 결국 하나님의 은혜 가운데 1981년 마침내 역사적인 새 예배당 건축의 기공예배를 드렸다. 교회의 구 건물을 헐고, 교회 앞을 막고 있던 가옥 82평 땅을 매입하여 대지를 확장하여, 단면적 109평 연건평 300평 건물을 신축하게 되었다. 사실 당시 교회의 재정 능력이나 성도들의 형편으로 볼 때 건축은 거의 불가능한 상황이었으나, 류동형 목사님의 기도와 은혜의 리더십, 그리고 무엇보다 하나님의 기적적인 은혜로 1981년 봄에 시작한 건축이 당년 11월에 완공할 수 있었고, 추수감사절 주일에 입당예배를 드리게 되었다.

교회가 건축되었을 때, 주원교회는 나사렛교단에서 가장 큰 건물을 소유한 교회가 되었다. 은행의 빚도 몇 년 안 되어 다 갚았고, 교회는 전도에 총력을 기울이는 가운데 몇 차례 총동원 주일을 더 지켰고, 크로스웨이(Cross Way)와 같은 성경공부와 많은 교육 훈련을 거치며 교회는 계속해서 성장하였다. 류동형 목사님은 주원교회 재임 중이셨던

1986년 3월부터 1988년 3월까지 만 2년간 나사렛교단 중부연회의 감독이 되셨는데, 하나님의 은혜 가운데 감독직을 수행하는 기간에 교단도 안정되어 갔고, 교회도 은혜 안에 더 성장할 수 있었다.

아버지께서는 나사렛교단의 감독으로 재임 중에 현재 서울 등촌동에 위치한 교단 총회 건물인 '40주년 기념관' 건축을 시작하셨다. 류동형 목사님이 감독으로 취임할 당시 교단의 연회 사무실은 서울 영등포구 당산동에 위치한 어머니회관의 방 하나를 임대하여 사용하고 있었다. 오랫동안 교단 자체 건물의 필요성은 모두가 절감하였지만, 재정적 상황의 어려움으로 인해 어느 누구도 어떤 방법과 돌파구를 찾지 못하고 있었다. 류동형 감독은 기도하는 가운데 당시 교단 소유지인 등마루교회 앞 부지에 교단본부 건물을 신축하기로 결심하고, 교단 실행위원회의 동의를 구하였다. 그리고 가장 큰 문제였던 건축비 조달은 우선적으로 교단의 목회자들이 앞장서야 할 것을 강조하고, 류동형 감독은 1987년도 새해 남서울교회에서 열린 시무예배 때 설교하면서 교단본부 건물 건축의 당위성을 역설하였다. 그리고 감독인 본인부터 앞장 설 것을 언급하며, 모든 목회자가 한 달 치 생활비를 건축헌금으로 드리자고 호소하였다. 그리고 그 자리에서 약정서를 돌려 작정하였는데, 참석하였던 많은 목회자가 흔쾌히 동참을 하게 되었다. 실상 오늘의 나사렛교단 총회본부 건물은 목회자들이 한 달 생활비를 드림으로써 시작된 것이었고, 미국나사렛교단 선교부의 재정적 도움 없이 한국나사렛교회의 힘으로 이루어진 최초의 교단 건물이었다. 목회자들의 한 달 생활비 헌금 운동은 교단 전체적으로 감동적인 파장을 이루었고, 이에 뜻있는 장로들과 평신도들의 헌금이 이어졌다. 총회 건물의 완공은 류동형 목사의 후임으로 선임된 감독 때에 이루어졌지만, 아버지 류동형 목사님이 교단의 감독으로 계시면서 목회자들과 평신도들에게 감동적인 리더십을 행사하셔서 특별헌금이 모아졌고, 기공예배를 드려 건축이 시작되었고, 그 결과 오늘날의 총회 건물이 세워지게 된 것이다.

아버지께서는 교단의 감독 임기를 마치시고 1988년 여름, 천안에 위치한 나사렛신학교(현 나사렛대학교)의 이사장으로 선임이 되어 인천에서 천안을 오가며 학교 발전을 위해 중요한 임무를 수행하셨다. 4년간 이사장으로 봉사하시는 중에 이룩하신 업적에는 첫째, 교육부로부터 나사렛신학교가 대학 개편 승인을 받은 것이고(1991.10. 9. 조선일보 기사), 둘째, 1954년 개교 이래 계속된 미국인 선교사 학장에서 최초로 한국인 학장(이호정 목사)을 세우신 일이었다.

1991년 5월 말, 주원교회는 그동안의 수고를 위로하며, 아버지, 어머니에게 21일간의 성지 순례 여행을 보내드렸다. 그런데 여행에서 돌아오시고 며칠 후에 경기도 평택의 안중교회로부터 청빙이 들어왔다. 교회가 안정되고 한창 부흥하고 있었고, 인천에서도 성장하는 교회로 자리매김을 하고 있었기에, 주원교회 기획위원들에게 이동 문제를 꺼내기가 힘든 상황이었다. 하지만 안중교회로부터 청빙 요청이 거듭 이어지자 아버지께서는 다시 기도하셨고, 결국 고심 끝에 교회 앞에 이 사실을 전하셨다. 처음에 교회는 완강히 반대를 하였지만, 결국 이동 문제가 한 번 나왔기에 교회는 많이 어수선해졌고, 떠난다, 안 떠난다 하는 힘든 과정을 반복하다가 여름과 가을을 지나 아버지께서는 주원교회를 사임하게 되었다.

류동형 목사는 주원교회도 새로운 목회자가 와야 교회가 더 성장할 수 있다고 판단하셨다. 무엇보다 교단의 오래된 역사를 지닌 대표적인 교회중의 하나인 안중교회가 오랫동안 성장하지 못하고 정체와 답보상태를 벗어나지 못하는 것에 대한 안타까운 마음에 미래의 발전을 기대하며 교단적 소명의식 속에 안중교회의 청빙에 따르신 것이다. 이에 성탄절을 며칠 앞둔 1991년 12월 21일 아버지와 어머니는 17년간의 인천 주원교회 사역을 마무리하시고, 안중을 향하여 떠나셨다. 사실 주원교회를 떠난다는 것은 우리 4남매에게도 충격으로 다가왔다. 당시 누나는 결혼해서 미국에서 유학중이었고, 필자는 군복무 중이었다. 바로 밑의 동생은 대학생이었고, 막내 동생은 고등학교 3학년으로 수능시험을 마친 때였다. 우리 4남매는 모두 인천에서 초등학교, 중학교, 고등학교를 다녔기에 인천은 태어난 곳은 아니었지만 우리 형제들에게는 고향이나 다름없었던 것이다. 그러나 자녀들은 아버지와 어머니의 결정에 순종하였고, 필자는 군에서 이 소식을 들었기에 멀리서 마음 아픈 이별을 감내해야 했다.

아버지와 어머니께서는 인천을 떠나는 차 속에서 또 한 번 목회 순례의 아프고 허전한 감정을 가슴에 묻었노라고 말씀하셨다. 아버지의 차량이 인천을 떠나 지금의 안산쯤 왔을 때, 그 멀리서 주원교회에 오랫동안 출석하였던 성도들이 차량이 지나가는 대로까지 나와서 손을 흔들며 작별 인사를 위해 기다리고 있었다고 한다. 아버지, 어머니는 손 흔드는 교우들을 보시면서 다시 한 번 눈물을 흘리셨고, 이 모습을 지켜본 당시 안중교회 장로님은 교인들의 사랑을 이렇게 받으셨던 목사님을 안중교회가 모실 수 있어서 너무도 감사했다고 자신의 소회를 훗날 이야기하였다.

제 5 목회지 안중교회와 은퇴(1991. 12. 22~2007. 10. 28)

류동형 목사님은 새로운 목회지에서 새로운 도전의 꿈을 안고, 1991년 12월 21일 경기도 평택 서부의 아산만 근교에 위치한 안중교회에 도착하였다. 사실 안중은 아버지께서 이미 포승에 위치한 내기교회에서 과거 10년간 사역을 하셨기에 어떤 면에서 익숙한 고장이었지만, 안중교회의 담임목사로 부임한다는 것은 전혀 새로운 환경이었다. 아버지 개인에게도 발전하는 인천을 떠나 50대 중반의 나이에 새로운 목회지

안중나사렛교회

류동형 목사

로 이동한다는 것이 모험이었고 도전이었다. 아마도 일반적인 목회자의 사고라면 쉽게 결정할 수 없는 이동이었고, 주저할 수밖에 없는 상황이었지만, 아버지께서는 하나님의 부르심에 순종하셨고, 무엇보다 그 마음에 안중교회를 향한 새로운 소망과 비전이 있었기에 과감한 이동이 가능하였던 것이다.

안중교회는 1947년 3월 10일 인광교회의 지교회로 시작되었다. 당시 인광교회의 담임이었던 박기서 전도사가 안중교회를 겸임하며 초대 전도사가 되었고, 2대 이창섭 전도사, 3대 손응선 목사, 4대 서재철 목사, 5대 박기서 목사, 6대 김원태 목사, 7대 이호정 목사, 그리고 류동형 목사가 8대 목사로 부임한 것이다. 안중교회는 교회가 지닌 역사성과 교단에서의 비중을 볼 때 감당해야 할 책임이 막중하였기에, 아버지께서는 이미 중년의 나이였지만 교회를 새롭게 개척하는 마음으로 기도하고 도전하는 가운데 하나님의 인도하심을 간구하였다. 아버지께서 안중교회에 부임하실 당시 교회의 주일예배 출석교인은 중고등부 포함하여 성인 180명에서 200명 규모였다.

1991년 12월 22일 아버지의 첫 부임 설교 제목은 '하나님은 하실 수 있습니다(마태 19:23~26)'였다. 하나님의 능력에 의지하는 신앙 생활과 특별히 교회 성장을 강조함으로 안중에서의 목회를 시작하였다. 류동형 목사는 첫 설교부터 전도와 교회 성장을 목회 방향으로 제시하였는데, 그 이유 중에 하나는 교단적으로 교회 성장이 침체된 상황에서 나사렛교회도 성장할 수 있다는 것을 증명하고 싶었고, 무엇보다 안중에서 가까운 천안의 나사렛신학교의 신학생들과 교단의 후배 목회자들에게 교회성장에 대한 꿈과 비전을 보여주고 싶으셨다.

이후 류동형 목사님께서는 전도 체질의 영적 분위기 조성을 위하여 거의 매주일 전도 설교를 하였고, 구체적으로 전도 실천을 위한 다양한 전도프로그램을 개발하고 실시하는데 힘을 기울이셨다. 특히 주일 예배를 마친 후 모두 어깨띠를 두르고, 전 교인이 3-4개의 조를 편성하여 안중 일대를 누비면서 전도지를 전하고 지역의 땅 밟기 전도를 실시하였다. 당시는 안중에 차량 통행이 별로 없어서 가능한 전도방법이었다. 또한 그렇게 열심히 전도하는 교회들이 없었기에 안중나사렛교회는 전도에 극성스러운 교회라는 소문이 안중 일대에 퍼져나갔다. 1992년 6월 총동원 전도주일, 1993년 6월 예수초청 큰 잔치, 1994년 6월 가족총동원 전도주일, 1996년 6월 전교인 전도주일 등 거의 매년 이름을 바꾸어 가며 총동원 전도주일을 지키며 전도에 총력을 기울었다.

2002년에는 인근 현화지구에 아파트 입주가 시작되는 때를 이용하여 아파트 관리소의 허가를 받아 단지 내에 전도본부 천막을 설치하였고, 전도팀이 교대로 체류하며 입주 가정과 주변 사람들에게 선물을 전달하며 한 달 동안 전도하였다. 이어 성원아파트, 현대아파트도 같은 방식으로 한 달 간씩 전도하였으며, 계속 아파트 전도에 집중하였다. 류동형 목사님은 전도가 비록 즉각적인 효과가 나타나지 않더라도, '눈물로써 씨를 뿌리면 거두리라'는 믿음으로 계속 전도하였는데, 마침내 하나님의 은혜 가운데 전도의 결실이 맺히게 되었다. 2005년도 추수감사절 주일에 안중교회는 마침내 주일 출석이 중고등부 포함하여 성인 출석

1,000명에 이르게 되었다.

사실 전도의 결실은 교회의 새 예배당 건축과도 밀접한 관계가 있었다. 류동형 목사님은 설교에 있어서 영적인 감화력과 목회에 있어서 강력한 추진력이 늘 함께 나타나셨다. 양진교회를 개척하시면서 예배당을 건축하셨고, 청산교회에서도 공회당을 예배당으로 건축하셨고, 내기교회에서도 예배당 증축 및 교육관과 사택을 건축하셨다. 주원교회에서도 새 예배당을 건축하셨는데, 안중교회에 부임하셔서도 새 예배당 건축을 위해 초창기부터 기도하셨다고 한다. 류동형 목사님은 예배당 건축을 위해 교회와 인접한 대지를 3회에 걸쳐서 매입하였고, 예배당 건축으로 잘 알려진 설계사의 수차례 시안을 거쳐 최종설계 1004평 1천 좌석의 예배당 설계를 확정하였다.

예배당 건축이 결정되자, 오랫동안 기도로 준비한 성도들의 감격어린 건축헌금이 이어졌고, 평택시의 행정적인 도움과 전 교인들의 기도와 봉사, 그리고 하나님의 인도하심 가운데 안중교회는 1999년 5월 9일 새 예배당 건축 기공예배를 드리게 되었다. 건축이 진행되는 동안에 그 어떤 사고도, 어떤 잡음도, 단 한 번의 건축 중단도 없이 공사가 진행이 되었다. 마침내 2000년 11월 28일, 약 1년 7개월 만에 오늘의 웅장하고 아름다운 안중교회 새 예배당에서 입당 감사예배를 드릴 수 있었다. 예배당 건축 기간 동안 온 성도들은 매일 밤 9시에 나와서 기도하는 시간을 가졌고, 어려운 상황 가운데서도 간절한 기도와 눈물겨운 헌금, 그리고 성실하게 일해 준 건축회사와 모든 교회의 봉사자들이 있었다. 그리고 그 무엇보다 교회를 축복하신 하나님의 은혜 가운데 건축이 완성된 것이었다. 교회가 안중 지역의 트레이드마크처럼 자리를 잡자 '붉은 벽돌 건물의 우뚝 솟은 아름다운 예배당 건물'을 보고 교회를 찾아 나왔다는 새 신자들이 늘기 시작하였다. 아버지는 말씀하시길 교회가 아름답게 건축이 되고, 주변에 교회 소문이 좋아지니 교회 건물이 전도하기 시작하였고, 실제로 건축이 완공된 후 교회 성장이 괄목하게 일어났다고 말씀하셨다.

아버지는 건축 이전이나 이후에도, 교인 수가 많든 적든, 언제나 성경교육과 제자훈련에 힘을 쏟으셨다. 크로스웨이(Cross Way) 성경공부, 바나바 사역훈련, 그리고 사랑의 교회가 실시하는 제자훈련 과정을 이수한 후 예배당 건축이 한창일 때도 컨테이너 박스 안에서 제자훈련 교육을 실시하셨다. 아버지께서는 언제나 설교에 힘을 쏟으셨다. 실제 아버지의 설교를 통해서 많은 새 신자들이 정착하였고, 교회가 말씀 안에서 하나가 되자 안중교회는 점점 더 안정 가운데 성장하였다. 아버지께서는 성경 본문설교, 특별히 책별 연속 강해설교를 자주하셨다. 안중교회에서 목회를 마무리하실 무렵에는 교회 공동체의 중요성과 그리스도인들의 책임과 사명을 강조하는 로마서, 마태복음, 사도행전 등을 연속적으로 강해하셨다.

한편 류동형 목사님은 개인적으로 평생 새벽기도회를 드리시면서 교우들에게 새벽기도회의 중요성을 강조하셨다. 매년 40일 새벽기도회, 세이레 새벽기도회, 101일 특별새벽기도회, 신년 특별새벽기도회 등 특별새벽기도회를 인도하면서 교인들의 기도 생활과 영성훈련을 강조하셨다. 또한 선교사역에도 관심을 가지셔서 국내의 여러 미자립 교회들을 지원하였고, 1999년에는 새 예배당 건축을 앞두고 특별헌금을 실시하여 헌금 전액을 봉사팀 파송과 함께 필리핀의 보롱간교회의 예배당 건축을 위해 사용하였다. 2006년에는 교회 창립 60주년을 기념하여 인도에 선교팀을 파송하여 델리 판잡 지방의 선교와 파테풀교회 건축비 전액을 전달하였다.

아버지께서는 국제나사렛교단의 사역에도 참여하셔서 많은 봉사활동을 하셨다. 나사렛교회(Church of the Nazarene)는 국제적 교단으로, 전 세계가 대륙 및 국가 간 지역 중심으로 구분되어 하나의 국제적

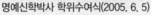
명예신학박사 학위수여식(2005. 6. 5)

류동형 목사 부부

네트워크를 이루고, 선교사역을 최우선으로 힘쓰며 성결 교리를 강조하는 국제적 교회기구(Global Church Organization)이다. 류동형 목사님은 1997년 6월 미국 텍사스 주 샌안토니오에서 열린 제 24차 중앙총회(General Assembly)에서 아시아, 태평양 대륙을 대표하는 중앙위원으로 선임되셨고, 이는 자동적으로 필리핀에 소재한 APNTS(Asia-Pacific Nazarene Theological Seminary) 신학대학원의 이사로 사역함을 의미하였다. 류동형 목사님은 2004년 9월 12일 APNTS 신학대학원의 이사로서, OWENS(오은수)선교학과 개설을 위한 지원금 2천만원을 쾌척하여 학교에 새로운 선교학과 탄생에 적지 않은 역할을 감당하셨다. 2001년도 인디애나폴리스에서 거행된 제 25차 중앙총회에서도 중앙위원(General Board member)에 연임이 되셔서 8년간 국제나사렛교회의 교회성장위원회와 세계선교위원회에서 국제적인 사역을 감당하실 수 있었다.

2005년 6월 5일, 미국 오하이오 주에 있는 Mount Vernon Nazarene University에서는 특별한 이벤트가 있었다. 그 날 마운트버논 나사렛

류원렬 교수와 부친, 장호원에서　　　모교 서강대학교에서

대학교에서 졸업식이 있었는데, 총장이었던 Fairbank(페어뱅크) 박사와 학교 측은 류동형 목사의 평생의 목회사역과 교단 발전의 공로를 치하하여 명예신학박사 학위를 수여하기로 결정한 것이다. 그 당시 필자는 샌프란시스코 맞은편 버클리에서 신학박사과정을 공부하고 있었고, 누님은 매형의 안식년으로 펜실베이니아주의 인디애나 지역에서 뒤늦게 영어교육 박사과정에 수학 중이었다. 필자의 두 남동생 가족도 각각 보스턴과 샌프란시스코에서 신학박사와 신학석사 공부를 하고 있었기에 우리 모든 가족들이 Mount Vernon에 함께 모여서 아버지의 명예박사학위 수여식을 지켜볼 수 있는 특권을 누렸다. 아버지의 이름이 호명되고, 사회자가 아버지의 프로필과 평생의 업적을 소개하고, 이어 아버지가 단상의 중앙에 위치하자, 졸업식장에 참석한 교수진, 학생들, 가족들 수천여 명이 모두 일어나 기립 박수와 축하의 환호성을 질렀다. 그 자리에 참석한 필자는 그 순간 전율을 느꼈으며, 아버지의 평생의 목회와 순수한 복음사역, 그리고 교회와 교단을 사랑하셨던 아버지의 삶이 사람들뿐만 아니라, 하나님으로부터 격려와 인정을 받으신다는 느낌을 지울 수가 없었다.

2007년은 안중교회 창립 60주년이었다. 그러나 그해 가을 아버지께서는 안중교회를 은퇴하시므로 목회 일선에서 물러나기로 결정하신 상황이었다. 아버지는 본인의 은퇴 준비는 거의 하지도 않으시면서, 교회의 60주년

60주년 감사예배 오은수 박사와 함께

행사를 의미 있게 갖기 위해 노력하셨다. 60주년 행사의 주빈으로 초대 선교사이며 증경중앙감독(the Emeritus General Superintendent) 이신 Dr. Donald Owens(오은수 박사)를 초청하여 60주년 기념 감사예배를 4월 15일에 드렸고, 다음 날에는 지역 교회들과 나사렛신학대학원 학생들을 초청하여 '60주년기념학술제'를 개최하였다. 안중교회는 60주년 행사로 나사렛신학대학원에 장학금과 지역의 어려운 교회에 건축헌금과 지원금을 전달하였다.

은퇴를 몇 개월 앞두고 계셨지만 아버지께서는 여전히 은퇴를 잊으시고 기도와 설교, 전도와 심방에 열과 정성을 쏟으셨다. 사실 아버지께서는 교회 60주년을 맞아 '안중교회 60주년 역사 편찬'을 위해 2005년부터 집필을 의뢰하여 60주년 행사 때 그 책이 출판되길 기대하셨지만, 여러 이유로 인해서 '교회 60년사'는 그 이듬해 출간되었다. 아버지의 17년 사역의 내용들이 많이 축소되었고, 새로운 담임인 후임목사 위주로 책이 편집된 것에 대해 아버지는 말씀을 많이 아끼셨지만, 필자는 아버지, 어머니의 아쉬워하시는 마음을 충분히 헤아릴 수가 있었다.

아버지는 은퇴를 앞두고 후임 목사 청빙을 위해 청빙 위원회를 구성토록 하셨다. 그리고 후임 목사의 청빙 절차와 선임에 대한 모든 권한을 청빙 위원회에 위임하셨다. 아버지께서는 교회가 17년간의 목회

은퇴감사예배

사역의 공로를 인정하여, 은퇴목사에 대한 처우를 알아서 결정해 주길 기대하셨다. 그러나 안중교회에서의 목회 기간이 20년이 안 된다는 이유로 아버지께서는 원로목사가 되지 못하셨다. 한 교단에서 47년을 목회하셨고, 5개 교회를 목회하시는 가운데 교단과 교회를 위해 헌신 봉사하셨는데, 마지막 은퇴하는 교회에서 20년 목회를 채우지 못해(50대 중반에 안중교회로 부임하셨기에 산술적으로 불가능한 상황이었음) 원로목사 대우를 받지 못하시는 모습에 필자는 많은 생각을 하게 되었다. 그러나 부모님께서는 한동안 많이 아쉬워하셨지만 이내 감사함으로 모든 결정을 순순히 받아들이셨다.

2007년 10월 28일 아버지 류동형 목사님은 한국나사렛교단 47년의 목회생활, 그리고 안중교회에서의 17년 목회 사역을 마무리하는 은퇴예배를 드리셨다. 그리고 다음 날 월요일 아침, 이삿짐을 실은 차를 따라 교회가 마련해 준 승용차를 타고 새로운 거주지인 평택의 한 아파트를 향해 어머니와 함께 떠나셨다. 필자는 당시 샌프란시스코 버클리연합신학대학원(GTU)에서 박사과정 마무리 단계에 있었는데, 아버지의 은퇴식을 보기 위해 아내와 함께 한국에 나와서 은퇴식을 모두 보았고,

부모님의 차량을 따라 안중에서 평택을 향해 함께 떠나갔다. 아버지께서는 평생 목회하는 동안에 동반자로서 늘 당신을 응원해 주셨던 어머니가 옆에 앉아 있는 것에 대해 더 없이 고맙고 행복해 하셨다. 아버지의 고백이다. "내 잔이 넘치나이다. 하나님 은혜 감사합니다!!"

현재 아버지와 어머니는 평택에서 거주하고 계신다. 은퇴하고 이사하신 그 아파트에서 벌써 10년 이상을 살고 계신다. 아버지께서는 은퇴하신 이후에 매형인 전광돈 목사가 목회하는 천안의 꿈나무교회에 원로목사님으로 출석하며 한 달에 한 번 설교를 하신다. 아버지는 은퇴하신 후에도 평택 지역사회에서 목회자와 교육자들이 중심이 된 은퇴모임(은빛회)에서 회장도 지내셨고, 적극적으로 참여하시는 가운데 은빛의 향기를 동료들과 함께 내뿜으시고 계신다. 몇 년 전 팔순도 지나셨고, 어머니 역시 팔순을 지나셨지만, 두 분이 건강한 마음으로 인생의 남은 황혼 길을 정겹게 손잡고 걸어가시니 정말로 감사할 뿐이다. 은퇴하신 후에 어머니는 허리수술도 하셨고, 심한 난청으로 보청기를 하셨으며, 지팡이에 의존하시는 할머니가 되셨지만, 여전히 웃음과 미소를 잃지 않으시고 감사함으로 삶을 살아가고 계신다. 아버지께서는 늘 그러셨듯이 긍정과 열심의 아이콘으로 바다를 좋아하시고, 산책과 사색을 즐기시는 가운데 요즘은 '배다리도서관'에 가셔서 책을 빌리고, 주변을 산책하는 것을 낙으로 삼고 계신다.

부모님께서는 4남매를 두셨는데, 잠시 자녀들 근황에 대한 소개를 하겠다. 우리는 아버지, 어머니를 중심으로 가족을 '류밀리(Lyumily-Lyu+family)'라고 칭하는데, 류밀리 2대에 속하는 우리 4남매는 공교롭게도, 아니 하나님의 섭리 가운데 모두가 나사렛교단의 목회자들이 되었다. 매형이 목회자이기에 누나는 목사 사모가 되었고, 필자를 비롯한 삼 형제 역시 모두 목사가 되었다. 그리고 매형과 누나, 삼 형제는 모두 미국에서 유학을 하며 공부를 하였다. 유학이라는 것이 돈

류 동 형 목 사
산수감사예배
2015년 7월 20일 오전 11시 / 평택 대학교 제2피어선 빌딩 6층

모든 후손들

이 많아서 가는 것도 아니고, 더욱이 우리 4남매는 어떤 면에서 각자 도생의 방법으로 유학 생활을 이겨냈다. 매형은 하버드대학(Harvard University)에서 신학석사와 밴더빌트대학(Vanderbilt University)에서 조직신학으로 박사학위를 하였고, 귀국 후 천안의 나사렛대학교에서 조직신학 교수로 10년 봉직하다가 10년 전에 '꿈나무교회'를 개척하여 현재는 담임목사로 사역하고 있다. 누나는 펜실베이니아에 위치한 인디애나대학(Indiana University of Pennsylvania) 박사과정에서 영어교육을 공부하였고, 현재는 세종시에 위치한 고려대학교에서 영어교육 교수로 일하고 있다. 필자는 에모리대학(Emory University)에서 신학석사를, 그리고 버클리연합신학대학원(Graduate Theological Union)에서 설교학 박사학위를 하였다. 현재 부모님이 사시는 아파

트에서 10분 거리에 있는 평택대학교에서 설교학/실천신학 교수로 일하고 있다. 바로 밑의 남동생은 보스턴대학(Boston University) 박사과정에서 실천신학을 공부한 후, 현재는 보스턴 '나사렛사람의 교회'에서 이민목회를 하고 있다. 막내 동생도 시카고신학교(Chicago Theological Seminary)에서 조직신학으로 박사학위를 받고, 현재는 서울에 있는 상암동교회에서 부목사로 일하며, 나사렛대학에서 외래교수로 일하고 있다.

종종 주변 사람들이 4남매가 모두 목사가 되었고, 목회하는 것에 대해서 놀랍다는 반응을 보일 때가 있다. 사실 흥미로운 점은 4남매 모두가 대학은 서울 소재의 일반 대학들을 나왔고, 적어도 처음에는 모두가 신학에 대하여, 목회에 대하여 별다른 관심이 없었다는 것이다. 그런데 분명히 말할 수 있는 것은 4남매 모두가 아버지의 목회하시는 모습을 좋아하였고, 아버지의 설교를 통하여 은혜를 받았고, 어머니의 사랑스런 양육과 웃음을 통해 목회자 가정에 대하여 긍정과 낙관, 희망과 존중이라는 이미지를 갖게 되었던 것이다. 그리고 인생의 어느 시점에서

필자의 박사학위 졸업식(GTU, 미국 Berkeley)

아내 우영주 교수와 딸 재윤

4남매는 하나님의 뜻과 부르심에 따라 모두가 목사님(?)들이 되어서 아버지의 목회 사역을 계승하며, 각자의 위치에서 목사로서의 삶을 살아가고 있다.

아버지를 오랫동안 알아왔던 교우들은 아버지에 대해 종종 이런 평가들을 한다. "류동형 목사님 같은 설교자가 없지요!" "류 목사님은 아직도 노인이라는 느낌이 없어요. 지금도 청년처럼 설교하시는 것 같아요." "류 목사님, 늙으시면 안돼요. 그리고 설교를 좀 더 자주 해 주세요." "류 목사님 설교를 들으면서 제 인생의 방향을 믿음으로 설정할 수 있었어요." 아버지에 대한 평은 대체적으로 설교자 류동형 목사님이시다. 아마도 늘 설교 준비를 하셨고, 말씀 묵상과 사색을 통하여 설교적 삶을 사셨기에, 결국 47년간 지속된 5개 교회에서의 목회 생활도 성공적으로 마무리될 수 있었던 것이다. 그렇다면 나의 아버지 류동형 목사님의 설교는 어떠했을까?

1. 아버지의 설교는 성경 중심의 설교셨다. 언제나 성경을 벗어나지 않으시려고 했고, 성경의 핵심을 전하려 하셨다.
2. 설교에 권위가 있으셨다. 기도의 사람 그리고 순수한 성결의 사람이시라 설교에 힘과 권위가 있으셨다. 설교자의 힘은 설교자의 성결함 경건함을 통하여 자연스럽게 이루어진다.
3. 아버지의 설교에는 설득력과 호소력이 있었다. 논리적이면서 자연스러운 화법을 지니셨기에 수사학적으로 논리성도 있었지만, 무엇보다 영혼을 설득하고 움직이는 감동이 있었다. 때문에 설교를 통하여 교회가 세워지고, 교회가 성장할 수 있었다.
4. 아버지의 설교는 단도직입적이었다. 한마디로 군더더기가 없는 설교, 어떤 때는 서론도 없이 본론으로 바로 들어가 하나님의 말씀을 전하셨다. 요즘에는 서론을 중요시 여기고, 서론이 길어지는 설교가 유행인데, 아버지의 설교는 처음부터 본론으로 들어가서 간결하면서

도 분명하게 복음을 전하는 형태를 취할 때가 많으셨다.

 아버지는 목회 은퇴를 하시고 한동안 시인이 되셨다. 상록수문학회에 시를 출품하여 시인의 반열에 오르셨다. 평생 목회하시면서 하나님과 자연을 사랑하셨던 마음 밭에 시(詩)라는 꽃이 아름답게 피어난 것이다. 바다를 떠나 평생 복음의 길을 걸어가셨던 아버지, 어머니를 만나 아름다운 가정을 일구신 아버지, 평생 교회에서 사역하며 교회를 통하여 하나님 나라를 꿈꾸는 신앙인의 삶을 살아오신 아버지, 아버지가 노래하신 〈길〉, 〈아내〉, 〈교회〉에 대한 시(詩)들을 끝으로 나의 아버지 해향(海鄕) 류동형 목사님에 대한 이야기를 마무리하고자 한다.
 아버지, 어머니, 감사합니다. 늘 하나님의 은혜 가운데, 여생을 감사함으로 기쁨으로 살아가시는 두 분 되시길 기도합니다. 저희들에게 좋은 부모님이 되어 주셔서 감사합니다. 사랑하고 존경합니다!

길

차갑게 푸른 하늘 얼어붙은 들녘
그래도 한 낮의 햇볕은 따사로워
두툼한 차림에 몸을 감추고 호젓이 강둑을 걷는다.

뺨을 스치는 찬바람이 산뜻하고
손짓해 반겨주는 억새와 갈대 숲
하늘 아래 지구 위를 걷는다.

빛나는 태양의 축하를 받으며 뚜벅뚜벅 걷는다.
걸을 수 있는 건강 사랑스런 사람들 아름다운 자연만물
축복의 삶을 감사하며 걷는다.

문득 돌이켜 본 인생길 굽이굽이 은혜의 길이었네.
그리고 이 나그네 길 끝나는 날
주님 가신 그길 따라 가리라 찬란한 본향 집으로.

(2010. 1. 26. 안성천 강둑을 걸으며)

아내

내 인생길 50년 넘게 가장 오래 함께 걸어 온 사람
내가 좋을 때 가장 기뻐하고 내가 안 좋을 때 가장 아파하는 사람

친구, 동역자, 애인, 한 몸으로 여러 몫을 하는 사람
있는 그대로 나를 받아 주는 사람 세상에서 가장 편안한 사람

이제 보행이 불편한 나이
그러나 어디든지 손잡고 같이 가고 싶은 사람
하나님이 짝지어 주신 한 몸

오인숙 내 아내 사랑합니다.

(2013. 7. 14. 아내 생일에)

교회

일찍이 어느 날 주 앞에서
내 영혼의 추함을 아파하며
흐느껴 울었던 곳 여기가 교회였습니다.

사함 받은 기쁨 솟구치는 환희로

목이 터져라 부르고 또 불렀던
영혼의 노래 여기가 교회였습니다.

말씀을 증언할 때
사모하는 눈빛들 선량한 얼굴들
위로부터 임하는 새 힘의 희열 여기가 교회였습니다.

일하는 즐거움에 빠지기도
사랑의 빚에 가슴 뭉클하기도
속 썩이는 일들로 잠 못 이루기도 여기가 교회였습니다.

주 하나님을 뵙는 기쁨
형제들과 함께하는 즐거움 보혈의 강물 넘치는 은혜
내 한평생 누려온 행복 여기가 교회였습니다.

그리고 장차 영접 받을 찬란한 그 곳
새 예루살렘 교회
거기가 내가 가야할 영광의 교회입니다.

(2015. 6. 30. 새벽)